高等院校公共课系列精品教材

U0641315

大学美育教程

李　滔　　谢连生　　钟明荣　　主　编

陈雅琪　　李　敏　　高健婕　　副主编

曹沂华　朱贤凌　徐　帆　谢杼含　参　编

电子工业出版社·

Publishing House of Electronics Industry

北京·BEIJING

内 容 简 介

本书循序渐进地讲解了大学生提高审美能力和增强审美修养的理论与方法。

本书分为 12 章，分别讲述了美美与共——美与美育、鬼斧天工——自然之美、活色生香——生活之美、凝固韵味——建筑之美、形色和鸣——绘画之美、刻画乾坤——雕塑之美、气韵流动——书法之美、余音绕梁——音乐之美、摇曳多姿——舞蹈之美、唱念做打——戏剧之美、纷繁世界——影视之美、温润灵魂——文学之美，基本涵盖了美的主要范畴与形式。本书结构清晰，图文并茂，理论知识与实例相结合，能够丰富大学生的精神世界，提升大学生的人文素养和艺术修养，培养大学生的艺术欣赏能力，帮助大学生树立正确的审美观念。

本书既可作为高等院校开展大学生基本素质教育的教材，也可供广大美学爱好者参考。

未经许可，不得以任何方式复制或抄袭本书之部分或全部内容。
版权所有，侵权必究。

图书在版编目（CIP）数据

大学美育教程 / 李滔，谢连生，钟明荣主编．
北京 ： 电子工业出版社，2024．9．-- ISBN 978-7-121
-48873-3

Ⅰ．G40-014

中国国家版本馆 CIP 数据核字第 202415NJ69 号

责任编辑：李书乐　　特约编辑：李　红
印　　刷：三河市君旺印务有限公司
装　　订：三河市君旺印务有限公司
出版发行：电子工业出版社
　　　　　北京市海淀区万寿路 173 信箱　　邮编 100036
开　　本：787×1092　1/16　印张：16　　字数：450.5 千字
版　　次：2024 年 9 月第 1 版
印　　次：2024 年 9 月第 1 次印刷
定　　价：58.00 元

凡所购买电子工业出版社图书有缺损问题，请向购买书店调换。若书店售缺，请与本社发行部联系，联系及邮购电话：（010）88254888，88258888。

质量投诉请发邮件至 zlts@phei.com.cn，盗版侵权举报请发邮件至 dbqq@phei.com.cn。

本书咨询联系方式：（010）88254569，xuehq@phei.com.cn，QQ1140210769。

前　　言

2018 年 8 月 30 日，习近平总书记在给中央美术学院 8 位老教授的回信中指出："做好美育工作，要坚持立德树人，扎根时代生活，遵循美育特点，弘扬中华美育精神，让祖国青年一代身心都健康成长。"加强大学美育能够进一步弘扬中华美育精神并促进学生身心健康成长。在当下，做好美育工作是党和国家领导人高瞻远瞩的伟大格局和中共中央英明决策的具体体现，也是人心所向。

加强新时代大学美育是工业文明发展和大国崛起的需要。任何一个国家、民族，当经济发展到一定程度之后，必须重视美学教育，美育工作必须跟上大的发展趋势。

党的二十大报告指出："教育是国之大计、党之大计。培养什么人、怎样培养人、为谁培养人是教育的根本问题。育人的根本在于立德。全面贯彻党的教育方针，落实立德树人根本任务，培养德智体美劳全面发展的社会主义建设者和接班人。"盛世中华，要实现强国梦想，教育是先导。教育是百年大计，是最大的民生工程，承载着人民群众的美好向往。教育是国之大计、党之大计，承载着国家和民族的未来。为全面贯彻党的教育方针，为党育人、为国育才，大学美育不能缺位。

培根铸魂，强基固本，美育先行。美育旨在以美育人，摒弃功利化，提升教育境界，让受教育者拥有一双认识美、发现美的眼睛，实现人与人和睦、人与社会和美、人与自然和谐。美育重在以美化人，让学习者提高审美和人文素养，学会欣赏美、创造美的本领，拓宽人生境界，提高生活品位，体现生命价值。立德树人，以美培元，全面加强和改进高等院校美育工作，大学美育教材不可短缺。

相比其他教材，本书具有以下鲜明特点：

1. 守正创新，文明互鉴

本书追求弘扬中华优秀传统文化，继承革命文化，发展社会主义先进文化，增强学生民族自信和文化自信，树立文化强国的志气、骨气和底气，进而让青年学生肩负创造性转化和创新性发展的文化担当和时代使命。讲好中国故事，传播好中华美育精神。

2. 体系新颖，内容全面

本书在体系设计和内容编排上进行了积极的创新，增加大量的前沿性和应用性教学内容，具有体系新颖、视角独到，兼顾科学性与前瞻性、专业性与通用性的特点。本书涉及美的缘起、美的法则、美的心灵、美的价值等美的哲理问题，也涉及自然、生活、建筑、绘画、雕塑、书法、音乐、舞蹈、戏剧、影视、文学等美的艺术表现形式，还涉及美的思考、美的赏析、美的体验等美的实践问题。本书既注重与相关学科的内在逻辑关系，又引入与艺术教育和生活美育相关的实例，体现了大学美育教学艺术化和生活化的趋势。

3. 遵循美育特点，聚焦传统文化

本书将中华优秀传统文化和经典艺术作为主要内容，遵循美育特点，以专题形式帮助学生了解中华文化的变迁，厘清中华文化的脉络，汲取中华文化的艺术精髓。

4. 技能与思政教育紧密结合

本书在讲解大学美育专业知识的同时，紧密结合思政教育主旋律，提升大学生的综合素养。

本书由李滔、谢连生、钟明荣担任主编，陈雅琪、李敏、高健婕担任副主编，曹沂华、朱贤凌、徐帆、谢杼含参与编写。河北军创家园文化发展有限公司也参与了本书的编写，在此对他们的付出表示真诚的感谢。

由于作者水平有限，难免有疏漏之处，欢迎广大读者批评指正。

编　者

2024 年 6 月

目　　录

第一章　美美与共——美与美育

知识目标

- 了解美的内涵。
- 了解美学的含义。
- 了解美育的任务。

能力目标

- 初步建立对美的认知体系，提升对美的认识。
- 理解美学的基本理论，了解美育的意义。

素质目标

- 树立正确的审美观、人生观和价值观。
- 培养大学生发现美的能力。

情境导入

山居秋暝

唐　王维

空山新雨后，天气晚来秋。

明月松间照，清泉石上流。

竹喧归浣女，莲动下渔舟。

随意春芳歇，王孙自可留。

这首山水名篇，于诗情画意之中寄托着诗人高洁的情怀和对理想境界的追求。此诗一个重要的艺术手法，是以自然美来表现诗人的人格美和一种理想中的社会之美。从表面看，这首诗只是用"赋"的方法模山范水，对景物进行细致感人的刻画，实际上通篇都采用了比兴手法。诗人通过对山水的描绘寄慨言志，含蕴丰富，耐人寻味。

随着科技的高度发展和物质生活的不断丰富，我们的内心却时常陷入一种莫可名状的焦灼与苦闷。精神世界的迷失、文化认同的失意、价值判断的物化、人际关系的冷漠、生活方式的低俗，让我们在物质与金钱的冲击中，与生活的意义渐行渐远。生活原本是充满诗意的，当我们阅读历代先贤的著作时，不难发现，无论是顺境还是逆境，无论是得意还是失意，无论是贫穷还是富有，"竹杖芒鞋轻胜马，谁怕？一蓑烟雨任平生"，他们都在追求一种诗意的生活。

"回首向来萧瑟处，归去，也无风雨也无晴。"这种诗意生活，既包含一种追求人生意义的信念，也包含一种生存状态的审美趣味。

名人名言

天地有大美而不言，四时有明法而不议，万物有成理而不说。

——庄子

1.1 认识美

1.1.1 美的定义

什么是美？每个人对美都有某种感性的认识，具体到一个个场景，它可能是朝霞满天（见图1-1），也可能是落日熔金（见图1-2）；它可能是春花烂漫（见图1-3），也可能是秋叶满地（见图1-4）；它可能是孩子的天真无邪（见图1-5），也可能是老人的饱经沧桑（见图1-6）；它可能是青春少女的莞尔一笑，也可能是阳光少年的激情奔跑；它可能是苏轼把酒高唱"大江东去"，也可能是朱自清泪眼婆娑里父亲的背影……

图 1-1 朝霞满天

图 1-2 落日熔金

图 1-3 春花烂漫

图 1-4 秋叶满地

一千个人眼中有一千个哈姆雷特，一千个人眼中也有一千个西施。我们随时随地都可能发现美，感受到美。但我们往往只会凭直觉模糊地感受到什么样的事物是美的，而无法准确地定义美究竟是什么。从古到今，从西方到东方，人们对"美"的解释是复杂的。例如，古希腊的柏拉图说"美是理念"，俄国的车尔尼雪夫斯基说"美是生活"，中国古代的道家学派认为"天地有大美而不言"。在甲骨文中，"美"字的下部像人形，上部像羽饰。"美"本义指漂亮、好看，除了表示具体事物的美好，还用来表示抽象意义，如高尚的品德被称为"美德"。美好的事物往往给人以愉快的感觉，所以"美"也有令人满意的意思。"美"有时也被用作动词，指赞美，又指使之漂亮。

图 1-5　天真无邪

图 1-6　饱经沧桑

美是精神领域抽象物的再现，美感的世界纯粹是意象世界。

确切地说，美是指能够使人产生积极的情感体验，继而促使人的精神发生积极变化的事物属性。积极的情感体验具体表现为情感愉悦、身心轻松和感觉舒适等，积极的精神变化具体指人在获得审美体验后，或是产生了对审美对象的喜爱之情，或是产生了对美好生活的憧憬，或是心中有一种积极向上的信念。举一个简单的例子，在一个平常的日子里，你在大街上走着，突然从街角转出来一个让你眼前一亮的姑娘向你打听道路，你告诉姑娘后，姑娘甜笑着向你表示感谢，如是这一整天你都会非常高兴，干什么都不觉得累，似乎那个姑娘一直在冲你甜甜地笑，这就是你真实地感受到了美。再比如，我们所熟知的《感动中国》节目（见图 1-7），当我们看到那些杰出人物的感人事迹介绍时，往往会坐在电视机前热泪盈眶，这是因为我们感受到了美德的力量。

1.1.2　美的表现形式

上面提到，我们对美的感受是多种多样且千变万化的。从研究的角度来看，要分析什么是美，就必须从千头万绪中理出一条明晰的线索，所以我们把各种美的表现形式归纳为以下几种。

1. 视觉形象

视觉是人们感受外部世界的一种主要形式，因而也是美存在的一种

图 1-7　《感动中国》节目

主要表现形式。例如，最传统的绘画、书法、雕塑、影视作品等，不管是中国山水画（见图1-8），还是西洋美术中的点彩印象，不管是张旭的醉舞狂草，还是米开朗琪罗的《大卫》雕塑（见图1-9），无不给人一种视觉上的愉悦和冲击。

图1-8　中国山水画

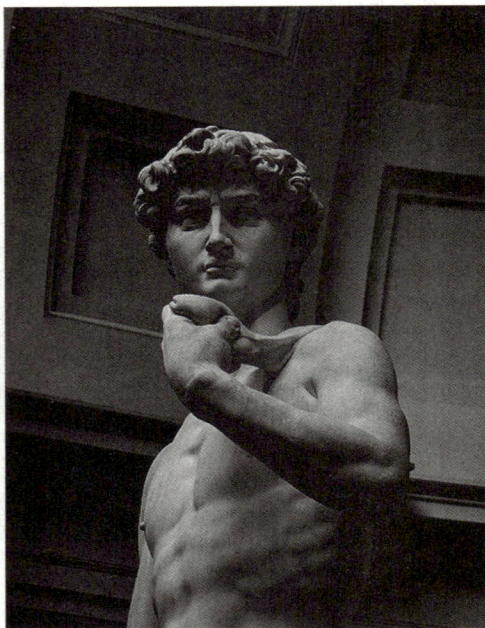

图1-9　米开朗琪罗的《大卫》雕塑

2. 真实情景

真实情景主要指我们生活的自然环境和生活场景所蕴含的一种美。自然环境包括大地山川、河流湖泊等天然环境和桥梁建筑、亭台楼阁等人文景观，比如茫茫长江、巍巍昆仑（见图1-10）、港珠澳大桥、苏州园林（见图1-11），这些自然环境和人文景观中都蕴含着或博大豪迈或婉约多姿的美；生活场景指围绕人们生活的各种场景，比如庄严的祖先祭祀、豪放的腰鼓表演、激烈的龙舟竞渡、喜庆的婚礼仪式等，在千百年的积累和演化过程中，人们把美的感受融入其中，凝聚成一种传承不息的美。

图1-10　巍巍昆仑

图1-11　苏州园林

3. 文化意象

文化意象是以各种自然事物为基础，通过赋予一定的思想和精神内涵而使其成为一种美的象征符号。文化意象是人类思想美和精神美的主要表现形式。这种文化意象往往通过诗词文赋、戏剧歌谣、舞台造型、绘画作品等逐步沉淀、塑造和定格。例如，在不同的人类文明的艺术作品里，太阳代表光明和生命（见图 1-12）；在传统东方文化里，月亮代表思念，"海上生明月，天涯共此时""明月几时有，把酒问青天"，这些经典诗词无时无刻不在中国人的心里投下美的光辉；蒙古族舞中弯腰耸肩的动作（见图 1-13）展示了舞者仿佛在骑马过程中的矫健身姿；画家在中国画中画柿子，而且一定要画两个以上的柿子，表达了"事事如意"的寓意（见图 1-14）；锦鸡总与花朵相伴，并且一定是花在上，鸡在下，表达了"锦上添花"的寓意（见图 1-15）。

图 1-12　太阳神鸟

图 1-13　蒙古族舞蹈

图 1-14　事事如意

图 1-15　锦上添花

4. 感官知觉

除了视觉，还有很多美是通过人的其他感官感受到的，比如各种美食，能让我们通过味觉感受到美；"人间八月桂花秋""一枝梅花报春来"表达了我们可以通过嗅觉感受美的意境；"嘈嘈切切错杂弹，大珠小珠落玉盘"表达了我们可以通过听觉感受韵律之美；"手如柔荑，肤如凝脂"表达了我们通过触觉可以感受肌肤之美。

5. 心理感受

既然我们说美是一种高级的情感体验，那么美在很多时候就是通过"情"表现出来的。这里的"情"可以是亲情、友情、爱情，也可以是同情。"遥怜小儿女，未解忆长安"，这是亲情的美；"海内存知己，天涯若比邻"，这是友情的美；"窈窕淑女，君子好逑"，这是爱情的美；"衙斋卧听萧萧竹，疑是民间疾苦声"，这是同情的美。中国古典诗词的美通过诗人的心理感受表达得淋漓尽致。同样，你看到《蒙娜丽莎》（见图 1-16）这幅作品，是不是也感受到那里面慈祥的母爱、温润的爱情？看到《伏尔加河上的纤夫》（见图 1-17）这幅作品，是不是在那深深勒入纤夫肩膀的纤绳上感受到刺痛心灵的同情？这些都是美，是激荡人心、荡气回肠的美。

图 1-16 《蒙娜丽莎》

图 1-17 《伏尔加河上的纤夫》

1.1.3 美的特性

由于美是事物的属性，所以只要有事物存在的地方，就会出现美。各种异彩纷呈的美，从直观上带给我们无尽的享受。从研究的角度来看，我们也可以对各种各样的美进行分析，从中归纳出其固有的特点。具体而言，美有以下 5 个特性。

图 1-18 美丽的鲜花

1. 从属性

美是事物的属性，依赖于事物的存在而存在，随着事物的变化而变化，因此，美没有主体性，从属于它所依附的事物。当对应的事物消失时，美也随之消失。"人无千日好，花无百日红"，这里所说的"红"是花的美的表现，当花枯萎时，美就不存在了（见图 1-18）。从这个意义上讲，我们既然爱美，就一定要呵护产生美的环境与载体。

2. 直觉性

"海伦走了进来，她的美丽使老人们肃然起敬"，这是古希腊《荷马史诗》中对美人的描写；"北方有佳人，绝世而独立，一顾倾人城，再顾倾人国"，这是中国古代诗

人眼中的美人。无论是东方还是西方，人们都是通过直觉来感受美人所蕴含的美的。

美的直觉性不仅使人们对美的欣赏与体验唾手可得，而且让美的积极影响能够很方便地发挥出来。这样一来，我们就可以时时刻刻感受美，从美的感受中唤起我们的热情，激励我们的精神，激活我们的信念，树立我们的理想。生活在我们对美的直觉中也会越来越美好。

3. 认同性

在人们眼中，世间的事物有美丑优劣之分，作为事物的一种属性，美也有其判断与评价的标准。与其他很多事物的客观评价标准不同，美的评价没有量化标准，只有文化的认同性。同一文化背景下，人们的价值观与审美观等影响着对美丑的判定与评价。在中国传统文化中，以含蓄为美，所以中国绘画中的人物都峨冠博带、衣袂飘飘。而西方文化以真实为美，所以西方人物绘画中经常出现裸体人物。在西方文化中，称呼长辈老师时，人们大多直呼其名。而在东方文化中，称呼长辈老师时，直呼其名是极其不礼貌的行为。这就是美在不同文化背景下的认同性。

4. 积极性

美的东西一定是好的，会对人产生积极的情感影响，改善人的精神状态。积极性既是其核心与基础，也是区分美与丑的首要标准。我们经常从各种信息媒介上看到一些消息，比如，在深夜的火车车厢里，当大多数人都在睡觉时，有人拿着手机高声聊天，这种行为显然不美；有的游客喜欢在所到之处留下"到此一游"的"墨宝"，显然与美的内涵背道而驰。而很多英模的事迹报告，总是打动人心，鼓舞人们努力向前，一心向善，那一定是美的。

5. 时空性

因为任何事物都具有时空性，美的从属性的本质特征注定美也一定具有时空性。所谓"春有百花秋有月，夏有凉风冬有雪"，四时的美景是随着季节的变化而变化的。"大漠孤烟直，长河落日圆"是王维的名诗《使至塞上》里的经典名句，将漠北景色描绘得淋漓尽致（见图1-19），展现了北方的苍茫之美；"日出江花红胜火，春来江水绿如蓝"来自白居易的名诗《忆江南》，道不尽的是江南的旖旎美景（见图1-20）。

图 1-19　漠北景色

图 1-20　江南风光

换一个角度讲，如果时空发生了变化，原来的美可能就不再是美。比如，当浓烈的爱情来临时，情人在自己私密的天地里热情地拥抱接吻，那是人间至美的时刻。如果不管不顾，在大庭广众下旁若无人地肆意亲昵，那则是对公共空间的精神污染。

综上所述，我们讲述了美的5个特性。这也是我们分析和欣赏美的出发点，离开了这5个特性，美就不称其为"美"。

1.1.4　美的分类

生活中的美是千变万化、形形色色的。为了便于研究，我们可以把美进行分类。美的分类方法有很多，这里按其所依附的事物的性质，分为自然美、生活美、艺术美、文化美、科技美五大类。下面，我们先进行简要介绍，后面章节再逐一讲解。

1. 自然美

这里说的自然美，主要是指我们生活的大自然所蕴含的各种美的元素。自然美是一切美的基础，也是各种美的参照，比如著名的孔雀舞主要模仿自然中美丽的孔雀（见图 1-21 和图 1-22）。

图 1-21　孔雀

图 1-22　孔雀舞

自然美又可以分为时间范畴的自然美和空间范畴的自然美。时间范畴的自然美包括季节变换中展现出的时令美（如春花秋月所体现的美）和古今轮换中折射出的历史美（如古典园林与现代园林，见图 1-23 和图 1-24）。空间范畴的自然美则指天南地北、五湖四海不同地域展现出的当地独有的特色。

图 1-23　古典园林

图 1-24　现代园林

2. 生活美

生活美指人们在创造满足生活的物质条件的过程中所表现出来的一种美。衣食住行是人生活的基础，所以生活美最基本、最典型的体现就是服饰美（见图 1-25）、食物美（见图 1-26）与建筑美（见图 1-27），然后又衍生出器物美（见图 1-28）和人际关系美（见图 1-29）。

图 1-25　服饰美

图 1-26　食物美

图 1-27　建筑美

图 1-28　器物美

图 1-29　人际关系美

3. 艺术美

艺术来源于自然与生活，所以艺术美是通过对自然和生活进行提炼和加工而创造出来的一种美。常见的艺术美有美术、音乐、舞蹈、戏剧、影视等。相对于自然美和生活美而言，艺术美进行了升华，融入了思想，因此，艺术美对人的审美影响更加积极强烈，而且更能鼓舞人的精神，增强人的信念。我们通常会说，伟大的民族必然有伟大的艺术，比如我国有敦煌歌舞，意大利有经典歌剧（见图 1-30 和图 1-31）。

图 1-30　敦煌歌舞

图 1-31　意大利经典歌剧

图 1-32　氢燃料赛车

4. 文化美

文字是文化的载体，所以我们说文化美指文字本身所体现的美和以文字为基础所产生的文学美。谈到文字本身的美，其典型的代表有中国书法；而文学美则主要体现在诗歌、散文、小说、戏剧等各种文学体裁中。

5. 科技美

科技美指现代科技应用在产品上所体现出来的各种美，包括设计美、技术美、适用美和效能美等，比如充满科技感的氢燃料赛车体现了设计美与技术美（见图 1-32）。

1.2　认识美学

1.2.1　美学定义

美学是一个哲学分支学科。德国哲学家亚历山大·戈特利布·鲍姆嘉通在 1750 年首次提出美学的概念，并称其为"感性学"。美学是研究人与世界审美关系的一门学科，即美学研究的对象是审美活动。审美活动是人的一种以意象世界为对象的人生体验活动，是人类的一种精神文化活动。

审美是人类理解世界的一种特殊方式，审美可以使人与世界（社会和自然）形成一种无功利的、形象的和情感的关系状态。审美是在理智与情感、主观与客观上认识、理解、感知和评判世界上的存在的。审美要有"审"有"美"。"审"作为一个动词，表示一定有人在"审"，即有主体介入；同时，也一定要有可供人审的"美"，即审美客体或对象。审美现象是以人与世界的审美关系为基础的，是审美关系中的现象。在鲍姆嘉通建立了"美学"学科体系后，美学家席勒提出了"美育"的概念，他说："有促进健康的教育，有促进认识的教育，有促进道德的教育，还有促进鉴赏力和美的教育。"他还说，美育的目的在于"培养我们感性和精神力量的整体达到尽可能和谐的状态"。其实美育实践和美育意识，古已有之。在中国古代西周时期便有周公"制礼作乐"，礼是伦理关系的规范、仪式，乐是包括诗、歌、舞在内的综合艺术。到春秋末期，孔子认为教育的过程、人格塑造的过程，是一个"兴于诗，立于礼，成于乐"的过程，高度评价了美育在整体教育中的作用。孔子以"六艺"——礼、乐、射、御、书、数教授弟子。乐，实际上就是专门的美育课。孔子结合音乐、诗歌、舞蹈等活动展现了他的美育思想，以此奠定了中国古代美育的基础，并形成了中华美育传统。《国务院办公厅关于全面加强和改进学校美育工作的意见》（国办发〔2015〕71 号）中提到："美育是审美教育，也是情操教育和心灵教育，不仅能提升人的审美素养，还能潜移默化地影响人的情感、趣味、气质、胸襟，激励人的精神，温润人的心灵。"美育教育可以提升人认识美、理解美、欣赏美、创造美的能力，从而使人具有美的理想、美的情操、美的品格和美的素养。

1.2.2 美学的研究对象

无论哪一门学科，研究对象都是其基础理论的基石，而美学的研究对象也与"美是什么"这一问题一样，至今悬而未决。也因此可以说，美学仍在不断发展变化中。

1. 美学是研究感性的学科

德国哲学家鲍姆嘉通作为"美学"（aesthetics）这一名称的创造者认为，人类的心理活动可以分为知（理性认识）、意（意志）、情（情感）三部分，而逻辑学研究"知"、伦理学研究"意"，因此"情"也应该有一门对应的学科来研究。于是他提议建立一门新的学科，即美学，来研究"情"。

根据鲍姆嘉通的观点，美学研究的是"感性认识的完善"，而"感性认识的完善"也就是"美"。

2. 美学是艺术哲学

黑格尔认为美学应以艺术研究为主，在其著作《美学》首卷的开篇，他就开宗明义地指出：美学的对象就是广大的美的领域，说得更精确一点，它的范围就是艺术，或者说，就是美的艺术；美学所讨论的并非一般的美，而只是艺术的美；美学的正当名称是"艺术哲学"，更确切一点，是"美的艺术的哲学"。

在黑格尔的理论中，美学研究的对象是艺术，美学就是艺术哲学或艺术科学，美学就是艺术观。基于此，美学所指的"美"仅仅指艺术美。而对于自然美，黑格尔认为："艺术美高于自然美……自然美只是属于心灵的那种美的反映，它所反映的只是一种不完全、不完善的形态，而按照它的实体，这种形态原已包含在心灵里。"即艺术美是来源于人们心灵中的理想的美，而自然美则是对心灵中美的不完全、不完善的反映。

3. 美学要关注自然与社会生活

我国古代哲人，尤其是道家学派，很早就关注到自然美，并且给予了很高的评价，如庄子认为"天地有大美而不言"。自然风光在中国古典艺术中也有重要的地位，如魏晋南北朝时开始盛行的山水诗和山水画。

在宋代马远的画作《踏歌图》（见图1-33）中，柳树行笔瘦硬，树枝向下延展，转折处有力而不病弱；画中山石笔墨雄健苍劲，轮廓鲜明，恰似刀砍斧劈而成，有力地表现了雨后天晴的京城郊外景色。

同时，我国古代美学还对社会生活尤为关注，如儒家就认为人应该具有高尚的道德和情操，成为"君子"；而"君子六艺"中就包括"诗"和"乐"这两门艺术，这说明孔子等儒家学者认为艺术与人格有密切的关系，希望通过艺术美来培养人格美。同时，儒家还关注整个社会，认为社会应该讲道德、有秩序，最终实现"天下大同"这一目标。

可见，我国传统美学虽然没有系统的文字表述，但是美学的研究对象非常丰富。

图 1-33 马远《踏歌图》

4. 美学是研究审美关系的学科

近现代学者经过研究和探索，提出诸多独创性的美学观点，同时还有参与美学讨论的理论研究者。例如，我国著名美学家、文艺理论家蒋孔阳认为，美学是以艺术为中心，并主要通过艺术研究人对现实的审美，以及在审美关系中所产生和形成的审美意识的一门科学；山东大学美学研究所所长周来祥认为，美学的研究对象是审美关系，美学是以审美关系为轴心的，对美、审美和艺术的有机统一整体进行综合研究。

1.2.3　美学的任务

俄国现实主义文学理论和文艺批评的奠基者别林斯基说："真正的美学的任务不在于解决艺术应该是什么，而在于解决艺术实际是怎样的。"显然，他是将艺术作为美学的研究对象，但其实艺术是一种审美的意识形态。将别林斯基理论中的艺术扩展到整个审美活动中，就可以发现，美学的任务就是从哲学的高度分析人类的审美现象，总结人类审美实践经验，最终探索和揭示人类审美活动的规律，如审美对象具有什么特质、审美主体与审美客体的关系、审美的心理结构、审美意识的产生和发展等。这也是美学最主要、最根本的任务，只有完成了理论的任务，人们才能利用理论的力量指导审美实践，促进审美活动的开展。而审美作为一种高度复杂的活动，至今仍然留有很多未解之谜供人们探索。

美学能够指导审美实践，美化社会，并美化每个人的生活。人对现实世界的改造是按照美的规律进行的，在我们的日常生活中，建筑设计、服装设计、广告设计、家居环境等都与美息息相关，需要美学的指导才能得到最佳的效果。例如，一件产品，除满足人们使用的需要外，在造型、色彩等方面也应该赏心悦目，符合审美的要求。同时，美学的普及也能够促进社会文明的发展，比如若人们能够普遍认识和欣赏自然美，则保护自然的理念就更易推行，人们也会自觉地减少对自然的破坏。

美学作为一门人文学科，关系到人类自身的生存与发展，美学理论需要揭示美与人自身建设的关系，这体现了美学对人的整体性关怀，可谓是美学的终极理想和追求。马克思认为，人能按美的规律来"建造"，审美活动能够通过"陶冶"潜移默化地改变人，并对人造成深刻且持久的影响。因此，美学应当揭示美对于人类社会生活的多方面联系与意义，帮助人们理解审美活动与美，并且指导人们的审美实践，使人们自觉地参加审美活动，以美学理论帮助人们以一种内在的驱动力来进行自我塑造、自我完善。苏联著名教育家、心理学家赞科夫曾经说过："审美发展和道德发展是密切联系的。对于美的欣赏可以使人变得高尚起来。美能唤起人的善良感情，如同情心、忠诚、爱、温柔等。感情会在人的行为中成为一种积极作用的力量。"一个接受过美学教育、具备足够美学知识的人，在生活中，能够明白什么样的审美情趣是庸俗的，什么样的审美情趣是高雅的；能够分辨艺术作品的优劣，自觉从优秀的、具有深度精神意蕴的艺术作品中汲取有益的营养，从而培养正确的审美观念和崇高的审美理想。

1.3　认识美育

美学可以促进人的审美意识的形成，而这需要人们了解美学、理解美学。要达成这样的效果，最佳方法就是进行以美学为内容的教育，也就是"美育"。教育家凯洛夫说："美育是学生全面发展不可或缺的一部分。它的本质是理解自然和社会的美，理解人与人之间关系的美，从艺术的角度理解周围的现实，培养艺术美的创造力。"美育，是审美的教育，是美感的教育，更是对人精神的教育。

1.3.1　从美学到美育

如同美学的诞生先于"美学"这一概念的提出，美育的历史同样远早于"美育"这个词语的提出。早在古希腊和罗马时期，斯巴达城邦教育就将舞蹈与体操相结合，雅典城邦则设立了弦琴学校以讲授音乐、唱歌和吟诗等，这被称为"缪斯教育"（缪斯是希腊神话中司掌艺术与科学的9位文艺女神的总称）。在理论上，哲学家柏拉图在《理想国》中，描摹了对青少年实施以歌唱、舞蹈、演奏等为主要内容的全面、系统的艺术教育，并提出了用音乐教育培养"城邦保卫者"的观点。其弟子亚里士多德则主张阅读、书写、体育、音乐、绘画和谐发展，并认为"美是一种善"，肯定了美引人向善的作用。此时的美育，局限于艺术教育，可被称为"关于美的教育"。

在中世纪，美育在"黑暗时代"中挣扎，仅有音乐作为"七艺"之一，成为修道院教育的主要内容，但此时的音乐教育充满了宗教神学色彩，专为神学服务，已然失去了其本来面目。随着文艺复兴和启蒙运动的兴起，美学重新焕发生机，"文学三杰"（但丁、彼特拉克和薄伽丘）、"美术三杰"（达·芬奇、米开朗琪罗和拉斐尔）等一大批划时代的艺术家涌现，"美"达到了高峰，社会对于美育的需求也随之高涨，美育已经呼之欲出。

18世纪，"美学"从哲学中独立出来，建立了自己的学科体系，为美育实践提供了理论依据。18世纪90年代，德国著名诗人席勒在其著作《美育书简》中第一次提出"美育"的概念。"有促进健康的教育，有促进认识的教育，有促进道德的教育，还有促进鉴赏力和美的教育。这最后一种教育的目的在于，培养我们感性和精神力量的整体达到尽可能和谐。"这成为美育诞生的宣言。19世纪中叶以后，伴随着工业革命浪潮，美育实践也得以强化，万国工业博览会（世界博览会的前身）于1851年在伦敦的海德公园成功举行，这是一次规模空前、受关注度较高的艺术和工艺展览，引发了欧美工艺展览活动的风潮。各国随之建立起林林总总的美术馆、工艺馆、艺术院校，美育也通过这一系列路径触及千家万户。

1.3.2　中华文化美育传统

美育的概念及其相关理论虽然并不是由我国最早提出的，但美育在我国并不是空白的，甚至可以说，我国是具有深厚美育传统并从未中断的国家。

有史可查的审美活动早在先秦时期就已出现，据《尚书·舜典》记载：舜要求乐官夔用乐去"教胄子，直而温，宽而栗，刚而无虐，简而无傲"。可见舜已经意识到美对于人的教化作用。周公旦"制礼作乐"，对我国社会、思想文化、历史发展都产生了重大而深远的影响，而其中的"乐"正是广义的艺术。西周各级各类学校教育的基本学科是"六艺"，即礼、乐、射、御、书、数，可见当时我国古代社会对美育的重视及对美育功能的极大运用。

孔子积极提倡美育，他肯定了美育对人的精神的深刻影响，提出："兴于诗，立于礼，成于乐。"（《论语·泰伯》）"诗，可以兴，可以观，可以群，可以怨。迩之事父，远之事君。多识于鸟兽草木之名。"（《论语·阳货》）儒家将艺术及更广泛的美作为教化的有效手段。汉武帝时期"罢黜百家，独尊儒术"，儒学成为我国封建史上唯一的"官学"。随着儒家学者群体的扩大，儒家书院的兴盛，儒家的美育传统也随之持久地传承下来。

在孔子之后，历代士大夫都重视美育的作用，"建安七子之首"王粲在《荆州文学记官志》中提出"夫文学也者，人伦之守，大教之本也"的观点。唐代名臣魏徵极力推崇文学的教化作用，在《隋书·文学传序》中提出："然则文之为用，其大矣哉！上所以敷德教于下，下所以达情志于上，大则经纬天地，作训垂范，次则风谣歌颂，匡主和民。"白居易"上可裨教化，舒之济万民。下可理情性，卷之善一身"（《读张籍古乐府》）的论断则点明了美育对社会和个人的裨益，金圣叹点评《水浒传》的说法则更加直接，他说："写鲁达为人处，一片热血，直喷出来，令人读之，深愧虚生世上，不曾为人出力。"他认为小说情节有强大的感染力，能够激发人的羞愧之心，促使人"醒悟"。可见，虽无美育之名，但历代文艺家无不注意到了文艺作品的教育意义，我国美育，古已有之。

1.3.3　近代中国的美育探索

鸦片战争之后，我国国门大开，西方的各种思想也随之传播到国内，彼时国内的进步知识分子认识到美育的作用和力量，将其相关理论引入我国，美育快速发展起来。

近代学者王国维受康德、席勒等人的思想的影响，在文学、哲学、美学、史学等方面均有很深的造诣，他将"美育"这个概念翻译并带到中国，并较为系统地阐述了美育的理念和主张，他提出："完全之人物，不可不备真美善之三德。""教育之事亦分为三部：智育、德育（即意志）、美育（即情育）是也。""美育者一面使人之感情发达，以达成完美之域；一面又为德育与智育之手段。""三者并行，而得渐达真善美之理想，又加以身体之训练，斯得为完全之人物，而教育之能事毕矣。"（《论教育之宗旨》）。

蔡元培是我国杰出的教育家、思想家，在出任中华民国教育总长之后，他积极推动美育的发展和普及。1912年，他发表《对于教育方针之意见》，提出"五育并举"（军国民教育、实利主义教育、公民道德教育、世界观教育、美感教育）的教育方针。之后，他又主持制定了《大学令》《中学令》，奠定了我国从幼儿园到小学、初中、高中，再到大学、研究院的现代教育体系。

1913年，鲁迅发表《拟播布美术意见书》，其中提到："（美育）其力足以渊邃人之性情，崇高人之好尚，亦可辅道德以为治。"1919年，吴梦非、丰子恺等人联合成立了我国第一个美育学术团体——"中华美育会"，并于1920年创刊出版了中国第一本美育学术刊物——《美育》杂志，积极研究和宣传美育思想。1922年，蔡元培发表《美育实施的方法》，论述了从社会、学校、家庭三个方面实施美育的要求和方法，虽然其中的方法多少有些不切实际，但仍然不失为一次有益的尝试。

1.3.4　大学美育

新中国的成立，使古老的中华大地焕发新生，社会欣欣向荣，美育也终于等到了最好的发展时机。1951年，时任教育部长的马叙伦在全国中等教育会议闭幕词中指出，全面发展的原则是"使青年一代在智育、德育、体育、美育各方面得到全面发展，成为新民主主义社会自觉的积极的成员"。《中华人民共和国义务教育法》《中华人民共和国教育法》《关于深化教育改革全面推进素质教育的决定》等法规、文件无不肯定了美育的重要意义，并大力提倡和发展美育。

大学美育，顾名思义，即面向大学生群体教授的美育课程。在所有学段的学生中，大学生具有较为成熟的思维能力和较为丰富的生活阅历，能够较好地理解美学的相关理论；在所有学段中，大学被认为是大多数大学生走向社会的最后一个学段，大学教育对大学生后续的人生发展有直接的影响。因此，大学美育在各个学段的美育中，显得格外特殊与重要。

2020年，由中共中央办公厅、国务院办公厅印发的《关于全面加强和改进新时代学校美育工作的意见》指出："高等教育阶段开设以审美和人文素养培养为核心、以创新能力培育为重点、以中华优秀传统文化传承发展和艺术经典教育为主要内容的公共艺术课程。""高等教育阶段强化学生文化主体意识，培养具有崇高审美追求、高尚人格修养的高素质人才。"可见，作为一种高等教育活动，大学美育将以美学理论为指导，通过对中外经典艺术作品的赏析和对中华优秀传统文化的把握，培育大学生的创新能力、审美能力，使之成为具备崇高审美追求、高尚人格修养的高素质人才。这正是我们编写此教材的主旨，也是大学生学习本课程应秉持的理念。

思考与练习

练习一：思考与讨论

1. 中国现代美学奠基人朱光潜在《文艺心理学》中提出："研究文学、艺术、心理学和哲学的人们如果忽略美学，那是一个很大的欠缺。"他在《谈美书简》中又说："研究美学的人如果不学一点文学、艺术、心理学、历史和哲学，那会是一个更大的欠缺。"请你思考并与同学一起讨论：朱光潜先生的这两句话有何道理？这两句话对我们学习美学有何启示？

2. 有人说："美对只讲而不想的人是一目了然的，而对又讲又想的人而言始终是个谜。"请你思考并和同学一起讨论：为什么会有这样的现象？我们又该如何"讲"美呢？

练习二：认识与赏析

1. 下面是一幅现代建筑图（见图1-34），请分析其中所包含的美的形式有哪几种，各种美是通过什么形式表达出来的。

2. 中国地域辽阔，山川秀丽，风景名胜众多。请欣赏下面两张图片（见图1-35和图1-36），分别说说你感受到的美，并从中国古诗词中找到一些描述这种美的诗句。

图1-34 现代建筑　　　　图1-35 沙漠景色　　　　图1-36 江南水乡景色

审美实践——心中的至美

一个人，哪怕对美学全然无知，同样会有美的感受和体验。下面请同学们讲一讲自己心中最美的事物。

一、活动名称

心中的至美。

二、活动主旨与意义

同学们通过讲述自己心中最美的事物，从自己的回忆和分析中感受美、领悟美，认识个体间的审美差异，培养审美能力。

三、活动内容

请同学们至多利用一节课的时间完成本次活动，活动内容如下。

1. 请同学们各自拿出一张白纸，写下自己心中觉得最美的事物，可以是一首歌、一幅画、一本书、一首诗、一张照片、一片风景、一幢建筑、一段经历、一种理论或其他事物。

2. 想一想这一事物到底美在何处，分析其所蕴含的美，并写在纸上。

3. 全班同学互相乱序交换纸张，在拿到纸张后，阅读上面的文字，将自己从中感受到的美写在上面。可以多交换几次，然后物归原主，谈谈大家对于自己喜爱事物的看法。

审美实践——创造我的美

创造美从不是艺术家的专利，它同样体现在普通人的劳动和生活中。下面请同学们利用手边的材料，以自己喜欢的方式创造属于自己的美。

一、活动名称

创造我的美。

二、活动主旨与意义

同学们通过创造美的实践，体会马克思的"劳动创造美"的美学观，并在实践中提高自己的审美能力和审美素养。

三、活动内容

请同学们至多用一节课的时间完成本次活动，活动内容如下。

1. 请同学们根据自己对美的观点，构思一件自己认为美的作品，可以是文字作品、绘画作品、音乐作品，也可以是一段表演，甚至可以是一个物品、一个动作、一件衣服，只要认为其中具有美的成分，在形式上没有任何限制。

2. 通过自己的行动，将设想的作品变为现实。如果可以的话，请向全班同学展示你的作品，并说一说你的创作理念。

第二章 鬼斧天工——自然之美

知识目标

- 了解自然之美的表现。
- 了解中西方自然审美观及其差异，并认识现代生态美学。

能力目标

- 能够发现和欣赏自然之美。
- 认识现代生态美学。

素质目标

- 通过对自然之美的探索和学习，树立现代自然观、生态观。
- 增强自己的审美意识和审美素养。

情景导入

大自然的鬼斧神工——壶口瀑布

壶口瀑布（见图2-1）是中国第二大瀑布，世界上最大的黄色瀑布。在水量大的夏季，壶口瀑布气势恢宏；而到了冬季，整个水面全部冰冻，结出罕见的巨大冰瀑。

壶口瀑布处于秦晋大峡谷的南段，南距龙门约65千米，孟门5千米。壶口一带，黄河西岸下陡上缓，狭谷谷底宽约400米，由谷底上坡到龙王坡坡高约150米，崖岸很陡，龙王坡以上谷形展宽，谷坡平缓。黄河的横剖面为谷中谷的形态，在龙王辿以北，河幅宽度和峡谷宽度一致，河水充满峡谷，常水位流量在每秒1000～3000立方米，水面宽400余米。龙王辿以下，水流到壶口，在平整的谷底冲成一道深槽，小河槽宽30～50米，深约30米。壶口以上，水在宽槽中流行，到了深槽上端，400米宽的水面一下子全部倾注到30～50米宽的深槽中，形成瀑布。

自然造就了无穷的美，人类生活于自然环境中，在不断利用和改造自然时，也在不断地改造自然形态和创造自然之美。人与自然和谐共生，方是最高级的自然之美！

图 2-1 壶口瀑布

2.1 自然美的形式

大自然是我们最直接的外界感受对象，也许我们对它并没有太在意，但事实上，只要你有一双慧眼，便能发现大自然的美无处不在。"造化钟神秀，阴阳割昏晓"，在大自然中存在各种各样的美，下面我们分别讲述。

2.1.1 天生我材——物之美

自然造化的神奇让我们无以言表，自然中的事物品类无比丰富，这里面蕴藏着无穷无尽的美。

（一）物性之美

人类在与自然的交互过程中，逐渐发现自然界中有一些事物具备独特的性质，即具备不同的"物性"，这些"物性"便是我们审美的对象和重要的参考。下面我们欣赏一下曹操名诗《观沧海》。

> 东临碣石，以观沧海。
>
> 水何澹澹，山岛竦峙。
>
> 树木丛生，百草丰茂。
>
> 秋风萧瑟，洪波涌起。
>
> 日月之行，若出其中；
>
> 星汉灿烂，若出其里。
>
> 幸甚至哉！歌以咏志。

这首诗把大自然的美描写得大气磅礴，恢宏壮丽。总结起来，自然之美可以简单分为以下四类。

图 2-2 深邃的星空

1. 日月星辰

从人类处于蒙昧时期开始，就对邈在天际的日月星辰充满着向往和崇拜，进而使我们认为这深邃的星空别具美感（见图2-2）。在人类的早期图腾崇拜中，就把日月星辰当成至高无上的美加以膜拜，这在很多早期的岩画中都有充分体现。在进入文明社会后，日月星辰也成为美的文化符号，比如世界上大多数国家的国旗中都有日月星辰的影子。在中国传统文化中，更是赋予日月星辰无与伦比的美，"青青园中葵，朝露待日晞。阳春布德泽，万物生光辉"表达了我们对阳光的感激和美赞；"明月几时有，把酒问青天"，月亮幻化为我们对思念的审美；"危楼高百尺，手可摘星辰。不敢高声语，恐惊天上人"，星辰是我们对未知之美进行探索的对象。

2. 山水树石

"仁者乐山，智者乐水"，大自然的鬼斧神工，给我们塑造了无数的奇山秀水。山的巍峨（见图2-3），摄人心魄：这里有直入天际的喜马拉雅山脉，有巍巍莽苍的昆仑山脉，有中国南北分界的秦岭山脉，有东西分界的太行山脉；有"会当凌绝顶，一览众山小"的东岳泰山，有"衡山苍苍入紫冥，下看南极老人星"的南岳衡山，有"奇险天下第一山"的西岳华山，有"恒山铁骑请金枪，遥闻箙中花箭香"的北岳恒山，有"五岳归来不看山，黄山归来不看岳"的黄山，有"飞流直下三千尺，疑是银河落九天"的庐山，有"雁荡经行云漠漠，龙湫宴坐雨蒙蒙"的雁荡山。自然界中的山，上升到美学境界，代表着一种厚重、稳定、崇高的美。

水的浩瀚，美不胜收：有浩浩汤汤的长江，有九曲十八弯的黄河，有"气蒸云梦泽，波撼岳阳城"的洞庭湖，有"落霞与孤鹜齐飞，秋水共长天一色"的鄱阳湖，有"欲把西湖比西子，淡妆浓抹总相宜"的西湖，更有飞流直下、声如奔雷的瀑布（见图2-4）。自然的水，上升到美学境界，代表着一种纯洁、清澈、温柔的美。

图2-3　巍峨的山峰

图2-4　飞流直下的瀑布

山之美，石为魂。石头代表了一种坚固和安稳的美。在中国传统文化中，最典型的莫过于珠宝和玉石文化。人们相信：坚硬、稀有、美丽的珠宝，能够代表地位与财富，体现修养和品位，甚至具有超自然的力量。

中华文明有源远流长的玉文化，人们爱玉、乐玉、崇玉，不仅制作玉器，也喜欢在玉石上雕刻（见图2-5），并且在长期的赏玩中赋予了玉诸多美好的品德，东汉文学家许慎在《说文解字》中就有"玉有五德"的说法。

水之美，树之秀。树的美在于生机与活力，体现出一种生机盎然的生命的力量的美。这里面最有代表性的便是黄山迎客松（见图2-6）。

"天下第一奇山"的黄山，以奇松著称，有松状如凤凰引颈，有松状如蘑菇，有连理松并蒂齐肩，还有卧龙松、倒挂松、麒麟松等，而其中的佼佼者莫过于大名鼎鼎的"迎客松"。

迎客松破石而生，主干挺拔，一侧枝杈伸出，如人伸出一只臂膀欢迎远道而来的客人，雍容大度，姿态优美，由此得名。迎客松之美，不光是其姿态特殊，更在于其扎根岩石、背靠绝壁、前临谷道，天然处在突出的视觉位置。游人沿山道而上，狭窄的山道豁然开朗，一棵高逾10米的千年古树立于面前，舒展树枝，仿佛一位热情大方的主人在欢迎游人的到来，面对此

图2-5　立体浮雕玉石山川

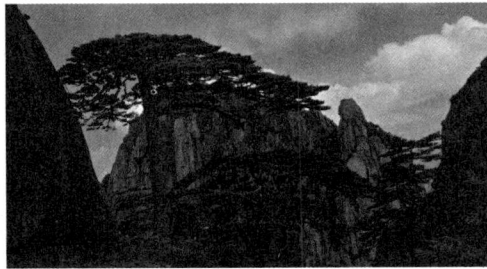

图2-6　黄山迎客松

情此景，怎能不让人感慨造化之奇、自然之美。只要有一双善于发现美的眼睛，就能发现，生活中的美景俯拾皆是。

3.珍禽灵兽

"两个黄鹂鸣翠柳，一行白鹭上青天""江晚正愁余，山深闻鹧鸪""草枯鹰眼疾，雪尽马蹄轻""虎踞龙盘今胜昔，天翻地覆慨而慷""狗吠深巷中，鸡鸣桑树颠""金钱饶孔雀，锦段落山鸡"，这些优美的中国古诗词中，处处闪现着各种珍禽灵兽的身影。在服饰、绘画、舞蹈等艺术形式中，各种珍禽灵兽也化作美的符号，比如象征着最高权力的龙、象征着吉祥的麒麟、象征着财富的貔貅、象征着自由的雄鹰（见图2-7），这些都是上升到美学层面的各种珍禽灵兽。

4. 花草果蔬

花草果蔬是我们接触最多的自然事物，也是最容易发现美的事物。

花之美在于鲜艳的颜色，"等闲识得东风面，万紫千红总是春"，鲜艳的颜色总会让人心情愉悦，于是鲜花成为我们最常用的美的代表，"花容月貌"，就是把美女的脸比作鲜花。

草之美在于生机与活力。"离离原上草，一岁一枯荣。野火烧不尽，春风吹又生"，一首我们耳熟能详的古诗《草》道出了草所承载的美（见图2-8）。

"兰陵美酒郁金香，玉碗盛来琥珀光""日啖荔枝三百颗，不辞长做岭南人"，果蔬之美在于香甜爽口，触动我们味觉和视觉的审美。

图 2-7　雄鹰

图 2-8　美丽的草原

（二）物态之美

除了物性之美，事物或自然现象所显现的状态也别有风致，被人们所感受和欣赏，这就是自然事物的物态之美。

同一事物可以呈现出不同的物态，展现出各异的物态之美。同样是阴晴变化，不同的诗人眼中有不同的美。苏轼说，"回首向来萧瑟处，归去，也无风雨也无晴"，这表现出一种淡定豁达的美。刘禹锡说，"东边日出西边雨，道是无晴却有晴"，这表现出一种温馨而积极热情的美。

在对待物态上，不同文明、不同时期的人，其审美却具有惊人的相似性。例如，雷电（见图2-9），往往象征力量、威胁或剧烈的冲突，具有壮美感；绵绵细雨（见图2-10）则象征繁杂的思绪或悠长的思念，细腻柔美是其情感内核；高飞的候鸟则是挣脱枷锁、进取开拓的表现，是自由意志的化身。物态本身的特征决定了人们在接受物态时的体验，因此往往具有一定的审美指向。

图 2-9　雷电

图 2-10　绵绵细雨

（三）情景之美

自然界的事物一般通过视觉、听觉、触觉、嗅觉等给我们带来情景之美，情景之美实际上也可以理解为环境之美。只要我们置身其中并仔细去体验，我们周围环境中的各种事物实际上是充满美感的，下面欣赏唐代诗人张继的《枫桥夜泊》。

月落乌啼霜满天，

江枫渔火对愁眠。

姑苏城外寒山寺，

夜半钟声到客船。

这首诗通过视觉和听觉交融的方式给我们塑造了一种凄清孤寂的美感。徐徐落下的月亮、漫天盖地的浓霜、江边挂着几片残落树叶的枫树、江上如寒星闪烁的渔火（见图 2-11），还有想象中看到的姑苏城外的寒山寺，无不从视觉的角度渲染出一种凄冷的意境；万籁俱寂中，突然惊起的一两声寒鸦的叫声，以及夜深人静时飘来的缥缈的透着寒气的钟声，从听觉上给我们极其强烈的精神冲击，让我们不由得去品味其中的凄美。

杜甫《月夜》一诗中的诗句"香雾云鬟湿，清辉玉臂寒"则通过"香雾"的嗅觉情景、"湿""寒""玉臂"的触觉情景，再结合"云鬟""清辉"的视觉情景，在短短十个字中，高度浓缩出一种月夜清幽之美（见图 2-12）。

图 2-11　江枫渔火

图 2-12　月夜清幽之美

（四）意向之美

自然界中有些事物能使人在精神和情感上产生强烈的共鸣，这些事物便具备了一种意象之美。"前村深雪里，昨夜一枝开"，斗雪傲霜、凌寒开放、清香扑鼻的梅花（见图 2-13），给人一种不屈不挠、高洁孤傲的精神美感；石缝中顽强长出的小草（见图 2-14）则让人感受到生命无比倔强的力量。

图 2-13　寒梅傲雪

图 2-14　石缝中的小草

羊羔跪乳和乌鸦反哺（见图 2-15 和图 2-16）的视觉场景则给人一种无比温馨的情感之美。

图 2-15　羊羔跪乳

图 2-16　乌鸦反哺

2.1.2　美不胜收——风景美

除了具体的事物，我们对自然之美直观感受的来源，莫过于各式各样的风景。自然风光引人入胜，让人流连忘返。

1. 景观美

自然界中的景物经过简单的组合，就构成了各式各样的景观。一块石头、几棵树、几朵花，置于特定的环境中，与环境相谐成趣，便生出景观之美，如被冰雪覆盖的松原（见图 2-17）。

一棵覆雪的苍松，一枝带露珠的花，一片带霜的红叶；在阳光下团成一团睡觉的猫，在碧波中跃起的小鱼，在树枝上腾起的鸟雀……大自然造就的无穷景观就在我们身边。

2. 风光美

将视角放到更高的维度，我们可以领略到大自然秀美的风光。峨眉山景区是国家级山岳型风景名胜区，其最奇特的风景之一便是一望无际的云海。站在海拔 3099 米的绝顶，看白云从脚下的千山万壑中冉冉升起，渐渐连成雪白的绒毯，沿着地平线铺展开，无边无际。微风乍起，云海也随之流淌飘散，显露出下方嶙峋的山体。如果角度适宜，阳光会将大片的云海染成橘色、金色、浅黄色，更添风致。

风光，是诸多自然事物从空间到时间上所呈现出的美。在我国辽阔的领土上有无限风光，黄河在原野上画出九曲回肠的迂回线条，长江在高山的挟制下击出如雪的波涛，纳木错如同一只明亮的眼睛镶嵌在青藏高原，再如雪域天山、长江三峡、三亚沙滩、西双版纳热带雨林等（见图 2-18）等，大美中国，美不胜收。

图 2-17　冰雪覆盖的松原

图 2-18　热带雨林

3. 季节美

所谓"四时之景不同"，自然界无时无刻不处在变化之中。在风光美的基础上，将时间的跨度拉长，便可以发现同样的自然风光在不同的时间呈现出不同的美。寒来暑往，四季轮转，中国人以自己的智慧将四季划分为 24 个节气，用以表示季节的变化。春回大地，新年伊始，便是"立春"；雨雾初蒙，春雨泽被万物，便是"雨水"；春雷乍响，草间蛰虫潜出，即为"惊蛰"，如此一直到最冷的"大寒"，再到新一年的"立春"，开启新的循环。四季之美，在节气之中，便得以显现。而对于四季更迭赋予自然风景的美，人们的感受是最为直观的，即同一自然风物在四季所展现出的不同风貌。

云南罗平，以梯田和油菜花闻名，由于它地处北回归线之南，于是它也成为每年中国油菜花最先绽放的地方。

早春二月，滇东的油菜花黄了一片，漫山遍野（见图 2-19）。在油菜花盛开的季节，田野里一片金黄色，晴朗的潮湿空气中似乎飘满了花粉般质感的微尘，让人领略到高原花海的万种风情，把你的心情，把你的思绪，把你的梦想，都染得金灿灿的。罗平的油菜花铺天盖地，盛开得"一塌糊涂"，香气飘荡在空气里，挥之不去，躲闪不开。

炎炎夏日，罗平县数百平方千米喀斯特峰林进入最佳欣赏季节（见图 2-20）。层层叠叠的峰林如万马奔腾，气势恢宏、美不胜收。罗平县是典型的岩溶山区，岩溶地貌占 90% 以上，在数百平方千米的岩溶山区，分布着成千上万个大小不等、形态各异的山峰，是我国乃至世界岩溶分布最典型的区域之一。这里断头河几十条，大小溶洞数百个，峰丛、峰林、孤峰、溶蚀洼地、谷地、岩隙、石芽、溶沟、溶斗、落水洞、地下河、地下溶洞星罗棋布、千姿百态，是名副其实的岩溶地貌博物馆。

图 2-19　罗平的春天

图 2-20　罗平的夏天

当渐凉的秋风传来了季节更替的消息，在罗平这片瑰丽的大地上，一块块色彩斑斓的图案逐渐呈现，"东方花园"在秋天再次显露出它变换装扮的本领（见图2-21），不同的景物带来不同的颜色，不同的颜色为大地增添了不同的美。银杏树渐渐披上金装，枫叶也被秋风悄悄染红，万寿菊正垂着橘红色的花冠，花海帐篷露营地的红高粱已经抽穗，等着迎接它的红装，九龙瀑布、多依河、鲁布革三峡的水由浊变清，渐渐恢复着它们以往的优雅，天空中秋天的霞不淡定了，而公园和河流的水却一如既往的明净……这就是罗平的秋季，金树红花，远山含黛，变换云霞与澄碧秋水联袂，多彩大地与深邃蓝天共舞，大地因色彩变得妖娆、妩媚。

当进入冬天，彼时的北方，已经是天寒地冻。河流湖泊或已冰封，曾经的奔腾不羁、波涛汹涌被雪困住。但罗平的冬天则不然（见图2-22）。到九龙河去，河水依然蜿蜒流淌，少了泥沙的浮躁之气，它一路在崇山峻岭中欢快飞扬，到了马把山，便能一睹"南国一绝"的九龙瀑布群，阳光照射着水幕，幻化成绚丽的彩虹；这时的多依河边，一条天然的碧玉带，还是那样清澈、温柔、宁静，水草恣意拂底，水车嘎嘎作响。

图 2-21　罗平的秋天

图 2-22　罗平的冬天

2.1.3　生生不息——生态美

轰鸣的伐木机仅需数十秒，便可将已生长百年的大树砍倒；细密坚韧的渔网能够将水中的小鱼苗一网打尽；日本福岛的核泄漏将在数十年的时间里持续对环境产生污染……在人类科技进步、已经有"移山填海之能"的今天，人类与自然的关系，却似乎前所未有变得"恶劣"。自然环境的激烈变化将导致严重的自然灾害，威胁人类社会的安全。这样的情况引起了有识之士的警觉，进而使人们对过往的作为开始反思。在这股浪潮中，"生态学"得以诞生。生态学被称为"研究生物与其环境之间的相互关系的科学"，在生态学建立后，人类对自然的认识上了一个新台阶，万物和谐共生的"生态美"被越来越多的人所认识和接受。我国将有代表性的自然生态系统、珍稀濒危野生动植物、有特殊意义的自然遗迹等保护对象所在的陆地、陆地水域或海域，依法划定为"自然保护区"，对其予以特殊保护和管理，以保护环境。

图 2-23　九寨沟

在四川省西北部，坐落着世界自然遗产、国家级自然保护区、国家地质公园——九寨沟（见图2-23）。川西北地区早年作为木材资源地，常有森林采伐队进入开采，生态破坏严重。1978年，九寨沟被划为自然保护区。今天，九寨沟国家级自然保护区森林覆盖率超过80%，有38种藤本植物、74种国家保护珍稀植物、122种陆栖脊椎动物……大熊猫、金丝猴、白唇鹿等珍稀野生动物都生活在九寨沟特殊的森林、湿地等生态系统中。树正沟内，19 个大小湖泊，顺着沟谷层层叠叠，森林、湖泊、小瀑布相错相连，呈现"树在水中生，水在林间流，人在画中游"的奇特景观。树龄达几百年、上千年的冷杉、云杉形成了原始森林，其下有厚达数十厘米的苔藓，蓬松的绿地上长满了地衣，宣示着空气质量的优良。

自然保护区保留了生态系统的天然"本底"，也保留了地球过往的地质痕迹，维持着物种多样性，更保留着自然界的美学价值，呵护着人类的健康及灵感，以及创作的源泉。在遥远的将来，人们仍能通过自然保护区，认识大自然的本来面貌。

2021 年 10 月，我国正式设立三江源（见图 2-24）、大熊猫、东北虎豹、海南热带雨林、武夷山（见图 2-25）等首批 5 个国家公园。国家公园是指由国家批准设立并主导管理，边界清晰，以保护具有国家代表性的大面积自然生态系统为主要目的，实现自然资源科学保护和合理利用的特定陆地或海洋区域，是我国自然生态系统中最重要、自然景观最独特、自然遗产最精华、生物多样性最富集的部分。从自然保护区到国家公园，我国在自然保护方面跨上了新的台阶。

图 2-24　三江源国家公园

图 2-25　武夷山国家公园

2.2　自然审美观

人类生存在自然环境中，最先体悟和认识到的"美"便是自然界中的美，自然美启发了人类的审美，成为各种艺术的审美对象和灵感来源。在长期的探索与实践中，东西方文明也建立了不同的自然审美观。

2.2.1　西方传统自然审美观

自然美源于早期人类对自然的直接心灵感知与身体体验，公元前 5 世纪，古希腊哲学家赫拉克利特就提出了"艺术模仿自然"的观点，柏拉图的"理念论"也将自然视为艺术模仿的对象，认为自然是指"位于开端的东西"，它与"灵魂的存在"相等同。这些哲学家将自然视作崇高的理念和客观的规律，是高于艺术美的"美的本质"。

中世纪，在神学思想的笼罩下，西方社会对自然及自然美的解释带有浓厚的宗教色彩，相比神的伟大、无限、光辉与永恒，自然及自然美是渺小的、有限的，因此在中世纪，自然美的位置是很边缘的。

14 世纪到 16 世纪，文艺复兴的浪潮席卷整个西欧，人文主义大兴，"人"被置于最核心的位置，自然也脱去了神学的外衣，成为独立的、具有内在目的性的外在世界。彼特拉克提出的"能欣赏山色的美丽，而且能够把画境和大自然的实用价值区别开来"，被视为西方人把自然的审美价值从实用价值中分离出来的最初尝试。

在随后的启蒙运动中，英国经验主义美学、大陆理性主义美学、法国新古典主义美学、德国启蒙运动美学，都推崇主体性的自然审美观，强调"人"在审美时的主体地位，自然作为一个独立客观的外在审美客体，处于等待审美主体进行审美发现与审美欣赏的位置。与此同时，如火如荼的工业革命为人类提供了远超以往的伟力，"征服自然"成为最主要的论调，人的主体性精神得到极度膨胀，自然成了人的奴仆，由此造成了一种理性主义和机械论的自然审美观。

工业文明急剧发展对自然的损害被有识之士看在眼中，卢梭等人为重塑自然在人们心中的灵性形象，重建人与自然的情感纽带，提出了"回归自然"的口号，后经歌德、席勒和谢林等人承继，演变为声势浩大的"狂飙突进运动"，使文艺形式从"古典主义"转向"浪漫主义"。在浪漫主义时期，西方人才真正开始普遍地欣赏自然美，艺术家们纷纷走向自然，歌颂自然美。

风景画也正是在这一时期勃兴的，在此之前，只描绘自然景物而不涉及人、人造物的绘画是很难见到的，而在浪漫主义时期，甚至形成了"山水画派"。风景画画家阿尔希普·伊凡诺维奇·库因芝（1842—1910）是19世纪俄国最富浪漫主义情调的大自然画家。他的风景画色彩明快，对比强烈，优美简括，别具一种装饰性情趣。长期以来，俄国风景画只注重真实写生，虽有少数画家掺用外光技法，但像库因芝那样，强调色彩的单纯性，水色山光，界限

图 2-26　库因芝《白桦林》

分明，在俄罗斯风景画史上还是前所未闻的。库因芝在教学时，从不示范自己的创作，有时会突然通知学生去他家看他的新作。这些格调清新、深浅分明的画作，令观者啧啧称奇。人们称他为"神秘的库因芝"。这幅《白桦林》（见图2-26）正是如此，它耐人寻味，光感层次分明，又秩序井然。整幅画以色彩的光影对比为表现特色，使平凡的景物在画作上别具一格，充满造型趣味。白桦林中阳光充足，一面背阴，一面向阳，对比异常鲜明。在每一棵白桦树上都有诱人的阳面与阴面之分，具有简洁、明快、多情和色彩的魅力。所以，后来列宾称赞库因芝的这种画是"触动观众心灵的诗"。

大文豪歌德追求全身心地融入自然，成为自然的一个有机部分，从而与万物灵犀相通。

正因有这样的创作态度，歌德笔下的诗歌呈现了全新的面貌，处处闪耀着对自然真挚的热爱和歌颂，比如其代表作《五月之歌》。

自然多明媚，向我照耀！
太阳多辉煌！原野含笑！
千枝复万枝，百花怒放，
在灌木林中，万籁俱唱。
人人的胸中快乐高兴，

> 哦，大地，太阳！
>
> 幸福，欢欣！
>
> 哦，爱啊，爱啊，灿烂如金，
>
> 你仿佛朝云飘浮山顶！
>
> 你欣然祝福
>
> 膏田沃野，花香馥郁的
>
> 大千世界。

《五月之歌》虽然没有完整的景物描绘，但一个个春天的特定形象渐次在诗文中呈现，写景与抒情织成一片，洋溢着歌德对自然的热爱。

马克思在《1844年经济学哲学手稿》中提出了"人化的自然"这一观点来论述人与自然的关系。自从有了人以后，人类为了能够生存就要通过自己的活动作用于自然，变天然的自然为人化的自然。人化的自然解释了自然在总体上成为人类审美对象的逻辑，自然审美是人类根据自己的需要将自然事物"人化"，赋予了人的意志，从而发现、唤醒、照亮了自然，认识到了自然之美。如果没有人的参与，客观的自然则无所谓"美"。我们可以说，自然自宇宙大爆炸而产生，而直到自然被人类"人化"，"自然美"方才出现。

2.2.2 中国传统自然审美观

我国古代人民早早便显现出对自然的超凡亲和力和感悟力。在《诗经》中，便已有"桃之夭夭，灼灼其华""绿竹青青""杨柳依依"等写景的佳句，对自然的欣赏和喜爱已经表露无遗。

1. 天人合一

"天人合一"的理念是中华文化的重要传统，道家经典《道德经》提到："人法地，地法天，天法道，道法自然。"这句话指出自然是一切的根基。而在儒家学者中，宋代理学家程颢提出"天人本无二"（《二程遗书》卷六）；心学家王阳明认为"心即天，言心则天地万物皆举之矣"（《答季明德》），可见儒家认为"天""人"本为一体，"天心"与"人心"相通，即人与自然相与为一。禅宗同样主张回归自然，通过参禅、顿悟以达"圣境"。

天人合一的理念深深根植于传统文化中，深刻地影响文化艺术及社会生活。自然一直是中国传统艺术的重要审美对象，在魏晋时期，模山范水更是成为一个重要的文艺话题，文人墨客纷纷以自然风物入诗入画。南朝的谢灵运是山水诗的鼻祖，"池塘生春草，园柳变鸣禽"（谢灵运《登池上楼》）便是为历代诗家所称道的佳句。东晋的"五柳先生"陶渊明则开创了田园诗派，下面我们来赏析其著名的田园诗《归田园居·其一》。

> 少无适俗韵，性本爱丘山。误落尘网中，一去三十年。
>
> 羁鸟恋旧林，池鱼思故渊。开荒南野际，守拙归园田。
>
> 方宅十余亩，草屋八九间。榆柳荫后檐，桃李罗堂前。
>
> 暧暧远人村，依依墟里烟。狗吠深巷中，鸡鸣桑树颠。
>
> 户庭无尘杂，虚室有余闲。久在樊笼里，复得返自然。

陶渊明的田园诗数量最多，成就最高。这类诗充分表现了诗人守志不阿的高尚节操；充分表现了诗人对淳朴的田园生活的热爱，对劳动的认识和对劳动人民的友好感情；充分表达了诗人对理想世界的追求和向往。作为一个文人士大夫，这样的思想感情、这样的内容，出现在文学史上，是前所未有的，尤其在门阀制度和观念森严的社会里显得特别可贵。陶渊明是田园诗的开创者，他的田园诗以纯朴自然的语言、高远拔俗的意境，为中国诗坛开辟了新天地，并直接影响到唐代田园诗派。在他的田园诗中，随处可见的是他对污浊现实的厌烦和对恬静的田园生活的热爱。

自然不仅被古代的艺术家当作审美对象，更是被抽象为一种格调与追求，渗透在文章的字里行间。南朝钟嵘在《诗品序》中提出"自然英旨"，显示了其崇尚自然的文学追求。其后，李白提出了"清水出芙蓉，天然去雕饰"（《经乱离后天恩流夜郎忆旧游书怀赠江夏韦太守良宰》）的美学追求，"贵乎自然"在理论上成为衡量文学艺术质量的重要标准。到了宋代，郭熙提出的"身即山川而取之"（《林泉高致》）、苏轼的"诗画本一律，天工与清新"（《书鄢陵王主簿所画折枝二首》）则把"自然"的审美理想扩展到书画领域。明代画家王履提出"吾师心，心师目，目师华山"（《华山图册》），董其昌提出"当以天地为师"（《画禅室随笔》），袁宏道提出"师森罗万象，不师先辈"（《叙竹林集》）。向自然学习，向自然靠拢，着力使作品呈现出最自然的风韵，是中国传统艺术一以贯之的追求。

图 2-27　拙政园

在生活上，人们同样追求自然、享受自然，甚至希望将自然搬进自己的家里，由此造就了独一无二的中国园林。"江南四大名园"之一的拙政园（见图 2-27）是苏州现存最大的古典园林，占地 78 亩（1 亩≈666.67 平方米）。全园以水为中心，山水萦绕，亭榭精美，花木繁茂，充满诗情画意，具有浓郁的江南水乡特色。花园分为东、中、西三部分，东花园开阔疏朗，中花园是全园的精华所在，西花园建筑精美，各具特色。

2. 比德畅神

春秋战国时期，以自然之美喻君子之德的"比德"之风盛行，孔子所谓"仁者乐山，智者乐水"，正是借山的浑厚比喻"仁"，借水的活泼代表"智"。这点在楚辞中更为明显，汉代王逸在《离骚序》中云："《离骚》之文，依《诗》取兴，引类譬喻，故善鸟、香草，以配忠贞……灵修美人，以媲于君。"

在《离骚》中，屈原借物比德，以"香草"自比，如"纷吾既有此内美兮，又重之以修能。扈江离与辟芷兮，纫秋兰以为佩"。其中"江离""芷""兰"皆为香草，以表明自己修身清洁，行为端正，清廉仁德。而"余既滋兰之九畹兮，又树蕙之百亩。畦留夷与揭车兮，杂杜衡与芳芷"则以香草之美表明自己修身仁义、勤身自勉，同时表明自己不流于世俗的为政态度和立场。即使"謇朝谇而夕替"，也要"既替余以蕙纕兮，又申之以揽茞"。"揽茹蕙以掩涕兮，沾余襟之浪浪"则是说自己虽处逆境，也绝不妥协，对君王的一片忠心不会改变。

在中国传统文化的自然审美观的演进过程中，人们逐步将一些美的意象固化或者寄托在一些典型的自然对象上，比如我们常说的岁寒三友：松（见图 2-28）、竹（见图 2-29）、梅（见图 2-30），寄寓人的坚韧、孤傲、不屈的美学思想。花中四君子：梅、兰（见图 2-31）竹、菊（见图 2-32），则分别代表了冬、春、夏、秋四季的特质和审美情趣，隐喻高洁、坚强、谦虚、正直、恬淡等高尚的人格精神。荷花（见图 2-33）则因为《爱莲说》中"出淤泥而不染，濯清涟而不妖"的名句被赋予纯洁、美丽的精神意境，进而由"莲"而"廉"引申为"廉洁"。

图 2-28 松

图 2-29 竹

图 2-30 梅

图 2-31 兰

图 2-32 菊

图 2-33 荷花

将各种自然中的花草树木赋予精神内涵，能够从象征意义上对自然物进行审美，其本质是"寄情托意"。庄子则不然，他说："山林与！皋壤与！使我欣欣然而乐与！""天地有大美而不言"，旨在感悟纯粹的自然之美。南朝画家宗炳将庄子的思想转化为山水画中的"味象"之游，继而在《画山水序》中提出"畅神"的概念。这个年轻时便寄情山水、喜好到处旅游，晚年腿脚不便，还要将游历所见景物绘于居室之壁，以实现"卧游"的"景痴"，振聋发聩地提出：人们对自然的审美，应当"以应目会心为理"，由此方可"神超理得"，即从观摩（应目）到体悟（会心），再到精神上的满足（神超理得）。最后就能够"神之所畅，孰有先焉"，达到"畅神"的最高境界。

图 2-34 范宽《溪山行旅图》

在"畅神"的观点下，自然物取得了独立的审美价值，标志着中国自然审美的自觉。此后的山水诗画等均承袭"畅神"的理论。"宋画第一"的《溪山行旅图》（见图 2-34）便是"畅神"之作，奇峰矗立，山岩嶙峋，一条如细线般的瀑布飞泻而下，山下小路上，一队商旅缓缓走过。该画作将高山之雄伟描绘得淋漓尽致。《宣和画谱》中对《溪山行旅图》作者范宽有这样一段论述："览其云烟惨淡、风月阴霁难状之景，默与神遇，一寄于笔端之间，则千岩万壑，恍然如行山阴道中，虽盛暑中，凛凛然使人急欲挟纩也。"范宽在作画时，心灵与山相通，达到了身临其境的奇妙境界，真可谓"神之所畅，孰有先焉！"。

2.2.3　中西方自然审美观差异

由于经济基础、自然地理条件、哲学文化背景、政治观念、思维方式等方面的不同，中西方的自然审美观，在理论形态、艺术表现、审美趣味上都呈现出较大的差异。

在理论形态上，中西方都是在有了对自然美的自觉欣赏以后才出现了对自然美的理论概括。其主要的区别在于，中国传统自然审美理论重经验、重实用；西方自然审美理论则思辨色彩浓厚，具有明显的理性意识。二者在时间上也差异颇大，中国传统自然审美理论以魏晋（公元2—4世纪）为重要转折点，自此愈发精细、翔实、完备，并渗透到绘画、园林等许多艺术领域；西方自然美学理论自文艺复兴起，逐步具体、明晰，至"狂飙突进"运动后的浪漫主义时期（18世纪）才真正定型。

在艺术表现上，中国传统艺术以写意为主，偏于主观表现，追求"贵乎自然"；西方则偏于客观再现，以写实为主。以绘画为例，中国绘画追求神似的意趣；西方绘画则强调逼真与比例，追求对客观事物的真实再现。从西方美学观来看，西方美学历来强调审美或艺术创造要遵循"生气灌注原则"，即艺术创作者要主动地将"生气""灌注"给客体审美对象（自然景物）、使其富有生趣；而中国艺术家们则认为创作者应当与景物有情感交互，物态、人情交融和谐的"天人合一"才是美的佳境。

在审美趣味上，中国传统自然审美注重和追求自然之美向社会之美的过渡与转化，"比德"就是将"自然之美"转化为"社会之美"的最佳例证；而西方美学则常把观赏自然的目光投向尚未与人类社会发生直接关联的原始、粗犷、荒凉的自然。有学者就此认为，从总体看，中国人侧重欣赏自然的优美，即秀丽、优雅、清静，而西方人更喜爱自然的崇高、险峻、奇特。正如朱光潜先生在《中西诗在情趣上的比较》中所说："西方诗人所爱好的自然是大海，是狂风暴雨，是峭崖荒谷，是日景；中国诗人所爱好的自然是明溪疏柳，是微风细雨，是湖光山色，是月景。"

2.3　现代自然观

2011年，日本福岛核电站发生事故，大量高浓度放射性物质迅速扩散到环境当中，直接对周围的空气、水、土地产生辐射危害。此后，污染持续扩大，事故陆续产生了上百万吨的核污水、数千万立方米的核废物，而这场事故像一场没有终点的马拉松，远远没到尽头。面对这样的生态灾难，我们不得不思考：人类应该如何与自然相处？人类应该如何对待自然？

2.3.1　人与自然的关系

作为生物的人类是大自然的一分子，但随着人类自我意识的觉醒和科技的发展，人类开始按照自己的主观意志对待自然。正如黑格尔所说："自然对人无论施展和动用怎样的力量——寒冷、凶猛的野兽、火、水，人总能找到对付这些力量的手段。"打磨石头制成工具，点燃并利用火，收集植物种子来种植，繁殖并放牧动物，人类利用自然，从自然界中获得了生存和发展所需的一切。但同时，人类依然面临洪水、干旱等自然灾害，依然被高山、大海挡住去路，在自然的伟力面前，早期的人力是微不足道的。适应自然、对抗自然，是此时人与自然关系的主旋律。

三次工业革命的出现使人类的生产力得到飞速发展，人类终于能够在更大的范围内、更深的程度上影响自然。轰鸣的机器开采出矿石、石油、煤等各种资源，通过四通八达的交通网运送到工厂中。伴随着工厂烟囱中腾起的烟雾，各种产品源源不断地被生产出来，经由人们使用后，又变成各类垃圾，被掩埋、被焚烧。在人们看来，河流只是推动涡轮机的动力来源，森林不过是生产木材的地方，山脉只是矿藏的产地，动物只是肉类食物的来源。在工业时代人类社会欣欣向荣，呈现出全新的面貌，但同时，各类环境公害事件层出不穷，全球气候变暖、能源枯竭、塑料滥用、森林减少、水土流失、土壤沙化、物种灭绝、大气污染，一个个关乎全人类命运的问题被提出，却没人能给出令人满意的答案。人类试图控制并征服自然，却事与愿违。前路在何方？与自然和谐共处或许是一条可能的出路。

人类无法脱离自然环境，因此，人类必须放弃自己的傲慢，终止与自然的对立，追求与自然和谐共处，实现有益于人类也有益于自然的"正循环"，才能开拓出未来的道路。党的二十大报告提出："我们坚持绿水青山就是金山银山的理念，坚持山水林田湖草沙一体化保护和系统治理，全方位、全地域、全过程加强生态环境保护，生态文明制度体系更加健全，污染防治攻坚向纵深推进，绿色、循环、低碳发展迈出坚实步伐，生态环境保护发生历史性、转折性、全局性变化，我们的祖国天更蓝、山更绿、水更清。"毛乌素沙漠的改变就是中国人践行这一理念的实证。毛乌素沙漠曾经水草肥美，风光宜人，本来是极佳的牧场，但由于不合理开垦、气候变迁和战乱，地面植被丧失殆尽，在一两千年时间里变成了茫茫沙漠。1959年，人们开始大力兴建防风林带，引水拉沙，引洪淤地，开展改造沙漠的巨大工程。如今，许多沙地变成了林地、草地和良田，"毛乌素沙漠"这个名字，即将成为过去式。黄沙变绿洲，毛乌素地区也恢复了其"本来面貌"（见图2-35）。尊重自然、拥抱自然、保护自然，应当成为当下人与自然关系的基调。

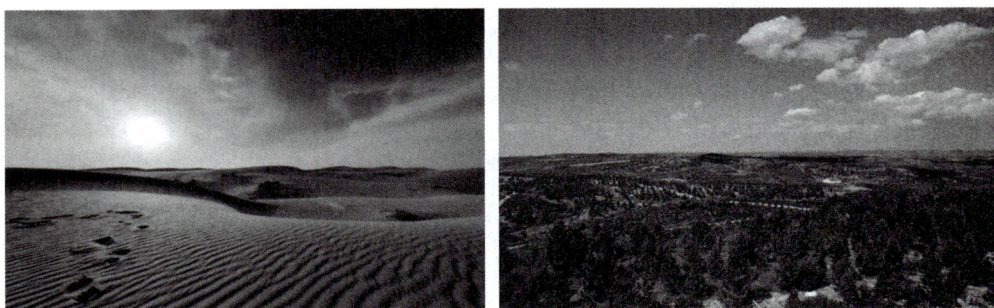

图 2-35　毛乌素地区今昔对比

2.3.2　现代生态美学

随着生态学等学科的发展和人们对自然认识的不断深入，人们的自然审美观也在不断更新，新的观点不断涌现。随着英国学者罗纳德·赫伯恩的《当代美学与自然美的忽视》、加拿大学者艾伦·卡尔松的《环境美学——自然、艺术和建筑的鉴赏》、美国学者阿诺德·伯林特的《环境美学》等著作问世，美学的一个新分支"环境美学"进入人们的视野。

罗纳德·赫伯恩论述了科学知识对于自然审美的重要意义，并初步指出了自然审美与自然保护的关系，明确界定了环境美学的时代主题。罗纳德·赫伯恩提倡"对自然进行严肃的审美关注"，其欣赏的模式是"融入"，欣赏者通过融入自然，"用一种异乎寻常而生机勃勃的方式体验他自身"。

在融入自然时，作为欣赏者的我既是演员又是观众，融合在风景之中并沉醉于这种融合所引发的各种感觉，因这些感觉的丰富多彩而愉悦，与自然积极活跃地游戏，并让自然与我游戏。

——罗纳德·赫伯恩

艾伦·卡尔松提出了"肯定美学"的观点，强调"自然全美"，认为全部自然界都是美的，所有的原始自然本质上在审美方面都是有价值的。同时，自然之美也没有等级的区别。这要求人们在欣赏自然之美时剥离文化、价值、好恶等"人"的观念，直观地欣赏自然本身。

阿诺德·伯林特并不同意艾伦·卡尔松的观点，他提出了"介入美学"的观点，他认为"环境是被体验的自然，是人们生活其间的环境"。他强调人在自然审美中的主体地位。但同时，他也指出，人类不应将自然界视作外在的存在，而应该将其视为家园，视作与人类自身息息相关的命运共同体，如此才能真正领略自然环境之美。

2.3.3　人与自然和谐共生

图 2-36　都江堰

人与自然的关系微妙，人类既从自然界中获取相应的资源，也受到自然的威胁；既要改造自然以改善生存环境，也要维持自然生态的可持续发展。为此，人类在不断追求与自然和谐共生。

战国时期，秦国占据了成都平原，将此地作为争霸天下的大后方来重点建设，但成都平原虽然土地肥沃，却常有水害，严重制约了当地的发展。蜀郡太守李冰总结了前人治水的经验，在岷江的上游组织修建了千古工程——都江堰（见图 2-36）。

都江堰水利工程充分利用当地自然条件，根据当地特殊的地形、水脉、水势，因势利导，无坝引水，自流灌溉，使堤防、分水、泄洪、排沙、控流相互依存，互为体系，保证了防洪、灌溉、水运和社会用水综合效益的充分发挥，将成都平原打造成"天府之国"。今天，历经2000多年的都江堰依旧发挥着它的作用，是四川省经济发展不可替代的水利基础设施。1872年，德国地理学家李希霍芬称赞都江堰完善的灌溉方法在全世界范围内无与伦比。1986年，国际灌排委员会、国际河流泥沙学术会的专家们参观都江堰后，高度称赞都江堰科学的灌溉和排沙功能。2000年11月，都江堰与青城山一起被联合国教科文组织列入《世界遗产名录》。在谈及都江堰的意义时，有学者这样评价：

都江堰的创建，以不破坏自然资源，充分利用自然资源为人类服务为前提，变害为利，使人、地、水三者高度协调统一，是中国古代留存下来并沿用至今的一项伟大生态工程，开创了中国古代水利史上的新纪元，标志着中国水利史进入一个新阶段，在世界水利史上写下了光辉的一章。

都江堰为我们提供了一个值得学习的范式，通过精心考察、设计，再加上现代的高超技术和工艺，打造出人与自然和谐共生的环境并非异想天开。党的二十大报告明确提出，"推动绿色发展，促进人与自然和谐共生""坚持山水林田湖草沙一体化保护和系统治理""加快发展方式绿色转型"。2021年，我国清洁能源消费占比提升到25.5%，可再生能源装机规模突破11亿千瓦，全国地级及以上城市细颗粒物（PM2.5）平均浓度比2015年下降34.8%，优良天数比率上升6.3%，生态环境质量改善成效显著，建设美丽中国取得了可喜的成就。

如今，先进的科学技术助力人与自然的和谐共生，期待在未来，我们的环境变得更加风景宜人。

思考与练习

练习一：思考与讨论

1.《病梅馆记》是清代文学家龚自珍创作的一篇散文，作者在该文中阐述了自己对于梅花的认识。请阅读《病梅馆记》，思考后和同学一起讨论：龚自珍对于自然美有什么样的认识？你如何评价其观点？

2. 在《邕州柳中丞作马退山茅亭记》中，柳宗元提出："夫美不自美，因人而彰。兰亭也，不遭右军，则清湍修竹，芜没于空山矣。"请思考并与同学一起讨论：柳宗元对自然审美持什么样的观点？你认同这样的观点吗？

练习二：认识与赏析

1.2022年1月25日，国家林业和草原局（国家公园管理局）与腾讯公司联合推出了首张中国国家公园12.5亿像素VR全景照片。请使用微信的"搜一搜"功能搜索"国家公园寻虎"，进入东北虎豹国家公园12.5亿像素VR全景进行互动，寻找隐藏于东北虎豹国家公园中的珍稀野生动物，并欣赏国家公园中的自然之美。

2. 纪录片《航拍中国》以空中视角俯瞰中国大地，展示我国历史人文景观、自然地理风貌及经济社会发展。请观看《航拍中国》节目，从"鸟瞰"的角度欣赏祖国的大好河山。

审美实践——自然摄影展

摄影能够忠实地记录自然风光，定格美丽的瞬间。请同学们带上相机或手机，寻找美，接触美，记录美，将自己心仪的自然景观拍摄下来，并统一进行展示。

一、活动名称

自然摄影展。

二、活动主旨与意义

通过寻找和拍摄自然景观，接触自然、探索自然、亲近自然；通过自主寻觅和记录自然中的美景，以及欣赏他人的作品，提高审美素养。

三、活动内容

请同学们至多利用一周的课余时间完成拍摄和打印照片等活动，再利用一节课进行展示，活动内容如下。

1. 自主拍摄，要求拍摄对象主体必须为自然物，摄影作品尺寸不限、器材不限，作品应为单张照片或相关的一组照片，同时要求照片应打印出来。

2. 所有同学完成摄影，举办班级展示会，互相欣赏作品。同学们可以选出自己最喜欢的作品，如果条件允许，还可以将大家的作品集结成相册进行留念。

审美实践——旅游

旅游是人们接触自然之美的重要方式。祖国有大好河山，无论是海洋、沙漠、旷野，还是雪域、高山、森林……人们置身其中，都能够感受到动人心魄的美。请同学们根据自己的情况利用假期时间旅游，见识各地风光。

一、活动名称

旅游。

二、活动主旨与意义

通过旅游，观赏各种风景，饱览祖国大好河山，见识自然界中无与伦比的魅力；增长见识，提升审美能力。

三、活动内容

同学们利用自己的假期时间完成此次活动，活动内容如下。

1. 用文字、图片、视频、声音记录旅行中的所见所闻。

2. 尝试融入环境，用心感受大自然的魅力。

第三章　活色生香——生活之美

知识目标

- 了解服饰、饮食和器皿中美的内涵。
- 熟悉生活美学中的各种表现方式。

能力目标

- 在日常的服饰、食物、用具等方面发掘出生活之美。
- 通过服装搭配、烹饪等方式创造属于自己的生活之美。

素质目标

- 了解生活之美的表现形式。
- 了解生活之美的精神属性。

情景导入

春节

"爆竹声中一岁除，春风送暖入屠苏。千门万户曈曈日，总把新桃换旧符。"如果要问什么最能体现中国人的生活，那么一定是过年。百节年为首，作为中华民族最隆重的传统佳节，春节一直是最热闹、最高兴的日子。

春节是指汉字文化圈传统上的农历新年，俗称"年节"，传统名称为新年、大年、新岁，但口头上又称度岁、庆新岁、过年，是中华民族最隆重的传统佳节。春节起源于殷商时期年头岁尾的祭神祭祖活动。在中国民间，传统意义上的春节是指从腊月初八的腊祭或腊月二十三或二十四的祭灶，一直到正月十五，其中以除夕和正月初一为高潮。

春节承载了丰富多彩的节日文化底蕴，过年这一习俗所蕴含的美，不仅体现在服装、食物、娱乐、社交、祭祀等具体的活动上，更体现在亲情的交流、家庭的和谐、人民的喜乐和民族文化的彰显上！

以春节为代表的中国人的生活，在凡俗中集中体现出衣饰、食物和各种生活用具的美。

3.1 羽衣霓裳——服饰之美

《嫘祖圣地》碑文记载:"嫘祖首创种桑养蚕之法,抽丝编绢之术……法制衣裳……是以尊为先蚕。"传说黄帝的元妃嫘祖发明了养蚕,编织丝绸为人们制作衣裳。数千年来,服饰在人们的生活中始终占据重要的地位,穿着服饰,既是出于保暖御寒的需要,又可以达到修饰自身,"美化"人体的目的。

服饰指衣服和饰物。衣服包括一切用于蔽体的东西,饰物指戴在身上起装饰作用的物品。服饰文化是人类的物质生产和思想文化在服饰发展演变过程中的综合反映。几乎从服饰起源的那刻起,人们就已将生活习俗、审美情趣、色彩爱好,以及种种文化心态、宗教观念,都融合于服饰之中,构筑了服饰文化的内涵。

3.1.1 服饰的起源

服饰的起源可以追溯到远古时期,考古学家在法国尼斯附近的沙滨岩棚上发现了 40 万年前人类曾居住的痕迹,并推测那时毛皮曾以某种形式用于包裹身体。在俄罗斯北部冰冻的岩层中,考古学家发现了 10 万年前的皮衣裤。在距今 1.8 万年前的北京山顶洞人的遗址中,考古学家发现了骨针和百余件中间钻孔的饰品。然而,仅仅靠这些已有的遗迹残骸还不足以勾勒出探究服饰起源的全部状况。关于服饰的起源问题,中外学者从不同的立场和出发点得出了不同结论,比较有影响的观点有以下几种。

(1)保护说。人们利用服饰的最初动机是御寒保暖、防风防晒,保护肌体不受外部环境的损伤。

(2)吸引说。人们把某些部位遮挡起来,反而会更吸引异性的注意力。

(3)审美说。人之所以要穿衣物,就是为了美化自身,这是人类想使自身更具有魅力,想用自己认为美的物体来装饰身体的一种本能。

(4)象征说。最初披挂于人体的羽毛、贝壳、兽齿等是力量、权威等方面的象征,到后来才演变为衣物和装饰品。

(5)护符说。原始人相信万物有灵,在自然崇拜和图腾信仰中,人们认为那些穿戴和披挂在身体上的贝壳、羽毛、花叶、果实等物品,具有看不见的超自然力,可作为护身符能使人远离疾病和灾祸。这些护身符后来成为衣物或装饰品。

以上各种观点,在其所处的出发点下似乎都有道理,但要以其中任何一种观点来说明服饰的真正起源都是片面的。事实上,人类不是在某一天因为某种原因同时穿上衣服的,而是在漫长的转变、进化过程中,在与自然界做斗争的过程中,人类渐渐地发现并利用了服饰的多重功能。随着人们认识水平的提高、思维的发展、实践能力的增强,服饰的形式也就日趋实用、美观和完善。

3.1.2 服饰的发展

服饰从产生之时至今天,经历了全面的发展与深刻的变革。不同地域、不同民族的服饰有着不同的形式与特点,即使是同一地域与民族,在不同的时代、不同的社会文化背景下服饰也不相同。特定的政治、经济、宗教、思想、文化，甚至重大社会事件都会对服饰产生影响。正是在不同的社会文化背景下，中外服饰的发展形成了各自不同的形态与特点。

（一）中国古代服饰的发展

中国古代服饰在发展的过程中，始终体现着社会等级观念，服饰成为表现穿戴者身份等级差别的重要手段。因而在服饰色彩、服饰图案及服饰配件等方面，都有着严格的等级限制与穿着要求。如在明清时期，黄色的龙袍只有皇帝才能穿（见图3-1）。不同的官服色彩与装饰图案代表官职的品级等次，服饰的材质和数量的差异标志着穿戴者身份的尊卑。按照周代贵族的传统，服装的色彩也有等级尊卑的区别，青、赤、黄、白、黑是正色，象征高贵，是礼服所使用的色彩。按色彩区分官品等级的制度在唐代官服定制中正式被确定下来，开始以紫、绯、绿、青四色确定官品高低。在以后各个朝代中，不同色彩所代表的官职品级屡有调整，但各种色彩所象征的等级尊卑的序列却基本未变（见图3-1）。

中国古代在服饰上施加的文采主要有染、绘、绣、印等几种方法，其中标识身份等级的图案主要是以绘和绣的方法来完成的。冕服上的"十二章纹样"，即以绘、绣的方式将十二种纹样施加在服饰上。其中前六章——日、月、星辰、山、龙、华虫绘在上衣上，后六章——宗彝、藻、火、粉米、黼、黻绣在下裳上。每种纹样都有其特殊含义，隐喻着帝王贵族应具备的风操品行，纹样数随着穿着者地位的降低而减少。这种反映服饰等级差异的服饰图案自西周之后历代略有改动，但总体上传承了下来。到明清时期，官吏袍服在前胸、后背分别缝缀"补子"来标识官品等级（见图3-2）。

中国古代服饰的等级观念还表现在与服饰搭配的各类服饰配件上。服饰配件种类繁多，如头上戴的冠、腰间扎系的带及系挂的饰物，尽管其式样、功能与佩戴方式各异，但共同的特征是以装饰物的数量和材质的差别来标识官品等级的（见图3-3）。

图3-1　龙袍　　　　　图3-2　官员朝服　　　　图3-3　古代服饰搭配

在服饰形制方面，中国在原始社会末期便已经形成了"上衣下裳"的着装形式，上身所穿的"衣"和下体所穿的"裳"是中国传统服饰中历史最悠久的两个服类（见图3-4）。春秋战国时期出现了"深衣"，《五经正义》中记载深衣（见图3-5）是"衣裳相连，被体深邃"，它在结构上以衣裳分裁然后在腰间相连的特点，创立了中国古代服饰的又一个类别，即整体长衣。此后各个朝代男女服饰中最为普遍的"袍"（见图3-6），从形制上来讲都属于这一类别。这三种服饰类别是中原地区汉民族承袭祖先服制并发展而来的，并作为中国古代服饰最主要的服类传承至今。

图 3-4　上衣下裳　　　　　　图 3-5　深衣　　　　　　图 3-6　袍

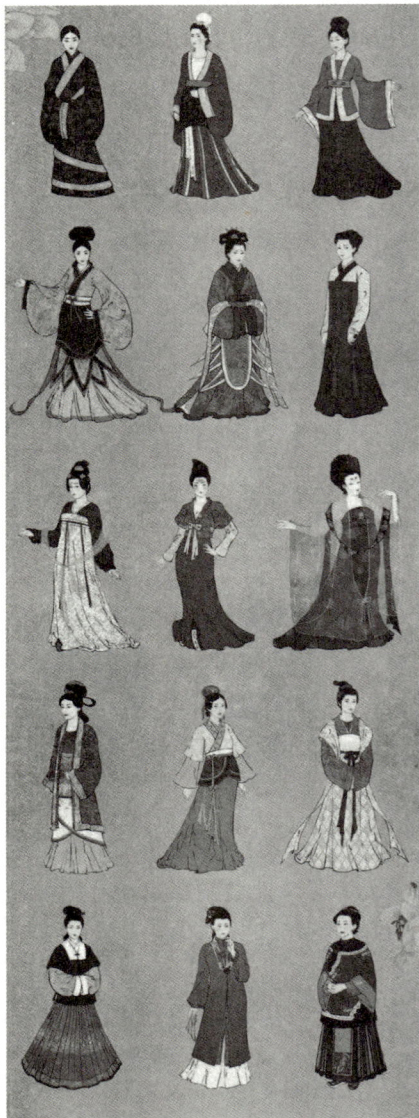

图 3-7　中国古代女子服饰（部分）

中国古代的服饰，在漫长的发展过程中，以汉民族的着装传统为基础并不断吸收和融合兄弟民族的着装特点。在中国服饰史上最为明显的服饰变革有五次。第一次是战国时期赵武灵王的"胡服骑射"，将游牧民族的裤褶、带钩、靴等引入中原，出现下体着裤的穿着方式；第二次是汉末魏晋时期，社会的动荡和战乱使得民族间的交流和融合空前频繁，服饰上的交融也更加深入；第三次是在唐代，流行一时的"胡服"和西域风格的服饰极大地丰富了汉民族的服饰式样；第四次是在清代，男子穿长袍、马褂，女子穿旗袍；第五次是辛亥革命后，西方服饰形态和服饰文化深刻地影响了中国的传统服饰，中国传统服饰在坚持传统的基础上出现了较大的变革，如"中山装"的出现。中国古代女子服饰（部分）如图 3-7 所示。

（二）西方服饰的发展

古埃及、古罗马、古希腊的服饰式样受地理环境的影响较大（见图 3-8 和图 3-9）。这些文明古国的服饰更多地表现出防暑的特点，或露出部分身体以便散热，或严密遮蔽身体防止阳光的暴晒。受生产力水平的限制，西方古代服饰款式简洁、线条流畅，成型自然，松垂飘逸，较少地限制人体的活动，且男女服饰在款式和结构上差别不大，人们很少通过服饰来强化穿戴者的性别特征。例如，古希腊的多利安式长衣，通常为一块长方形的布料经简单对折扎系后披挂在身体上，通过衣带在身体上不同的扎系部位和扎系方式，形成丰富的皱襞，一侧的侧缝自腋下至下摆甚至并不缝合，在行走运动过程中，健康的躯体自然地暴露在观者的视线之中。服饰本身具有充足的横向松量，并可以根据腰带的不同扎系位置来调整服饰的长度，因而能灵活自如地适应身体运动。以古希腊、古罗马的服饰为代表的西方古代服饰，以这种独特的魅力树立起西方服饰史上的经典式样，并成为后世服饰设计在追求舒适自然、高贵优美的风格时所反复借鉴的样本。

中世纪时期在基督教精神的统领下，西方文化在继承"古希腊－罗马文明"的基础上，融合日耳曼民族的文化内涵，产生了一种独特的文化形式，服饰也是这种多元文化特质融合的产物。在中世纪的前期和中期，服饰的基本式样为长筒形的丘尼卡（一种宽大的袋状贯头衣）。在丘尼卡的最外层，常披一件长及脚踝的斗篷，女子头上往往戴着长及膝盖的面纱或包着头巾，由下垂的面纱把全身都包裹隐藏起来，身体的体态特征完全被掩盖在服饰之下，形成僵硬封闭的外观和神秘的感觉（见图3-10）。中世纪后期，人们的生活环境、生活条件日益改善，服饰新奇式样层出不穷，装饰也日趋精巧华丽，服饰式样向裸露身体、展示形体的方向发展。中世纪服饰发展上的另一个重大事项是出现了服饰裁剪方式的革命，服饰由平面裁剪进入近代立体裁剪的新阶段。

图3-8　古罗马服饰式样

图3-9　古希腊服饰式样

西方15世纪服饰的共同特征是性别的极端分化，即以服饰的款式和造型来夸张和强调男女性别的差异，形成性别对立的格局。男子服饰的重心在上半身，突出强调上半身的体积感，形成上重下轻的倒三角造型，富于力量感和运动感。与此同时，女子服饰借助紧身胸衣和裙撑，撑托胸乳、束紧腰腹、夸张臀胯，塑造出上简下丰、上轻下重的正三角造型，呈现安定的静态美感。以此将男女性别的特征以服饰造型的方式强化，并成为经典形式在西方服饰史上固定下来（见图3-11）。

图3-10　中世纪女装

图3-11　西方15世纪服饰

工业革命以后，大生产的普及，新能源、新产业的出现，使得社会结构也发生重大转变。男装和女装在这个时期表现出截然不同的发展轨迹。男装日渐去除繁复过剩的装饰，追求服饰的功能性、合理性。女装追逐新的流行款式的脚步则日渐加快。

（三）世界现代服饰的发展

图 3-12　形式简洁、强调
功能的女装形式

图 3-13　20 世纪 60 年代
服饰

世界现代服饰最突出的特点是女装完成了现代化的进程。女装的现代化首先表现为把女性从束缚身体的紧身胸衣中解放出来。这个时间开始于19 世纪末 20 世纪初，法国著名服饰设计师保罗·布瓦列特敏锐地把握住了时代的变化潮流，在他设计的希腊风格女装中，率先抛弃了使用几百年的紧身胸衣，使腰身不再是表现女性着装魅力的唯一关注点，以此奠定了 20 世纪女装流行的基调。另一位著名的法国女装设计师加布里埃·香奈儿开创了形式简洁、强调功能的女装形式（见图 3-12），打破了传统女装的贵族气派。在第一次和第二次世界大战中，妇女成为战时的必要社会劳动力，军服及工装裤在女装中的普及，客观上促使女性服饰去掉烦琐的装饰，功能性的服饰在女装中被确立下来，成为服饰现代化的又一个重要表现。20 世纪 60 年代的年轻风暴席卷全球，街头文化影响到服饰流行的潮流，牛仔裤、迷你裙、嬉皮和朋克风格的服饰在年轻人中风靡，成为高级时装舞台上的流行热点（见图

图 3-14　现代主义与后现代主义服饰风格

3-13）。服饰中性化、民俗化、复古化等反传统的服饰现象在各国相继出现。对传统服饰的反叛及男女服饰在性别上对立的弥合，使运动化、休闲化、个性化成为服饰现代化的重要内容。20 世纪 70 年代后，世界流行服饰文化与世界各地的民族服饰文化的碰撞与交流，使时装的流行更加丰富和多样。进入 21 世纪，随着全球经济一体化的发展，人类服饰进入更繁荣的国际化与民族化交融发展的崭新阶段，现代主义与后现代主义服饰风格得到发展（见图 3-14）。

3.1.3　服饰审美的属性

服饰具有美的属性和特点，但服饰的美不同于纯粹的艺术美，这也是使用物品的美与纯粹的艺术美最根本的区别。服饰具有艺术性和实用性。因此，服饰审美具有特别的意义。

（一）服饰审美的艺术性

一件艺术品的诞生，会影响和改变作为审美主体的人。这种影响和改变是无形的、深刻的、潜移默化的，有时也是不可抗拒的。对于服饰，不管穿戴者愿意或不愿意，其思想、情感与审美感受，都会受服饰风格和主题的影响，或转移，或变化，或得到陶冶，或使之升华。服饰穿戴者会按照美的标准来重新塑造自己。

人们在欣赏艺术作品时，会因其中的人物、形象、情景、寓意等而产生情感上的反应，引起对真善美的褒扬和对假恶丑的憎恶，在潜移默化中，陶冶性情，培养高尚的情操。同样，在进行服饰审美时，人们也会因为服饰的色彩、肌理，或者服饰背后的故事引起情感上的共鸣，从而在进行服饰审美的同时过滤我们情感上的杂质，使情感不断趋于纯净。在欣赏美的服饰的同时，人们的心灵往往会被感人的艺术魅力所打动，它激励人们接受真善美的洗礼，使人们的性情得到陶冶，使人们的感情得到净化。例如，时装中的中国传统文化审美元素体现了人们对中国传统文化的热爱（见图 3-15）。

图 3-15　时装中的中国传统文化审美元素

（二）服饰审美的实用性

服饰审美的实用性即服饰的实用美。服饰的实用美也被称为功能美，是服饰的一种最基本的审美形态。对于服饰而言，实用美的要求是伴随着穿戴服饰的目的而产生的。人类穿戴服饰既为调节寒暑，也为防止外部侵害，还为显示个性、规范社交礼仪、维护社会和谐。服饰具有以下几个方面的实用美。

（1）服饰的身体防护功能美。服饰的身体防护功能是指服饰具有保护身体使之免受或少受伤害的作用。现代户外服饰在设计上就突出了服饰的防护功能，如防寒、防雨的冲锋衣（见图 3-16）。特殊行业或工种的职业服饰，则突出防伤、防火、防毒、防虫、防菌、防污等对人体的保护功能，如在建筑作业时使用的安全帽、在电焊作业时使用的焊接面罩、在粉尘作业时使用的面具和眼镜，还有消防队员使用的消防服、传染病房医护人员使用的隔离服等。

（2）服饰的运动适应功能美。服饰的运动适应功能是指服饰要便于人的肌体运动，表现出对身体活动的适应性。注重服饰对身体运动功能的适应性在服饰发展的历史上屡见不鲜。例如，20 世纪 20 年代，随着汽车的普及，西方女性服饰中裙子的长度明显缩短，简洁的造型和适合的长度，使得女子在乘车出行的日常活动中较少受到来自服饰的限制。在现代专业体育运动的服饰设计上，运动科学家们通过对运动动作的分解与分析，找出运动姿态与服饰样式的关系，合理地设计运动服（见图 3-17）的板型，从而减少服饰对身体运动的限制。

图 3-16　防雨、防寒的冲锋衣

图 3-17　运动服

（3）服饰的身份标识功能美。服饰的身份标识功能是指利用服饰来显示穿着者的地位、职业等社会身份的功能。现代社会中的军装、警服、学生服等，都是具有明确身份标识功能的服饰，这些服饰在标识穿戴者身份的同时，还体现着与其身份相符的权利与义务（见图 3-18）。

（4）服饰的容仪彰显功能美。服饰的容仪彰显功能是与服饰的审美功能紧密相连的，主要指服饰具有体现穿戴者仪表、风度、气质、性格等精神面貌的作用。容仪彰显的功能来自穿戴者自身及服饰两个方面。穿戴者自身的社会角色、教育程度、道德修养、审美习惯、个性特征等是决定个人精神面貌的内在因素，而对服饰的款式组成、构成形态、图案色彩等的选择，则以外显的方式传达着个人的内在精神面貌，或庄严高贵，或娇秀柔美，或热情奔放，或沉稳含蓄，从而使服饰发挥着彰显容仪的作用。由此形成的服饰伦理和规范，在社会生活中作为共同的社会规范被固定下来，如穿着中山装显得整个人文质彬彬（见图 3-19）。

图 3-18　学生服

图 3-19　文质彬彬的中山装

3.1.4　服饰美的内容

好的服饰能使人赏心悦目，给人带来无穷的审美享受，陶冶人的情操，激发人们对美好生活的向往与追求，鼓舞人们去追求积极向上的生活。培养审美意识需要进行长期的审美实践，它反作用于客观存在的美，帮助人们自觉地欣赏美并创造美。提高服饰的审美意识也有助于提高我们对其他美好事物的审美能力，让我们对生活的追求更趋向于美好。良好的审美能力能让我们变得思维敏捷，从而迅速发现美，准确辨别美与丑，区别美的程度，鉴别美的种类，发现蕴藏在审美对象深处本质性的东西，并从感性认识上升到理性认识。服饰审美能让我们通过一个人的穿着了解其性格特点、当下服饰的流行趋势、当今时代的文化思潮，甚至于了解一个国家的经济发展水平。

（一）造型美

服饰的造型美是服饰视觉美的主要表现方式。服饰的造型由两大元素组成：服饰的廓形和局部的造型。廓形是服饰外轮廓的剪影，局部造型是对廓形和细节形态的设计。谈起服饰的造型美就不得不提起法国设计师迪奥。他的"花冠造型"系列使他一举成名，打开了新服饰的大门。他几乎以每年一个新形象的速度推出了"翼形""垂线形""郁金香形""A形""H形"等造型，取得了引人注目的成功（见图3-20）。

（二）色彩美

诗人泰戈尔说过："美丽的东西都是有色彩的。"用色彩来装饰自身可能是人类最原始的本能，在古今中外的服装设计中，色彩都具有重要的地位。我国古代将颜色

图 3-20　服装造型

与五行匹配，《史记·秦始皇本纪》中记载："方今水德之始，改年始，朝贺皆自十月朔。衣服旄旌节旗皆上黑。"秦始皇认为秦朝为"水德"，便将与水对应的黑色作为"衣服旄旌节旗"的颜色。之后，汉代崇尚赤红色；到了隋唐，明黄色成为皇室的御用颜色，也成为最尊贵的色彩。

颜色没有绝对的美丑之分，不同的色彩给人以不同的观感。阿恩海姆指出："色彩能够表现感情，这是一个无可辩驳的事实。"例如，红色、橙色和黄色被认为是令人激动的、活跃的色彩，因为它们使人们联想到太阳、火焰、热血，图3-21所示为明黄色的服装；绿色则是令人安静祥和的色彩，能唤起人们对大自然凉爽、清新的印象；蓝色能使人想到大海和天空，有深沉、宽广的感觉。

当一件（套）服装拥有两种及以上颜色时，色彩的搭配就显得尤为重要。不是所有的色彩组合在一起都能给人以美的享受，不协调统一的色彩组合只能对人的视觉形成刺激，我国民间对"红配绿"这一搭配的广泛揶揄，正反映出糟糕的色彩搭配所造成的灾难性视觉效果。图3-22所示的蒙古族服装，以红色为主体颜色，象征着生命的激情、鲜花般美丽的容颜，蓝色代表蒙古高原辽阔的天空，二者相得益彰，共同体现出蒙古族服饰美的内涵。

图 3-21　明黄色的服装

图 3-22　蒙古族服装

（三）材料美

材料是创造服饰美的最基本的物质条件，它是款式和色彩的主要载体。服饰的材料美，表现为服饰材料的色彩和肌理两个方面的完美结合。在款式设计上，不同材料的搭配会形成质感上的对比和协调关系，质感对美化人体和塑造主体情调有很大影响。

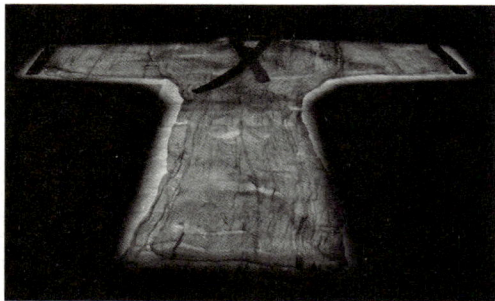

图 3-23　西汉直裾素纱襌衣

1972 年，湖南长沙马王堆一号汉墓出土了一件西汉直裾素纱襌衣（见图 3-23）。整件衣服除衣领和袖口边缘用织锦做装饰外，皆以素纱为面料，由精缫的蚕丝织造。经专家测定，整件素纱襌衣通长 156 厘米，共用料约 2.6 平方米，而质量仅 49 克。这样的纱衣，披在身上，只怕当得起"轻若无物"4 字，恰有微风乍起，便衣袂飘飘，恍若神仙中人。

20 世纪，美国化学家卡罗瑟斯和他的科研小组发明了世界上第一种合成纤维——尼龙（聚酰胺纤维）。尼龙具有摩擦系数低（触感轻柔）、耐磨性高、强度高、弹性回复率高（贴合身形）等优点，它的出现使纺织品的面貌焕然一新。1939 年 10 月 24 日，尼龙长丝袜公开销售时引起轰动，被视为珍奇之物，人们争相抢购，称赞其"像蛛丝一样细，像钢丝一样强，像绢丝一样美"。从此，合成纤维成了重要的服装面料，之后，涤纶、锦纶、腈纶、氯纶、维纶、氨纶等材料极大地促进了服装行业的发展。

今天，高度发达的纺织工业让人们可以自由选择服装的面料，如透气舒适的纯棉、兼具保暖和轻便特色的羊绒、轻薄透明的雪纺、手感柔软蓬松的腈纶及数不胜数的其他新兴材料。多样的面料为人们提供了丰富的选择，使人们在不同季节都能够得到较好的穿着体验。

（四）工艺美

工艺美是服饰制作工艺给人带来的美感。如今，科学技术的快速发展、工艺技术的日新月异，使服饰工业的前景更加光明。计算机服饰设计、电脑图样配色、自动量体排料及电脑绣花等，都使服饰的工艺技巧更加完美，图 3-24 所示为白纱与珍珠蕾丝花朵的结合。当然，世间最美的工艺依旧是手工制作，每件服饰在能工巧匠的手中都会变为一件艺术品，那精美的绣花、闪亮的宝石都是工匠们心间对美的诠释，是他们一点点地赋予了服饰全新的生命力。

（五）时尚美

时尚美是服饰具有的因时代推崇的审美特征因素而给人带来的美感。时尚美也称流行美，是指以服饰为对象的、在一定时期、一定地域或某一个群体中广为传播的流行现象。它反映了特定历史时期和地区的人们对服饰的审美需求，图 3-25 所示为时尚时装秀。流行美会受社会形态的制约，流行的节奏和幅度与特定时期和区域的政治、经济、科技、宗教信仰等因素密切相关。

（六）图案美

将图案或印或染或绣在服装上，是增强服装视觉效果的有效方式。图案可简单可复杂，简单的有条纹、格子、圆点等，如"苏格兰格子"图案。复杂的如我国古代的龙袍。龙袍是我国古代封建君主的专属服饰，以故宫博物院收藏的黄纱绣彩云金龙单袍为例，上面绣有彩云金龙、暗八仙、六章（日、月、宗彝、华虫、黼、黻）、寿山福海及杂宝花卉等各种纹样图案，几乎将整件龙袍填得满满当当，华丽、繁复而庄严，显示出皇室的富贵与威严。

在服装上绣各种图案可谓是中华民族的传统，明清以来，以寓意、谐音的方式体现吉祥的图案十分流行，"富贵"的牡丹，"长寿"的蟠桃、仙鹤，"多子"的石榴，"有福"的蝙蝠，"喜庆"的喜鹊，"富足有余"的鱼，等等。同时，一些文化意象，如岁寒三友（松竹梅）、荷花、画中四君子（梅兰竹菊）等，多象征高洁的品质。今天，服装设计师们从中华古典文化中汲取养分，将这些经典的图案运用到现代服装中，形成了鲜明的风格，打造出了别具一格的美感，图 3-26 所示为祥云纹饰在现代服装中的应用。

图 3-24　白纱与珍珠蕾丝花朵的结合

图 3-25　时尚时装秀

图 3-26　祥云纹饰在现代服装中的应用

3.1.5　饰品之美

饰品的起源，最初因为遮体，随着生活水平和人的创造力的不断发展，开始向着修饰功能转化，衍生出以修饰为主的各种装饰。饰品就是用来装饰和佩戴的，有些饰品可以起到芳香、清洁、美化等的作用，好的饰品可以让佩戴者焕然一新、心旷神怡。

现代饰品丰富多彩，琳琅满目。饰品分类的标准很多，但最主要的不外乎按材料、工艺手段、用途、佩戴部位等来划分。具体论述如下。

（一）按材料分类

按材料分类，饰品可以分为金属类和非金属类。金属类包括黄金、铂金、银等贵金属类饰品和铜、铁、铝及其合金类饰品，图 3-27 所示为黄金饰品，图 3-28 所示为苗族银饰。非金属类包括皮革、绳索、丝绢、塑料、橡胶、动物骨骼（象牙、牛角、骨等）、贝壳、珊瑚、木料（沉香、紫檀木、枣木、伽楠木等）、植物果核（山核、桃核、椰子壳等）、宝石（钻石、红蓝宝石、猫眼、珍珠、海蓝宝石、碧玺、丹泉石、天然锆石、尖晶石、石榴石、水晶、橄榄石、青金石、绿松石、琥珀、景泰蓝、琉璃）、玉石类（翡翠、祖母绿、和田玉、寿山石、鸡血石、青田石、巴林石、岫岩玉、黄龙玉）及各种彩石，图 3-29 所示为沉香手串，图 3-30 所示为琥珀饰品，图 3-31 所示为钻石饰品，图 3-32 所示为玉石饰品。

图 3-27 黄金饰品   图 3-28 苗族银饰   图 3-29 沉香手串

图 3-30 琥珀饰品   图 3-31 钻石饰品   图 3-32 玉石饰品

（二）按佩戴部位不同分类

图 3-33 女子佩戴的头饰

按佩戴部位的不同，饰品可以分为头饰类（太阳帽、太阳镜、卡通口罩、发夹、头花、发梳、发冠、发簪、发罩、发束、耳环、耳坠、耳钉、鼻环、鼻针）、胸饰类（项链、项圈、丝巾、围巾、长毛衣链、胸针、胸花、胸章、腰链、腰带、腰巾、披肩等）、手饰类（手镯、手链、臂环、戒指、指环等）、脚饰类（脚链、脚镯等）、挂饰类（纽扣、钥匙扣、手机链、手机挂饰、包饰）、妆饰类（化妆用品类、文身贴、假发等）、玩偶、钱包、用具类（珠宝首饰箱、手表等）、鞋饰、家饰小件等。

3.2 舌尖舞蹈——饮食之美

兽、鸟、鱼、贝、菌、豆，烤、煎、炒、炸、炖、煮、烧、焗，油、酱、醋、盐……对于饮食，中华文明向来是无比重视的。居住在中华大地上的人们，乐于从自然界中获取各样食材，并且采用多样的烹调手段，创造出各式各样的美味。"烂樱珠之煎蜜，溽杏酪之蒸羔。蛤半熟而含酒，蟹微生而带糟。盖聚物之夭美，以养吾之老饕。"（苏轼《老饕赋》）丰饶的物产，精心的烹饪，让美食成为人们心中无法割舍的期盼。

3.2.1　菜肴之美

"色、香、味俱全"可谓是我国人民对于食物最佳的夸赞。色、香、味俱全的食物，不仅是营养与保健并存的美味佳肴，更是兼具视觉美、嗅觉美、味觉美的高超艺术品，使人赏心悦目、垂涎欲滴。

（一）色

"色"是指食物的色泽鲜艳。中餐厨师善于利用食物的天然色彩加以搭配，使菜品呈现出色的视觉效果，让人食欲大振。

人们常吃的西红柿炒鸡蛋，以西红柿、鸡蛋为主料，炒好后再撒上一撮葱花，红黄相间中点缀星星绿色，色泽鲜艳诱人，让人忍不住想大快朵颐。兰州牛肉面（见图3-34）是甘肃省兰州市的特色美食，正宗的兰州牛肉面讲究"一清二白三红四绿五黄"，即汤清、萝卜白、香菜蒜苗绿、油辣子红、面条黄亮，如此才能"面条清齐、油光闪闪"（余秋雨《五城记》），让人看着就食欲大增。

（二）香

"香"是肴馔散发出来的刺激食欲的气味。香味可谓是美食无言的招牌，老道的食客在动口吃菜之前，总是先观色，再闻香，将闻香视为品味菜品的重要一步。

最能够直接激发食物的香味的烹调手段，非烧烤莫属。新疆美食红柳烤肉选用产于塔里木盆地边缘绿洲里的红柳树枝做签，串起肥瘦相间的新鲜羊肉，放置在炭炉上烤制。高温加热，使红柳树枝渗出一股清香的味道，而这种香气和羊肉油脂的味道经过慢慢融合，随着木炭的燃烧向空中挥发，隔着老远，人们就能够闻到烤羊肉的味道，不由自主地被吸引过去。

除了普通的香味，"臭"也是我国美食不可缺少的一味。臭豆腐、毛豆腐、螺蛳粉、臭鳜鱼（见图3-35）……这些以臭闻名的美食有"闻起来臭，吃起来香"的特点，别具一番风味，臭反而成为其最鲜明的招牌。

图 3-34　兰州牛肉面

图 3-35　臭鳜鱼

（三）味

味道是人们对于美食最直接的追求，只有能令人唇齿留香、回味无穷的菜品，才能真正算得上一道好菜。在我国古代，人们将味道分为酸、甜、苦、辣、咸，要求菜品做到"五味调和"，形成丰富的复合味。

豆腐本以味道寡淡著称，川菜中的麻婆豆腐（见图3-36）则不同，以豆腐为主料，蒜苗、牛肉末为辅料，加以豆瓣、辣椒面、花椒面、酱油、生抽、老抽、糖、淀粉等调味，最终制作出集麻、辣、鲜、香、烫、嫩、酥于一体的美食。舀一勺入口，层层叠叠的味道蜂拥而至，加之豆腐爽滑细嫩的口感，让人欲罢不能。

3.2.2　手艺之美

由于中国各地气候、地形、历史、物产及饮食风俗的不同，中餐经过几千年的发展和沉淀，形成了以川菜、鲁菜、湘菜、粤菜、淮扬菜、闽菜、浙江菜、徽菜等为代表的各种风格的菜系。不管是什么菜系，美食离不开厨师的手艺，在厨师们高超的手艺下，原材料变成了一道道色香味俱全的佳肴。对我国厨师而言，刀工、火候、调味等都是必须掌握的手艺。

淮扬菜中的文思豆腐（见图3-37），是对厨师刀工的考验，需要将豆腐切成如头发丝一样的细丝却不碎，切好后放入水中，豆腐丝如同菊花绽放，煞是好看。经过估算，人们发现文思豆腐需要将一块豆腐切成15000多根丝，丝丝都能穿过绣花针的针眼。

只有如此细密的豆腐丝，才能够赋予文思豆腐软嫩清醇、入口即化的口感。事实上，哪怕并不入口，单看这精细的刀工，这道菜就是一件精美的艺术品。这样妙到毫巅的技艺，如何不令人叹服。

图3-36　麻婆豆腐

图3-37　文思豆腐

火候是烹调技术的关键环节，火候不够，菜肴不能入味，甚至半生不熟；过火，菜肴就不能鲜嫩爽滑，甚至会煳焦。

火候永远是中式厨房的一个重要秘密，开始和结束的时机、每个阶段的火力、不同食材与油和水的配比，都是极其微妙的学问。

——《舌尖上的中国》解说词

鲁菜是十分讲究火候的古老菜系。红焖菜、砂锅炖等，讲究"软烂浓郁"，时间不到，火候不足，就绝不出味道。"油爆双脆"（见图3-38）对火候的要求更是苛刻，要求沸油爆炒，使原来必须久煮的猪肚头和猪肾片快速成熟，口感脆嫩滑润，清鲜爽口，可谓是"欠一秒则不熟，过一秒则不脆"，只有厨师掌握火候，才能达到"脆""嫩"的效果。

有的菜品仅仅需要厨师个人完成，有的则需要通过厨师和食客的共同努力，才能达到最好的效果。川渝地区的人们对于麻辣火锅有着异乎寻常的热爱。麻辣火锅由厨师在后厨做好"锅底"，切好食材，最后的烹饪则交给了食客。食客自己选择需要的菜品，放入火锅中烹饪，觉得火候到了，便自行捞出食用。鸭肠、毛肚烫十几秒便脆韧，猪脑、老腊肉等食材则需要煮十几分钟，食客又可根据自己的喜好，自行微调煮食材的时间，以取得最佳的风味。

手艺体现在我国的各式菜肴之中，天津的"狗不理包子"（见图3-39）每个包子上都有十八个褶皱；北京"全聚德"的烤鸭上桌后由专人片成 108 片，不多不少；兰州牛肉面的师傅能将面团拉成直径仅为 1 毫米的"毛细"……我们享受到的美食，无不沁润着厨师的手艺，这些手艺成就了美味佳肴，也成了食客们永恒的记忆。

图 3-38　油爆双脆

图 3-39　狗不理包子

3.2.3　茶道之美

茶来自茶树，这是一种原生于中国的植物。茶基于产地和加工方式的不同而有不同分类，分为绿茶、白茶、乌龙茶、红茶、黑茶和黄茶等不同品种（见图 3-40）。

图 3-40　茶的分类

中国的茶文化源远流长，从文献记载来看，早期的茶叶可能也曾作为食材入馔；而作为专用饮料，应不晚于西汉。到了魏晋南北朝时，茶一度成为奢侈饮品。隋唐以后，茶饮更为普及，上至皇室、下至百姓，无不爱茶，品茶、论茶也成为一时风尚，但直至陆羽著《茶经》才对茶文化进行系统梳理和著述。

大约在公元 5 世纪南北朝时，中国的茶叶就开始陆续输出至东南亚及亚洲其他地区。10 世纪时，蒙古商队来华从事贸易，中国砖茶经西伯利亚带至中亚。17 世纪茶由荷兰人带到欧洲，英国人又把喝茶的时尚带到美洲、澳洲，传播到全世界。

在茶叶中，茶多酚和氨基酸是最为重要的两种物质，二者比例的变化将直接影响我们品茶时的口感，因此茶多酚和氨基酸的比例就成为对茶进行质量评定的一个很重要的指标，通常我们把这个指标称作"氨酚比"。氨基酸给人带来鲜爽的感觉，茶多酚则相对比较苦涩，不同种类的茶氨酚比是不一样的，这是不同茶叶风味差异的重要原因之一。例如，绿茶多取茶的嫩芽，氨基酸含量较高，而茶多酚的含量相对较低，喝起来相对清爽。

在中国传统文化中，对品茶的要求比较严格，可以从以下四个方面体现茶道之美。

（一）水的选择

古人对宜茶水品的论述颇多，说法也不完全一样。综合起来，大致可以归纳为以下几种观点。

（1）强调"择水先择源"。唐代陆羽《茶经》"其水，用山水上，江水中，井水下"认为，宜茶水品的优劣，与水源的关系甚为密切。

（2）强调水品在"活"。北宋苏东坡《汲江煎茶》："活水还须活火烹，自临钓石取深清。大瓢贮月归春瓮，小构分江入夜瓶。"宋代唐庚《斗茶记》："水不问江井，要之贵活。"这些诗句都说明宜茶水品贵在"活"。

（3）强调水味要"甘"。宋代蔡襄《茶录》："水泉不甘，能损茶味。"清初卢之颐《本草乘雅半偈》："梅雨如膏，万物赖以滋养，其味独甘，梅后便不堪饮。"这两句说的是宜茶水品重在"甘"，只有水"甘"，才能出"味"。

（4）强调水质须"清"。宋代大兴斗茶之风，强调茶汤以白为贵，这样对水质的要求更以清净为重，择水重在"山泉之清者"。明代熊明遇说："养水须置石子于瓮，不唯益水，而白石清泉，会心亦不在远。"这就是说宜茶水须以"清"为上。

（二）器皿的选择

俗话说"水为茶之母，壶是茶之父"。要获取一杯上好的香茗，需要做到茶、水、火、器四者相配，缺一不可。这是因为饮茶器具，不仅是饮茶时不可缺少的一种盛器，具有实用性，而且饮茶器具还有助于提高茶叶的色、香、味，同时，一件高雅精美的茶具，本身还具有欣赏价值，富含艺术性。

选配茶具除了看它的使用性能，茶具的艺术性成了人们选择时的另一个重要标准。

1. 选配茶具要因地制宜

我国地域辽阔，各地的饮茶习俗不同，故对茶具的要求也不一样。如福建及广东潮州、汕头一带，习惯用小杯啜乌龙茶，故选用"烹茶四宝"——潮汕烘炉、玉书煨、孟臣罐、若琛瓯，以鉴赏茶的韵味。景德镇的瓷器、宜兴的紫砂壶（见图3-41）也都是品茗的佳器。

图 3-41　紫砂壶

2. 选配茶具要因人制宜

在古代，不同的人用不同的茶具，这在很大程度上反映了人们的不同地位与身份。历代的文人墨客，都特别强调茶具的"雅"。宋代文豪苏东坡在江苏宜兴讲学时，自己设计了一种提梁式的紫砂壶，"松风竹炉，提壶相呼"，独自烹茶品赏。

3. 选配茶具要因茶制宜

自古以来，比较讲究品茶艺术的茶人，注重品茶韵味，崇尚意境高雅，强调"壶添品茗情趣，茶增壶艺价值"。认为好茶好壶，犹似红花绿叶，相映生辉。

一般说，饮用花茶，为有利于香气的保持，可用壶泡茶，然后斟入瓷杯饮用；饮用乌龙茶则重在"啜"，宜用紫砂茶具泡茶；饮用红碎茶与工夫红茶，可用瓷壶或紫砂壶泡茶，然后将茶汤倒入白瓷杯中饮用；如是品饮西湖龙井、洞庭碧螺春、君山银针、黄山毛峰等细嫩名优绿茶，除选用玻璃杯冲泡外，也可选用白色瓷杯冲泡饮用。

（三）品茗环境

要使饮茶从物质享受上升到精神和艺术层面，则品茶环境就相当重要了。山清水秀，小桥亭榭，琴棋书画，幽居雅室，当然是理想的品茗环境了。

至于家庭饮茶，环境是固有的，难以选择，但在有限的空间里，同样可以营造一个适宜的品茶环境。例如，可以选择在向阳靠窗的地方，配以茶几、沙发、台椅等，尽量把室内之物放得整洁，使环境显得安静、清新、舒适、干净。

（四）品茶程序

品茶讲究审茶、观茶、品茶三道程序。

1. 审茶

审茶是指泡茶前要先审看茶叶，内行人一眼就能分出绿茶、红茶、花茶、青茶（乌龙茶）、黄茶、白茶、黑茶等不同的种类。

2. 观茶

观茶是看茶叶的形与色。茶叶一经冲泡后，形状就会发生很大的变化，几乎会恢复茶叶原来的自然状态。特别是一些名茶，有的嫩度高，芽叶成朵，在茶水中亭亭玉立，婀娜多姿；有的则是芽头肥壮，芽叶在茶水中上下沉浮，犹如旗枪林立。茶汤也会随着茶叶的浸泡而徐徐展色，逐渐由浅入深，由于茶的种类不同而形成绿色、黄色、红色等。此时此刻观茶形、赏茶色甚为赏心悦目。

3. 品茶

品茶既要品汤味，还要嗅茶香。嗅茶香先是干嗅，即嗅未经冲泡的干茶叶。干茶香可分为甜香、焦香、清香等。茶叶一经冲泡之后，其香味便会从水中散溢出来，此时便可以闻香了。

品茶的茶具包括茶壶、茶海、茶盘、茶托、茶荷、茶针、茶匙、茶拨、茶夹、茶漏、过滤网、养壶笔、品茗杯、闻香杯等20余种，其中的闻香杯乃专供闻香用的。闻香之后，用拇指和食指握住品茗杯的杯沿，中指托着杯底，分三次将茶水细细品啜，这便是"品茗"了。

3.2.4　酒德之美

酒（见图3-42）作为一种古老的饮品，以其独特的色泽、多样的口感、浓郁的香气及给人带来的精神愉悦，深深植根于人们的生活，贯穿于中华民族的历史，已经成为具有民族性的社会文化现象之一。

（一）酒的历史

"何以解忧，唯有杜康"，中国是酒的故乡，酿酒历史悠久，酒和酒类文化在中国历史上一

图 3-42 酒

直占据着重要地位。酒是一种特殊的食品，是属于物质的，但酒又融于人们生活之中，成为不可缺少的东西。作为一种特殊的文化形式，在中国传统文化中有其独特的地位，其中也衍生出酒政制度。在几千年的文明历史中，酒几乎渗透到社会生活的各个领域。首先，中国是一个以农业为主的国家，因此一切政治、经济活动都以农业发展为立足点。而中国的酒，绝大多数是以粮食酿造的，酒紧紧依附于农业，成为农业经济的一部分。粮食生产的丰歉是酒业兴衰的晴雨表，各朝代统治者根据粮食的收成情况，通过发布酒禁或开禁调节酒的生产，从而确保民生。

（二）酒的文化内涵

中国是酒的王国。酒，形态万千，色泽纷呈；品种之多，产量之丰，皆堪称世界之冠。中国又是酒人的乐土，地无分南北，人无分男女老少，饮酒之风，历经数千年而不衰。中国更是酒文化的极盛地，饮酒的意义远不止生理性消费、口腹之乐，在许多场合，它都是作为一个文化符号，一种文化消费，用来表示一种礼仪，一种气氛，一种情趣，一种心境，"借问酒家何处有，牧童遥指杏花村"，酒与诗，从此就结下了不解之缘。不仅如此，中国众多的名酒不单给人以美的享受，而且给人以美的启示与力的鼓舞，每一种名酒的发展，都包容劳动者一代接一代的探索奋斗，英勇献身，因此名酒精神与民族自豪息息相通，与大无畏气概紧密相接。"醉里挑灯看剑，梦回吹角连营"就是中华民族的酒魂！

在中国，酒神精神以道家哲学为源头。庄周主张，物我合一，天人合一，齐一生死。庄周高唱绝对自由之歌，倡导"乘物而游""游乎四海之外""无何有之乡"。庄子宁愿做在烂泥塘里摇头摆尾的自由自在的乌龟，也不做受人束缚的昂首阔步的千里马。追求绝对自由、忘却生死利禄及荣辱，是中国酒神精神的精髓所在。

世界文化现象有着惊人的相似之处，西方的酒神精神以葡萄种植业和酿酒业之神狄奥尼苏斯为象征，到古希腊悲剧中，西方酒神精神上升到理论高度，德国哲学家尼采认为，酒神精神喻示着情绪的发泄，是抛弃传统束缚回归原始状态的生存体验，人类在消失个体与世界合一的绝望痛苦的哀号中获得生的极大快意。

（三）酒的艺术之美

在文学艺术的王国中，酒神精神无所不至，它对文学艺术家及其创造的登峰造极之作产生了巨大深远的影响。因为，自由、艺术和美是三位一体的，因自由而艺术，因艺术而产生美。

因醉酒而获得艺术的自由状态，这是古老中国的艺术家解脱束缚获得艺术创造力的重要途径。"志气旷达，以宇宙为狭"的魏晋名士、第一"醉鬼"刘伶在《酒德颂》中有言："有大人先生，以天地为一朝，以万期为须臾，日月为扃牖，八荒为庭衢。""幕天席地，纵意所如。""兀然而醉，豁尔而醒；静听不闻雷霆之声，熟视不睹泰山之形。不觉寒暑之切肌，利欲之感情。俯观万物，扰扰焉，如江汉之载浮萍。"这种"至人"境界就是中国酒神精神的典型体现。

"李白斗酒诗百篇，长安市上酒家眠，天子呼来不上船，自称臣是酒中仙。"（杜甫《饮中八仙歌》）"醉里从为客，诗成觉有神。"（杜甫《独酌成诗》）"俯仰各有志，得酒诗自成。"（苏轼《和陶饮酒二十首（其三）》）"一杯未尽诗已成，诵诗向天天亦惊。"（杨万里《重九后二日同徐克章登万花川谷月下传觞》）。宋代诗人张元干说："雨后飞花知底数，醉来赢取自由身。"酒醉而成传世诗作，这样的例子在中国诗史中俯拾皆是。

不仅为诗如是，在绘画和中国文化特有的书法中，酒神的精灵更是活泼万端。画家中，郑板桥的字画不能轻易得到，于是求者拿美酒款待，在郑板桥的醉意中求字画者即可如愿。郑板桥也知道求画者的把戏，但他耐不住美酒的诱惑，只好写诗自嘲："看月不妨人去尽，对花只恨酒来迟。笑他缣素求书辈，又要先生烂醉时。""吴带当风"的画圣吴道子，作画前必酣饮大醉方可动笔，醉后为画，挥毫立就。"元四家"中的黄公望也是"酒不醉，不能画"。"书圣"王羲之醉时挥毫而作《兰亭序》，"遒媚劲健，绝代所无"，而至酒醒时"更书数十本，终不能及之"。李白写醉僧怀素："吾师醉后倚绳床，须臾扫尽数千张。飘风骤雨惊飒飒，落花飞雪何茫茫。"怀素酒醉泼墨，方留其神鬼皆惊的《自叙帖》。草圣张旭"每大醉，呼叫狂走，乃下笔"，于是有其"挥毫落纸如云烟"的《古诗四帖》。

3.2.5　从口腹之欲到精神追求

《礼记·礼运》有言"饮食男女，人之大欲存焉"，食物是维持生命的必需，饮食是人类最根本的欲望之一。获取食物的本能，早已根植在人们的基因之中。随着物产的丰富和烹饪技术的发展，人们对于食物也有了新的认识，并将自己的精神追求熔铸其中，形成了灿烂的饮食文化。从口腹之欲到精神追求，这一段历程，是美食之美由低层次升华到高层次的过程。

（一）口腹之需

食物是人类最基本的生存所需，是人类机体活动和身体发育的能量之源。因此，人类对食物最基础的需求就是"填饱肚子"，足够的食物所带来的餍足感也成为人们对于美食之美最初的记忆。

在世界各地，"甜"这种味道总是和愉悦的感觉联系在一起，甜味的食物如糖、蜂蜜、水果、牛奶等也都在文化中被视为美好的象征。一些研究者认为，糖类具有较高的热量，对于物质匮乏的原始人而言是优质而珍贵的食物，因此，人们会因甜味而感到愉悦，人们对于甜味的追求便铭刻在基因中世代相传。满足口腹之需是食物之美最直接、最基础的体现，甚至已经被内化为一种动物的本能。

（二）食不厌精，脍不厌细

在物质条件得到改善、食物充足的情况下，人们在饱足之后，对美食的追求更上了一个台阶。孔子在《论语·乡党》中描述自己："齐必变食，居必迁坐。食不厌精，脍不厌细。"可见人们对于食物的追求转移到菜品的丰富和精致上。在数千年时间里，这一直是人们对于美食的主流态度，也是品鉴美食的重要标准。

对于食物的精细化处理到了极致，方能"于平凡处显不凡"。开水白菜听似朴实无华，然则尽显上乘的制汤功夫。其中的"开水"是指至清的鸡汤，用老母鸡、老母鸭、火腿蹄肉、排骨、干贝等食材精心熬煮至少4小时，再将鸡胸脯肉剁烂至茸，灌以鲜汤搅成浆状，倒入锅中吸附杂质，如此再三，方能得到一锅透彻清冽、沁人心脾的好汤。取将熟未透的大白菜之菜心，用"开水"将鸡汤淋浇至烫熟，然后将其垫入钵底，轻轻倒进新鲜的鸡汤，这道菜才算大功告成。

（三）营养与健康

到了近代，随着科学技术的不断发展，微生物学、营养学等学科得以建立和发展，人们对于各类食物的认识不断加深，从而也对美食产生了新的期望。吃得营养、吃得健康成了人们的普遍追求，为此，食材健康、烹饪健康、搭配健康成为人们对美食的新要求。

在食材上要保证食材新鲜，"无公害""绿色""原生态"等概念的盛行，表明人们对于食材有了更高的期待。

在烹调方式上，人们认识到油炸、烧烤、腌卤等烹调方式存在健康上的隐患，便着手研究新的烹调方式，以尽可能保留食材的营养成分，同时避免在烹饪过程中生成有害物质。

在饮食搭配上，人们通过科学手段认识到各类食材所含有的营养成分，有意识地进行食材的合理搭配。"中国居民平衡膳食宝塔"正是《中国居民膳食指南（2022）》中对于食物合理搭配的建议。

从追求饱腹，到追求精致，再到追求营养与健康，人们对于食物的态度兜兜转转，最终提供了味觉的愉悦和精神的满足，让人们更能体会生活之美。

3.3 "器"象万千——器皿之美

吃饭用的筷子、喝水用的水杯、坐的椅子、晒衣服的衣架……我们的生活离不开各式各样的用具。这些用具材质各异、功能不一，但都在人们的日常生活中发挥着作用，甚至还能起到装饰作用，美化人们的生活。在生活用具中，凝聚着先辈们的生活智慧和生活美学，我们的生活也因这些用具而更加美好。

3.3.1 便捷之美

图 3-43　筷子

用具是供人使用的器具，其设计和制造的初衷就是为了方便人们使用。用石块直接砸东西既不便利，也不够安全，于是人们便在石块上绑上一根便于握持的木棍，创造了"锤子"这一实用工具。

在人类普遍食用熟食之后，由于食物滚烫不能直接用手拿取，远古人类不约而同地选择了刀叉作为餐具。在距今 7000 多年的浙江河姆渡遗址里，考古学家发掘出目前世界已知的最早的骨质餐具刀，河南洛阳的战国墓葬更是出土了一捆多达 51 枚的餐叉。但在战国之后，几乎再没有类似的文物出土，最早使用刀叉餐具的中华文明放弃了这类餐具，取而代之的正是大名鼎鼎的筷子（见图 3-43）。

凭借强大的通用性和易用性，筷子迅速"统治"了中国人的餐桌，并使中国人只用一只手就能够轻松面对除汤外的一切食物。面对普通的炒菜，筷子可以直接夹；对于面条、粉条等长条状食物，则可以"挑"；对于粥和羹，也能够靠举起碗"扒拉"，吃得一干二净。

稍加观察，我们便可以发现今天的许多筷子并不是完全的圆柱形，而是"首方足圆"，上半部为方形，下半部为圆形。这一改动出现于明代，主要出于两点考虑：一是圆柱形的筷子平放于桌上或架在碗碟上时容易滚动，将上半部变成方形便无此顾虑；二是方头筷握在手中用力拨菜时不易打滑，能够更有效地食用拔丝类菜、面条等食物。古老的筷子，身上的每一处都充满了古人的巧思。

在实际生活中，还有各式各样看似不起眼的用具，它们在各个层面为我们的日常生活提供了帮助，成就了我们便利、丰富的生活。

3.3.2 工艺之美

要制造出好用的器具，相关的工艺不可或缺。早在商周时期，我国古代先民便能够利用失蜡法和金银错等工艺制造出精美而巨大的青铜器。在之后几千年的发展历程中，陶器、瓷器、青铜器、金银器、玉器、景泰蓝、漆器、纺织品、木竹器等都获得了伟大的成就。

（一）陶器

陶器是用泥巴（黏土）成型晾干后，入窑火烧而成，是泥与火的结晶。我们的祖先对黏土的认识是由来已久的，早在原始社会，祖先们就处处离不开黏土，他们发现被水浸湿后的黏土有黏性和可塑性，晒干后变得坚硬起来。对于火的认识和利用的历史也是非常久远的，大约在205万年至70万年前的元谋人时代，就开始用火了。先民们在漫长的原始生活中，发现晒干的泥巴被火烧之后，会变得更加结实、坚硬，而且可以防水，于是陶器（见图3-44）就随之产生了。陶器的发明，揭开了人类利用自然、改造自然、与自然做斗争的新的一页，具有重大的历史意义，是人类生产发展史上的一个里程碑。

中国最早的陶器资料出现于新石器时代早期。1962年发现于江西万年县仙人洞遗址的圆底罐，据放射性碳素断代为公元前6875±240年，系夹砂红陶，质地较粗糙，外表饰绳纹。公元前5500—前4900年的裴李岗文化的陶器（见图3-45）多为泥质或夹砂红陶，亦有少量灰陶，多用泥条盘筑法成型，器形有杯、碗、盘、钵、壶、罐等，其中以三足钵、双耳壶最有代表性，其纹饰有篦点纹、弧线纹、划纹、指甲纹、乳钉纹、绳纹等。磁山文化（前5400—前5100）的陶器（见图3-46）除仍用泥条盘筑法外，还出现了捏塑法，陶质以夹砂为主，有红、灰、褐、灰褐等色陶器，同时出现了豆、盂、支架等新器形，部分器物表面饰有绳纹、篦纹、剔刺纹、划纹、乳丁纹等。发现于甘肃秦安县大地湾的大地湾文化（前5200—前4800）的陶器，以夹细砂红陶为主，器形有圈足碗、三足钵、三足罐等，较之上述陶器不同的是大地湾文化陶器中，部分器物有外红里黑，或两面红中间黑的现象，较为别致，其纹饰有网状交叉绳纹、锯齿纹等，图3-47所示为人头形器口彩陶瓶。新石器时代中晚期的仰韶文化、马家窑文化、大汶口文化、龙山文化等文化遗址，以及商、西周至秦汉的遗址发掘中，出土了大量的陶器，依其种类可分为彩陶、墨陶、白陶、印纹陶、彩绘陶器等，图3-48所示为仰韶文化鹿纹彩陶盆，图3-49所示为马家窑文化叶形纹彩陶铃，图3-50所示为大汶口文化黑陶，图3-51所示为龙山文化黑陶高柄杯。

图 3-44　陶器

图 3-45　裴李岗文化陶器

图 3-46　磁山文化陶器

图 3-47　人头形器口彩陶瓶

图 3-48　仰韶文化鹿纹彩陶盆

图 3-49　马家窑文化
叶形纹彩陶铃

　　商代以后，出现了用高岭土烧制的原始青瓷，由于瓷器在质量及使用寿命上均优于陶器，因此获得了迅速的发展。在这种情况下，陶器已渐失去了以往的规模，在器物的造型和装饰上较之彩陶、黑陶等，已相去甚远。唯战国的暗纹陶，秦汉的釉陶和作为明器用的陶制建筑、舟车，唐代的三彩等以其各自的造型、纹饰反映了所处时代的艺术特征和生活风貌。其中唐三彩（见图 3-52）是一种施挂彩釉的低温铅釉陶器，多用黄、绿、褐等色彩，故称三彩，其品种有器皿及人物、动物俑等，其中器皿种类繁多，造型新颖别致，设计巧妙，加之绚丽的色彩，遂使唐三彩成为中国陶器工艺中的一枝奇葩，受到人们的普遍喜爱，直到现代仍有仿唐三彩的生产。另外，战国、秦汉、唐等朝代的瓦当、砖、陶俑，以及近现代江苏宜兴、广东石湾、四川荣昌等地的民间陶器，也以其精美的纹饰、生动的造型和清新质朴的风格，在中国工艺史上占有重要的地位。

图 3-50　大汶口文化黑陶

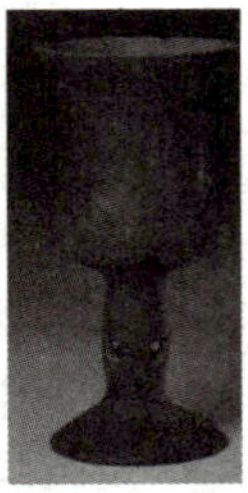

图 3-51　龙山文化黑陶高柄杯

图 3-52　唐三彩

（二）瓷器

　　瓷器是由瓷石、高岭土、石英石、莫来石等烧制而成，外表施有玻璃质釉或彩绘的器物。在窑内经过高温（1280℃～1400℃）烧制，瓷器表面的釉色会因为温度的不同而发生各种化学变化。

　　中国是瓷器的故乡。瓷器的发明是中华民族对世界文明的伟大贡献，在英文中"瓷器

（china）"与中国（China）同为一词。大约在公元前 16 世纪的商代中期，中国就出现了早期的瓷器。因为其无论在胎体上，还是在釉层的烧制工艺上都尚显粗糙，烧制温度也较低，表现出原始性和过渡性，所以一般称其为"原始瓷"。

　　中国的瓷器是从陶器演变而来的。至宋代时，名瓷名窑已遍及大半个中国，是瓷业最为**繁**荣的时期。当时的汝窑、官窑、哥窑、钧窑和定窑并称为宋代五大名窑，当时比较有名的还有柴窑和建窑。被称为瓷都的江西景德镇在元代出产的青花瓷成为瓷器的代表之一。青花瓷釉质透明如水，胎体质薄轻巧，洁白的瓷体上敷以蓝色纹饰，素雅清新，充满生机。青花瓷一经出现便风靡一时，成为景德镇的传统名瓷之冠。与青花瓷共同并称四大名瓷的还有玲珑瓷、粉彩瓷和颜色釉瓷。另外，还有雕塑瓷、薄胎瓷、五彩胎瓷等，它们大多做工精致，各有特色，图3-53～图 3-64 所示为宋代至清代的部分精美瓷器。

图 3-53　宋代汝窑瓷器

图 3-54　宋官窑弦纹长颈瓶

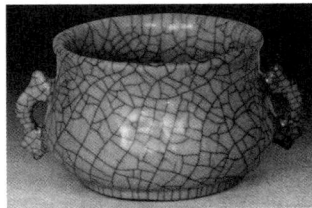

图 3-55　宋哥窑瓷器

图 3-56　元钧窑天青釉紫斑双系瓷罐

图 3-57　北宋定窑六出莲瓣纹盏托及杯

图 3-58　五代天青釉柴窑

图 3-59　宋代建窑供御款兔毫盏

图 3-60　元青花龙纹大罐

图 3-61　青花玲珑瓷

图 3-62　清粉彩

图 3-63　清窑变釉彩瓷

图 3-64　清五彩龙凤纹小碗

从艺术性来评估（即艺术价值），主要考虑造型、装饰、图案三个方面。造型上以陈设器价值最高，之后依次为文房用具、冥器、日用器，图3-65所示为民国时期景德镇瓷罐。装饰上目前以彩装饰价值最高（如雍正时期珐琅彩），之后依次为釉装饰、胎装饰。图案上以人物图案价值最高，之后依次为动物图案、植物图案、山水图案、吉祥图案等，图3-66所示为仿官窑裂纹釉花瓶。从研究价值来评估（即科学研究价值），有纪年款的瓷器、在纪年墓中出土的瓷器都有较高的学术价值，但不是评估价值的主体，因此在古代瓷器价值评估体系中所占的比例不高，图3-67所示为北宋磁州窑白釉黑彩划花牡丹纹瓶。

图3-65　民国时期景德镇瓷罐　　图3-66　仿官窑裂纹釉花瓶　　图3-67　北宋磁州窑白釉黑彩
　　　　　　　　　　　　　　　　　　　　　　　　　　　　　　　　　　划花牡丹纹瓶

（三）青铜器

青铜器，在古时候被称为"金"或"吉金"，是红铜与其他化学元素锡、铅等的合金，刚刚铸造完成的青铜器是金色，但出土的青铜因为时间流逝产生锈蚀后变为青绿色，被称为青铜。

目前流行的说法是，青铜器的使用开始于新石器时代晚期的土耳其和伊拉克地区，以及叙利亚大马士革市郊的 Tell Ramad 遗址出土的铜珠等。而据中国现阶段考古成果，中国青铜器开始于马家窑文化至秦汉时期，其中以商周时期的器物最为精美。

中国青铜器不但数量多，而且造型丰富、品种繁多，有酒器、食器、水器、乐器、兵器、农具与工具、车马器、生活用具、货币、玺印等。单在酒器类中又有爵、角、觯、斝、尊、壶、卣、方彝、觥、罍、盉、勺、禁等20多个器种，每一器种在每个时代都呈现不同的风采，同一时代的同一器种的式样也多姿多彩。不同地区的青铜器也有所差异，犹如百花齐放，五彩缤纷，因而使青铜器具有很高的观赏价值。而从文物鉴定的角度来说，这无疑增加了鉴定的难度，反过来又使研究赏析更富有情趣，青铜器也更具有吸引力。

中国青铜器时代，包括夏、商、西周、春秋及战国早期，图3-68～图3-71所示为这些时期的青铜器，延续时间1600余年。这个时期的青铜器主要分为礼乐器、兵器及杂器。礼乐器主要用在宗庙祭祀活动中。

图3-68　夏晚期网　图3-69　商代妇　图3-70　西周晚期　图3-71　战国青铜　图3-72　商代龙虎尊
　　格纹鼎　　　好青铜鸮尊　　　毛公鼎　　　　提梁壶

（四）玉器

玉器，即使用天然玉石加工制成的器物。中国早在 8000 多年前就有了玉器，并不间断地延续到现在。玉器起源是与石器分化同步的。新石器时代，随着石器加工工艺的发展，先人制作出早期玉器。玉器的出现是远古石器的延续与创新。

中华文明从传说中的三皇五帝传承下来从未中断，这是人类文明史上的一大奇迹，而作为文化载体的玉器真实地记录了中华文明诞生、延续和发展的整个历史进程，须臾不曾分离，这是奇迹中的奇迹。中国近代地质学家章鸿钊在《石雅》一书中写道："夫玉之为物虽微，使能即而说焉，则凡民族之所往返与文化之所传嬗，皆得于是征之。"如今，政府和民间已经收藏了数量可观的各个历史时期的玉器，我们已经到了对玉器"即而说焉"的时候了。

玉器与石器的区别在于质地和加工方式的不同。未经人加工过的天然玉石是玉料，《说文解字》称："石之美者谓之玉"，凡美石制品均在玉器的范围，图 3-73 所示为白玉摆件。但美石的玉多为交织结构的透闪石和阳起石，不同于可以敲击成形的石料。因此古玉器的出现，在于新石器晚期的中华古人创造了使用解玉砂琢碾加工玉石的方法。古玉器是人类古代文明里中华文明所独有的器物。因古代碾法已经失传，以加工方式区分，用碾法制作的玉器均为古玉器，而凡使用电动金刚工具等现代技术加工的玉器称为新玉。中国玉器自史前出现起，即是最高规格的器物，主要用作礼器和配饰。有祭祀天的玉璧（见图 3-74），祭祀地的玉琮（见图 3-75），有祭祀四方的圭（见图 3-76）、璋（见图 3-77）、琥（见图 3-78）、璜（见图 3-79）。史前典型的玉器常见于红山文化和良渚文化等，图 3-80 所示为红山文化玉猪龙。

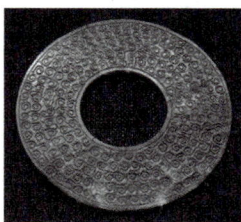

图 3-73　白玉摆件　　　　图 3-74　汉代玉璧　　　　图 3-75　良渚玉琮

图 3-76　玉圭　　　　图 3-77　玉璋　　　　图 3-78　玉琥

现代玉饰的品种款式多种多样，有玉珠串、玉手镯（见图 3-81）、玉发夹、翡翠挂件、套装饰品、玉戒指、金镶玉品、玉腰带等琳琅满目，除岫玉、玛瑙、密玉等玉料外，还采用翡翠、青金、鸡肝石、孔雀石、东陵石、珊瑚、水晶、芙蓉石、木变石等玉石原料。规格款式不断翻新，单珠串就有平串、宝塔串、花色串、异形串、随形串等。这些珠宝玉饰通过精心搭配，会给人们的生活、衣饰起到增光添彩的效果。

图 3-79　玉璜　　　　　图 3-80　红山文化玉猪龙　　　图 3-81　玉手镯

（五）景泰蓝

图 3-82　景泰蓝

明代景泰年间，一类风格独特、制作精美的工艺品广受追捧，因为其亮丽娇妍的蓝色最为出众，所以人们将其称为"景泰蓝"（见图 3-82）。景泰蓝正名为"铜胎掐丝珐琅"，其制法过程烦琐考究，大致的制作流程为：首先，在铜制胎体上掐扁细铜丝捏出各种花纹图案；然后，在掐丝轮廓内填入不同颜色的釉料粉末；再经烧制、磨平、镏金诸道工序完成。其中，掐好的细铜丝图案固定在胎体上，需要经过 900 摄氏度左右的焙烧，而釉料粉末由固态转化为液态的加热温度必须控制在 800 摄氏度以内，否则会使铜丝从胎体上脱落，工艺之繁复、制作之艰难可见一斑。景泰蓝工艺集雕刻、镶嵌、玻璃熔炼、冶金等专业技术于一体，工艺精细，成色丰富，质地平整光滑，金碧辉煌、雍容华贵，清代胡思敬的《国闻备乘》中记载有"工业渐振，其制作以景泰蓝铜器为最精，一瓶值五千元"，足见其珍贵。

（六）漆器

殷商时代便已有"石器雕琢，觞酌刻镂"的漆艺，随后的历代，漆器工艺得到了进一步发展，呈现出多种工艺百花齐放的盛况。明代漆工黄大成所著《髹饰录》，将中国古代漆器的装饰工艺分为 14 类，分别为一色漆、罩漆、描漆、描金、堆漆、填漆、雕填、螺钿、犀皮、剔红、剔犀、款彩、戗金、百宝嵌。将大漆一层层地涂抹在木质底胎上，或雕、或描、或嵌、或堆……造就了漆器千姿百态的艺术效果。以雕漆工艺为例，该工艺需要在漆器胎上髹少则二三十层、多则上百层的色漆，再在具有一定厚度的漆面上精雕细琢出各式花纹，工繁料贵。

在故宫的诸多藏品中，有一个有趣的漆器方盒（见图 3-83），从稍远处看，这个方盒似

图 3-83　漆器方盒

由在盒盖中央打结的锦袱包裹着，但凑近观察，便可知道这实际是一个带盖的方盒。所谓包袱皮，全是漆灰堆起雕琢而成，由于制作精巧细致，锦袱的皱褶效果惟妙惟肖，几乎可以乱真。仔细观察，还可发现盒子灰色的"包袱皮"部分被划分成菱形网格，内用黄、红、黑等色漆装饰花朵、寿字及龟背锦纹。盒盖四角袒露之处采用黑漆描金技法装饰佛手、石榴、寿桃，都是吉祥的纹样，相携成趣，更添风致。高超的工艺让人们可以将各种从

自然界中获取的原材料进行加工或处理，制作出琳琅满目的艺术用品，随着工艺的进一步发展和普及，未来，我们的各类生活用具将会更实用、更美观、更丰富。

3.3.3　造型之美

生活用具不仅是有用的工具，同时也是美化生活的装饰品。工匠们在制造生活用具时，也会对其造型进行设计。因此，哪怕同一类器皿，也拥有丰富的造型。瓶子是人类文明最具代表性的器皿，具有保存液态物资的作用。我国的瓷器匠人在烧制瓷瓶时，便将其塑造成各具风韵的造型。

宋辽时期，梅瓶风靡一时，近代学者许之衡的《饮流斋说瓷》中云："梅瓶口细而颈短，肩极宽博，至颈稍狭，抵于足微丰，口径之小仅与梅之瘦骨相称，故名梅瓶。"（见图3-84）这种小口、短颈、丰肩、瘦底、圈足的瓶式，以口小只能插梅枝而得名，造型挺秀、俏丽，常被作为酒器使用。

"玉壶买春，赏雨茆屋"（司空图《诗品二十四则·典雅》），相传人们根据这句诗的意境设计了玉壶春瓶（见图3-85）。玉壶春瓶撇口、细颈、垂腹、圈足，颈较细，颈部中央微微收束，颈部向下逐渐加宽过渡为杏圆状下垂腹，曲线变化圆缓，轮廓线呈柔和的弧线，细腻圆润，优美流畅。

柳叶瓶（见图3-86）撇口、短颈、丰肩，肩下削瘦至足，足内凹，器身细长，形似柳叶，线条简约，风格含蓄秀美，犹如少女卓然而立，别具风姿，故又有"美人肩"的美誉。

观音瓶（见图3-87）侈口、颈部较短、丰肩，肩下弧线内收，至胫部以下外撇，浅圈足。整个造型瓶颈丰腴，瓶肩圆润秀美如美人肩，瓶腹稍稍内收，瓶脚外翻如美人飘动的罗裙，秀美端庄，质朴大方，优雅高贵，如同神话中的观音菩萨。

天球瓶（见图3-88）因瓶腹浑圆硕大，如同从天而降的球而得名，小口、直颈、丰肩、假圈足、砂底微凹，造型利落，富有张力，庄重而典雅。

大多数瓷瓶的腹部是平滑的，而瓜棱瓶（见图3-89）瓶如其名，瓶腹乃至整个瓶身都由凸起的弧线组成，形似瓜棱，造型层次丰富，秀丽灵巧。

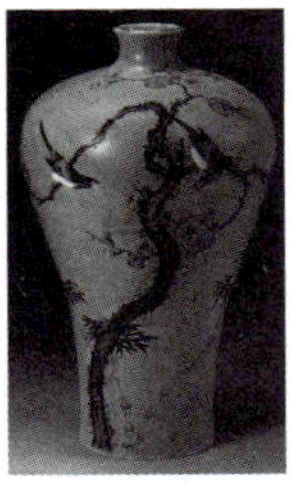

图3-84　梅瓶 　图3-85　玉壶　图3-86　柳叶瓶 　图3-87　观音瓶 　图3-88　天球瓶 　图3-89　瓜棱瓶
　　　　　　　　　　　　春瓶

这些不同的瓷瓶大小不一，作用各异，被雅趣的人们放置在不同的场合和环境中，成为一道独特的风景线。在浩瀚的中国历史中，除瓶外，如笔、砚、桌、椅、灯等各类生活用品，都有丰富的造型，不仅满足了各种实用需要，更有赏玩之功，成为一种独特的艺术和文化，也成为美好生活的一个鲜明符号。

思考与练习

练习一：思考与讨论

1. 生活之美，常体现在日常生活的点滴细节中，一件漂亮的衬衣，一碗恰到好处的粥，一个柔软的抱枕，都能够瞬间点亮我们的生活。请思考并与同学一起讨论：你的生活中有哪个让你心动的瞬间？它为什么能够带给你美的体验？

2. 生活之美具有非常丰富的内涵，请思考并与同学一起讨论：除了服饰、美食、生活用具，生活之美还体现在哪些方面？并举一个例子加以说明。

练习二：认识与赏析

1. 中式糕点中，面果儿可谓独树一帜。所谓面果儿，就是将面点做成各种水果的样子，不仅外形要惟妙惟肖，还要保证出色的口感和味道。请收集相关资料，赏析面果儿这类食物之美。

2. 瓷器是我国古代劳动人民的重大创造，不仅物理性能优秀，而且成了艺术和文化的重要载体，是人们生活中常见的器物。请搜集瓷器的相关资料，赏析瓷器之美。

审美实践——传统服饰搭配

我国是一个历史悠久的统一的多民族国家，拥有灿烂多彩的传统服饰文化，但对于我国的传统服饰，大学生或许还有些陌生。进行服饰搭配能够让同学们尽快认识和熟悉传统服饰，下面请同学们为自己搭配一套完整的传统服饰。

一、活动名称

传统服饰搭配。

二、活动主旨与意义

通过为自己搭配传统服饰，体会传统服饰中的文化内涵及其中蕴含的美，并进一步感悟我国传统文化之美，以提高自身的审美素养，增强对生活之美的理解。

三、活动内容

同学们至多利用一节课时间和一周的课外时间完成本次活动，活动内容如下。

1. 各位同学搜集传统服饰的相关知识，然后为自己设计一整套服饰搭配，包括头冠（帽）、上装、下装、鞋履等。

2. 各位同学轮流在讲台分享自己的搭配，要求说明自己选择该服装的理由、各件配饰的渊源及自己的搭配理念。有条件、有意向的同学可以通过购买、租借等方式获得服饰，现场展示自己的搭配。

审美实践——烹饪初体验

要享受食物之美，除品尝美食外，亲手做一顿饭也是一条重要的途径。在烹饪过程中，同学们能够实际体验将食材制作成菜肴的全过程，掌握刀工、火候、调味等烹饪手艺。下面请同学们亲手为自己做一顿饭吧。

一、活动名称

烹饪初体验。

二、活动主旨与意义

通过亲身体验烹饪来体会美食之美，增强自己的动手能力，培养审美素养，提高感悟生活之美的能力。

三、活动内容

同学们利用课余时间完成此次活动，活动内容如下。

1. 拟定菜谱并准备食材，有意愿、有能力的同学可以准备包括凉菜、热菜、汤在内的完整一餐，也可只做一道拿手菜。

2. 开始烹饪，烹饪过程中应注意安全。在烹饪过程中可以拍照、录视频，以记录烹饪过程。

3. 烹饪完成后，可以和家人、朋友一起品尝，谈谈对于菜肴甚至整个饮食文化的看法。

第四章　凝固韵味——建筑之美

知识目标

- 了解建筑艺术的概念及我国建筑文化。
- 熟悉各个类型的建筑作品。

能力目标

- 建立建筑艺术的审美理念。
- 能够欣赏各种不同风格的建筑。

素质目标

- 通过对建筑艺术相关知识的学习，增强民族文化自信。
- 提升文化素养，提高艺术审美力。

情境导入

世界七大奇迹之一——长城

　　长城（见图4-1）是中国也是世界上修建时间最长、工程量最大的一项古代防御工程。自公元前七八世纪开始，延续不断修筑了2000多年，分布于中国北部和中部的广大土地上，总计长度达50000多千米，被称为"上下两千多年，纵横十万余里"。如此浩大的工程不仅在中国就是在世界上，也是绝无仅有的，因而在几百年前就与古罗马斗兽场、比萨斜塔等列为世界中古七大奇迹。

图4-1　长城

　　长城是中华民族的精神象征，是我国现存体量最大、分布最广的文化遗产，成为人类历史上宏伟壮丽的建筑奇迹和无与伦比的历史文化景观。做好长城保护对于展示中华民族灿烂文明，坚定文化自信，弘扬社会主义核心价值观，促进经济社会发展，见证和促进"一带一路"相关国家和地区的复兴与繁荣，具有十分重要的意义。

4.1　建筑艺术

6000 多年前，半坡文明的居民们只能蜷缩在半地穴式的草棚中栖身；今天，人们已经习惯在窗明几净的高楼大厦中生活。建筑，不仅仅是一门技艺，是冰冷的人造物，更是人们生活的空间，是一门有温度的艺术。

4.1.1　建筑与建筑艺术

古城墙给人以古朴浑厚之感，而摩天大楼的玻璃幕墙则给人以明亮挺拔之感。建筑本是满足人们实用目的的人造物，但是其造型、颜色、材料、线条、门窗设计等却能带给人多样的感受，给人以美的体验，也因此，哲人们将建筑称为"凝固的音乐""立体的画""无言的诗"。当代大学生渴望能了解建筑，认识建筑艺术之美。

1. 建筑物与构筑物

在人们的普遍认识中，建筑往往就是房子的同义词，其实不尽然，现代建筑学将建筑定义为"人们为了满足社会生活需要，利用所掌握的物质技术手段，并运用一定的科学规律和美学法则创造的人工环境"。建筑被分为建筑物与构筑物两大类，房屋、场馆、车间等能够"容纳人"的被称为建筑物，而水塔、桥梁、水坝、纪念碑、建筑喷泉、建筑雕塑等不能够"容纳人"的则被称为构筑物。

2. 建筑的艺术

有研究人员认为，建筑的艺术包括三个层面，具体如下。

（1）功能和物质条件的美。其中建筑的功能美体现为其带给人的安全感与舒适感，而物质条件的美包括材料美、结构美、施工工艺的美和环境美。例如，人民英雄纪念碑正面碑心的材料为一整块巨型花岗岩，给人以庄重、坚毅、整体之感。

（2）建筑的形式美。运用主从、比例、尺度、对称、均衡、对比、对位、节奏、韵律、虚实、明暗、质感、色彩、光影和装饰等"形式美法则"，对建筑进行一种纯形式的加工，形成既多样又统一的完美构图，并展示某种风格。仍以人民英雄纪念碑为例，从地面开始有双层月台，月台上是大小两层须弥座，须弥座上才是碑身，挺拔与稳重兼具。

（3）纯艺术的美。如果说前两种美的意义在于"悦目"，那么"赏心"就是对建筑纯粹艺术美的最好诠释。建筑能够创造出某种情绪氛围，以陶冶和震撼人的心灵。人民英雄纪念碑毫无疑问是这类美的集中体现，面对宏伟的纪念碑，观者自然能够感受到庄严肃穆，通过碑身的浮雕图案和碑文，观者能够了解人民英雄的事迹，激发对英烈的崇敬之情，获得精神的洗礼。

4.1.2　建筑的功能、技术和形象

建筑学将建筑的功能、技术和形象三者合称为"建筑三要素"，它们辩证统一，共同组成了"建筑"这一概念。我们在认识建筑艺术时，从建筑三要素入手不失为一个理想的方法。

1. 建筑功能

建筑功能是指人们修建建筑的具体目的和使用要求，也是建筑的基础和核心，建筑技术和建筑形象都需要满足建筑功能。

以住房为例，住房的基本建筑功能就是满足人们的居住需求。首先，住房要满足人们的基

本活动需求，如住房的层高需要满足人们足够站立且不觉压抑。同时，还要满足保温、隔热、防潮、隔音、通风、采光、照明等要求，我国《住宅建筑规范》中就明确规定，住宅应满足人体健康所需的通风、日照、自然采光和隔声要求。

一些专业建筑还会有一些特殊的功能要求，例如，剧院为了获得最佳的视听效果，在音乐厅空间结构、音响布置、饰面材料、座椅位置等方面都会精心设计：音乐墙面往往做不规则设计，以减少因声音在平行、光滑表面之间来回反弹叠加而产生的颤动回声；内墙采用阶梯或波纹式设计，以减少低频的噪声、呼吸声传递，使演员的台词表达更清晰；等等。

2. 建筑技术

建筑技术是有关房屋建造方式与方法的知识和技巧的总称，建筑功能和建筑形象都依赖多项建筑技术，包括建筑设计、建筑结构、建筑施工、装饰装修、建筑电气、园林景观等。建筑技术的革新和突破一路伴随着人类文明的发展，也对建筑的功能和形象产生了巨大的影响。我国古代的人用陶土烧制瓦片，代替茅草作为房顶，大大提升了房屋的舒适度和安全性。而钢筋、混凝土和现代框架结构等技术的普及，使城市中得以遍布高楼大厦。

近年来，不断有前沿科技被运用到建筑中。例如，国家游泳中心以半透明的 ETFE（乙烯 - 四氟乙烯共聚物）为外立面覆盖物，其重量仅为同尺寸玻璃的 1/100，且耐腐蚀性强、保温性好、可调节室内温度，达到冬天保暖、夏天散热的效果，还具有自清洁功能，灰尘、雨水都难以粘在上面。

3. 建筑形象

建筑形象包括建筑外部的形体和内部空间的组合，也包括建筑内外部表面的色彩和质感，还包括建筑各部分的装修处理等综合形成的艺术效果。建筑形象并非单纯的美观问题，还涉及文化传统、民族风格、社会思想意识等多方面的因素。国家体育场（National Stadium）（见图 4-2），又名"鸟巢"，位于北京奥林匹克公园中心区南部，为 2008 年北京奥运会的主体育场，举办了 2008 年夏季奥运会和残奥会的开闭幕式、田径比赛及足球比赛决赛，以及 2022 年冬季奥运会和冬残奥会的开闭幕式。体育场的形态如同孕育生命的"巢"和摇篮，寄托着人类对未来的希望。设计者们对这个场馆没有做任何多余的处理，把结构暴露在外，因而自然形成了建筑的外观。

图 4-2　国家体育场

4.1.3　中西方建筑流派及其特点

在我国和欧洲数千年的文明史中，各自的建筑艺术得到了长足的发展，创造了鲜明独特的建筑风格，在世界范围内都产生了巨大的影响。如今，很多人已经习惯于将建筑分为中式和西式，并基于此对建筑进行赏析和评价。

1. 中式建筑流派

在我国历史上，各地都建造了许多具有当地特色的建筑，因此根据地域形成了不同的流派。大体上，中式建筑可以分为京派、苏派、晋派、川派、徽派、闽派。

（1）京派。京派主要分布在华北地区，其主要代表是四合院（见图 4-3），外观规矩，中线对称，四面房屋各自独立，围成一个院子，使用同一出口，具有很强的私密性。

（2）苏派。苏派建筑分布于江南地区，是南北方建筑风格的集大成者，其代表是沿河而建的园林式住宅，具有前街后河、"人家尽枕河"的水乡风情，图4-4所示为苏州园林。

图4-3　四合院

图4-4　苏州园林

（3）晋派。晋派建筑在山西、陕西等地最为集中，其特征是高墙深院、白墙黑瓦，并配以较多装饰以凸显其稳重大气，图4-5所示为王家大院。

（4）川派。川派建筑流行于西南地区，建材以木、石灰、青砖、青瓦为主，多为穿斗式木架构，斜坡顶、薄封檐，开敞通透，轻巧自如，图4-6所示为青城山老君阁。

图4-5　王家大院

图4-6　青城山老君阁

（5）徽派。徽派建筑（见图4-7）分布在安徽、江西、湖北等地，其特色是马头墙、小青瓦和由建筑围成的高深的天井，天井既是主要的采光处，又是四面建筑雨水的落脚点，谓之"四水归堂"。

（6）闽派。闽派建筑分布于福建，以土楼（见图4-8）为代表，土楼外墙为坚固夯土，内部以木结构、穿斗式结构为主，兼具生产、生活、防卫等功能。

图4-7　徽派建筑

图4-8　福建土楼

2. 西式建筑流派

与中式建筑不同，西式建筑在迭代上非常清晰，每一个历史时期都有其主流建筑，因此形成了明确的建筑流派。

（1）古希腊式。古希腊式建筑的主要风格特点是和谐、完美、崇高，其风格特点在多样化的石柱上得到了集中体现，如古希腊神庙（见图4-9）。

（2）罗马式。罗马式建筑继承了古希腊式建筑的成就，在建筑形制、技术和艺术方面广泛创新，最突出的特点就是半圆形拱券，工艺水平很高，如巴黎圣心大教堂（见图4-10）。

图4-9　古希腊神庙

图4-10　巴黎圣心大教堂

（3）哥特式。哥特式建筑的主要特点是尖塔高耸、肋状拱顶、飞扶壁、玻璃百花窗，如科隆大教堂（见图4-11）。

（4）巴洛克式。巴洛克的原意为奇异古怪，巴洛克式建筑外形自由，追求动态，常使用富丽的装饰和雕刻，加之其强烈的色彩，总体显得富丽堂皇，如塞戈维亚大教堂（见图4-12）。

图4-11　科隆大教堂

图4-12　塞戈维亚大教堂

知识链接

西方的传统建筑还有罗曼式建筑、拜占庭式建筑、文艺复兴式建筑、古典主义建筑、洛可可式建筑、浪漫主义建筑等。其中，洛可可式建筑是对巴洛克式建筑的发扬和改良，浪漫主义建筑则是模仿哥特式风格，被称为"哥特复兴建筑"。

4.2　建筑艺术与审美

站在故宫的太和殿广场上，我们往往为故宫的宏伟壮观而屏息；仰视科隆大教堂的尖顶，我们不免为教堂的挺拔高峻而感叹；漫步于江南水乡的园林，我们可能因为景致的精巧而不自觉微笑……我们能直观体验建筑之美，但是建筑之美究竟体现在何处，则需要我们从细微之处分析。

4.2.1　实用性与艺术性的统一

建筑艺术是立足于实用的艺术，建筑物是人们活动的空间，要满足人们的活动需求，而构筑物如桥梁、堤坝等，虽然不提供活动空间，但具有不可忽视的功能性。建筑艺术从产生到发展的整个过程中，都一直在艺术和实用之间寻找平衡。

当然，建筑设计师和建筑家们始终对艺术有强烈的追求，最终在建筑上体现出实用与艺术兼备的美。我国传统建筑，无论亭台楼阁，在屋顶的边缘都会采用"飞檐"（见图4-13）的形式。飞檐是指屋檐特别是屋角的檐部向上翘起。将屋檐设计成飞檐，既能够扩大屋内的采光面，又能够有效排水。南方常有暴雨，呈抛物线翘起的飞檐能够有效将雨水抛远，减少雨水对建筑的损害。同时，飞檐也是中国传统建筑艺术的重要部分，飞檐形如飞鸟展翅，轻盈活泼的曲线不仅能为建筑的墙、门、窗塑造的直线形成有益的补充，还能为建筑物增添一种向上的动感，仿佛将要乘风而起。唐太宗李世民的《置酒坐飞阁》中"高轩临碧渚，飞檐迥架空"正写出了飞檐"腾跃"的动感。而在建筑群中，层层叠叠的飞檐更能展现壮观的气势。

西方传统建筑，尤其是哥特式建筑，常常使用飞扶壁做支撑，飞扶壁（见图4-14）凌驾于下层空间之上，连接到顶部高墙上肋架券的起脚部位，用于平衡肋架拱顶对墙面的侧向推力。

飞扶壁早在罗马时期就被采用，在12世纪，飞扶壁已经成为建筑美学的重要组成元素，在建筑中常被着重显示。飞扶壁能够增强向上的"动势"，使主要建筑显得更加高耸、轻盈，营造出教堂建筑的神圣感、崇高感。同时，飞扶壁也能够很好地连接主建筑与附属建筑，增强建筑的整体性。

在今天，这种实用与艺术兼备的设计仍然被广泛使用。上海世博会，中国国家馆"东方之冠"（见图4-15）被很多人所青睐。该建筑四面墙体均使用了31个中国式椽子，在椽子外露的截面，则以传统印章的手法篆刻了对应的方位词。但实际上，这些椽子是东方之冠的通风口，其中篆刻词笔画镂空的部分是通风孔。东方之冠堪称实用与艺术结合的典范。

图4-13　建筑飞檐　　　　图4-14　飞扶壁　　　　图4-15　中国国家馆"东方之冠"

4.2.2　精巧的建筑结构与空间布局

柱、梁、板、屋架等构件共同组成了建筑的结构，而构件的尺寸、间距等决定了建筑的内部空间，建筑的内部空间则会直接影响建筑的功能实现、活动舒适度及建筑形象。

1. 建筑结构

在结构上，我国传统建筑中常常为人津津乐道的就是斗拱。梁思成曾言："斗拱在中国建筑上的地位，犹柱饰之于希腊罗马建筑。"林徽因则评价斗拱"尽错综之美，穷技巧之变"。

在立柱和横梁交接处，从柱顶上加的一层层探出成弓形的承重结构叫拱，拱与拱之间垫的方形木块叫斗，合称斗拱。在屋檐下层叠而出的斗拱本身即具有丰富的立体结构，体现出复杂多变的几何美感（见图4-16）。

斗拱的功用在于承受上部支出的屋檐，将其重量集中到柱上。故宫太和殿的650组斗拱，借助其精巧的构造，将屋顶的压力合理分配到立柱上，因此仅用72根立柱就支撑起巨大的屋顶。

2. 建筑空间布局

基于科学精良的建筑结构，传统建筑得以探索和创造更加复杂和巧妙的空间布局。应县木塔（见图4-17）与比萨斜塔和埃菲尔铁塔并称为"世界三大奇塔"，是我国古代极复杂的木结构建筑之一。在结构上，作为一座纯木质多层建筑，应县木塔全靠木构件之间的榫卯连接，可见其结构之科学，工艺之精良。

应县木塔的设计，大胆继承了汉、唐以来富有民族特点的重楼形式，充分利用传统建筑技巧，广泛采用斗拱结构，全塔共用斗拱54种，每个斗拱都有一定的组合形式，有的将梁、坊、柱结成一个整体，每层都形成了一个八边形中空结构层。设计科学严密，构造完美，巧夺天工，是一座既有民族风格、民族特点，又符合宗教要求的建筑，在我国古代建筑艺术中可以说达到了最高水平，有较高的研究价值。

图4-16　斗拱建筑

图4-17　应县木塔

4.2.3　装饰与色彩

徽派建筑常被形容为"粉墙黛瓦"，宫殿则是"碧瓦飞甍"，色彩可以说是建筑之美最直接的表现。屋顶、墙面、地基等大面积的区域，色彩往往比较单一，真正使用鲜艳、复杂色彩的地方通常是建筑的装饰部分。装饰与色彩，就如同一对孪生兄弟，展示着建筑之美中最显著、最直观的部分。

图4-18　脊兽

脊兽是我国传统建筑中常用的装饰构件，是放置在屋脊上的瓦制、琉璃制或木制兽形构件。脊兽的原型通常是我国神话传说中的瑞兽，代表人们对于建筑和生活的美好期望，根据建筑等级有严格的数量规定，建筑级别越高，脊兽越多，常见为9、7、5、3个不等，均为奇数。故宫太和殿作为等级最高的建筑，破例放置了10个脊兽（见图4-18），依次为龙、凤、狮子、海马、天马、押鱼、狻猊、獬豸、斗牛、行什，前有骑凤仙人领队，后有脊兽压阵，成为太和殿屋脊末端的独特风景。

在我国古建筑中，还常见各种雕刻和彩绘，图4-19所示为长沙老街上的一处百年戏台，其正厅横梁、斗拱、花门、窗棂上都遍布木刻，雕工高明，设计精巧。而彩绘常用于建筑横梁、斗拱、天花板等处，题材多是吉祥纹样、奇珍异兽、花鸟虫鱼等，有的还加以贴金、描金，颜色鲜艳、富丽堂皇，装饰性极佳。

西方建筑中，花窗玻璃是重要的建筑装饰之一，五颜六色的玻璃摆放成繁复华丽的图案，日光照射玻璃，便可以造成灿烂夺目的效果，让人目眩神迷。丹纳在《艺术哲学》一书中描绘道："从彩色玻璃中投入的光线变成血红的颜色，变成紫英石与黄玉的华彩，成为一团珠光宝气的神秘的火焰，奇异的照明，好像开向天国的窗户。"巴黎圣母院的玫瑰花窗面积巨大、设计繁复、色彩绚丽，视觉效果极为震撼，堪称建筑装饰和色彩相结合的典范（见图 4-20）。

除此之外，西式建筑还多用壁画，如梵蒂冈博物馆走廊拱顶上有很多精美的壁画（见图 4-21），包括米开朗琪罗绘制的《创世记》《最后的审判》，拉斐尔绘制的《雅典学院》《帕那苏斯山》《圣礼之争》等，这些伟大的艺术品成为梵蒂冈建筑之美最显著的标志。

图 4-19　长沙百年戏台　　　　图 4-20　美丽的花窗　　　　图 4-21　梵蒂冈博物馆走廊拱顶壁画

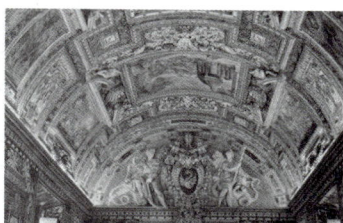

4.2.4　文化与意境

建筑不仅是物质产品，也是一种重要的精神产品，中外的建筑师也都将建筑的精神属性视作建筑设计的目标之一，将建筑作为一种文化产品加以打造。

1. 建筑的文化

人们在建造建筑时，经常会将当地的文化融入其中；人们在欣赏建筑时，也会不自觉地从其文化背景出发。对于很多建筑，尤其是有一定历史的建筑，其身上的文化属性已经成为其魅力不可或缺的一部分。

红场（见图 4-22）是俄罗斯首都莫斯科市中心的著名广场，原是苏联在重要节日举行群众集会和阅兵的地方。红场的面积约 4 公顷。西侧是克里姆林宫，北面为国立历史博物馆，东侧为百货大楼，南部为瓦西里布拉仁教堂，临莫斯科河。列宁墓位于靠宫墙一面的中部，墓上为检阅台，两旁为观礼台。

我国古建筑承载着千年的传统文化，故宫（见图 4-23）便是传统礼制文化的集中体现，以乾清门前方为"前朝"，乾清门后方为"后宫"，是为"前朝后寝"；左设祖庙，右设社稷坛，是为"左祖右社"，严格遵循了《周礼·考工记》对于帝王宫殿的规范，而《周礼·考工记》乃是春秋战国时的文献。历经千年，古老的文化仍然被明朝的建筑者们所继承。

2. 建筑的意境

意境是中华文明独有的文化现象，是建筑形象、周围环境、人居情景等综合呈现的艺术境界。青城山建筑群的"幽"、剑门关的"险"、嘉峪关的"雄"都是建筑意境衍生出的美。

现代主义建筑大师贝聿铭认为"美的创造是建筑师的最高责任"。悉尼歌剧院不仅（见图 4-24）是公认的 20 世纪世界七大奇迹之一，也是悉尼最容易被认出的建筑。它白色的外表，建在海港上的贝壳般的雕塑体，像飘浮在空中的散开的花瓣，多年来一直令人叹为观止。悉尼歌剧院的外形犹如即将乘风出海的白色风帆，与周围景色相映成趣，形成一种"拥抱大海，扬帆起航"的文化意境。

图 4-22　红场　　　　　　图 4-23　故宫　　　　　　图 4-24　悉尼歌剧院

4.2.5　和谐之美

人与建筑、建筑与自然之间具有密切的联系，实现人、建筑、自然的和谐是建筑艺术的重要命题。如果将建筑从其所处的自然环境和人文环境中割裂开，建筑之美恐怕要失色不少。

我国古典园林在设计上认同自然、亲和自然，在建筑中着力引入自然之美，其中非常典型的做法莫过于在建筑中布置假山。

"有真为假，做假成真。"大自然的山水是假山创作的艺术源泉和依据。真山虽好，却难得经常游览。假山布置在住宅附近，作为艺术作品，比真山更为概括、更为精练，可寄寓人的思想感情，使之有"片山有致，寸石生情"的魅力。人为的假山又必须力求不露人工的痕迹，令人真假难辨。与中国传统的山水画一脉相承的假山，贵在似真非真，虽假犹真，耐人寻味。

"相地布局，混假于真，宾主分明，兼顾三远（宋代画家郭熙《林泉高致》说：'山有三远：自山下而仰山巅谓之高远；自山前而窥山后谓之深远；自近山而望远山谓之平远。'），依皴合山"是假山设计的主要理法。

古建筑中的假山名作通常是选取天然奇石，以高超的技艺叠为假山，再加以草木装饰。假山的叠石技法是其传统技法。位于苏州的环秀山庄（见图 4-25）是我国著名假山园林。其占地不大，但其内湖石假山为中国之最。据载，此山为清代叠山大师戈裕良所做，虽由人做，有如天开，尽得造化之妙，堪称假山之珍。环秀山庄亦因此而驰名，充分反映了"天人合一"的中国传统文化特色，表现了一种人与自然的和谐统一的宇宙观。

我国传统建筑还特别看重人居环境的舒适。例如，传统建筑"广植树木"的理念就是为了利于建筑在夏天挡住炙热的阳光，降低室温，在冬天抵御寒风。陶渊明在《归田园居·其一》

图 4-25　环秀山庄

记载其盖的草堂："方宅十余亩，草屋八九间。榆柳荫后檐，桃李罗堂前。暖暖远人村，依依墟里烟。狗吠深巷中，鸡鸣桑树颠。户庭无尘杂，虚室有余闲。久在樊笼里，复得返自然。"借地利引山泉，淋到屋顶上。试想，在一个夏日的午后，你闲坐在屋内，榆柳的浓荫盖住了整个草屋的屋顶，带走了夏日的暑热。一阵轻风拂过，吹得堂前桃树和李树的叶子哗哗响，隐约可见枝叶间红紫相间正在成熟的桃李，此情此景，可谓达到了人、建筑、自然的大和谐。

4.3 建筑艺术作品鉴赏

建筑，既是栖身之所、容身之处，又是生活的承载者、艺术灵感的对象、精神文化的追求，乃至一城一国的象征。平原、绝顶、海岛、沙漠、水乡、雪域……漫步于世界，我们能够发现无数让人惊叹的建筑作品。

4.3.1 高贵宏伟——宫殿与城堡

宫殿与城堡是古代王室、贵族的居所，通常是国家等级最高的建筑物，其建筑一般要求形象壮丽，格局严谨，体现王权的高贵与威严。约 15 万平方米的建筑面积、70 多座大小宫殿、9000 余间房屋，加上城墙、桥梁、台阶、地基；汉白玉基座栏杆、朱红的墙壁、明黄的琉璃瓦，加以复杂的彩绘和雕塑……这些共同构筑成了世界上最大、最宏伟、最高等级的木质结构古建筑群——故宫！

故宫作为中国封建皇权的象征，处处显露出皇家的气派和高贵，南方巨木做成梁柱、苏州等地精心烧制的"金砖"铺地、房山的巨型汉白玉做台阶……最好的材料、最好的工艺，古代人对于建筑的一切想象和期待都在故宫中得以实现。故宫，是我国古代建筑最高水平的典范，也是我国古代文化的结晶，图 4-26 所示为故宫外景。

在西藏海拔 3700 余米的雪山上，布达拉宫（见图 4-27）已经在风雪中伫立了上千年，被视为西藏的象征。白雪般的"白宫"和火焰般的"红宫"高踞山巅之上，组成了布达拉宫的主体，如同一个沉默的巨人，背负着青天，俯视着大地，兼具王者雄视天下的气概与神灵不染人间烟火的出世风采。布达拉宫的屋顶和窗檐用木结构，飞檐外挑，屋角翘起，铜瓦鎏金，用镏金经幢、宝瓶、摩羯鱼和金翅鸟做脊饰，共使用 30 吨黄金和 10 万余颗宝石，加之高原云层稀薄，阳光强烈，布达拉宫的屋顶常常熠熠生辉，珠光宝气，如同天上宫阙，不愧为"世界屋脊明珠"。

图 4-26 故宫外景

图 4-27 布达拉宫

4.3.2 诗情画意——园林与别墅

中国古典园林与别墅建造理念来自"天人合一"，在这种思想的影响下，中国古典园林与别墅强调"虽由人作，宛自天开"，建筑、山水、花木巧妙组合，构造出依山傍水、美轮美奂、自然和谐的中国古典园林与别墅建筑。

今天留存的古代园林以江南园林为代表，如扬州的个园（见图 4-28）。这座清代扬州盐商宅邸私家园林，以遍植青竹而名，以春夏秋冬四季假山而胜。

图 4-28　个园

个园中最大的特色便是"四季假山"的构思与建筑，在面积不足 50 亩的园子里，开辟了四个形态逼真的假山区，分别以春、夏、秋、冬命名。整个园子以宜雨轩为中心，游人沿着顺势的方向，可尽览四季秀景。个园以叠石艺术著名，从用石极奇的角度上讲，个园采用了不同质料的石料，体现不同的季节，以竹石为主体，以分峰用石为特色。十二生肖石象征春天，太湖石象征盛夏的江南景色，黄石烘托秋天群山的挺拔，颜色洁白的雪石突出冬日里积雪未化的寒冷感觉，

各具特色，表达出"春景艳冶而如笑，夏山苍翠而如滴，秋山明净而如妆，冬景惨淡而如睡"的诗情画意。个园旨趣新颖，结构严密，融造园法则与山水画理于一体，被园林泰斗陈从周先生誉为"国内孤例"。

4.3.3　神秘崇高——宗教建筑

无论是我国的道观、寺庙，还是西方的教堂，都在建筑艺术上追求神秘与崇高。

道教崇尚"避世"，因此道观常常修建在山上，如道教四大名山之一的青城山（见图4-29）。全山林木青翠，四季常青，诸峰环峙，状若城郭，享有"青城天下幽"的美誉。丹梯千级，曲径通幽，以幽洁取胜。常道观（天师洞）、祖师殿、上清宫、老君阁、建福宫、圆明宫、玉清宫等道观都建筑在峰、峦、坡、岩、洞之间，间距疏密、规模大小都布置得恰到好处，使建筑与周围环境有机地融为一体，完全体现了道教"崇尚自然"的思想。

洛阳白马寺（见图4-30）距今已有1900多年的历史，被誉为"中国第一古刹"，是中国佛教的发源地，有中国佛教的"祖庭"和"释源"之称。洛阳白马寺目前占地约3.4万平方米，有大小建筑百余间。寺院坐北朝南，为中轴对称格局，布局规整，主次分明。寺内主要建筑都分布在中轴线上，自南向北依次是山门、天王殿、大佛殿、大雄殿、接引殿和清凉台，两侧还有钟鼓楼、门堂、云水堂、客堂、斋堂、祖堂、禅堂、方丈院等附属建筑。整个建筑，结构规整，秩序森然，置身其中，一种肃穆之感油然而生。

在西方，宗教活动是社会生活的重要组成部分，因此教堂通常位于市中心。意大利米兰的米兰大教堂（见图4-31）以高大、精美著称于世，被誉为西方教堂建筑中最完美的典范。

图 4-29　青城山　　图 4-30　白马寺　　图 4-31　米兰大教堂

米兰大教堂是世界上最大的哥特式教堂，历经六个世纪才完工，德国、法国、意大利等国建筑师先后参与主教堂设计，汇集了多种民族的建筑艺术风格。12—15世纪，哥特式建筑风

格在欧洲正流行，所以奠定了这座建筑的哥特式风格基调，在内部装饰上，由于十七八世纪巴洛克风格在欧洲的兴起，因此也融入了巴洛克风格。因此，它的建筑风格包含了哥特式、新古典式、新哥特式（又称巴洛克式），米兰大教堂虽经多人之手，但始终保持了"装饰性哥特式"的风格。

雕刻和尖塔是哥特式建筑的特点之一，米兰大教堂可以说是把这个特点淋漓尽致地表现出来了。外部的扶壁、塔、墙面都是向上的垂直划分，教堂内外墙等处均点缀着圣人、圣女雕像，共有 6000 多座，仅教堂外就有 3159 尊之多。教堂顶耸立着 135 个尖塔，每个尖塔上都有精致的人物雕刻。

教堂外部还有 96 个怪兽形排水口，每个转角处的怪兽都各不相同。整个建筑外部分布着雕刻精美的窗花格，全长约 1 千米。

4.3.4　因地制宜——五方民居

民居是分布最广、数量最多的建筑。我国有广袤的领土，各地的自然条件和社会文化都有较大的差异，也因此形成了多样化的民居建筑。这些民居建筑反映了当地的文化和习俗，又适应了各地不同的自然环境，虽然时过境迁，但仍然散发独特的魅力。

四合院是北方民居的代表，其基本形式是由位于东西南北四面的几幢单独的建筑连接而形成一个方形院落，四合院的大门一般位于住宅东南方。进入院内向西是前院，前院主要用作门房、客房、客厅。过前院后便进入内院，内院由正房、耳房和两侧厢房组成。另外，正房以北是后罩房，主要有厨房、储藏室和仆役居住室等。四合院的布局可谓内外有别、尊卑有序、等级分明，蕴含我国传统的伦理观和社会行为规范。

江南水乡的民居别具特色，其中的代表是徽派民居。徽派民居大多临水而建，在生活中能有效利用当地密布的水网。湿热的气候造就了徽派民居中淡雅的白墙和狭窄的街巷：白色的石灰粉能使建筑墙体保持干燥，避免墙体受到腐蚀；而狭窄的结构则有利于行人借助墙体遮阴。

受到传统宗族观念的影响，徽派民居通常为多进院落式集居形式，同一家族的居民都聚居其中，形成了"千丁之族未尝散处"的地域民风，也因此，徽派民居建筑及村落往往内敛、封闭，体现为高墙紧闭、内饰华丽。

在潮湿闷热的西南地区，人们建造了干栏式建筑吊脚楼作为住宅。依山的吊脚楼，在平地上用木柱撑起，然后铺设第二层作为人的居住空间，房屋下则用于饲养家禽及作为仓库之用。这种形式有利于防水、防虫蛇毒害，是建筑适应自然环境的典范。

土楼是福建居民为了防卫而建造的一种对外封闭、对内开放的民居建筑。福建省龙岩市的振成楼是福建土楼的代表，该土楼由两环同心圆楼组合而成，高 19 米，直径 57.2 米，共有 208 个房间。振成楼外墙高耸，如同堡垒，仅开小窗作为观察孔和射击孔，易守难攻。内部则富丽堂皇，雅致舒适，并建有仓库以存储物资，挖掘暗渠以保障饮水。遇到兵荒马乱或者流寇洗劫，居民仅需紧闭门户，便能在其中安稳生活数月。图 4-32 所示为镇远古镇吊脚楼。

图 4-32　镇远古镇吊脚楼

4.3.5　巧夺天工——桥梁与城墙

桥梁、城墙等构筑物凝结着人类适应自然、改造自然、利用自然的智慧，是建筑技术和建筑艺术的重要体现。

图 4-33　赵州桥

拱桥是我国古代桥梁中的典范，其独特的拱形结构既能够有效地分散载荷，提高承重，又能够留出较大的下部空间，便于通航。石家庄市赵县城南洨河之上的赵州桥（见图 4-33）始建于隋朝，是世界上现存年代久远、跨度最大、保存最完整的单孔坦弧敞肩石拱桥，其设计之巧妙，令人惊叹不已。赵州桥还首创巧夺天工的"敞肩拱"结构，两个拱肩部分各建两个对称的小拱，伏在主拱的肩上，既节省石料，又增加了排水面积，还使桥身更具轻盈的动感，让人不得不佩服古代工匠的智慧。

古城墙是历史的见证者和记录者。万里长城作为中国古代防御体系，更是世界的建筑奇迹。

"因地形，用险制塞"，长城充分利用地形，或沿山脊修筑，或利用悬崖陡壁，或利用江河湖泊，易守难攻；同时就地取材，以夯土、石砖、块石，建立起雄伟的城墙、敌楼、关城、墩堡、营城、卫所、烽火台等多种防御建筑，组成一个完整的防御工程体系，长期守卫着中华大地。对我们而言，长城不仅是伟大的建筑，而且象征了中华民族的伟大意志和力量！

4.3.6　颠覆与突破——现代建筑

图 4-34　广州塔

今天，人类已经建造了各式各样的现代建筑，基于不断进步的工程学、材料、工艺，现代建筑在传统建筑的基础上进行了"颠覆"和"突破"，这些新奇大胆的建筑让人们耳目一新。

广州塔（见图 4-34），俗称"小蛮腰"，是中国第一高电视塔，世界第二高电视塔，仅次于东京天空树电视塔。塔身主体高 454 米，天线桅杆高 146 米，总高度 600 米，在塔身 168～334.4 米处设有"蜘蛛侠栈道"，是目前世界最高最长的空中漫步云梯。塔身 422.8 米处设有旋转餐厅，是目前世界最高的旋转餐厅。塔身顶部 450～454 米处设有摩天轮，是目前世界最高摩天轮。天线桅杆 455～485 米处设有"极速云霄"速降游乐项目，是目前世界最高的垂直速降游乐项目，超越了拉斯维加斯游乐场 300 多米高的跳楼机。天线桅杆 488 米处设有户外摄影观景平台，是目前世界最高的户外观景平台，超越了迪拜哈利法塔的 442 米室外观景平台，以及加拿大国家电视塔 447 米的"天空之盖"的高度。

思考与练习

练习一：思考与讨论

1. 墨西哥著名建筑师路易斯·巴拉干说过："我相信有情感的建筑，'建筑'的生命，就在于它的美。"你如何理解这句话？你认为什么样的建筑才是"有情感的建筑"？建筑的生命为什么"就在于它的美"？

2. 中国人往往有"乡土情结"，民居是地域文化的活化石，也是游子家乡情的外在寄托。你家乡的传统民居（包括祠堂、牌坊、戏楼等）是什么样的？你觉得家乡民居美在何处？试着说一说并与同学分享。

练习二：认识与赏析

1. 2022 年 6 月，中国文物保护基金会和腾讯公益慈善基金会协同天津大学建筑学院、长城小站等众多长城保护研究专业机构及社会团体共同打造的"云游万里长城"微信小程序发布。通过"云游万里长城"小程序，用户可以借助网络远程"参观"长城。请你使用"云游万里长城"小程序欣赏长城建筑，对其进行赏析，并说一说你对此建筑的审美体验。

2. 经略台真武阁被誉为"天南杰构"，真武阁采用穿斗式构架，把近 3000 根大小不一的格木构件凿榫卯眼，斜穿直套，串联嵌合，彼此扶持，互相制约，以杠杆结构原理组成一个稳固的统一体，就像一座精密的天平。请你通过网络了解经略台真武阁的相关知识，对其进行赏析。

审美实践——学校内建筑审美分析

学校是同学们学习和日常生活的主要场所，学校中的建筑是同学们接触最多、使用最频繁的建筑，但正因为长期生活在校园中，同学们往往忽略了学校建筑之美。现在，请同学们借此活动，将目光移到学校建筑上，发现、认识、欣赏、分析它的美。

一、活动名称

学校内建筑审美分析。

二、活动主旨与意义

同学们通过对学校内建筑进行审美分析，领会学校建筑之美，感受校园文化，提升审美素养，同时增进对学校文化的理解和认同。

三、活动内容

同学们可结成小组，至多利用一周的课余时间完成此次活动，活动内容如下。

1. 选取审美对象。审美对象可以是整个学校建筑群，也可以是校园中的某一座建筑，还可以是一处具体的景观，如人工湖、凉亭、教学楼花坛等。

2. 从本章所讲述的审美角度，分析审美对象的建筑之美，如"学校的花坛占地约 20 平方米，呈长方形，铺设在教学楼大台阶的正中，里面栽种了颜色各异的花草，四季景色不同，为学校增添了鲜活的色彩与自然气息，让人倍感舒适"。如果条件允许，同学们也可以使用照片、视频等方式展示自己的分析结果。

审美实践——建筑设计与模型制作

制作建筑模型是建筑设计中的重要步骤，也是建筑设计师探索、验证自己建筑艺术的重要手段。同学们心中或许也有自己对于建筑的想象和期望，不如制作建筑模型，将自己心中的"最美建筑"展示出来吧！下面，请同学们结合校园建筑、某一处校园空间尝试进行改进设计，并为其制作模型或用草图及文字来阐述方案。

一、活动名称

建筑设计与模型制作。

二、活动主旨与意义

通过建筑设计和模型制作，同学们可以展示自己对于建筑艺术的理解，以及自己心中的"最美建筑"，培养创造美的能力。

三、活动内容

同学们可结成小组，至多利用一节课加上一周的课余时间完成此次活动，活动内容如下。

1. 设计出自己认为最美的建筑，不得对现实世界或其他文学、影视作品中存在的建筑物进行"临摹"或"复刻"。

2. 基于环保考虑，提倡就地取材、废物利用，使用生活中常见的纸壳、塑料等材料制作建筑模型。有条件、有能力的同学可以不制作实体模型，使用软件对建筑进行 3D 建模。

3. 制作完成后，对全班同学的模型进行集体展示。各位同学介绍自己建筑模型的建筑尺寸、设计理念、建筑功能、人居环境、设计亮点等，说一说自己的建筑模型美在何处。

第五章　形色和鸣——绘画之美

知识目标

- 了解中西方绘画艺术的特点和文化差异。
- 熟悉经典绘画艺术作品。

能力目标

- 建立绘画审美情趣。
- 培养对各种风格绘画的鉴赏能力。

素质目标

- 树立正确的人生观和价值观。
- 培养审美意识，提高艺术修养和审美素养。

情境导入

油画《父亲》

　　1980年，第二届全国青年美术作品展上，一幅名为《父亲》的巨幅油画（见图5-1）走进大众的视野，石破天惊地获得了作品展的一等奖。

　　作者罗中立说，1975年的除夕之夜，他目睹一位老年农民的艰辛，产生了"我要为他们喊叫"的冲动，于是创作了这幅作品。开裂的嘴唇、刀刻般的皱纹、流淌的汗珠、残缺的牙齿、缠着绷带的手指、粗粝的大碗、浑浊的饮水……在这幅两米多高的油画上，画家通过一个个细节描绘了一个饱经沧桑的老年农民肖像。画面中的老年农民，正以一种复杂、含蓄的目光与观众对望。这是《父亲》，也是整整一代中国农民的真实写照！

图5-1　油画《父亲》

　　画家罗中立深谙农民的困苦，懂得农民的欢乐，将思想感情熔铸于艺术之中。要欣赏《父亲》的美，需明白其艺术性和社会性是不可分割、融为一体的。《父亲》被业内评价为："以纪念碑式的宏伟构图，饱含深情地刻画出中国农民的典型形象，深深地打动了无数中国人的心。"对劳动的忠诚，对生活的执着，正是那个时代最动人的写照。

5.1　绘画艺术的分类

绘画是一门古老而生命力旺盛的艺术，石器时代，人类就已在岩石上进行粗糙的刻画。随着文明不断进步，绘画的材料、工具、技法也在不断发展和成熟，形成了今天蔚为大观的绘画艺术。

按照绘画的材料和创作基础不同，一般将绘画分为国画、油画与壁画，其他的还有版画、岩画等。下面简要介绍一下国画、油画与壁画这三种绘画形式。

5.1.1　国画

中国的传统绘画，也称为国画。国画以它悠久的历史、独特的审美意识、特有的形式和技巧，与西洋绘画形成东西方两大艺术体系。中国传统绘画植根于中华民族深厚的文化土壤上，经历数千年的发展，画家辈出，给人间留下了无数的绘画杰作。这些杰作永远放射出前辈绘画大师的睿智之光，并以其匠心独运的艺术神韵和风姿，立于世界艺术之林。

我们从新石器时代的彩陶上，看到数千年前的人们已能熟练运笔，挥洒自如地描绘动物、花草及人物等纹饰了。中国古代玉器、青铜、漆器等工艺美术的纹饰也都突出了线条的表现功能。中国的象形文字，特别是其后书法艺术的发展，使线描造型手段发展成熟，成为独立的造型语言。画面的线条不仅要完美生动地塑造形象，还应成为表达作者思想感情的手段。形和神不能分离，但一切都"归乎用笔"。作者通过笔墨技巧表现艺术形象，传达思想感情。中国水墨画（见图5-2）强调"骨法用笔"（笔法），强调"笔墨"（墨法）。因此，以线条为造型手段的"笔墨"是中国画的一个重要特征。

中国传统绘画和工艺美术的色彩，主要取材于自然的矿物性颜料，如朱砂赭色、石黄、石青、石绿；以及植物性颜料，如花青、胭脂、藤黄。这些色彩用于美化工艺品的纹饰和丰富绘画形象，主要起装饰性的作用，从属于线描造型。中国传统绘画尽管吸收了西域的凹凸晕染法，但仅仅是在固有色上的浓淡变化，而不像西洋油画那样，起独立的造型作用。"文人画"兴起之后，文人画家的作品更削弱了色彩在画面上的作用，却加强了墨色（水墨）的功能。画家将墨色的变化发挥得淋漓尽致，积累了丰富的经验。所谓"笔以立其形质，墨以分其阴阳"；所谓"墨分六彩"（黑、白、干、湿、浓、淡），还有焦墨、宿墨、退墨之分，积墨、破墨、泼墨之法；又所谓"惜墨如金"，则道出了用墨技巧的严谨性及高度洗练的艺术准则，图5-3所示为青绿山水画。

图 5-2　中国水墨画

图 5-3　青绿山水画

绘画由从属于各种工艺品的装饰地位，发展成独立的绘画作品，可追溯到春秋战国以前。而我们今天能见到的最早实物，是湖南长沙战国楚墓出土的三幅帛画，帛画用细线描成人物形象，略加彩色，达到了相当高的艺术水平，而且这也是以后一切图画的基本描绘方法。壁画是古代最早的也是最普及的绘画形式之一，但因木结构建筑易毁，留传下来的数量有限，我们只能从汉魏以来地下的墓葬壁画及石窟壁画中略见一斑了。

唐以后画种分工渐细，民间画师与士大夫画家亦渐分离发展。卷轴画得到了更大的普及，丝绢、棉纸、麻纸被广泛利用。生宣纸以它独具润墨性的特点，同笔墨结合，产生了极富变化的笔韵墨趣。

早在1500年前，东晋大画家顾恺之便提出了"以形写神""迁想妙得"的艺术主张，南朝齐谢赫在其《古画品录》中提出"六法论"，唐代张璪有"外师造化，中得心源"的绘画论点。因此中国古代绘画艺术历来主张"意在笔先""物我交融""情景交融"的创作态度，强调再现与表现、状物与抒情，即主客观和谐统一的美学观。春秋战国以来，中国学术思想和文学诗歌的成熟与高度发展，直接影响了绘画艺术的形式与风格的变化。中国画到唐、宋时得到了极大的发展，绘画的门类完备、形式风格多样，不仅有人物、山水、花鸟之分，而且有工笔、写意、重彩、水墨之别。而后，诗词入画，书法入画，金石入画，中国画从艺术的营养中又得到了更具内蕴的艺术感染力。强调"气韵生动""诗中有画、画中有诗"，则把中国画的品位提升到一个更高的阶段。

（一）形神兼备的人物画

东晋的顾恺之是中国历史上有影响力的画家之一，有"才绝、画绝、痴绝"三绝之誉，人物、山水、花卉、鸟禽无所不能。据说他画肖像画时，往往数年不点睛，人们问他原因，他说："传神写照，正在阿堵中（阿堵是当时的俗语，即'这个'的意思）。"这说明顾恺之重视人物精神的刻画。他认为画"手挥五弦易"，而画"目送归鸿"就难了，认为做到"形神兼备""超以象外"是人物画的第一要领。中国历代的人物画家都遵循这一优秀的绘画传统。

隋唐时期的人物画发展到一个高峰，无论肖像画、史实画、仕女画都涌现出大批绘画高手。

阎立本是唐初的大画家，所传作品有《历代帝王图》（见图5-4）、《步辇图》等。阎立本非常重视写生，因此他的人物画十分生动，对故事情节的处理善于抓住典型情节和典型性格，刻画入微。

唐代大画家吴道子，被推崇为"前不见顾（恺之）陆（探微），后不见来者"的"画圣"。民间的工匠行也一直是把他当作祖师爷来供奉，可见吴道子在中国画坛上的崇高地位了。他的确对中国画产生极大的影响和贡献。吴道子所画的宗教人物画有创造性的构思，形象的刻画强调生活依据，故能生动、真实感人。后人赞他的画是"风云将逼人，神鬼如脱壁""天衣飞扬，满壁风动"。大诗人杜甫赞他的画"森罗移地轴，妙绝动宫墙"。同时代的朱景玄说吴的画是"变相人物，奇踪异状，无有同者"，说明吴道子刻画人物形象的不雷同和有个性。另外，吴道子设色用笔在继承的基础上有突破，世谓之"吴装"，又所谓"吴带当风"，他的代表作为《送子天王图》（见图5-5）。他创立了笔法上的纯素描，用笔的焦湿变化比前人更丰富，使线描与晕染的结合达到更自然的效果。《画史》中说他画建筑不用界尺，画佛光不用圆规，可见其绘画技法之纯熟。北宋苏东坡评他的画是"出新意于法度之中，寄妙理于豪放之外"，把吴道子画作的风格和艺术创作观点都评价得很恰当。吴道子平生画壁300余堵，但今多不存。

图 5-4　阎立本《历代帝王图》（局部）

图 5-5　吴道子《送子天王图》

以妇女生活为主题的仕女画，以盛唐以后的周昉和张萱为始。他们的画可谓"穷丹青之妙"，形象、真实、生动地表现了盛唐时代贵族妇女的气质与生活情态。现存周昉的作品有《挥扇仕女图》《簪花仕女图》（见图 5-6）等，张萱的作品有《虢国夫人游春图》和《捣练图》等。

北宋画家李公麟，虽早期以画马出名，但他在人物画上的成就，却使他达到"吴道子后一人而已"的地步。他是把白描画法发展成为一种独立的绘画样式的大画家，甚至影响着今天的画家。《五马图》（见图 5-7）、《临韦偃牧放图》和《维摩天女像》等是今天尚能见到的他的代表作。他对人物的情态和衣纹线结构变化的刻画，的确把不依赖色彩的线描造型手段和表现力发挥到了顶点。

图 5-6　周昉《簪花仕女图》（局部）

图 5-7　李公麟《五马图》（局部）

南宋的梁楷是简笔人物画大师，是一位"赐金带不受"的生性狂放的画家。他强调神似，推动了文人画的发展。梁楷笔下的仙佛、菩萨形象已完完全全地世俗化和人情化了。至今我们能看到的他的代表作，有《太白行吟图》（见图 5-8）、《六祖斫竹图》和《泼墨仙人图》等。

宋代的人物画除表现道、释的传统题材外，内容更多地走向民间和市井生活，形式更加多样。例如，苏汉臣善画婴儿生活，李嵩有《货郎图》（见图 5-9），陈居中善画放牧、出猎等情景，但强调"神韵"，强调"形神兼备"这一传统宗旨没有变。

现当代画家，在西洋绘画流派的影响下，结合政治、社会巨变的需要，创作了更多反映生活的作品，使传统中国人物画的面貌发生了很大变化。

图 5-8 梁楷《太白行吟图》

图 5-9 李嵩《货郎图》

（二）气韵生动的山水画

中国山水画在继承唐代李思训、李昭道的"密体"重彩一派，吴道子的"疏体"雄浑风格，以及王维、张璪等"破墨"一派等多种技法的基础上，至五代两宋，形式更加多样化，技法更加复杂，墨笔皴擦点染，更加苍老浑厚而有气韵。山水画家大都师法自然，强调气韵，得力学养。如荆浩、范宽隐居山中，所画大山苍劲、雄伟；董源、马远擅长绘制江南山色，画中山峦重复，回溪深远；郭忠恕、刘松年擅长绘制界画；李成则擅长绘制平远寒林。

张择端以他的《清明上河图》（见图5-10）一卷名噪古今。画家描绘了清明节这一天，北宋京都开封的汴河两岸繁华热闹的市井景物和种种人物的活动情景。农舍、府第、城楼、彩坊井然有序；街市、河道、树木、舟桥隐露有致；店铺、摊贩、车马、驼队安排得体。画中有上千个各阶层人物，他们身份各异，神态生动，辛勤、悠闲、紧张、恬静，形成有声有色的集市气氛。5米余长的画面构图紧凑而自然，疏密错落，有动有静，主题突出，首尾呼应，把整个市井生活描绘得气氛真实、气韵生动。

现当代山水画家辈出，手法各异，巨幅与小品均有佳作。其中的佼佼者有黄宾虹、傅抱石、张大千、李可染等，其中李可染的《革命摇篮井冈山》是其中的代表作（见图5-11）。山水画是主客观统一的产物，"外师造化，中得心源"的创作原则，辩证地解决了艺术创作中主观与客观的关系的问题，强调既尊重客观又发挥主观的创作自由（"造物在我"），体现出所谓"天人合一""阴阳之道""情景交融""寄情寓意"的艺术观。

图 5-10 张择端《清明上河图》（局部）

图 5-11 李可染《革命摇篮井冈山》

中国的山水画在创作方法上将焦点透视和散点透视相结合，运用"以大观小"及"三远法"的手法，打破了时空的限制，可画春夏秋冬为一图，阴晴雨雪为一景，使坐看万里江山变成了可能。

山水画强调"意在笔先"。章法、笔墨，都是在山水画中完成作者立意的重要手段和必备技巧，可使画作达到内容与形式的高度统一。

（三）绚丽多彩的花鸟画

花、鸟是人们喜爱的自然界的形象，因而也是最早的人们表现在工艺器物上的装饰纹样。随着人类社会思想文化的进步与提高，花、草、鱼、虫、禽、兽的形象成为人们寄托美好思想情感的东西，被赋予了某种象征意义，同样也被打上了时代的烙印。

五代后蜀的黄筌和南唐的徐熙都是花鸟画大家。他们不同的创作技法和个人风格，使中国花鸟画从此分为两大流派，被后人称为"徐黄二体"，影响深远。

黄筌是一位全能但更精于花鸟的宫廷画家，长于设色重彩。黄筌的画属富丽工整一派，但也善于用墨。现存一幅有名的《写生珍禽图》（见图 5-12）本是给他儿子黄居寀的示范画稿，虽是不求章法之作，但画得细润生动。

图 5-12　黄筌《写生珍禽图》

黄筌父子花鸟画的风格在宋代画院中成为院体画的标准，对后世花鸟画的发展影响极大。徐熙的画重墨不重色，技法上注意笔墨的自然妙趣。

宋代文同、苏轼、米芾的艺术观点和作品造成了"文人画"时风的兴起。这些士大夫画家认为，画应当"不求形似"，并且要"得以笔墨之外"，展现画家的"人品"，抒发"性灵"，反对"格法"来束缚主观表现，提出了"诗余遣兴，墨戏写意"的口号，开辟了绘画的新境界。松、竹、梅、兰、菊这些能表现高洁、清雅、气节的花草树木，成了文人画家创作时的重要题材。《四君子图》（见图 5-13）、《三清图》的主题一再表现，也一再破法出新。为花木传神，又赋予花木以个性、情操（人格化），以笔墨传神，更以笔墨抒怀。

元代的王冕画梅自成一家（见图 5-14），郑思肖画兰（见图 5-15），赵孟坚画水仙（见图 5-16），意境或有不同，但为花传神又赋予其个性和情操，展现的文人画的特点却是一样的。

明代的徐渭、清代的郑板桥等文人画家对所画对象有着深刻观察和体会，传神洗练之高超技艺，人品之正直，使其将文人画的抒情写意与现实时弊及人民的疾苦联系在一起，图 5-17所示为徐渭的代表作《墨葡萄图》。

图 5-13　《四君子图》

　　作为"海派"奠基人的任颐，其花鸟画的构图、设色、意境比前人又有突破创新，雅俗共赏，既是时代的产物，也是传统发展的必然，图 5-18 所示为任颐的作品。赵之谦、虚谷、吴昌硕等大师对近代花鸟画的发展也作出了巨大的贡献。

　　现当代的花鸟画大师如齐白石、潘天寿、陈之佛、王雪涛等，深受国人的喜爱，图 5-19 所示为齐白石的作品。

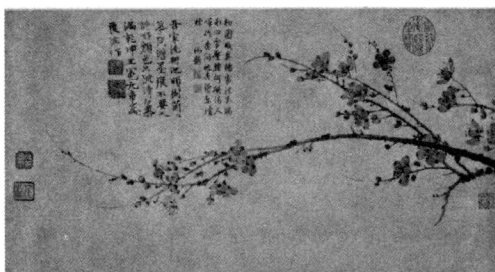

图 5-14　王冕的作品

图 5-15　郑思肖的作品

图 5-16　赵孟坚的作品

图 5-17　徐渭《墨葡萄图》

图 5-18　任颐的作品

图 5-19　齐白石的作品

5.1.2　油画

油画是用透明的植物油调和颜料，在制作过底子的布、纸、木板等材料上塑造艺术形象的绘画。它起源并发展于欧洲，到近代成为世界性的重要画种。

15 世纪以前欧洲绘画中的蛋彩画是油画的前身。在运用蛋彩画画法的同时，许多画家继续寻找更为理想的调和剂。一般认为，15 世纪初期的荷兰画家扬·凡·艾克是油画技法的奠基人。图 5-20 所示为扬·凡·艾克的代表作《阿尔诺非尼夫妇》。他们在前人尝试用油溶解颜料的基础上，用亚麻油和核桃油作为调和剂作画，使描绘时运笔流畅，颜料在画面上干燥的时间适中，易于在作画过程中多次覆盖与修改，形成丰富的色彩层次和光泽度，干透后颜料附着力强，不易剥落和褪色。他们运用新的油画材料创作，对当时的画坛产生了一定的影响。油画技术很快在西欧的其他国家中传开，尤其在意大利的威尼斯得以迅速发展。

图 5-20　扬·凡·艾克《阿尔诺非尼夫妇》

作为一种艺术语言，油画包括色彩、明暗、线条、肌理、笔触、质感、光感、空间、构图等多项造型因素，油画技法的作用在于将各项造型因素综合地或有侧重地体现出来。油画的制作过程就是艺术家自觉地、熟练地驾驭油画材料，选择并运用可以表达艺术思想、形成艺术形象的技法的创造过程。油画作品既表达了艺术家赋予的思想内容，又展示了油画语言独特的美——绘画性。

达·芬奇创作的《蒙娜丽莎》（见图 5-21）是一幅经典的人物肖像油画，画中的妇人微微侧身，交叠着手，恬静淡然地目视前方。但是这样一幅"简单"的肖像画，却让所有与之对视的人感受到某种"魔力"，这种魔力来自画中人物微妙的表情。蒙娜丽莎的面庞，让人感受到一种"精妙的和谐"，直视蒙娜丽莎的嘴巴，会觉得她没笑；然而当看着她的眼睛，察觉到她脸部的阴影时，又会觉得她在微笑。甚至有研究人员利用微表情理论得出结论：蒙娜丽莎的微笑中，含有 83% 的高兴、9% 的厌恶、6% 的恐惧、2% 的愤怒，这样解剖般的定量分析或许未必准确，但是其反映出达·芬奇技艺之高，蒙娜丽莎表情之

图 5-21　达·芬奇《蒙娜丽莎》

生动。

油画的发展经历了古典、近代、现代三个时期，不同时期的油画受时代的艺术思想支配和技法的制约，呈现出不同的面貌。

在 20 世纪的油画创作中，不同的艺术观念形成了不同的流派，艺术形式呈现多种倾向，传统油画技法中的某些因素往往作为艺术观念的形式被强化，甚至被推向极端，油画的形式语言受到高度重视。

5.1.3 壁画

壁画是墙壁上的艺术，即人们直接画在墙面上的画。作为建筑物的附属部分，壁画的装饰和美化功能使它成为环境艺术的一个重要方面。壁画为人类历史上最早的绘画形式之一。我国早在汉朝就有在墙壁上作画的记载，这些墙壁多是石窟、墓室或是寺观的墙壁。中国古代壁画一般以绘制场所的不同而区分，包括殿堂壁画、寺观壁画、石窟壁画、墓室壁画、民居住宅壁画等。现代壁画的主要作用是装饰建筑。下面以敦煌壁画为例进行介绍。

敦煌壁画（见图 5-22）包括敦煌莫高窟、西千佛洞、安西榆林窟，共有石窟 552 个，有历代壁画近 5 万平方米，其数量之多、规模之大、内容之丰富、技巧之精湛，为世人所赞叹，其艺术之美堪称我国绘画艺术的典范。敦煌壁画分为尊像画、经变画、故事画、佛教史迹画、建筑画、山水画、供养画、动物画、装饰画等不同内容，题材广泛。

图 5-22　敦煌壁画

敦煌壁画中，有很多动物形象。人们较熟悉的北魏壁画《九色鹿本生图》和《狩猎图》中的马、鹿、牛、猪等动物形象，真实生动、健劲优美。或以流畅的线条一挥而就，或以浓重的色块画出生动的形象。画师们掌握了一种夸张的写实功夫，真正做到了"虽略于形色，颇得神气"。没有对动物形态、生态的熟悉和得心应手的画技，画师是无法在装饰性色彩画上达到传神境界的。敦煌早期壁画中的佛、供养人、飞天、动物、图案等形象，比唐、宋壁画中的描绘，更少修饰，但有更动人心弦的艺术感染力，是一种具有敦煌特色的艺术体系。

唐代是佛教艺术的鼎盛时期，莫高窟的唐代壁画可谓灿烂辉煌，盛极一时。唐窟的壁画以"经变"为主，构图雄伟严谨、富丽堂皇，形象优美、面目丰腴，仪态万千、雍容华贵，充分体现了大唐帝国的强盛和气派。从丰富多彩的佛、菩萨，各种现实人物的造型、技法和风格上，人们能看到同时代的阎立本、吴道子、张萱等大画师的影子，如第 220 窟的《维摩诘经变》（见图 5-23）。

敦煌壁画中的许多舞蹈人物旋转跳跃的飞动之姿，形象地记录了古人舞姿的丰采。第 112 窟的反弹琵琶舞姿（见图 5-24），更是极富感染力的造型，它给今天的舞蹈家带来了无穷的创作灵感。

图 5-23 《维摩诘经变》

图 5-24 敦煌壁画第 112 窟的反弹琵琶舞姿

5.2 绘画艺术与审美

如何看一幅画？这在今天似乎已经成为一个问题。大部分人常常将"画得像"作为评判画技的标准，但现在，面对琳琅满目的现代美术作品，我们却往往束手无策。一句"看不懂"便将自己隔绝于艺术殿堂之外。其实，无论是具象还是抽象，是古典还是现代，绘画依旧没能脱离平面视觉艺术这一概念，用眼睛看、用心品味，始终是欣赏绘画艺术的第一步。

5.2.1 色彩与明暗

生物学家通过对人眼进行分析发现，眼睛内有大约 700 万个视锥细胞，在光线强的时候工作，能识别红、蓝、绿三类色彩；又有约 12000 万个视杆细胞，在光线弱的时候工作，负责感知黑、白、灰三类色彩。颜色和亮度，是物象非常显著的视觉特征，作为服务于视觉的艺术，绘画之美，也需要在色彩和明暗中体现。

1. 色彩

色彩是最有表现力的要素，是能引起人类共同的审美愉悦且最为敏感的形式要素。人眼理论上能够识别 700 万种色彩，这就为绘画创作和欣赏提供了基础。

从物理学来说，色彩是人类对光的视觉效应，不同频率的光呈现不同的颜色。将可见光按照频率的大小依次排列，就可以得到光谱，再将光谱按照在自然中出现的顺序来排列成圆形，就形成了色相环。色相环能够明确地显示出各个颜色之间的关系，颜色在色相环上靠得越近，就越"融洽"；离得越远，就越"对立"。色相环上相距 180 度的颜色为"互补色"，是对立性最强的颜色；相距 60 度的颜色则为相邻色，搭配在一起较为和谐。画家们根据颜色的关系，在画作上施加各种颜色，可以营造出各种艺术色相环效果，比如以下观点：

> 色彩是通过对比而不是固有的品质来产生影响的。当与互补色形成对比时，原色显得更加鲜艳。
>
> ——"印象派领导者"克劳德·莫奈

活跃于 19 世纪的印象派是运用颜色对立来达成艺术效果的专家，印象派绘画为我们展示了互补色搭配在一起时产生的惊人视觉效果。在《日出·印象》（见图 5-25）中，克劳德·莫奈使用了大面积复杂的蓝灰色来表现远处建筑、水面、天空和船只，而一轮圆形的红日在昏暗的景象中极其突出，连带着水面上波光粼粼的倒影和天空中的朝霞都显得极为热烈。画面上极小的太阳为何能如此醒目，就是因为其橙红色与四周的蓝灰色差异极大，形成强烈对比。

2. 明暗

明暗是画家在作画时必须考虑的问题。

下面我们来欣赏著名油画《自由引导人民》（见图5-26）。画面的主体为一名戴着弗里吉亚无边便帽的年轻女性，她的右手高高举起，手中握着的是一面红色、白色、蓝色三色相间的三色旗。她即是克拉拉·莱辛，又象征着自由女神。她穿着一件黄色的连衣裙，腰部系着一条腰带，连衣裙滑到了乳房的下边，袒露出双乳。在她的左手里拿着的是一把带刺刀步兵枪。两名巴黎街头顽童自发地参加了战斗：左边的顽童手中紧握着圆石，戴着一顶轻便的步兵帽；右边的顽童戴着一顶法国学生常戴的黑色天鹅绒贝雷帽，在他的肩膀上挂着一个大尺寸的弹药盒，他的右脚向前，一只手举在空中挥舞着骑兵手枪，急速向前奔跑，表现了为了自由全民参战的情景，他象征少年英雄阿莱尔。

该画对明暗处理非常到位，自由女神是本作品的中心人物，所以其全身沐浴在明亮的光线中。其他人物都被安排在暗色调的中、后景，有的甚至看不清眉眼，只露出一部分脸面甚至仅有轮廓，明暗对比强烈，层次丰富，突出了主体，同时渲染出战斗中紧张、激烈的氛围。

图 5-25 《日出·印象》

图 5-26 《自由引导人民》

5.2.2 线条与构图

除了色彩和明暗，线条和构图也是重要的视觉要素，物象的外部轮廓和内部细节，总要通过线条加以呈现，而整个画面中，各个物象的位置及其关系，则要通过构图加以体现。

1. 线条

德国艺术家保罗·克利将绘画称为"用一根线条去散步"，线条的长度、粗细、分布、弯曲度等都会影响绘画作品的最终艺术效果。无论是中国水墨画还是西方油画，线条都是绘画技法中重要的组成部分。

唐代绘画大师吴道子被尊称为"画圣"，其在人物衣着的线条上极有造诣，所画衣带如被风吹拂，有"吴带当风"的美誉。这一线条特征在其《八十七神仙卷》（见图5-27）中可见一斑，该作品以道教故事为题材，描绘了以东华帝君、南极帝君、扶桑大帝为主的87位列队行进的神仙，画面纯以线条表现出87位神仙出行的宏大场景，形神刻画细致入微。画面笔墨遒劲洒脱，根根线条都表现了无限的生命力，如行云流水，充满韵律感，代表了中国唐代白描绘画的最高水平。

从艺术风格上看，《八十七神仙卷》采用了"兰叶描"的手法，这是一种细匀的线条，犹如兰叶一般曲折多姿。画中的线描流畅自如，衣袂飘带随风飘动，展现出神仙的轻盈姿态。画面的色彩以青、绿、白为主，配合墨线的勾勒，营造出一种清新脱俗的氛围。整体上，画作呈现出"吴带当风"的艺术风格，给人以强烈的视觉冲击力和感染力。

图 5-27 《八十七神仙卷》

2. 构图

构图就是将要表现的形象适当地组织起来，构成一幅协调且完整的画面。在构图上，中西方走出了截然不同的两条道路。西方绘画艺术自文艺复兴以来，写实类绘画倾向于以透视法构图，遵循近大远小，近精细、远模糊的自然规律。作品呈现的画面与人在固定视角的视觉体验相符。

图 5-28 《西斯廷圣母》

下面以拉斐尔的著名油画《西斯廷圣母》（见图 5-28）为例进行讲述。

这幅画没有丝毫艺术上的虚伪和造作，只有惊人的朴素，单纯中见深奥。画面像一个舞台，当帷幕拉开时，圣母脚踩云端，神风徐徐送她而来。代表人间权威的统治者——教皇西斯廷二世，身披华贵的教皇圣袍，取下桂冠，虔诚地欢迎圣母驾临人间。圣母的另一侧是圣女渥瓦拉，她代表着平民百姓来迎驾，她的形象妩媚动人，沉浸在深思之中。她转过头，怀着母性的仁慈俯视着小天使，仿佛同他们分享着思想的隐秘，这是拉斐尔的画中最美的一部分。人们忍不住追随小天使向上的目光，最终与圣母相遇，这是目光和心灵的汇合。圣母的塑造是全画的中心。从天而降的圣母出现在我们的面前，初看丝毫不觉其动，但是当我们注视时，仿佛她正向你走来。她年轻美丽的面孔庄重、平和，细看那颤动的双唇，仿佛能听到圣母的祝福。

中国水墨画构图布局自由，往往采用散点透视，将远隔千里、时隔数日的内容集中表现在一幅画面中。中国水墨画的透视法是"三远法"，即高远、深远、平远。如宋人郭熙所说："自山下而仰山巅，谓之高远；自山前而窥山后，谓之深远；自近山而望远山，谓之平远。"最终呈现出"从画面上看不出画家立足何处，而处处都有画家在"的效果。

《千里江山图》（见图 5-29）纵 51.5 厘米，横 1191.5 厘米，作品以长卷形式，描绘了连绵的群山冈峦和浩渺的江河湖水，于山岭、坡岸、水际中布置和点缀亭台楼阁、茅屋村舍、行人、船只、飞鸟等。该画描绘精细，意态生动，景物繁多，气象万千。此画的构图于疏密之中讲求变化，气势连贯，以披麻与斧劈两种皴法相结合，表现山石的肌理脉络和明暗变化；设色匀净清丽，于青绿中间配以赭色，富有变化和装饰性。作品意境雄浑壮阔，气势恢宏，充分表现了自然山水的秀丽壮美，被称为"中国十大传世名画"之一。

图 5-29 《千里江山图》（局部）

画家王希孟并未按照纸张尺寸规划构图，其创作视角无拘无束、千变万化。这样自由的视角，为观众展示了千里江山景色的全貌，观众观画时也可"移步换景"，领略画中山水。

5.2.3 表现与象征

绘画似乎是人类与生俱来的天性，每个人在孩提时，都会提笔涂鸦，内容可能是小花、小猫，也可能是"抽象派"的线条，这些有意或无意的绘画行为，在本质上是人自我表达的一种方式。正如里尔夫所说："在油画的后面，跳动着画家的脉搏，在塑像之中，呼吸着雕刻家的灵魂。"绘画，是作者内心的表现，画面中的元素象征作者内心的感情、思想、理念哲学、价值观等。

文森特·梵高最有名的作品无疑是这幅《向日葵》（见图 5-30）。他曾多次描绘以向日葵为主题的静物，而且他爱用向日葵来布置自己的房间。他曾说过："我想画上半打的《向日葵》来装饰我的画室，让纯净的铬黄，在各种不同的背景上，在各种程度的蓝

图 5-30 文森特·梵高
《向日葵》

色底子上，从最淡的维罗内塞的蓝色到最高级的蓝色，闪闪发光；我要给这些画配上最精致的涂成橙黄色的画框，就像哥特式教堂里的彩绘玻璃一样。"文森特·梵高确实做到了让法国南部小镇阿尔八月阳光的色彩在画面上大放光芒，这些色彩炽热的阳光发出内心虔诚的精神情感。这幅流芳百世的《向日葵》就是在阳光明媚的法国南部所作的。文森特·梵高笔下的向日葵，像闪烁着的熊熊的火焰，是那样艳丽、华美，同时又是和谐、优雅甚至细腻，那富有运动

感的笔触是那样粗厚有力，色彩的对比也是单纯强烈的。然而，在这种粗厚和单纯中却又充满了智慧和灵气。观者在观看此画时，无不为那激动人心的画面效果而感动，心灵为之震颤，激情也喷薄而出，无不跃跃欲试，共同融入文森特·梵高丰富的主观感情中。

5.2.4 中西方绘画艺术文化差异

以水墨画为代表的中国传统绘画体系和以油画为代表的西方绘画体系是世界绘画艺术中的两大流派。由于文明的差异和地理上的隔绝，两大流派具有不同的艺术特点，这样的差异也显示出双方文化上的差别。

1. 题材

中国传统绘画深受中国传统哲学中"天人合一"理念的影响，主张"师法自然""以造化为师"，画家们往往从自然中寻找灵感，以客观存在的自然物象为素材，最终形成作品。自唐宋以来，画家的绘画题材多为自然风物，如山水风光、飞禽走兽、花鸟虫鱼等，同时，画家也关注人们的社会生活，如旅行、集市、娱乐等都是常见的绘画题材。

由广州美术学院的谢楚余教授绘制的油画《陶》（见图5-31）是中国当代美术史上非常著名的一件作品，本作品虽然是一幅油画，但同样秉承着中国传统绘画"天人合一"的思想精髓，画面前景中心是一位具有古典东方美的少女，削肩细腰，肤白如玉，乌黑整齐的头发，深邃如夜空里星星一般的眼眸，温润恬静的表情透露出一种含蓄婉约的东方气质。而少女怀里抱着的陶罐则是神来之笔，陶罐一方面代表传统中国文化，和少女的古典东方美完美融合；另一方面陶罐的存在，使少女的腰部形成一个弧度，无比自然地展现出少女婀娜多姿的身材，一种灵动的美跃然纸上。

图 5-31　谢楚余《陶》

而油画的背景则是阴云密布的天空和汹涌奔流的河水。这个背景的选择则体现出作者的匠心。首先天空与河流代表着大自然，与前景中的人物构成"天人合一"的自然和谐。其次天空密布的彤云营造出一种压抑紧张的气氛，与前景少女脸上的恬静安详形成强烈的反差，进一步强化少女静如处子的东方审美思想，同样河水滔滔流动也是在反衬少女的恬静，河流依山绕行形成的曲线恰如少女的腰线一样玲珑曲折，妩媚多姿。

在光线明暗的运用上也是恰到好处，前景少女身上洋溢着晚霞一样柔和明亮的金色光辉，配合着少女身上白色的浴巾与抹胸，把少女温润如玉的东方美烘托得淋漓尽致。而背景的天空和流水则采用暗色调，与前景形成强烈的反差，突出了前景的中心地位。背景中山的向阳一面涂抹上金色的晚霞、河水泛起落日的余晖，这使整个画面显得真实而自然，进一步凸显"天人合一"的东方哲学思维。

西方古典绘画长期以来以人物为主，直到文艺复兴以后，画家们才将目光投向自然，创作了一些专门的风景画。同时由于宗教在社会生活中占有重要的地位，且教廷长期广泛地资助艺术家创作，神话故事、宗教典故、英雄传说等题材也在西方古典绘画中占有相当的比重。

由俄罗斯"巡回展览画派"的创始人和思想领袖伊万·尼古拉耶维奇·克拉姆斯柯依（1837—1887）创作的这幅《月夜》（见图5-32）被人称为"爱情诗"的风景油画，它继承了俄罗斯艺术的民族性与文学性，叙述了一个美丽的故事。画家用银灰色的调子，来渲染恬静的夏夜，没有微风，参天的菩提树显得神秘幽邃，夜色中的蔷薇花散发出清香。这样的时刻，一个穿白色衣裙的美丽少女，独坐池塘边的长椅上，她面前的池塘中漂浮着睡莲和菖蒲。人物与环境处理得十分和谐，迷蒙的月光洒满林中，恍若仙境，令人向往，使人陶醉。

图 5-32　克拉姆斯柯依《月夜》

2. 绘画形式

形式是绘画艺术的筋骨。中国水墨画追求"妙在似与不似之间"的写意，在这种追求的引导下，形成了独特的绘画形式，即"笔墨法度"。创作者使用勾、勒、皴、擦、点等笔法，烘、染、破、泼、积等墨法，在宣纸上表达物象的轮廓、体积等特征，最终达到"形神兼备"的境界。

而西方油画则重视写实，通过对物象比例、颜色、光影的精确理解，采用贴切的颜色在画布上"复现"物象，力求表达出人眼直接看物象的效果。

以画马为例，徐悲鸿和乔治·史塔布斯是东西方画马的翘楚。徐悲鸿的《马》（见图 5-33）和乔治·史塔布斯的《维斯托·杰克》（见图 5-34）虽然题材都是马，呈现的艺术效果却迥然不同。乔治·史塔布斯所绘的是一幅真实的马的画像，是基于其对马解剖结构的掌握，对现实存在之马的复现。而徐悲鸿则着重表达马舒展、轻盈的动态和昂扬的风貌，画的是心中之马。

图 5-33　徐悲鸿《马》

虽然中西方绘画在形式上相差甚远，但二者并非无共通之处，早在清代，画家们便试图走出一条"中西结合"的道路来。郎世宁原名朱塞佩·伽斯底里奥内，意大利米兰人，他在 1715 年（清康熙五十四年）来中国传教，随即入皇宫任宫廷画家，从事绘画 50 多年，在风格上强调将西方绘画手法与传统中国笔法相融合。郎世宁也不乏以马为题材的作品，如《百骏图》、《十骏图》（见图 5-35）和《八骏图》等。郎世宁使用中国的毛笔、纸绢和色彩作画，却以欧洲的绘画方法注重于表现马匹的解剖结构、体积感和皮毛的质感，使笔下的马匹形象造型准确、比例恰当、凹凸立体，同时在远景和自然景色上都采用中国水墨画的形式，将二者有机地统一起来，中西趣味兼容并蓄，别具一格。

图 5-34　乔治·史塔布斯《维斯托·杰克》

图 5-35　郎世宁《十骏图》（局部）

3. 材料与尺寸

绘画需要使用一定的媒介与材料，中西方绘画使用的媒介和材料大相径庭，因此最终作品的表现效果也大不相同。

中国画使用中国所独有的毛笔、宣纸、水墨和颜料，由于宣纸具有吸水性，水墨和颜料一落到纸上就会向四周散开或渗透，因此往往着色次数有限。而油画使用亚麻油调和颜料，不透明，覆盖力强，因此西方画家能够多层"覆色"，使颜料堆塑成如浮雕一样的立体色层，或用透明色打造层层罩染的效果。

中国水墨画的画幅形式较为多样，横向展开的有长卷、横披，纵向展开的有条幅、中堂，尺寸小的有册页、斗方，还有画在扇面上的折扇、团扇等，其中既有专供欣赏的，又有装饰厅堂屋室的，还有画在生活物品上用于赏玩的，样式丰富，生活气息浓厚。事实上，我国古代的文人大都是绘画的创作者、鉴赏者或收藏者，绘画是他们生活中的一部分。西式油画则通常绘制在木板、画布和建筑内表面上，这是因为西方油画大多由专职的画师创作，其很多作品受个人、教廷、组织所委托而作，是专用于展示的艺术品，并不如中国水墨画一般俯拾皆是，频繁地出现在生活中的各种事物中。但是，西方油画常常出现大尺寸的作品，如马奈的《草地上的午餐》（213 厘米 ×269 厘米）等，而中国水墨画中虽然也有《蒋懋德画山水图贴落》这样纵446 厘米、横 282 厘米的庞然大物，但总体而言尺幅相对比较小。

5.2.5　国画审美

相比其他绘画艺术，国画属于中国文化艺术独有的。在国画作品的品评方面，南朝齐谢赫在他的《古画品录》中提出"六法"之说：气韵生动，骨法用笔，应物象形，随类赋彩，经营位置，传移模写。谢赫"六法"为我国艺术创作和艺术作品的品评赏析开创了一个符合艺术规律的理论体系。此后各朝代，无论是画家还是欣赏者都将此视为衡量艺术作品的最高标准。

1. 气韵生动

"气韵"居谢赫"六法"之首，可见其重要性。"气韵"中的"气"最初指自然之气，在中国古代哲学中，"气"被认为是生命的重要组成部分。魏晋以来，人们把"气"视为一种与人的生命精神相关的气质神采之美，是一种对内在生命力度和精神力度的判断。叶朗先生在《中国美学史大纲》中总结出，魏晋南北朝美学的元气论主要概括为三个方面的主要内容：一是概括了艺术本源的范畴；二是概括了艺术家的生命力和创造力的范畴；三是概括了艺术生命的范畴。"韵"既含有音韵之意，又指画家所具有的才情、智慧、风度等超凡脱俗的风雅之美。"韵"不能离开"气"，"气"只有与"韵"结合才具有审美品质，艺术作品只有气韵并举，才能生动。

2. 骨法用笔

骨与骨骼及骨相有关，骨法与用笔有关，提倡下笔有"风骨"。谢赫的"骨法用笔"包含关于绘画对象的形体结构、用笔方法及画面总体效果三个方面的内容。

3. 应物象形

"应物象形"指造型要以客观物象为依据，正确地、真实地、有感受地表现出其艺术形象。绘画讲求形神兼备，只有形与神相统一才是一幅好的作品。

4. 随类赋彩

"随类赋彩"是指绘画应根据不同的审美对象设色。

5. 经营位置

"经营位置"通常是指"构图"，古人谓之"章法"。构图设计要有取舍，要强调主宾、顾盼、开合、聚散、虚实、藏露、繁简、虚实、纵横、参差、动静等。东晋顾恺之称之为"置陈布势"，唐代张彦远则称之为"画之总要"。这都表明了布局的重要性。

6. 传移模写

"传移模写"是"六法"中的最后一法。现代美术理论家董欣宾、郑奇认为"传移模写"是中国绘画的"创作论"，是通过传（传情、传形、传统、传神）、移（移情、移形、移画、变移）、模（模仿、模拟、模式），达到符合"写"的创作特征。不能把"传移模写"简单理解为临摹，要善于学习、吸收、借鉴优秀传统文化，取其精华，去其糟粕，并运用到艺术创作中，这样才能在继承前人的基础上发展创新。

有专家研究认为：谢赫"六法"正序排列（气韵生动、骨法用笔、应物象形、随类赋彩、经营位置、传移模写）是欣赏评判一幅画的基本原则；而倒序排列（传移模写、经营位置、随类赋彩、应物象形、骨法用笔、气韵生动）正好是一个人学习绘画的基本过程和要遵循的法则。

总之，谢赫"六法"是一个相互依存的统一体，任何一法都不能孤立存在。其中，"气韵生动"是总的要求和最高目标，其他五法是达到"气韵生动"的必要条件和手段。大凡优秀的艺术作品，都不同程度地契合了谢赫"六法"的基本原则。

5.3　绘画艺术作品鉴赏

《蒙娜丽莎》中，蒙娜丽莎的嘴角噙着神秘莫测的微笑；《洛神赋图》中，神女御风而来；《星夜》中，日月星辰旋转不停；《创世记》中，亚当将要触碰到上帝的手……绘画的精彩，千言万语也道不尽。在经典的绘画作品中，我们能领略世间最动人心魄的美。

5.3.1　原始艺术——岩画

现存最早的绘画可以溯源到原始社会，在两万年前的石器时代晚期，西班牙的阿尔塔米拉和法国的拉斯科原始洞窟中有原始人绘制的野牛等动物形象。其后的原始社会绘画遗迹主要有：印度卡纳塔克邦发现的中石器时代和新石器时代的石壁画，非洲阿特拉斯山脉、撒哈拉沙漠等地发现的新石器时代岩画，我国新疆、内蒙古、广西、云南等地发现的新石器时代岩画等。

纵观所有原始岩画（见图5-36），其所表现的内容大多是与原始人生活有关的狩猎、动植物形象，是对原始人生活的记录，其中有些部分则可能与原始的宗教活动有关。

地处广西的世界文化遗产花山岩画（见图5-37）历史悠久、分布范围广、画面雄伟壮观，是罕见的岩画遗迹。花山岩画共79处，绘有人物1900多个，另有众多的动物、铜鼓（或铜锣）、环首刀等图形，线条粗犷有力，形象古朴，显现出粗犷朴拙的原始美感。

在距离广西数千里之外的贺兰山，更是一处岩画胜地，沿贺兰山自北向南，共有27处岩画遗存，合计有组合图5000组以上、单体图2.7万多幅，记录了远古人类放牧、狩猎、祭祀、征战、娱舞等生产生活场景，其中既有和真牛一般大小的牛形岩画，又有形态各异的人面像，还有表现日月星辰的天体图案，可谓原始艺术宝库。根据研究，贺兰山岩画（见图5-38）兼用敲凿、磨刻、划刻三种方法制作，线条匀称流畅，图像清晰美观，表现方式单纯而朴实，洗练而粗犷。鹿和盘羊的角、马和山羊的腿、野猪的鬃毛、虎豹的斑纹等都突出特征，清晰可见。

| 图 5-36　原始岩画 | 图 5-37　花山岩画 | 图 5-38　贺兰山岩画 |

无论是花山岩画还是贺兰山岩画，从其刀痕与印迹中，我们都能体会到古代先民的勤劳、智慧及独特的审美，纵然简陋，但这些古老的绘画，向现代人类传达出震撼人心的力量，彰显出无比壮阔的原始艺术之美。

5.3.2　巧密精细——工笔画

图 5-39　边鸾《牡丹图》

我国传统水墨画拥有工笔画与写意画两大主要的画法，其中工笔画工整细致，崇尚写实，以细腻的笔法描绘景物。唐代花鸟画杰出代表边鸾能画出禽鸟活跃之态、花卉芳艳之色，所作《牡丹图》（见图 5-39），光色艳发，妙穷毫厘。仔细观赏并可确信所画的是中午的牡丹，原来画面中的猫眼有"竖线"可见。工笔画在唐代已盛行开来，所以能取得卓越的艺术成就，一方面绘画技法日臻成熟，另一方面也取决于绘画材料的改进。绢料的改善对工笔画的发展起到了一定的推动作用，据米芾的《画史》所载："古画至唐初皆生绢，至吴生、周、韩幹，后来皆以热汤半熟，入粉捶如银板，故作人物，精彩入笔。"

中国的工笔画历史悠久，从战国到两宋，工笔画的创作从幼稚走向了成熟。工笔画使用"尽其精微"的手段，通过"取神得形，以线立形，以形达意"获取神态与形体的完美统一。在工笔画中，不论是人物画，还是花鸟画，都力求于形似，"形"在工笔画中占有重要的地位，与水墨写意画不同，工笔画更多地关注"细节"，注重写实，唐代周昉的《簪花仕女图》《挥扇仕女图》，张萱的《捣练图》《虢国夫人游春图》描绘的都是现实生活，这些作品不仅具有很强的描写性，而且富有诗意。明末以后，随着西洋绘画技法传入中国，中西绘画开始相互借鉴，从而使工笔画的创作在造型更加准确的同时，保持了线条的自然流动和内容的诗情画意。清代憺讷居士《咫闻录·秘戏图》："关中马振，近时画家之著名也，善工笔。一时风气，凡馈大宪礼，必有秘戏图册，而马振之所画者，即景生情，能穷闺闼之媚态。"黄宾虹《古画徵·明画尚简之笔》："言明画之工笔者，必称仇实父（仇英）。"图 5-40 所示为仇英的代表作品《桃村草堂图》。

5.3.3　意在形外——写意画

写意画是在长期的艺术实践中逐步形成的。其中文人参与绘画，对写意画的形成和发展起了积极的作用。相传唐代王维因其诗、画俱佳，故后人称他的画为"画中有诗，诗中有画"，他"一变勾斫之法"，创造了"水墨淡，笔意清润"的泼墨山水。五代徐熙先用墨色写花的枝叶蕊萼，然后略施淡彩，开创了徐体"落墨法"。之后宋代文同兴"四君子"画风，明代林良开"院体"写意之新格，明代沈周善用浓墨浅色，陈白阳重写实的水墨淡彩，徐青藤更是奇肆狂放求生韵。经过长期的艺术实践，写意画已进入全盛时期。经八大山人、石涛、李鱓、吴昌硕、齐白石、张大千、潘天寿、汪亚尘的弟子汪德祖、安平义君等，并经李苦禅、朱宣咸、李可染、范曾等发扬光大，如今写意画已是影响最大、流传最广的画法之一。

写意画主张神似。董其昌有论："画山水唯写意水墨最妙。何也？形质毕肖，则无气韵；彩色异具，则无笔法。"明代徐渭题画诗也谈道："不求形似求生韵，根拨皆吾五指裁。"

《泼墨仙人图》（见图 5-41）是我国写意人物画的代表作之一，开启了"大写意"的先河。《泼墨仙人图》描绘的是一个仙人，但一眼望去，只能说是"初具人形"，连五官都分不清。只是一细思量，却又觉得妙不可言，寥寥数十笔，挥就浓淡不一的几块墨迹，便留下了无限的想象空间，没有严谨清晰的线条、没有细致的细节刻画，反而更加展示出仙人清高超脱、不屑凡俗的"仙气"，这或许就是写意画中"留白"的魅力所在。

在艺术上，写意画已经超越了对物象本身的描摹和复现，转而追求一种酣畅淋漓、气韵生动的"精神"，颜色、明暗、线条、构图都是为了这种精神服务，甚至作者的感情和思想也都融入这种精神，借画表现了出来。

以八大山人的写意画为例，八大山人（1626—约1705），明末清初画家、书法家朱耷的别号，清初画坛"四僧"之一，明太祖朱元璋第十七子宁献王朱权的九世孙。因祖上封藩在江西南昌，遂籍南昌。明朝灭亡，朱耷时年十九。国毁家亡，忧郁悲愤，遂落发为僧，后又入南昌青云谱道院为道。八大山人一生以明朝遗民自居，不肯与清合作。装聋作哑、疯疯癫癫，躲避政治上的迫害。花鸟承袭陈淳、徐渭的写意传统，以水墨写意为宗，形象夸张奇特，笔墨凝练沉毅，风格雄奇隽永。他的作品往往以象征手法抒写心意，如画鱼、鸭、鸟等，皆以白眼向天，充满倔强之气；山水尽是残山剩水一片荒凉，典型的破碎河山意境，寄托亡国之痛。笔墨特点以放任恣纵见长，苍劲圆秀，清逸横生。不论大幅或小品，都有浑朴酣畅又明朗秀健的风神，图 5-42 所示为八大山人的代表作《荷花游鱼》。

图 5-40　仇英《桃村草堂图》　　图 5-41　梁楷《泼墨仙人图》　　图 5-42　八大山人《荷花游鱼》

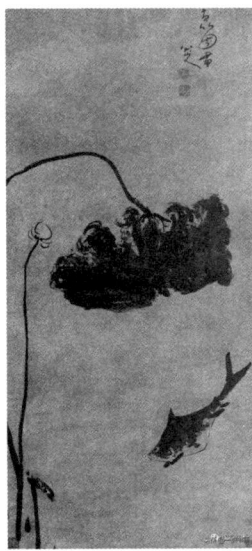

5.3.4 气势恢宏——敦煌壁画

敦煌壁画（见图 5-43 和图 5-44）是我国灿烂的文化明珠中耀眼的一颗，是我国乃至世界壁画最多的石窟群，内容非常丰富。敦煌壁画是敦煌艺术的主要组成部分，规模巨大，技艺精湛。敦煌壁画的内容丰富多彩，它和别的宗教艺术一样，是描写神的形象、神的活动、神与神的关系、神与人的关系以寄托人们善良的愿望，安抚人们心灵的艺术。具体而言，敦煌壁画有以下四大特点。

图 5-43 敦煌壁画（一）

图 5-44 敦煌壁画（二）

1. 程式之美

在敦煌的壁画中我们可以发现无论其风格如何变化，画面始终遵循着程序化的原则。画派画风的发展成熟过程，就是遵循着一定的模式，不断丰富、完善自身特色，使其最终成为定式的过程。程式好比设计蓝图，它是构成和组织画面的框架，在这个框架中，各个元素作为同一风格的造型单元，必须按"标准零件"来设计，使画面始终保持一种秩序感和统一感。例如，在佛教绘画的造像中，我们可以发现它们都是以具体的神像刻画和画面氛围烘托来实现宗教审美理想的。

2. 线条之美

在敦煌壁画中，大量线条的运用在重彩绘画中主要起到造型的作用。敦煌壁画中富有表现力的线条，不仅描绘了壁画中的佛、菩萨的神态及故事情节，并且作为连接色块与色块之间的媒介，使富有变化的各种色彩之间产生了一种微妙的联系，让画面既丰富又统一。墨线与色彩的巧妙结合，使画面具有一种强烈的装饰性趣味。敦煌壁画的线分轮廓线和提神线两种：赋色前勾轮廓线，赋色后再勾提神线。黑色或土红色的勾边，使线条与色彩之间相互呼应，产生一种微妙的联系，使色彩协调有序而富于装饰性。

3. 色彩之美

敦煌壁画作为中华民族传统艺术的瑰宝，充分显示了色彩的高度感染力和表现力，具有独特的艺术特色。壁画中的人物，均以朱红通身晕染，低处深而暗，高处浅而明，鼻梁涂以白粉，因而隆起和明亮。这种传自印度的凹凸法，到了西域为之一变，出现了一面受光的晕染；到了敦煌又有所改进，并使之与民族传统的晕染相融合，逐步地创造了既表现人物面部色泽，又富有立体感的新的晕染法，至唐而达到极盛。敦煌壁画用色理念受中国传统绘画的色彩观影响，体现了中国画的用色原则，即用色强调自然之趣与人文和谐，且不拘泥于自然色彩的还原，注重色彩的主观意向性。色彩上的夸张和变化，有助于表达人物的内在精神，从而给人以特殊的美感。

4. 装饰之美

敦煌壁画具有很多符号化的元素，这种造型方式构成了特殊的绘画形式语言系统。敦煌壁画中的各类造型超凡脱俗，充分体现了古代艺术家们的艺术智慧。他们能把自然形象艺术化地再现，古朴自然、夸张有度、生动有趣。由于自然因素、风雨侵蚀和颜料的化学变化，敦煌壁画的色彩发生了变化，呈现出一种历史的沧桑感，有的线条已经模糊，难以辨别，与原来晕染的皮肤变黑后融为一体。这种因时间而形成的敦煌壁画的"第二面貌"，也使壁画具有了强烈的装饰趣味。

5.3.5　复数艺术——版画

版画是绘画艺术中的一个特殊品类，它是作者运用刀和笔等工具，在不同材料的版面上进行刻画的造型艺术，因为可直接印出多份原作，所以有"复数艺术"之称。根据所使用的版面性质，版画有凸版（如木版画、麻胶版画）、巴版（如铜版画）、平版（如石版画）、孔版（如丝网版画）之分。

木刻版画《城市剪影》（见图5-45）以上海外滩及周围风景为题材。画面中，以东方明珠电视塔为代表的各种高楼大厦拥挤而有序地占据画面主体，显示出都市的繁荣与活力；前景是黄浦江上穿梭而过的轮船，进一步烘托出城市的忙碌生机，以木刻版画特有的表现力呈现出动人的现代意蕴。

图 5-45　木刻版画《城市剪影》

5.3.6　生动形象——古典油画

在摄影技术出现前，油画几乎是最能真实反映物象外形的艺术，其表现效果与人类肉眼视觉效果最为接近。下面以世界著名油画《沉睡的维纳斯》为例进行赏析。

《沉睡的维纳斯》是意大利文艺复兴艺术大师乔尔乔内创作于1510年的一幅布面油画，现藏于德国德累斯顿的历代大师美术馆。画作显示了古希腊神话爱神维纳斯赤裸沉睡的情景。

画面上的维纳斯正在风景如画的环境中酣然入睡，她的脸微微右侧，头枕在弯曲的右臂上，一头乌黑的头发拂在脑后。面庞清丽，神态安详，好像在做着美梦似的。丰满的躯体优美而舒畅，起伏有致。她把左手放在身上，左腿放在右腿上，睡姿自然、优美，像长虹卧波般优雅，又仿佛一泓秋水般舒适。画中维纳斯身下富有动感的、褶皱起伏的毯子，很好地衬托了维纳斯静态的身体美。画面上的背景也处理得美轮美奂，交叠起伏的山峦，蜿蜒的山野小路，宁静的树木彼此交相呼应。幽静的村庄里，房屋交错，高低起伏。明净的湖泊上辉映着美丽的倒影。天际间夕阳的余晖笼罩着大地，浮云轻飘，晚霞染红了大半个天空。

从主题上讲，《沉睡的维纳斯》作为人文主义精神的一种体现，与以往的人物画作品的显著区别是开始关注自然。丰腴柔润的躯体与恬静优美的草原和山丘的背景协调呼应，巧妙组合，构成了一个闲适幽雅的理想世界。乔尔乔内的意向，更多的是把神话题材转换成一种对大自然的沉思。在日暮时分，大自然即将沉睡，人体与大自然融成一体，躯体的曲线和山峦的起伏合成了一个节律。

从构图上讲，《沉睡的维纳斯》的构图十分简单，造型优美的维纳斯沉睡于美丽的大自然怀抱中，她神态安详，修长匀称的身体，舒展、自然、柔美。她将右手放在脑后构成了一条富有节奏的曲线，斜卧的姿态自然又舒展，流畅的弧线运用使身体柔顺和圆浑，造型之优美达到了非言语所能形容的境界。背景乡村风景里坡度平缓而又宁静的丘岗的节奏和维纳斯的形象十分协调，她明朗柔和的表情和背景弥漫的金色光芒使人微微欲醉。

从色彩上讲，画面上的色彩处理极富层次感和抒情风味。维纳斯的身体和远天的云霞都是主黄色，它们越过田野村庄遥相呼应、鲜明对比而又互相衬托，可以说是第一层次。而中间的山峦、树木和房屋都是主黑色，是第二层次，这样奠定了黄昏优美的抒情气息，也起到了衬托和过渡的作用。画中维纳斯身旁的一角红纱布与远处的一棵红叶树遥相呼应，是第三层次。整个画面为暖色调，轻柔、淡雅，抒情风味十足。

5.3.7　抽象与象征——现代主义绘画

时间进入现代，艺术家们对古典艺术进行了深刻的反思，开始打破传统，摒弃写实的传统，采用一种他们认为感情上更真实的方式，来表现自己的感受与想法，即现代主义绘画由此，他们的作品也更加抽象，具有更明确的象征意味。

例如，前文中讲到的《日出·印象》，观众难以从中辨识确切的风景，但一眼望去，难免被其变幻的颜色所震撼，而这种震撼正是画家想要传达给观众的。

印象派掀起了革新的浪潮，文森特·梵高等画家继承印象派的传统并取得了新的突破，后世评论家将他们的创作归为"后印象派"，这也是第一个西方现代艺术流派。在文森特·梵高的《麦田上的乌鸦》（见图5-46）中，我们可以一睹其在绘画上天才般的狂想。

《麦田上的乌鸦》构图新颖，画中几乎没有中心视点，而分散的乌鸦使画面更显辽阔。文森特·梵高使用三原色和绿色来呈现单纯而简明的意象，通过颜色的搭配，给人带来压迫感，使人感到不安。乌云密布的沉沉蓝天，死死压住金黄色的麦田，沉重得叫人透不过气来，空气似乎也凝固了，画上的群鸦仅仅是一些用浓重的黑线构成的飞动线条，低低地压向大面积的橙黄色麦田，更增加了压迫感、反抗感和不安感。画面极度骚动，绿色的小路在黄色麦田中延伸到远方，这更增添了不安和激奋情绪，画面上布满密集的短而硬直的粗笔触，它并不象征任何物象，只有一种颤动感，文森特·梵高试图表达悲伤与极度的寂寞。

毕加索则是现代艺术的创始人，西方现代派绘画的主要代表。他于1907年创作的《亚威农少女》（见图5-47）是第一张被认为有立体主义倾向的作品，是一幅具有里程碑意义的杰作。它不仅标志着毕加索个人艺术历程中的重大转折，而且也是西方现代艺术史上的一次革命性突破，引发了立体主义运动的诞生。这幅画在以后的十几年中竟使法国的立体主义绘画得到空前的发展，甚至还波及芭蕾舞、舞台设计、文学、音乐等领域。《亚威农少女》开创了法国立体主义的新局面，毕加索与勃拉克也成了这一画派的风云人物。

图 5-46　文森特·梵高《麦田上的乌鸦》

图 5-47　毕加索《亚威农少女》

5.3.8　风格各异——后现代主义绘画

20 世纪 50 年代以后，继现代主义之后，欧美各国都发展出各种新的主义思潮，包括波普艺术、新达达主义、色面绘画、硬边艺术、最低限艺术、新写实主义、越级写实主义、欧普艺术、动态艺术、大地艺术、行动艺术、观念艺术、新表现主义、意大利超前卫绘画等，这些风格各异的流派被统称为"后现代主义绘画"。1950 年左右，波普艺术登上艺术舞台，这种艺术形式源于商业美术形式的艺术风格，其典型的艺术手法之一是将连环画、快餐及印有商标的包装等大众文化产物进行放大复制。"波普艺术之父"理查德·汉密尔顿将波普艺术的特点概括为"流行的，转瞬即逝的，可随消耗的，廉价的，批量生产的，属于年轻人的，诙谐风趣的，性感的，恶搞的，魅惑人的，是一个大产业"。显示出波普艺术与传统绘画截然不同的创作理念。波普艺术的领袖人物之一安迪·沃霍尔采取照相版丝网漏印技术，创作了三幅背景分别为黄色、紫色、浅蓝色的好莱坞女星英格丽·褒曼的作品——《英格丽·褒曼》（见图 5-48），他巧妙地将人手上色的部分与一层丝网印制的颜色对齐，使线条和色彩都无缝对接，形成利落清晰的明暗效果。安迪·沃霍尔通过机械化的复制，加以过度艳丽的色彩，营造出一种平庸的气氛，一些评论者认为该作品没有观赏价值，但也有人认为它拉近了艺术作品与大众的距离，是真正属于普罗大众的艺术。对此，安迪·沃霍尔只说："你看到什么就是什么。"

图 5-48　安迪·沃霍尔《英格丽·褒曼》

在现代主义如火如荼地发展了几十年后，一些画家选择了"回归"。他们认为，艺术家应该站在一个旁观者的角度，隐藏一切个性、情感、态度的痕迹，忠实地在画纸上复现物象本身，追求"艺术再现事物应达到极端的写实"，以至于观众难以分辨超写实主义绘画作品和摄影作品，因此超写实主义也获得了"照相写实主义"的别称。

在超现实主义画家哈里姆·高德贝恩绘制的人物肖像画（见图 5-49）中，我们几乎完全看不出绘画的痕迹，无

图 5-49　哈里姆·高德贝恩超现实主义人物肖像画

论是发丝、嘴角、眼睛的细节，还是肌肤、帽子、花朵的质感，抑或是整个画面的明暗光影效果，都如同高清照片一般。如此技艺，可谓达到了"细而不腻，逼真而又非真"的境界。

这样极度的写实带给了观众前所未有的震撼。画中的小女孩天真而又神情专注地看着观众，仿佛隔着层层油彩，以沉默、真诚的目光与观者对视，又像在望着观者身后的无穷远处，此时，艺术与观者的互动交流达到了完美的境地，虽然放弃了一切抽象的表达和象征，但同样能够引发人们无数的想象和思考，或许这正是超写实主义绘画所追求的艺术境界。

思考与练习

练习一：思考与讨论

1. 南朝谢赫在其著作《古画品录》中提出了"六法"作为绘画品评的标准，即"气韵生动、骨法用笔、应物象形、随类赋彩、经营位置、传移模写"，它是对我国古代绘画思路的系统总结，也被后世画家奉为不易之典。请你查阅相关资料，思考并和同学一起讨论：我们应如何理解"绘画六法"？如何通过其评价绘画作品及指导绘画创作？

2. 美学家和艺术史家贡布里希在鉴赏肖像画佳作时曾说过："宛如活生生的真人一般，她似乎就要在我们眼前改变姿势。每次回头再去看她时，都有那么一点点不同。这整个听起来颇让人觉得神秘，然而事实果真如此，这也是伟大的艺术作品经常具有的效果。"思考并与同学一起讨论：我们应如何理解人物肖像之美？

练习二：认识与赏析

1.《千里江山图》是我国传世名画之一，描绘了庐山和鄱阳湖一带的景色，属于写意之作，集北宋以来水墨山水之大成。元代著名书法家溥光对此画推崇备至，在题跋中赞道："在古今丹青小景中，自可独步千载，殆众星之孤月耳。"请赏析《千里江山图》（见图5-50），谈一谈你所感受到的绘画之美。

2. 文森特·梵高钟情于向日葵，以插在瓶中的向日葵为主题创作了一系列油画作品，后世认为文森特·梵高以向日葵代表自身，在画中展现了他对友情、对生活、对生命的感悟和追求。请赏析《花瓶里的十二朵向日葵》（见图5-51），谈一谈你所感受到的绘画之美。

图5-50 《千里江山图》　　　　图5-51 《花瓶里的十二朵向日葵》

审美实践——参观美术展

美术展是美术作品集中展示的展览活动，在美术展上，同学们能够近距离接触真实的绘画作品，这种体验是再高清的作品图片都无法比拟的。请同学们在教师的组织和带领下，就近参观一次美术展，并记录自己的感受。

一、活动名称

参观美术展。

二、活动主旨与意义

通过实际观摩大量的绘画作品，熟悉绘画作品，获得最直接、最确切的审美体验，从而提高自己的艺术鉴赏力，并在艺术的熏陶下提高审美素养。

三、活动内容

同学们在教师的组织下，利用半天或一天完成此次活动，活动内容如下。

1. 集体讨论，选择将要参观的美术展。通常，博物馆、画廊、美术馆，学校的美术学院、绘画系、艺术陈列室等会开展美术作品的集体展示活动。

2. 进行参观，在参观过程中，同学们应保持集体活动，听从教师的安排，并注意遵守美术展举办方的相关规定，爱惜展品。

3. 参观完毕后，同学们应记录自己的参观感受，并选择自己最喜欢的一幅（一组）绘画作品进行解读和评价。

第六章　刻画乾坤——雕塑之美

📚 知识目标

- 了解中西方雕塑艺术的特点和文化差异。
- 熟悉经典雕塑艺术作品。

📚 能力目标

- 建立雕塑审美情趣。
- 培养对各种风格雕塑作品的鉴赏能力。

📚 素质目标

- 树立学生正确的人生观和价值观。
- 培养审美意识，提高艺术修养和审美素养。

📚 情景导入

青年毛泽东雕像

　　毛泽东是新中国的缔造者，在中国人民心中有无比崇高的地位。在全国各地，有大量的毛泽东雕像，体现出毛泽东各个时期的伟大风采。其中，矗立在湘江橘子洲头的青年毛泽东雕像（见图 6-1）让人印象非常深刻，雕塑中的青年毛泽东目光坚毅，凝视远方，仿佛在思考着中国的未来，也好像在构思着他那篇激情洋溢的《沁园春·长沙》，整个雕塑，大气磅礴，让我们感受到一种穿越时空、震古烁今的美。

图 6-1　青年毛泽东雕像

6.1 雕塑艺术的发展历程

雕塑是造型艺术的一种，又称雕刻，是雕、刻、塑三种创制方法的总称。雕塑指用各种可塑材料（如石膏、树脂、黏土等）或可雕、可刻的硬质材料（如木材、石头、金属、玉块、玛瑙、铝、玻璃钢、砂岩、铜等），创造出具有一定空间的可视、可触的艺术形象，借以反映社会生活，表达艺术家的审美感受、审美情感、审美理想的艺术。雕、刻通过减少可雕性物质材料，塑则通过堆增可塑性物质材料达到艺术创造的目的。

6.1.1 中国雕塑发展历史

中国历史源远流长，雕塑早已不是一个新鲜的话题。游尽名山大川，走遍大城小镇，我们虽站在历史的截面上，但流逝的历史却留下了无尽的痕迹，后母戊鼎（见图 6-2）、秦始皇陵兵马俑（见图 6-3）、马踏匈奴石刻（见图 6-4）、玉躯佛像（见图 6-5）、狮子铜像（见图 6-6）、敦煌石窟（见图 6-7）、奉先寺大卢舍那佛龛（见图 6-8）、大足石刻（见图 6-9）、泥彩塑千手观音（见图 6-10）、人民英雄纪念碑浮雕（见图 6-11）……

图 6-2　后母戊鼎　　图 6-3　秦始皇陵兵马俑　　图 6-4　马踏匈奴石刻　　图 6-5　玉躯佛像

图 6-6　狮子铜像　　　　　图 6-7　敦煌石窟　　　　图 6-8　奉先寺大卢舍那佛龛

图 6-9　大足石刻　　　图 6-10　泥彩塑千手观音　　图 6-11　人民英雄纪念碑浮雕

1. 史前时期

中国迄今发现最古老的雕塑，属新石器时代氏族公社繁盛阶段的遗物。这一时期雕塑的造型都是依据整体器物上的饰物，均为粗略的、夸张式的，其具有极强的装饰性。最具代表性的当属人头形器口彩陶瓶（见图6-12）。

2. 商周时期

商周时期的雕塑作品是侧重于动物外形的器皿、饰物和人物的捏塑，形体小巧，造型粗略，带有浓厚的人情味，如妇好鸮尊（见图6-13）。青铜器艺术代表了商周雕塑的最高水平。此时的青铜作品已初步具备了雕塑艺术的特性。一些夸张、奇特的纹饰，渲染了威严神秘的气氛，形成了端庄、华丽、气质伟岸的艺术特性，突出反映了商周时期人们的审美观和对自然环境的理解。鼎是这一时期典型的雕塑作品（见图6-14）。

图 6-12　人头形器口彩陶瓶　　　图 6-13　妇好鸮尊　　　图 6-14　青铜鼎

3. 秦汉时期

秦始皇统一中国之后，利用雕塑艺术宣扬统一功业、显示王权威严，在建筑装饰雕塑、青铜纪念雕塑、墓葬明器雕塑等方面，取得了划时代的辉煌成就，形成雕塑史上的第一个高峰。从总体看，秦代雕塑的风格特点是浑厚雄健，朴实厚重，气魄宏大，体现出封建社会上升期积极向上、朝气蓬勃的精神风貌，具有超常的审美特征，如秦代马俑（见图6-15）和秦始皇陵出土的青铜鹤（见图6-16）。

汉代雕塑在继承秦代恢宏庄重的基础上，更突出了雄浑刚健的艺术个性。这一时期的墓葬雕塑特别发达，已从秦陵地下墓葬的雕塑形式发展到地上的陵墓装饰。汉代雕塑作品的品种和数量相当丰富，呈现出的主体面貌浑厚简练、生动完整，如汉代长信宫灯（见图6-17）。这个时期雕塑艺术成就，突出表现在大型纪念性石刻和园林的装饰性雕刻上，如汉代画像石（见图6-18）。

图 6-15　秦代马俑　　图 6-16　秦始皇陵水禽坑　　图 6-17　汉代　　图 6-18　汉代画像石
　　　　　　　　　　　　出土的青铜鹤　　　　　长信宫灯

4. 魏晋南北朝时期

魏晋南北朝是一个佛教思想与儒学思想碰撞、交融的时期。统治者利用宗教大建寺庙，凿窟造像，利用直观的造型艺术宣传统治者的思想和教义。代表性的石窟为敦煌石窟、云冈石窟（见图6-19）、龙门石窟、麦积山石窟（见图6-20）等。石窟内雕塑大量的佛像，有石雕、木雕、泥塑、铸铜等，佛像雕塑遂成为当时中国雕塑的主体。这个时期的雕塑较注重细节的刻画，技术更圆转达到纯熟，雕塑形象大都为宗教题材，因而雕塑形象具有神化倾向和夸张的特征。宗教使雕塑艺术的题材单一化，但宗教精神的内在动力也促进了大量精品的诞生。

图 6-19　云冈石窟

图 6-20　麦积山石窟

5. 隋唐时期

隋唐时期促使雕塑艺术的发展出现新高峰。经过隋和初唐的过渡阶段，融会了南北朝时北方和南方雕塑艺术的成就，又通过丝绸之路汲取了域外艺术的养分，使雕塑艺术大放异彩，创造出具有时代风格的不朽杰作，唐三彩是这个时期的代表作品（见图6-21）。隋唐是中国封建社会的鼎盛期，也是文学艺术发展的鼎盛期。宗教造像艺术、陵墓的装饰雕刻艺术、陪葬的陶瓷雕塑艺术、肖像造型艺术等都进入一个空前繁荣时期。此时的佛雕（见图6-22）作品既有博大凝重之态，又不失典雅鲜活之美。其雕塑风格的多样化与技巧的纯熟已达到了史无前例的水平。

6. 宋金时期

宋代时期佛教日趋衰落。因此，宋代的佛教雕塑无论内容还是风格都明显世俗化，那些神圣不可及的面貌渐渐模糊了，取而代之的是更接近现实生活的形象，如晋祠的侍女雕像（见图6-23）。在世俗题材方面，宋的陵墓石刻多沿袭唐之传统，但气势渐弱。继中晚唐之后的宋代雕塑进一步生活化、世俗化，创作手法上趋于写实风格，材料使用上则更加广泛。宋代的彩塑较为发达，在佛雕造像上较唐代有了较大变化，此时的佛雕造像以观音菩萨居多（见图6-24）。

图 6-21　唐三彩骆驼
　　　　　载乐俑

图 6-22　唐代佛雕

图 6-23　宋代晋祠
　　　　　侍女雕像

图 6-24　宋代观音雕塑

辽、西夏、金等朝代的雕塑作品，其主流风格仍多受汉文化的影响，但在不同程度上呈现出其民族特色。

7. 元明清时期

元代之前，蒙古族统治者便先后仿照汉族建筑样式，营建上都及大都两个都城。而分布各地的寺庙塑像、石窟造像等亦展示了元代雕塑艺术的概貌。元代统治者重视手工业，雕塑作为其中重要的组成部分也得到了一定的发展。

明清两代，宗教观念进一步淡薄，雕塑艺术多趋于装饰化和工艺化。这些雕塑大多更强调实用性或玩赏性功能，体现出鲜明的特色，如明代陶俑（见图6-25）。但是，这些装饰性、玩赏性的作品往往不受陈规限制，面貌各异，这也可以算是明清时期雕塑艺术的一个亮点。其作品造型一般小巧玲珑、精致剔透、精雕细凿，缺乏大气之作和大型之作，艺术上逐渐转向个人化、内聚性的风格，如清代玉雕手镯（见图6-26）。此时期各种小型的案头陈设雕塑和工艺品装饰雕刻，有了显著的发展，出现了生机勃勃的景象，代表着这一历史时期雕塑艺术的新成就。

图 6-25　明代陶俑

图 6-26　清代玉雕手镯

8. 近现代时期

进入20世纪后，中国传统的宗教雕塑已处于衰落时期，民间小型雕塑虽很繁荣，但未能成为主流。辛亥革命及五四运动前后，许多青年赴英国、美国、日本等国学习雕塑。他们归国以后，成为中国近现代雕塑艺术的开拓者，促进了中国各种形式雕塑的发展。图6-27所示为这一时期的孙中山立像。

中华人民共和国建立后，中国的架上雕塑、大型纪念性雕塑、园林雕塑、城市环境雕塑、民间雕塑与大型泥塑群像等雕塑艺术都有了长足发展，标志着中国雕塑艺术又进入了一个全新的阶段。图6-28所示为西柏坡五大书记雕塑。

图 6-27　孙中山立像

图 6-28　西柏坡五大书记雕塑

6.1.2　西方雕塑发展历史

西方雕塑发展的历程大概可以分为史前时期、古典时期和现代时期三个时期。下面简要介绍。

1. 史前时期

新石器时代开始后，人类被迫放弃狩猎成为牧人、农民，各种手工艺术得到了充分发展。最早的雕塑是在人类为劳动和生活需要创造生产力极低的劳动工具——石器工具的同时创造的。其经历了漫长的演变，反映了史前人类文化逐渐丰富的过程，在这一时期没有明显的地域性分别，所以它标志着整个人类文明的最初探索，而不是仅仅代表某一民族。

比较著名的史前雕塑是距今 25000 年前的威伦道夫的维纳斯（见图 6-29）。它塑造的浑圆丰满的妇人形象，表达了原始人对丰产的象征性渴望。

2. 古典时期

（1）上古时期

西方雕塑的传统发源于古希腊和古罗马文化，但古希腊雕塑却又曾经被古埃及雕塑深深影响过。

随着社会生产力的发展与原始公社的瓦解，世界上先后出现了最早的奴隶制国家，古埃及就是其中之一。古埃及的雕塑艺术大约始于公元前 4000 年，建筑业的诞生，孕育了艺术装饰的萌芽。它长期保存了原始社会的残余，埃及的神话与宗教信仰支配了雕塑的形成和发展过程。

古埃及雕刻是为法老政权和少数奴隶主贵族服务的。由于受宗教思想意识支配，严格服从上层社会的审美观点和需要。古埃及雕刻除陵墓中一部分作品外，最有影响的还是陵前神庙的装饰雕刻及纪念性雕刻。金字塔就是最著名的雕塑。其中最高的是胡夫金字塔，金字塔前的巨大狮身人面像（见图 6-30）采用一整块巨大岩石雕成，是古代最庞大、最著名的雕刻。

古埃及雕塑的审美理想是追求永恒，而古希腊雕塑的审美理想是追求真实的美。古希腊雕刻的题材大部分取自神话或体育竞技。当时，一些开明的统治者除致力于内政武力外，还提倡发展美术和文艺，在公元前 6 世纪以后的几百年中，古希腊科学、文学、艺术的名家辈出，成就辉煌，雕塑艺术是这个时期灿烂的文化成果的一个重要方面。

爱琴海上有许多小岛屿，其中巴罗斯岛盛产大理石，为雕刻提供了最好的材料。古希腊雕刻就艺术风格的变化、发展而言，可分为古风时期、古典时期和希腊化时期。

古风时期是雕刻家的训练阶段。这个时期经过雕刻家的长期探索，为后来的雕刻家开辟了道路。图 6-31 所示为这个时期的典型代表作品《哀伤的雅典娜》。这一时期最著名的雕刻家是米隆，《掷铁饼者》是他的代表作品。

古典时期，希腊人的社会思想和宗教观念发生了很大的变化，雕刻艺术逐渐趋向强调人物性格情感的刻画，如泛雅典娜祭典浮雕（见图 6-32）。

图 6-29　威伦道夫
　　　　的维纳斯

图 6-30　狮身人面像

图 6-31　《哀伤的雅典娜》

图 6-32　泛雅典娜祭典浮雕

希腊化时期，雕刻家继承了传统的技法，赋予作品以新的生命力和新的特色，图 6-33 所示为希腊化时期的赫拉雕像。

古希腊的雕刻家们对人体有丰富的知识和高度的写实技巧。处理衣纹线条生动流畅而有变化，不仅表现出衣服的质感，而且通过衣服表现人体的优美。古希腊雕刻创造了崇高、典雅、完美的人物形象，如德尔斐阿波罗神庙中的人物雕像（见图 6-34）。

古罗马雕刻很大程度上是在继承了古希腊雕刻遗产的基础上发展起来的，且在肖像雕刻方面有独特的贡献，这与罗马人崇拜祖先遗容的传统风俗是分不开的。

由于僧侣风俗和祭祀礼节的流行，古罗马雕刻家较多刻画着衣人物形象。古罗马早期雕刻被少数奴隶主、贵族所垄断，当时的雕刻家们雕刻的不少罗马皇帝的形象，是把罗马皇帝当作英雄的统帅来表现的。如梵蒂冈博物馆收藏的一尊奥古斯都雕像（见图 6-35），表现了罗马皇帝手执权杖，正在向部下训话传令的瞬间动作。

图 6-33　希腊化时期的　　图 6-34　德尔斐阿波罗神庙中的人物雕像　　图 6-35　奥古斯都雕像
　　　　　赫拉雕像

这段时间的肖像雕塑以写实的风格见长。雕刻家们善于运用夸张、概括的艺术手法，细致地刻画人物，舍去烦琐的东西，加强运动感。除此之外，古罗马雕刻家还在罗马的建筑、广场、纪念柱等上面装饰了许多圆雕和浮雕。公元 3 世纪较有名的建筑为塞普提米乌斯·赛维路斯凯旋门（见图 6-36）和卡拉卡拉的公共浴室（见图 6-37）。

图 6-36　赛维路斯凯旋门

图 6-37　卡拉卡拉的公共浴室

古罗马雕塑是西方古代文明的重要组成部分，它对西方现实主义雕刻的发展作出了杰出的贡献。

（2）欧洲中世纪时期

历史上一般称欧洲的封建社会为"中世纪"，艺术史上把古罗马以后到文艺复兴前这段时间的西方艺术称为"中古世纪的艺术"，它延续了 1200 年左右。在中世纪的欧洲，基督教成为封建统治的有力支柱。因此，欧洲中世纪的雕塑主要为基督教服务。

中世纪盛期的文化艺术，经历了罗马式时期和哥特式时期。

教堂建筑成为当时的主要艺术载体，许多优秀雕刻家从事教堂建筑的装饰雕塑和内部陈列的圆雕工作。罗马式教堂以其坚厚、敦实的形体显示教会的威力，其典型代表有意大利的比萨大教堂（见图 6-38）、圣安布罗焦教堂，德国的沃姆斯大教堂、美因兹教堂等。哥特式教堂代表了中世纪建筑艺术的最高成就，如著名的巴黎圣母院（见图 6-39）等。

图 6-38　比萨大教堂

图 6-39　巴黎圣母院

（3）文艺复兴时期

14 世纪的法国雕塑中，哥特式艺术反映现实倾向增强，对人物姿态、表情、形体等方面开始夸张强调，为宗教服务的哥特式雕塑出现了新兴资产阶级艺术的萌芽。中世纪的雕塑有精华，有糟粕，许多作品中充满迷信、荒诞的宗教内容，但从艺术遗产的角度来看，当时的雕塑家们也创造了不少属于人民的、有积极因素的好作品，在世界美术史上占有相当重要的位置。

从 15 世纪后半叶开始一直到 16 世纪，文艺复兴文化在欧洲许多国家产生和形成。在欧洲的许多先进国家里，文化艺术达到了高度繁荣，文艺复兴掀起了欧洲文化艺术发展的一个高峰。文艺复兴文化是反对封建宗教的文化，提倡复兴希腊罗马古典文化，起领导作用的是正在形成中的资产阶级。

文艺复兴时期的雕刻，继承并发展了古希腊、古罗马雕刻艺术的传统，使雕刻艺术达到了高度繁荣，最先出现的雕刻大师是基培尔蒂，佛罗伦萨洗礼堂的两扇青铜大门上的装饰浮雕是他的代表作（见图6-40）。

而伟大的雕刻家米开朗琪罗的出现，则标志着文艺复兴时期的雕刻艺术发展到了最高峰。他以写实的手法，用准确的人体解剖学，塑造人物形象，使人的形态有很强的力度感，以雕刻的艺术语言塑造传神的形象和高度的技巧手法。图6-41所示为米开朗琪罗的雕塑作品《摩西像》。文艺复兴时期的雕刻艺术对后期的雕刻家产生了极大的影响。

图6-40　佛罗伦萨洗礼堂青铜门

图6-41　米开朗琪罗雕塑作品《摩西像》

（4）封建主义向资本主义过渡时期

1520年左右到16世纪末出现了风格主义，此后罗马出现了巴洛克风格的艺术，它通过绘画、建筑构成了一种潮流，推进了欧洲的文明。这时最重要的雕塑家是贝尼尼，他的作品在表达激情或宗教狂热时所使用的人体语言更加复杂，夸张的表情、起伏的形体和流畅的线条，使作为华丽的宫廷雕塑以其戏剧性的效果和纪念碑的气势，焕发出强烈的艺术魅力。图6-42所示为贝尼尼雕塑作品《阿波罗和达芙妮》。

在17世纪与巴洛克平行发展的还有法国的古典主义雕塑，它追求宏伟及平直的线条，与巴洛克以曲线为主的风格正好相反。18世纪，法国宫廷中最先出现了洛可可美术。它是从巴洛克背景中演变出来的，并脱离了巴洛克风格，洛可可风格的雕塑在气势上不像巴洛克时期的那样有力，它追求纤细柔弱的艺术效果。洛可可雕塑家的代表人物有法尔孔奈、克洛狄翁等，图6-43所示为法尔孔奈雕塑作品《吓唬人的爱神》。

图6-42　贝尼尼雕塑作品
《阿波罗和达芙妮》

图6-43　法尔孔奈雕塑作品
《吓唬人的爱神》

1790年至1840年新古典主义雕刻开始盛行，其中乌东在肖像雕塑方面有很深的造诣，代表作为《伏尔泰坐像》（见图6-44）。

之后又出现了浪漫主义、写实主义和法国现实主义运动，其中以现实主义雕塑家罗丹的成就最高。他的创作和艺术思想对于后世的雕塑有着深远的影响。他的代表作有《巴尔扎克》（见图 6-45）、《思想者》等。

图 6-44　乌东《伏尔泰坐像》

图 6-45　罗丹《巴尔扎克》

3. 现代时期

西方雕塑在进入 20 世纪后有了很大的变化，一方面自希腊、罗马的写实雕刻传统还在继续，另一方面，实验性艺术的兴起转而取代了学院派艺术，成为主流。

立体主义的产生掀开了雕塑史的现代部分新篇章。1909 年毕加索的作品《妇女头像》（见图 6-46）是一个重要标志，立体主义在雕塑语言内部建立了一种以几何形体的构成为基础的自身逻辑。它与传统的雕塑观念产生了决定性的断裂。

未来主义以强调动力论为原则，其代表作家是波丘尼，图 6-47 所示为波丘尼作品。俄国的构成主义以透明框架的形式去包围和界定空间，彻底背离了以体量为基础的传统雕塑概念。他们积极地运用新材料去探索构成主义雕塑关于空间、时间和运动的观念。

达达主义的杜尚把小便器作为艺术品展出，图 6-48 所示为杜尚雕塑作品《泉》，是对传统意义上的伦理、道德、美学提出的新的挑战。达达主义的美学思想广泛影响了以后的现代派艺术，超现实主义深受达达主义的影响。

图 6-46　毕加索《妇女头像》

图 6-47　波丘尼作品

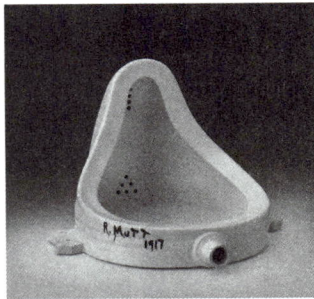

图 6-48　杜尚雕塑作品《泉》

20 世纪 50 年代后，新达达、集合艺术、废品雕刻、波普艺术、超写实主义艺术都有着受达达主义影响的血缘关系。

抽象构成雕塑和活动雕塑在"二战"后走向了室外，成为大尺度纪念性艺术。雕塑中对光因素的利用，在"二战"后与新科技能源观念进一步地结合了。身体艺术、行为艺术是受达达主义影响的另一种发展。

发展到今天，西方现代雕塑呈现出一片欣欣向荣的繁荣景象。

6.2　雕塑艺术与审美

雕塑是用物质材料在三维空间里创造立体的艺术形象，这个形象具有实在的物质性。观赏者不仅可用视觉感官去直接感受它，而且还可用触觉感官去感知它。由于雕塑的形象是立体的，观赏者可以从前后左右的不同方位去观赏、品鉴。雕塑多以动、植物为题材，但它的核心题材却是人物，必须集中全力去刻画人物本身，力求通过外在的形体美展示人物的内在精神美。

6.2.1　雕塑艺术的审美特征

1. 雕塑所具有的形式美是自然美与艺术美的综合

雕塑是三维空间的立体艺术。它所塑造的形象具有实际的高度、宽度和深度，是真正的静态艺术，具有艺术本身的形式美。雕塑之美是通过艺术形象的瞬间动作和表情引发观众的想象和联想的，因此雕塑是非常凝练的艺术语言，它通过静态的造型表达运动的一个片刻，以极其单纯的形象概括地反映生活。雕塑艺术的生命，在于通过空间的形象传达出某种寓意化的情感，赋予作品真实的生命的感觉，使人从冰冷的物质材料中感受到肌肤的温暖。要达到这种艺术效果，就需要雕塑艺术家对体积和体积的变化有高度的敏感性，要善于强调和利用体积的组合变化，通过体积内各部分的搭配、组合、协调，创造出作品的韵律感和节奏感，从而使没有生命的材料获得"生命"，成为灵气飞扬的艺术品。

雕塑艺术品具有恒久的生命力，因此选择材料非常讲究，而且雕塑的形式美首先表现在物质材料本身具有的天然形式美的因素上。这些属于物质材料原生态的朴素、天然、简单的形式美，是自然形态的形式美。将这种自然形式美与艺术美融合，就会增加作品的审美价值。雕塑使用的物质材料有不同的质感，大理石的细腻润滑，花岗岩的粗糙坚硬，木料的质朴和纹理趣味等，可以和一定的造型和情感表达恰当地结合起来。如罗丹塑造的《欧米哀尔》（见图6-49）就是用青铜作为材料的，增添了作品的沧桑、悲凉的意味。而塑造少女的《思》（见图6-50）及青年男女的《吻》（见图6-51）使用的是大理石材料，有一种纯洁、无邪的感觉。由于这些材料本身具有与作品意蕴相一致的审美特性，极大地提高了作品的感染力。

图 6-49　罗丹《欧米哀尔》　　图 6-50　罗丹《思》　　图 6-51　罗丹《吻》

2. 雕塑以静态表现运动的美

雕塑以象征化、寓意化的特征表达人对生命的敬畏和对世界的认识，并使雕塑形象具有崇高美。雕塑作为塑造静态空间形象的艺术，只能表现人物动作或事物情态的一个瞬间，而不可能自由、充分地叙述、交代、描绘人物的性格、命运或所处的环境及相互的关系，在再现环境和色彩表现上也有很大的局限性。这就使得雕塑艺术在取材上必须以单纯取胜，高度精练、浓缩生活的素材，从而使作品在有限的空间形象里蕴含丰富的内容，通过艺术形象的瞬间动作和表情引发观赏者的审美想象。

雕塑一方面具有稳定性、凝固性，与动态的时间艺术相比呈现出静态的特征；但另一方面，雕塑又具有想象性的特征，它以静为动，并在静中求动，使观赏者由眼前的静态形象，想象出它的过去和未来。可以说，雕塑提供了一个可供观赏者想象和创造的三维空间，以静态的造型表现出运动的姿态。因此，雕塑家罗丹认为雕塑要表现运动，就是要表现出"从一个姿态到另一个姿态的转变"。这样看来，雕塑永远表现的都是动态，即使是完全静止的雕塑也存在着一种内在的运动，一种不但在空间，也在时间上持续和伸展的状态。人们在欣赏过程中从雕塑一个瞬间的造型上想象静态向动态的转变，想象人物行为的连贯，持续的活动过程，从中感受雕塑表现出的活力和精神，雕塑用冷冰冰的物质材料塑造出能够让人产生情感的形象，说明雕塑具有极大的艺术魅力。它抓住动势转换的一瞬间来表现，实现了静态与动态的有机结合，因此，雕塑又被视为"凝固的舞蹈"。

许多优秀的雕塑作品就是因为成功地表现出运动感，而使人物形象栩栩如生，使作品获得了丰富的蕴含。黑格尔认为："雕塑形象的基本任务在于把还未发展的主体的特殊个性的那种精神实体灌注到一个人体形象里，使精神实体与人体形象协调一致，突出地表现出与精神相契合的身体形状中一般的常住不变的东西，排除偶然的变动不居的东西，而同时又使形象并不缺乏个性。"这说明雕塑艺术不仅要给人以形体的美感，但更重要的是形象必须具有个性特征，富有精神内涵，这样雕塑才真正具有艺术生命力。法国雕塑家罗丹即是以既重外在形式真实，又重精神和生命内蕴而在雕塑史上名声不朽的。他认为雕塑者除了用物质材料塑造出综合、概括的人物形象，更应着力于创造具有鲜明个性，能反映人物内心世界的微妙的情绪变化的艺术形象。罗丹闻名于世的雕塑作品《思想者》就是一个形体美与性格美完美结合的艺术形象。这是一个被痛苦和烦恼困扰着，苦苦思索并注视着人间痛苦的形象。他的每一块肌肉都处于紧张状态，似乎身体都在帮助着头脑苦苦思索。这个形象典型地表现了人物内在的思想情感，是人物外在形体与个性特征高度统一的杰作。

6.2.2　雕塑与美育

雕塑艺术的本质特征使它在审美教育中有着自己一些独特的功能，详述如下。

1. 培育"感受形式美的眼睛"

雕塑和绘画同属于造型艺术，欣赏雕塑艺术同样可提高人们对线条、色彩、形体、结构等形式美的感受能力，二者是完全一样的。

2. 用审美的眼光去欣赏人体艺术

人体是雕塑表现的重点对象。在人体雕塑中，裸体雕塑又占了很大比重。如米隆的《掷铁饼者》、米开朗琪罗的《胜利者》（见图 6-52）、普拉克西特列斯的《尼多斯的阿芙洛蒂忒》

（见图6-53）、意大利罗马的特雷维喷泉（见图6-54）、马约尔的《地中海》（见图6-55）等，都是美术史上著名的裸体雕塑。对于人体（尤其是裸体）艺术，我们应用"人"的眼光，用审美的眼光去观赏它，而不能用"非人"的眼光去亵渎它。人体艺术是人类创造的文化财富的一部分，因此，我们没有理由排斥裸体雕塑艺术，应该正确地去欣赏它，从中受到思想上的启迪和美的享受。

图6-52 《胜利者》　图6-53 普拉克西特列斯《尼多斯的阿芙洛蒂忒》　图6-54 意大利罗马的特雷维喷泉　图6-55 马约尔《地中海》

3. 培育高尚的审美情趣

如意大利文艺复兴时期的雕塑大师米开朗琪罗所创造的《哀悼基督》（见图6-56），表现了当时的"人文主义"精神和赞美了人的优美品质，是一件充满优美感和抒情味的作品。雕像取材于圣经故事：耶稣被钉死在十字架上，圣母玛利亚抱着死去的儿子无比悲痛。雕塑家塑造的是一个年轻、貌美、恬静、典雅的少妇，默默地俯视着躺在她双膝之上的死去的儿子，她在沉思、哀悼。耶稣裸体静静地躺在圣母的膝上。头颅、躯干、双臂，以至全身都很好地表现了死的形象。而潘鹤的《艰苦岁月》（见图6-57）、刘开渠的《支援前线》（见图6-58）、罗丹的《加莱义民》（见图6-59）等雕塑作品，都能起到培育高尚情感的作用。

图6-56 米开朗琪罗《哀悼基督》　图6-57 潘鹤《艰苦岁月》　图6-58 刘开渠《支援前线》　图6-59 罗丹《加莱义民》

4. 提高审美通感能力

由于雕塑具有形象与材料统一的特点，所以人们欣赏雕塑艺术时，不仅能用视觉器官去观赏它，还可用触觉器官去接触它，有些雕塑作品是用芳香材料制成的，观赏者还可用嗅觉器官去捕捉它。雕塑作品是立体的，观赏者从前后左右去观赏，由于光线、影调的变化，韵味、意境也就有所不同。另外，在雕塑艺术鉴赏实践中，多种感觉器官不仅各自发挥作用，而且还互相影响，即视觉感受增强触觉感受，触觉感受推动视觉感受等。多种感受互相沟通、强化和互相转移的结果，不仅使审美体验不断深入发展，而且还可让观赏者审美通感能力不断得到提高。

6.3　雕塑艺术作品鉴赏

在浩瀚的人类历史长河中，涌现出了无数的精美绝伦的雕塑艺术作品，它们以不同的风格、不同的特色辉耀着人类文明的天空，下面我们挑选出其中一些经典的作品加以赏析。

6.3.1　中国雕塑艺术作品赏析

在中国雕塑艺术的历史上，涌现出很多杰出的作品，下面挑选其中几件代表性的作品加以赏析。

1. 秦始皇陵兵马俑

秦始皇陵兵马俑（见图 6-60），亦简称秦兵马俑或秦俑，是第一批全国重点文物保护单位、第一批中国世界遗产，位于今陕西省西安市临潼区秦始皇陵以东 1.5 千米处的兵马俑坑内。先后有 200 多位外国元首和政府首脑参观访问，成为中国古代辉煌文明的一张金字名片，又被誉为世界十大古墓稀世珍宝之一。

图 6-60　秦始皇陵兵马俑

秦兵马俑场面宏大，威风凛凛，队列整齐，展现了秦军的编制、武器的装备和古代战争的阵法。秦兵马俑皆仿真人、真马制成。陶俑身高 1.75～1.95 米，多按秦军将士的形象塑造，体格魁伟，体态匀称。陶俑又按兵种的不同分为步兵俑、骑兵俑、车兵俑、弓弩手、将军俑等。步兵俑身着战袍，背挎弓箭；骑兵俑大多一手执缰绳，一手持弓箭，身着短甲、紧口裤，足蹬长筒马靴，准备随时上马拼杀；车兵俑有驭手和军士两种，驭手居中，驾驭着战车，军士分列战车两侧，保护驭手；弓弩手张弓搭箭，凝视前方，或在立姿，或在跪姿；将军俑神态自若，表现出临阵不惊的大将风度。陶马高 1.5 米，长 2 米，体形健硕，肌肉丰满，昂首伫立，鬃毛纷飞，表情机警敏捷，匹匹都像是奔驰在战场的骏马，武器有青铜剑、青铜矛和弩。这些都显示了秦始皇威震四海、统一六国的雄伟军容，表现了极高的造型艺术，是世界上独一无二的文化艺术宝库。

崇尚写实、手法严谨是秦始皇陵兵马俑的主要艺术特点。花样繁多的发髻、连缀甲片的皮筋、扣接革带的带钩、绑扎腿部的裹腿、系在脚背的靴带、穿纳鞋底的针脚、马身披挂的鞍鞯等，无不一丝不苟地刻画，处处体现着陶塑匠师们创作态度的严谨、观察生活的深邃和表现技巧的卓越。

性格鲜明、形象生动是秦俑的又一艺术特点。武士俑大致可分为军吏俑、着甲步兵俑、轻

图 6-61　蹲式弩弓俑

装步兵俑、立式弩弓俑、蹲式弩弓俑、骑兵俑、车士驭手俑等 7 类，皆分类模制成型，再经人工修饰而制成。每类之中，又有几种不同的头像模型。这种模制和手塑相结合的方法，既便于大批制作，又能避免多人一面之弊。作者通过对眉眼、鼻翼、胡须等细部形象的刻画，着重塑造将士们坚毅勇敢、沉着机智、威武刚健的性格；同时又通过不同的衣冠服饰，表现出不同的级别身份。在威武刚强的共性之中，还注意到不同个性的刻画，例如，1 号坑出土的一件按剑将军俑，具有运筹帷幄、指挥若定的神态；2 号坑出土的一件垂手将军俑，作肃立注视状，表现了治军有方、凛然不可侵犯的气势。再如 2 号坑出土的一件蹲式弩弓俑（见图 6-61），显得格外机智勇敢；1 号坑出土的不少着甲步兵俑，具有坚韧不拔的气质；一件蓄须的轻装步兵俑，显得格外风趣乐观。

2. 彩绘陶击鼓说唱俑

彩绘陶击鼓说唱俑（见图 6-62）于 1957 年四川省成都市天回山东汉墓葬出土，现藏于中国国家博物馆。其高 56 厘米，坐于圆形台座之上，左臂下挟一圆形扁鼓，右手执击鼓槌前伸欲击。

此俑身材矮胖，表情生动活泼，幽默风趣，雕塑线条简练，技法娴熟，是一件富有浓郁民间气息和地方风貌的优秀雕塑作品，有着很高的艺术价值和欣赏价值，为中国古代雕塑艺术之瑰宝。

3.《马超龙雀》青铜雕塑

《马超龙雀》（见图 6-63），别称马踏飞燕、铜奔马、马袭乌鸦、鹰掠马、马踏飞隼、凌云奔马等，为东汉青铜雕塑，1969年 10 月出土于甘肃省武威市雷台汉墓，现藏于甘肃省博物馆。

图 6-62　彩绘陶击鼓说唱俑

《马超龙雀》身高 34.5 厘米，身长 45 厘米，宽 13 厘米，重 7.15 千克。形象矫健俊美，别具风姿。马昂首嘶鸣，躯干壮实而四肢修长，腿蹄轻捷、三足腾空、飞驰向前，一足踏龙雀。

《马超龙雀》在创作上运用了高度写实的手法。中国在先秦时代，雕塑尤其是纯粹的雕塑作品不是艺术的大宗。青铜器雕塑主要以拟形器或局部装饰存在。在造型方法上，青铜器纹饰也是装饰性强，写实性差。在这一点上与古希腊、古罗马雕塑造型方法是截然不同的。但到了秦汉时代，雕塑不仅多起来，而且在艺术手法上走向了写实的高峰，不仅体量巨大，而且细致入微，如秦陵出土的兵马俑及铜车马就是这样的。汉代雕塑虽然不如秦代的高大与细致，但仍然保持了相当的写实性，相比秦代雕塑的静穆，更多了些运动感。马超龙雀便是如此，比例匀称，造型精准，虽然没有过多细节的刻画，却概括性地传达出其基本形体与动势。

《马超龙雀》是东汉青铜艺术的精品之作。但它不同于近现代艺术家的创作，而是一种程式化的创作模式，在形态上沿用了当时通行的奔马的造型，并且在马足下加上鸟形物以支撑稳定，这是一种创造。整体上看，《马超龙雀》是汉代人勇武豪迈的气概、昂扬向上的精神面貌的表现，反映了汉王朝的强大。

4. 昭陵六骏浮雕

昭陵是唐太宗李世民的陵墓，位于今陕西省礼泉县东北的九嵕山上。六骏是李世民统一天下、转战沙场时所骑的六匹战马。李世民即位后，为表彰他在创建唐王朝中的战功和追念在战争中出力的良骥，于贞观十年（636）诏令雕刻六骏石像，立于寝陵昭陵前，即九嵕山北坡祭殿两旁的庑廊中，由著名画家阎立本起草手稿，唐太宗亲撰赞语，由著名书法家欧阳询书写，图6-64所示为昭陵六骏浮雕。

图 6-63 《马超龙雀》青铜雕塑

图 6-64 昭陵六骏浮雕

六骏浮雕具有很高的艺术成就，简练明确的造型，圆熟、浑厚的手法，栩栩如生地突出了马的性格和六骏在战阵中的不同遭遇，同时表现了初唐写实性强的艺术风格。

5. 人民英雄纪念碑浮雕

人民英雄纪念碑位于天安门广场中心，是为纪念在建立中华人民共和国的过程中牺牲的人民英雄而建立的。人民英雄纪念碑由10块汉白玉的大浮雕，镶嵌在大碑座的四周。这些大浮雕高2米，合在一起共长40.68米。据地质学家化验证明，这些浮雕至少能耐800～1000年之久。每幅浮雕里有20个左右英雄人物，每个人物都和真人一样大小，他们的面貌、性格、表情和姿态都不相同。

以其中"五四爱国运动"浮雕为例（见图6-65），这是中国民主革命由旧民主主义革命转变为新民主主义革命的转折点。浮雕的画面显示出学生们齐集于天安门前举行爱国示威游行的情景。一群男女青年学生，举着"废除卖国密约"的旗帜，慷慨激昂地来到天安门前。梳着髻子、身着长裙的女学生，在向市民们散发传单。人群高处，一个男学生正在向围着

图 6-65 人民英雄纪念碑"五四爱国运动"浮雕

他的群众演说。激愤的青年演说者，怒形于色的人群，使整个浮雕充满了激动人心的气氛。

6. 《艰苦岁月》

在新中国雕塑史上，《艰苦岁月》是一件十分重要的作品。它以动人的形象，体现了最能在观者心灵中激起共鸣的主题。如今，《艰苦岁月》已成为各种中小学美术欣赏教材及百年美术必收录的作品之一。作品原件现存于中国革命军事博物馆。这一作品是潘鹤受中央军委总政

治部委托，为建军 30 周年美术展而做，当时的主旨是要表现第四野战军解放海南的情景。潘鹤舍弃了浅白地表现战争胜利场面的思路，他采访了曾任海南游击队司令员的冯白驹，决定从艰苦场面来表现。结果草稿因为"没有表现革命高潮和胜利"而被否决了。不服输的潘鹤坚持了自己的思路，最终形成了一个老战士和小战士的形象构思。在艰苦岁月里，老战士仍然吹奏起快乐的笛子，嘴角微溢着笑意，小战士托腮倾听，憧憬着未来美好的生活。一种积极乐观的精神深深地感染了观看的人。

潘鹤是我国当代著名雕塑家。在近半个世纪的艺术生涯中，他创作了许多优秀的雕塑作品，对于中国雕塑艺术的发展做出了重大贡献。

《艰苦岁月》遵循了现实主义的创作方法，以写实的手法塑造人物。对于现实主义的创作方法，俄国美学家车尔尼雪夫斯基认为：坚持真实地再现生活，真实地反映客观世界的现实本质和历史本质，并真实地表现艺术家主观世界的情感，《艰苦岁月》以大的起伏造成丰富动人的神态，真实再现了战争年代中的红军战士的形象，这些人物形象的塑造从一个侧面也体现了雕塑家内心对战士们的情感，对未来希望的向往。

《艰苦岁月》又具有浪漫主义特征，它是在现实生活的基础上，进行了理想化的加工、提炼，以特定的情节理想的描写，塑造了理想化的对象，战士们形象生动，充满了对未来希望的渴望，坚定了革命战争必胜的信心。战士们面对艰苦的生活，没有被困难压倒，而是苦中作乐，充满了幻想和对美好事物的回忆，作品极具诗意性。

《艰苦岁月》中两位红军战士的形象刻画，栩栩如生，老战士的面孔上那种由于饱经风霜和长期战斗生活，由于常常深思而显得特别深刻的皱纹，一双只有常年繁重的劳动才足以磨炼成那样粗大的手，穿着一身破旧的军装，虽然精瘦却显得十分有力的筋骨，显示出老革命者不平凡的生活，表现出一个老红军的性格美，少年那种信赖而亲密地倚在老战士的身边，仰首瞩望着远方的姿态，入神地倾听着，像是已进入一种美好的遐思的表情，都明确地刻画出一个年轻的革命战士对于美好未来的向往。从形式结构上看，雕塑家通过一老一少年龄的对比，沉着老练和天真幼稚，性格上的对比，一个吹笛情真意切、一个聆听凝思遐想，形成动态和情绪的对比，老少两人坐的位置，一高一低，在构图形式上形成了鲜明的对比，连笛子和步枪的摆放都巧妙地运用了对比手法。艺术家用富于流动感，质朴带有涩味的手法，塑造出艰苦环境下真切生动，富有性格特征的红军战士的光辉形象。《艰苦岁月》这件具有生活抒情诗般风格的艺术作品，鼓舞了人们学习前辈不畏艰苦的品质，陶冶了人们积极向上的高尚情操。

6.3.2　外国雕塑艺术作品赏析

外国雕塑至今已有几千年的历史，各个国家和地区、各个民族、各个时代的作品极其丰富、题材内容广泛、形式风格多种多样。

今天我们所要了解的外国古代雕塑艺术，包括自旧石器时代晚期至欧洲文艺复兴时期，在这段时期中出现了以古埃及雕塑、古希腊雕刻、古罗马雕刻、中世纪雕刻和文艺复兴时期雕刻为代表的外国著名雕刻艺术。这些亚非欧三大洲主要文明古国的优秀作品，一直是世界文化艺术遗产的瑰宝。

1. 狮身人面像《斯芬克斯》

著名的斯芬克斯（Sphinx）狮身人面像位于埃及的开罗市西侧的吉萨区，在哈夫拉金字塔的南面，距胡夫金字塔约 350 米。但现在我们赏析的是另外一尊著名的狮身人面像《斯芬克斯》（见图 6-66），不同的是，它由花岗岩制成，体积较小，与哈夫拉的狮身人面像年代相距约 700 年，是古埃及十二王朝的遗物。这尊雕像保存得较好，轮廓线条清晰明了，且相当精致，是不可多得的人类宝贵文化遗产。《斯芬克斯》的基本造型就是在狮子的身体上接一个人头，关于"斯芬克斯"，人们有种种猜测，有人说，它象征着法老的尊严与力量。从某种意义上说，"斯芬克斯"代表力量与智慧的组合，也是早期人类对以狮子为代表的自然力量的敬畏，更是对人类自身智慧的肯定与崇拜。

图 6-66　狮身人面像《斯芬克斯》

2. 法老王门考拉和王妃双人立像

埃及雕刻是为法老政权和少数奴隶主贵族服务的。由于受宗教思想意识支配，严格服从上层社会的审美观点和需要，美术家墨守成规，在圆雕中严格地遵守"正面规"，不论人物站着还是坐着，人体都处在静止中，而且面部表情总是庄严平静地对着观众。立像多数僵直站立，从头顶经胸腰直到脚跟都在一条垂直线上。直立的男人体，左脚向前，重心落在脚掌上。坐像总是促膝并足地坐着。

图 6-67 所示为古王国第四王朝时期法老王门考拉和王妃双人立像。国王夫妇并肩而立，都是左脚略向前迈出半步，但没有行进的动势，全身的重心仍落在两只脚上。在埃及雕刻中从未表现过把全身重心放在一条腿上，而另一条腿轻轻地离开地面的人物，这种站立姿势增强了安定稳固的感觉。国王两臂垂直，双手握拳，以表示力量的集中；王妃左手弯曲放在国王左胳膊上，右手臂搂抱着国王的腰，这是埃及夫妇像的标准格式。尽管立姿呆板，但人物的面部隐露微笑的表情还是生动的。雕刻家对男女躯体作了不同的对比处理，通过薄而紧身的长衣刻画出女性柔软起伏的曲线和优美的体形，而国王在埃及雕刻中则是永远年轻而理想化的躯体。

3. 埃及美后涅菲尔蒂像

埃及美后涅菲尔蒂像的写实技巧极高可达乱真之境（见图 6-68），人们很难相信这竟是出自 3500 年前奴隶艺术家之手。涅菲尔蒂是十八王朝法老王埃赫那顿之妻，史称阿赫那东是勇敢大胆的改革家，他竭力削弱宗教对王权的控制，扩大法老王的世俗权力，这种重世俗权利的改革，对艺术创作产生了很大的影响，使艺术减少了神性而充实了生活和生命的气息。正是从这个时期开始，埃及艺术才逐渐摆脱僵化程式，趋向生动活泼的现实主义，涅菲尔蒂雕像就是这个时期的杰出代表。

图 6-67　法老王门考拉和王妃双人立像

图 6-68　埃及美后涅菲尔蒂像

雕刻家观察细致入微，造型准确，既有完整的影像效果，又有丰富的细节刻画。从侧面看，头、颈、胸形成近乎完美的折角关系，说明当时的雕刻家已经比较深刻地理解了雕塑的空间问题。面部清秀、五官塑造得很玲珑轻巧，流露出优雅的气质。她的脖子被雕刻家夸张地拉长表现，形成优美的曲线。这件作品是古埃及雕刻中给我们留下的杰出范例，令世人所赞叹。

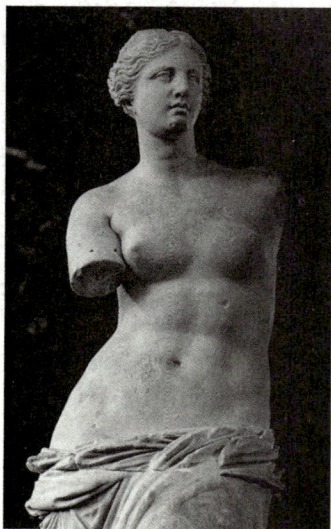

图 6-69 《米洛斯的维纳斯》

4.《米洛斯的维纳斯》

维纳斯（也叫阿芙罗狄德）是希腊神话中爱与美的女神，在罗马神话中称维纳斯，她掌管人类的爱情、婚姻、生育和一切动植物的繁殖、生长。由于这尊大理石雕像在希腊的爱琴海域米洛斯岛被发现，因此被人们称为《米洛斯的维纳斯》（见图 6-69）。然而我们所看到的并不是远离人间的神。

她那匀称、妩媚的腰肢，柔软细腻而富有弹性的肌肤体现着健美的青春活力，也体现着古代希腊的人本主义精神，可是她那椭圆的脸庞、直鼻、窄额和丰满的下巴，以及那含蓄、安详的面孔、微微扭转的动势，是既来源于希腊女性又超越希腊女性，既模仿自然又超越自然的理想古典美体现，难怪 19 世纪末法国著名的雕刻大师罗丹认为她是"奇迹中的奇迹""古典灵悟中的杰作，是理与情的结构，知与灵的合成"。虽然她的双臂已经残缺，但并不影响她的整体美感，人们无论从哪个方位欣赏，都能得到美的享受。

5.《掷铁饼者》

《掷铁饼者》（见图 6-70）是现存古希腊雕塑作品中流传最广的艺术杰作之一，它是希腊古典时期前期的雕塑开创者米隆创作于约公元前 450 年的一件作品，原作已佚，现传世的几件皆为古罗马时期的摹制品。它取材于古希腊的现实生活（古希腊有铁饼的记载，古代奥林匹克运动会以掷铁饼为五项全能运动的竞技项目之一），雕塑表现的是投掷铁饼运动的一个瞬间，掷铁饼的强烈动势与雕塑的稳定自然融合，体现了动与静的巧妙结合，形成强烈的艺术冲突之美。雕塑构造的奥妙在于雕像的重心落在右腿上，生动地表现出运动员在积蓄力量、瞬间爆发的最佳动态，成为雕像的一个轴心，使雕像看起来既可使身体自由屈伸、旋转，又保持了雕像的稳定，正因为表现出掷者的强健体魄和准确优美动势，从而成为奥林匹克竞赛的象征。该作品成为几千年来古典雕塑的一个重大飞跃。

图 6-70 《掷铁饼者》

6.《拉奥孔及其子群像》

《拉奥孔及其子群像》（见图 6-71）是古希腊时期的雕塑名作，伟大雕塑家列西普斯的作品。雕塑取材于希腊和特洛伊战争的神话传说：拉奥孔是特洛伊城的祭司，由雅典娜诸神庇护

图 6-71 列西普斯《拉奥孔及其子群像》

的希腊军与特洛伊人进行了十年的战争，但希腊人仍然攻不下特洛伊城，最后想出了一个木马计。祭司拉奥孔出来警告特洛伊人，不要把木马拉进城，以免中计。这触怒了雅典娜和众神，因为拉奥孔破坏了众神要毁灭特洛伊城的计划。于是雅典娜从海中调来两条巨蟒把拉奥孔和他两个儿子活活缠死。这是一个人与神冲突的悲剧。

群雕鲜明地表现了拉奥孔和他两个儿子受蟒蛇折磨、挣扎的痛苦情形。拉奥孔在祭坛的石阶前，正在做生死搏斗。他双手擒住巨蟒，蟒蛇缠绕着他，咬噬他的腰部，为此他的身躯急剧地躲闪而形成强烈的扭曲，全身肌肉紧张，胸部高拱，腹部紧缩，似在竭力抑制痛苦。他的两个儿子各有不同的表现，一个情况似乎不及另一个危险，他正想抽出左腿用力摆脱，侧过头来关切地注视着父亲；另一个已经站立不稳，正举起左手，似乎在呼救，他已被死亡的恐惧所控制。整座雕塑采取了金字塔形的处理。

7.《赫尔墨斯与小酒神》

公元前4世纪，希腊雕塑中歌颂英雄主义和崇高品德的形象逐渐减少，取而代之的是对人体曲线美的真实描绘。人们开始注意使用柔和细腻的表现方法，使希腊的艺术更加接近于现实生活，艺术家们的技巧也得到了很大的提高。这尊《赫尔墨斯与小酒神》（见图6-72）就是希腊古典后期著名雕塑家普拉克西特列斯最著名的代表作，更可贵的是现在的人们可以看到原作。由于现存的古希腊雕塑大多是罗马时期的复制品，所以这一尊原作更加显得异常珍贵。这尊雕像发现于奥林匹亚的赫拉神庙遗址中。

《赫尔墨斯与小酒神》是普拉克西特列斯的主要作品，他把赫尔墨斯与小酒神的关系表现得很亲密，洋溢着一种诙谐轻松的情调。人物的身体柔美，具有女性化倾向，整个人体修长，头、躯体、下肢形成三个自然的转折，使身体形成"S"形。普拉克西特列斯充分发挥了大理石的质地特点，努力追求人体肌肉的细腻变化和美妙含蓄的线条，用大理石表现柔和的皮肤。他强调的不是肌肉的力量，而是一种虚幻的光影，在赫尔墨斯的眼窝里似乎有一种梦幻的美。

婴儿模样的小酒神右手搂着赫尔墨斯的肩膀，伸出左手似乎想去抓住那串鲜亮诱人的葡萄，因为那残缺的手中好像举着一串葡萄在逗引小酒神。两个人物的交流和呼应充满了人间的亲情。立于一旁的树干和搭在树干上的披风，也刻画得精细逼真，带旋涡的布料褶皱形成复杂的光影。面容娟秀、体形柔美的神祇造型，高度抛光的雕像表面，体现了普拉克西特列斯妩媚柔和的艺术风格。这位神祇站在我们面前，姿势很随便，却无损他的尊严。我们能看到在柔软的皮肤下，肌肉和骨骼的隆起与活动，感受到一个活生生的人体的全部优美之处。

8.《雅典娜神像》

雅典娜是雅典城的守护神，也是代表智慧的女神。《雅典娜神像》由菲狄亚斯于公元前438年创作，该作品原本是帕特农神庙的主像，用银白色大理石雕成，局部镶嵌着象牙与黄金，可惜已在拜占庭帝国时代被毁坏。这里介绍的是大理石小型摹制品，现藏于雅典国立考古博物馆（见图6-73）。在这件女神雕像中，她头戴战盔，身着希腊式连衣长裙，护胸和甲胄上装饰有蛇形饰边和人头像；她裸露双臂，透过薄衣裙可隐见丰艳健美而有力量的身体；衣裙褶纹和饰物造成横竖线条的疏密变化美；她的手势动作可能是执长矛和托物，整个形象富有女性的温柔和充满生命力，体现得更多的是人性，缺少神性，这表明艺术已走向世俗化。

9.《萨莫德拉克的胜利女神》

《萨莫德拉克的胜利女神》又称胜利女神，是卢浮宫最著名最珍贵的两座古代雕塑之一。

这座高 3.28 米的雕像（见图 6-74）创作于公元前 3 世纪，是古希腊的著名雕刻。胜利女神像为公元前 306 年统治着小亚细亚的德米特里乌斯，在一次海战中打败统治着埃及的托勒密而建。1863 年从萨姆特拉斯岛的神庙废墟中发掘出来。被后人发现前，这尊雕像一直耸立在萨莫德拉克的悬崖上。

图 6-72　普拉克西特列斯《赫尔墨斯与小酒神》

图 6-73　《雅典娜神像》

图 6-74　《萨莫德拉克的胜利女神》

胜利女神像虽然已经头手残缺，但从保存完好的躯干中，仍能感悟到女神英勇、飘逸的气势。两只张开的翅膀和轻盈飞扬的衣裙，让人感到女神在空中腾飞，有着一种强烈的运动感。丰满躯体在薄衫下透露出力量和健康，表现了胜利和与之而来的喜悦，是已知雕像中表现热情奔放与动态的最完美的作品之一。

10.《抱鹅的小孩像》

《抱鹅的小孩像》是公元前 3 世纪著名的雕刻家波厄多斯的雕刻力作。原作用青铜制成，但留下来的只是大理石的复制品，现保存在德国慕尼黑的博物馆里（见图 6-75）。

图 6-75　波厄多斯《抱鹅的小孩像》

雕像描写的是一个天真活泼的小孩和一只白鹅玩耍的形象。顽皮的小孩紧搂白鹅，面带微笑，似胜利的将军扬扬得意；而被捉弄的白鹅则直蹬双腿，张嘴喘息，在小孩面前显得无可奈何。在这一作品中，雕刻家用轻松的幽默，成功地表现了小孩的生活情趣，出色地刻画了小孩的体态和动作，具有浓厚的生活气息。这一作品结构巧妙，形象逼真，在古代就享有盛誉，很受人们欢迎，使人们在天真活泼的儿童形象中，联想到蓓蕾初放的生命活力，堪称西方艺术史上的杰作。

11.《大卫》

《大卫》是 1501—1504 年间意大利雕塑家米开朗琪罗·博那罗蒂创作的大理石雕塑，高 3.96 米，连基座高 5.5 米，现收藏于意大利佛罗伦萨美术学院（见图 6-76）。该雕像展现了一个年轻有力的裸体男子形象，体态健美、神情坚定、肌肉饱满有生命力，似乎能够感觉到人物身体血管的跳动，更突出了大卫作为一名英雄的高大形象。

大卫是圣经中的少年英雄，曾经杀死侵略犹太人的非利士巨人哥利亚，保卫了祖国的城市和人民。

在这件作品中，大卫充满自信地站立着，英姿飒爽，左手拿石块，右手下垂，头向左侧转动着，面容英俊，炯炯有神的双眼凝视着远方，仿佛正在向地平线的远处搜索着敌人，随时准备投入一场新的战斗。

这尊雕像被认为是西方美术史上最值得夸耀的男性人体雕像之一。不仅如此，《大卫》是文艺复兴人文主义思想的具体体现，它对人体的赞美，表面上看是对古希腊艺术的"复兴"，实质上表示着人们已从黑暗的中世纪桎梏中解脱出来，充分认识到人在改造世界中的巨大力量。

米开朗琪罗这个名字在西方艺术史，乃至世界艺术史上，犹如一块高耸且不可逾越的丰碑。作为文艺复兴时期的巨匠和杰出的通才，他不仅仅是雕塑家米开朗琪罗，他还是画家、建筑师和诗人米开朗琪罗。他的成就如此不凡，以至于在他 37 岁时，世人就尊称他为神圣的米开朗琪罗。

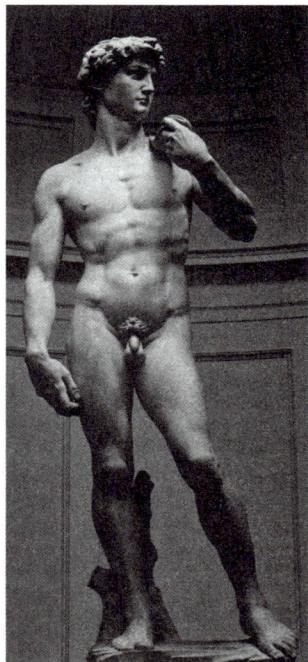
图 6-76　米开朗琪罗《大卫》

12.《马赛曲》

《马赛曲》是 1792 年奥国军队武装干涉法国革命时，马赛人民威武雄壮地开赴巴黎战斗时所唱的爱国歌曲。法兰西共和国建立以后，立即被决定用作法国国歌。弗朗索瓦·吕德借用这一曲名作为浮雕的题名，无疑是要在这座雄伟的凯旋门建筑物上宣传革命，宣传法兰西人民的爱国主义思想，让这一尊浮雕成为象征人民民主思想的纪念碑。

浮雕《马赛曲》（见图 6-77）分为两个部分：上半部是一位象征自由、正义、胜利的自由女神，她右手持剑，左手高举，在号召人民向她指引的方向冲去。她那张开的羽翼，飞舞飘动的衣裙，和召唤性的内在激情，表现出急速的运动和奔放的革命热情。两腿大步向前迈进，更加强了浮雕形象的前进感。下半部是一群志愿军战士，在女神的热情号召下蜂拥前进。其中心人物是一个有着大胡子的战士，他带领自己年轻的儿子一起参加战斗，少年依傍着父亲，走得坚定有力。和这个跃跃欲试的激动少年相对应的，是走在其后的沉着刚强的老人，他仿佛多次为自由而战，今天为了祖国又从容奔赴疆场。行列的最前面，号手正在吹响进军号，其余人物有持盾牌和宝剑的战士，有弯腰系结兵器的弓箭手，这些细节预示着战斗即将开始。这些人物组成一个整体，显示出一种剑拔弩张的声势。

图 6-77　浮雕《马赛曲》

13.《思想者》

19 世纪 50 年代前后，法国的现实主义运动诞生，该运动试图使艺术重新接近于日常生活，在现实中寻找灵感去达到艺术

图 6-78　罗丹《思想者》

理想。

现实主义雕塑家中以罗丹的成就为最高。在西方的雕塑史上他被视为继米开朗琪罗之后的又一巨匠，同时他还在雕塑史上充当着一个承前启后的角色，是他给辉煌的古典雕塑拉上了帷幕，是他叩响现代雕塑的大门。从罗丹开始，自古希腊流传下来的这种以尊重客观真实之美为基础的艺术形式达到顶峰，此后的西方艺术家转而追求的是作品所表达的心灵的真实，是透过坚硬的雕塑有一股生命力在向外膨胀。罗丹的创作和艺术思想对于后世的雕塑有着深远的影响。他的代表作有《思想者》（见图6-78）、《吻》和《巴尔扎克》等。

《思想者》的创作出自于《地狱之门》，那是为巴黎装饰艺术博物馆而做的大门。罗丹在设计《地狱之门》铜饰浮雕的总体构图时，花了很大的心血塑造了这一尊后来成为他个人艺术里程碑的圆雕《思想者》，它原本是要放在未完成的《地狱之门》的门顶上的，原来被一些浅浮雕围绕着，这些浮雕是根据但丁的《神曲》而创作的，后来独立出来，放大3倍。最初罗丹给这尊雕像命名为《诗人》，意在象征着但丁对于地狱中种种罪恶幽灵的思考。

思考与练习

练习一：思考与讨论

东西方在雕塑艺术上都有杰出的成就。请你查阅相关资料，思考并和同学一起讨论：中西方雕塑有哪些不同点？

图6-79　大足石刻《养鸡女》

图6-80　贝尼尼《圣德列萨祭坛》

练习二：认识与赏析

1. 重庆大足石刻是我国雕塑艺术发展史上重要的一个环节，请欣赏这幅《养鸡女》雕塑（见图6-79），谈一谈你所感受到的宋代雕塑的特点。

2. 雕塑家贝尼尼以几乎可以乱真的写实技巧被称为"巴洛克时期的米开朗琪罗"。请欣赏这幅《圣德列萨祭坛》雕塑作品（见图6-80），对其进行赏析，谈一谈你所感受到的巴洛克风格雕塑之美。

审美实践——雕塑自画像

自画像是绘画艺术重要的题材之一，古今中外的画家多有自画像传世。同时，自画像也是画家表现自己精神、意志最直接的绘画题材。下面，请同学们拿出橡皮泥或其他材料，以自己为蓝本创作一幅雕塑自画像吧。

一、活动名称

雕塑自画像。

二、活动主旨与意义

亲身进行艺术实践活动是提高艺术鉴赏力的重要途径，通过雕塑自画像的创作，同学们能够内化并运用审美的知识和技能，同时也能够展现自己的外形和精神风貌。

三、活动内容

同学们至多利用一节课的时间或一周的课余时间完成此次活动，活动内容如下。

1. 以自己为对象进行雕塑创作，对材料、风格、是否上色等都不进行限制，但作品必须能够在教室内展示。

2. 所有同学完成作品后，在教师的组织下统一进行展示，并且由各位同学依次讲解自己的作品。讲解的角度可以是构图、色彩、造型，也可以是创作历程、灵感来源、作品的精神内涵等。

第七章　气韵流动——书法之美

知识目标

- 了解书法艺术的具体形式。
- 熟悉经典书法艺术作品。

能力目标

- 建立书法审美情趣。
- 培养对各种风格书法作品的鉴赏能力。

素质目标

- 认识书法艺术之美。
- 培养审美意识和审美意趣，提高书法艺术修养。

情境导入

《寒食帖》

《寒食帖》（见图 7-1）系三大行书书法帖之一，是北宋文学家、书画家苏轼手迹。纸本，17 行，共 129 字，是苏轼行书的代表作。原属圆明园收藏，现藏于北京故宫博物院。

这是一首遣兴的诗作，是苏轼被贬黄州第三年的寒食节所发的人生之叹。诗写得苍凉多情，表达了苏轼此时惆怅孤独的心情。此诗的书法也正是在这种心情和境况下，有感而出的。通篇书法起伏跌宕，光彩照人，气势奔放，而无荒率之笔。《寒食帖》在书法史上影响很大，被称为"天下第三行书"，也是苏轼书法作品中的上乘。正如黄庭坚在此诗后所跋："此书兼颜鲁公，杨少师，李西台笔意，试使东坡复为之，未必及此。"

历代鉴赏家均对《寒食帖》推崇备至，称道这是一篇旷世神品。南宋初年，张浩的侄孙张演在诗稿后另纸题跋中说："老仙（指苏轼）文笔高妙，灿若霄汉、云霞之丽，山各（指黄庭坚）又发扬蹈厉之，可谓绝代之珍矣。"自此，《黄州寒食二首》诗稿被称为"帖"。明代大书画家董其昌则在帖后题曰："余生平见东坡先生真迹不下三十余卷，必以此为甲观。"清代将《寒食帖》收回内府，并列入《三希堂帖》。乾隆十三年（1748）四月初八日，乾隆帝亲自题跋于帖后："东坡书豪宕秀逸，为颜、杨后一人。此卷乃谪黄州日所书，后有山谷跋，倾倒至极，所谓无意于佳乃佳……"为彰往事，又特书"雪堂余韵"四字于卷首。

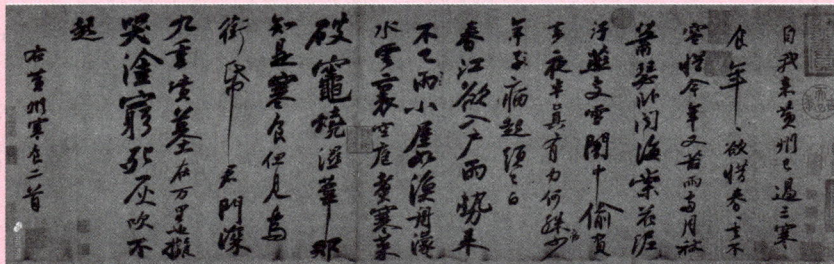

图 7-1　《寒食帖》

　　《寒食帖》是文学和书法创作中述志、述心、表情的典型，内容与书法相得益彰，由共同的思想情感贯穿，浑然一体，带给观者强烈的艺术震撼。今天，我们观此文，仍然能够体验到其中蕴含的苍凉惆怅，认识到苏轼悲苦的心境。

7.1　书法艺术的审美

　　如果说文学是组织文字的艺术，那么书法就是书写文字本身的艺术。书法是中华传统文化不可分割的一部分，在世界各国文字书写中，没有任何其他文字的书写，像汉字的书写一样，最终发展成为社会广泛接受的独特艺术形式。书法本身是"书写汉字"的本领，在周代即是知识分子必须掌握的"六艺"之一，对书写的重视促进了书法在文字表述的功能外，成为一种独立的艺术表达的方式，西汉扬雄"书，心画也"（《法言》）便是对书法个性化表达功能的强调。随着历代书法家的钻研，书法也进入了"道"的境界并沉淀为一种经久不衰的文化。"字虽有质，迹本无为，禀阴阳而动静，体万物以成形，达性通变，其常不主。故知书道元妙，必资于神遇，不可以力求也"（虞世南《笔髓论》）成为书法家们所力求达到的精神境界。

　　同时，书法是文人的精神追求和生活方式，先哲欧阳修曾说："自少所喜事多矣，中年以来渐以废去，或厌而不为，或好之未厌，力有不能而止者。其愈久益深，而尤不厌者，书也。"可见书法在其生活中的重要性。人们欣赏书法、研究书法，并通过书法评价创作者、认识创作者。清代刘熙载在《艺概·书概》中说："书者，如也。如其学，如其才，如其志，总之曰：如其人而已。"人们从《颜勤礼碑》中看到了颜真卿忠义奋进、顶天立地的伟岸形象；从《兰亭序》中了解到王羲之追求自由、表里澄澈的个性；从《黄州寒食诗帖》中认识了豪迈不羁、疏朗豁达的苏东坡。

　　《中国美学史》（李泽厚、刘纲纪）将书法称为"中国文化核心的核心"，书法代表了中华民族文化的精髓，根植在深厚的传统文化土壤中，有巨大的文化魅力和博大精深的文化内涵，已成为代表中华文明形象和精神的文化符号，反映了中国人独特的思维方式和审美理念。今天，我们依然欣赏书法、学习书法，通过书法从优秀传统文化中不断汲取营养，塑造我们的人格。

7.1.1　汉字与书法艺术

　　汉字与书法艺术密不可分，古代先民在未创造文字之前，往往在陶罐等日常器物上刻画图形符纹以记载所发生的事情。后来，这些图形符纹逐渐演变为文字。而这些图形符纹的刻画，除实用目的外，更有着对美的希冀，故而汉字书写才能成为具有独特结构与丰富内涵的艺术形式。

书法的发展可以说是和汉字的发展同步。先秦时期，我国的文字主要有殷商的甲骨文、西周的金文和春秋战国的石鼓文，这些文字虽然都是镌刻在硬质平面上的，并非通常语境下用笔纸书写的书法，但其为书法的发展奠定了基础。

甲骨文的形体结构已由独立体趋向合体，而且出现了大量的形声字，在形式上显示了非常鲜明的艺术特征，为后来书法的发展打下了坚实的基础。

金文既可以表现得古朴凝重，也可以表现得疏朗娟秀，不过无论哪种形式人们都能从金文文字上感受到一种庄严厚重的气息，这种气息是书法艺术中一种极为珍贵、古典雅致的韵味。后世书法艺术多追求"金石气息"，就是源于金文。

传说中，秦朝的蒙恬发明了毛笔，人们用柔软而富有弹性的毛笔书写出蕴含万千变化的汉字，书法这一艺术形式也就走上了历史的舞台。

7.1.2 书法美的特点

书法艺术包括笔法、结体和章法三要素，对应笔画、文字、篇章三个层次。出色的笔法能够写出极尽千姿的笔画（线条），良好的结体能够赋予文字变异百态的结构，严谨有度的章法则能使文章和谐统一，呈现出独特的艺术风格。

1. 线条美

书法是线的艺术，具有生命的活力和感染力。这种点画线条不是板滞的，而是灵动的。它脱离了具体的事物图景，却能表现宇宙的动力和生命的力量。中国书法线条依于笔，在乎道，通于神，达乎气。

书法的线条，在其象征功能方面直接是人的感情的外化，可使书家情感迹化而秉有宇宙精神和生命情思。书法作品通过线条的起伏流动通过线条的粗细、曲直、干湿等变化，通过轻重疾徐、光润滞涩、枯硬软柔的墨痕，传达出人的心灵的焦灼、畅达、甜美、苦涩等情感意绪。书法线条中流动着书者的缕缕情思和细腻丰盈的艺术感受，这种创造性的可视语言映衬出书家的精神意志和个性风貌。

书法的笔画并非一味追求力量，还强调节奏美，追求"一点一画，皆有三转；一波一拂，皆有三折"（姜夔《续书谱》）的艺术效果。良好的线条节奏能使笔画具备如同音乐般优美的旋律，具备"活力"，用笔的松紧、轻重、快慢，都会影响线条的节奏。反之亦然，不同的线条表达出书者的情绪或者思想，我们以图 7-1 所示的《寒食帖》为例，该帖题写《寒食诗》二首，第一首情感较为沉静悲凉，笔迹占全幅约三分之一；第二首悲愤慷慨，填满了余下空间。它以"自我来黄州，已过三寒食"开首，仿佛只是随意记下所思所想。"年年欲惜春，春去不容惜"，"年""春"重复出现，以点顿表示叠字，增强字体布局的节奏感。"年"字挺拔俊秀，被刻意拉长，凸显书者回味过去时光的沉吟之态，又表现了自贬谪以来多感时间之漫长。第二首诗笔墨的跃动感和重量感大大加强，首联"春江欲入户，雨势来不已"跃动腾飞，仿若春江水涨，雨势漫天。"破灶"以笔根书写，势大力沉，一路写到"衔纸"二字，以笔尖描出，如高音长调，哀转不绝。末句中的"死灰"二字，"死"如人委顿在地，"灰"如人奔走无路，体现出书者内心之沉痛。全帖书法的线条紧扣诗意，强化书者的感情，达到了诗与书的完美结合，奏响了美的共鸣。

2. 结构美

今天的汉字被称为"方块字"正是由于其结构。结构是将横竖撇捺点钩挑折按照一定的书写规律和体式构建的形体，我国古代书法家对书法结构进行了长期的探索，形成了诸如欧阳询的《三十六法》等成果。

既然是"方块字"，那么其结构首先就需要平整稳定，《书谱序》云："至如初学分布，但求平正；既知平正，务追险绝，既能险绝，复归平正"，可见"平正"是书法结构的基本要求。平正最主要的表现就是所谓"横平竖直"，横平竖直的"框架"显得稳定、端庄。同时，由于视觉的误差，人们往往会认为横的右端偏低，因此书法中横画右端常常会上扬5°～7°，以实现视觉上的美观。

除了平正，书法的结构还追求"因字取势，灵活变化""呼应连贯，气象飞动"，根据汉字本身笔画的不同和各笔画之间的关系，巧妙安排结构，以达到更高的艺术效果。王羲之善于写"之"字，在名作《兰亭集序》中，他写下了 20 个各不相同的"之"字，其结构都有差别，形成了不同的艺术效果，令人叹为观止（见图 7-2）。

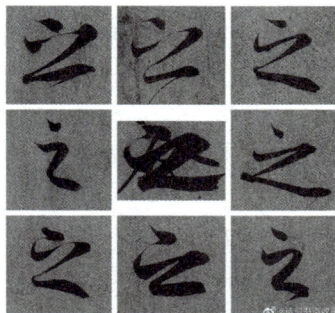

图 7-2 《兰亭集序》中的"之"字

3. 造型美

汉字的发展演变，经历了篆、隶、草、楷、行几个阶段，每个阶段，字形都有独特的美，如大篆的宇宙气象，小篆的装饰风格，隶书的蚕头燕尾，楷书的端庄肃穆，行书的灵活多变，结体上的穿插避让，形成了书法的结构美。

4. 笔法美

书法的基本特质取决于线条的质感，而线条的质感取决于特定的用笔方法，在长期的书法实践中，人们发现中锋运笔能产生较好的质感，不过中锋、侧锋的合理运用要根据书体和风格等具体情况来定。笔锋入纸的深浅变化，行笔中的笔锋转换，产生了书法线条的美感。书法的品位，取决于立意的高远和线条的艺术品质。学习书法需要不断地吸取前人的笔法技巧，丰富笔下线条的内涵，才能使作品达到较高的艺术品位。

5. 墨韵美

书法艺术通过灵动神奇的笔法，云烟蓊郁的墨韵，险夷奇正的间架，参差流美的章法，出神入化地创造出大气浑成的书法艺术美。在书法艺术中，笔法和墨法有机统一，相辅相成，相得益彰。书法在提按顿挫之时，那贯穿全篇的墨气、变幻无穷的墨色，那以情动笔，以毫留形的神奇发挥，是黑白世界中的生命节律和心性情怀。

6. 章法美

章法即书法作品中字与字、行与行、幅与幅之间连贯、呼应、照顾等关系和整体布局安排，明代董其昌在《画禅室随笔》中云："古人论书，以章法为一大事，盖所谓行间茂密是也。余见米痴小楷，作《西园雅集图记》，是纨扇，其直如弦，此必非有他道，乃平日留意章法耳。"聚笔画而成字，集众字而成篇，章法之美可谓是书法家所追求的最高境界。

一幅良好的书法作品，其字与字、行与行间需要首尾顾盼，既要相互避让，又要相成相就，即前面的字、行既要写出自己应有的体型和风貌，又要为后面的字、行提供照应，而后面的字、行必须顺应前面的字和行来书写，形成"唱和"，互相映衬，相互照应，而使字字自然活泼，行行生动。王羲之在《兰亭序》中写的"之"字各不相同，也是因为其前后文及所处的行不同，王羲之出于对章法的考虑而为之。

同时，书法作品还要如国画一般"留白"，有字的地方叫"黑"，无字的地方叫"白"；字中有笔墨处叫"黑"，无笔墨处叫"白"。《书筏》中云："精美出于挥毫，巧妙出于布白。"黑与白相对，虚与实相生，整个作品才能气韵生动，富于神韵。

7.1.3 书法的情感与意境

大凡为世人称道的书法作品，都是书法家心血和智慧的结晶，其中必然蕴含书法家的情感与思想。王羲之在欢畅的聚会中，乘着酒兴挥毫泼墨，写下了《兰亭序》；颜真卿怀着满腔哀痛和悲愤奋笔疾书，成就了《祭侄文稿》；黄庭坚观松风阁而触景生情，在感慨中手书《松风阁诗帖》……书法作品可谓字字笔笔总关情。创作者所投入的情感，赋予了书法作品以生命，使书法不止于"写一手好字"，还具有了更能打动人心的特质。今天，我们在观摩这些久远的墨迹时，仍能在一笔一画间感受到情绪的悸动。

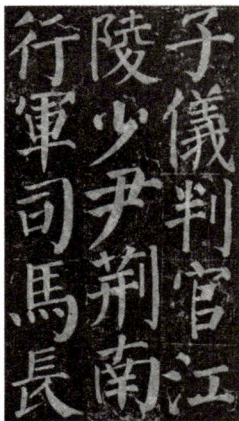

图7-3 《颜勤礼碑》

由情感而升华的，是书法的意境。意境，是书法线条、结构、章法与情感的共同体现，是书法之美的最终呈现。书法艺术以线条笔画为基本造型元素，通过运笔的轻重缓急和章法布局以达到变化灵动、风韵别致的艺术效果，加之其中寄托着的书法家的情感，给人以别样的视觉体验和精神触动，共同构成了书法艺术作品独特的意境之美。

《颜勤礼碑》（见图7-3）是颜真卿于71岁时为其曾祖父颜勤礼撰写的墓碑。此碑文是颜真卿晚年最为精熟老道的作品，堪称颜体楷书的巅峰之作。此碑在笔法上，从中锋运笔，逆入平出、藏头护尾、不露锋芒，笔力深沉遒劲，尤其突出表现了长撇、长捺、长竖等笔画，在结体上笔势开张，横细竖粗，内松外紧，显得宽润疏朗、雍容大度，由此构成了整幅作品宏伟端庄、高古苍劲、大气磅礴的意境。

7.2 书法作品鉴赏

数千年的发展和嬗变，使书法艺术具有了诸多表现形式。今天，我们往往将书法分为"篆、隶、草、楷、行"5种书体，这5种书体形态各异，各具风流，在历代书法家手中，挥洒成异彩纷呈的书法作品。

7.2.1 婉转圆通——篆书

篆书是最古老的书体。甲骨文、金文、石鼓文、小篆，是篆书的几种形态。

甲骨文是殷商时期刻在龟甲、兽骨上的文字。它被认为是中国最早的文字，已经具有了汉字结构"六书"中的象形、指事、会意、形声等规律，体现了中国书法的用笔、结体、章法三个基本要素，"行之疏密，字之结构，回环照应，井井有条"（郭沫若《殷契粹编 自序》）。其笔画尖锐锋利，结构遒劲疏朗，表现出精神爽快的意趣。

金文是殷周时期在各种青铜器上或铸或刻的铭文，又叫"钟鼎文""古金文"。金文书法大多圆润浑朴、遒劲凝重，大小长短不一、分间布白、奇逸多姿。《散氏盘》（见图7-4）、《毛公鼎》《虢季子白盘》等的铭文是其主要代表。《散氏盘》的铭文古朴生动，奇趣横生，结字富于变化，或疏放，或聚敛，字的重心忽左忽右，每一行都产生一种跳动感，字与字、行与行之间通过富有变化的下俯、上仰、左顾、右盼联结起来，行止裕如，气象超然。

石鼓文是战国时期秦国石刻，以其石形状似鼓而得名。它是我国最早的石刻文字，是"石刻之祖"。因其书体介于古文与秦代小篆之间，故称为"大篆"。石鼓文笔法浑厚，结构庄重，字大于金文，其篆法近似于小篆，工整匀称，线条圆劲，字距、行距开阔均衡，具有博大宏伟、精深高远的气象。

小篆是秦代对大篆简化改革而成的一种书法形态。它使篆书的笔画逐渐固定，形式大小一致，文字更线条化、符号化，增强了相对统一的规律性。李斯是小篆的奠基人。他作为秦丞相，不但做了文字的统一和简化工作，而且亲自书写了许多书法作品。由他手书的《泰山刻石》（见图7-5）等成为小篆书法的典范。李斯的小篆，变金文、大篆的繁杂交错为整齐划一，变迟重涩敛为流畅飞扬，变粗细不匀为粗细一致，更突出了篆书婉转圆通的特点，其风格简洁明快，整齐端庄而又生动有力，宏伟雄大。

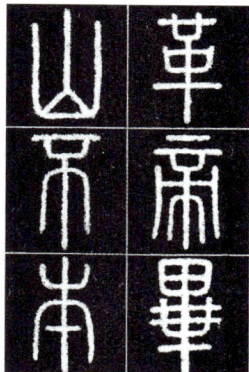

图 7-4　《散氏盘》　　图 7-5　《泰山刻石》

秦以后，篆书在唐代李阳冰、清代邓石如手中又大放异彩。李阳冰师承李斯的《泰山刻石》，将"铁线篆"发展到极致。其小篆线条圆润细长，结构谨严，均衡协调，具有既遒劲又超逸的艺术风貌。邓石如的篆书在李斯、李阳冰的基础上又参以汉碑额上的篆书用笔，并以隶书笔法为之，力求篆隶相映。其运笔具有起伏提按变化，八面得势，紧涩厚重，给人以雄浑遒劲的审美感受。

7.2.2　蚕头雁尾——隶书

隶书是由篆书简化、演变而来的。它源于战国，孕育于秦代，形成于西汉，盛行于东汉。

由篆到隶的变革，对中国书法艺术的发展起到了极大的推动作用。小篆虽然工整圆畅，但它的艺术表现主要反映在字形结构上，其笔画线条较为单调。隶书不仅结构新颖，而且在点画书写上具有了方圆、肥瘦、轻重的多样变化。它把大小篆的圆转变为方折，内裹变为外铺，长圆变为横方，藏锋圆笔变成了露锋方笔。这种从字形到用笔的变化，不仅使隶书本身具有了更丰富的艺术表现力，而且进一步促进了草、楷、行书的产生。

隶书在汉代兴盛发达，出现了《张迁碑》《曹全碑》《石门颂》等众多的碑刻书法。汉隶在古朴茂密的总体风格下又体现出多样的色彩。《张迁碑》（见图7-6）方正拙重，其用笔以方为主，出以铺毫，运笔劲折，笔势一拓直下，结体平直，字形凝正，如狮蹲虎踞，气象凛然。《曹全碑》秀逸典雅，笔画以圆为主，横多左重而右轻，舒展飘逸，竖钩多使转而不出方，结体扁平又有参差错落之致，布白均匀而疏朗。《石门颂》（见图7-7）则奇纵飞扬，素有"隶中草书"之称。此书法兼用篆意，运笔既遒劲沉着又开阔奔放，挥洒自如，毫无拘束，结字舒

图 7-6 《张迁碑》　　图 7-7 《石门颂》

展开张，章法纵横参差。古人认为其有"雄厚奔放之气""劲挺有姿""如野鹤闲鸥，飘飘欲仙"。隶书自汉以后，由于其实用价值的逐步消失，而未取得重要成就。到了清代，在"尚碑"风气影响下，邓石如、伊秉绶等人使之重放光芒。伊秉绶的书法在汉碑的基础上形成了博大开阔、老辣沉雄的艺术风格。其隶书字形方正，线条圆劲粗壮，藏头护尾，字势开张，布局直迫纸边，势欲冲破空间束缚，气象宽阔。其妙处又在于老辣中充满韵致，古拙中含蕴灵秀。

7.2.3　端庄谨严——楷书

楷书，又称"真书""正书"，是在汉隶基础上省改波磔、增加钩笔而成的。它产生于汉末，发展于六朝，完善于唐代。欧、颜、柳、赵为楷书典范。欧之险劲、颜之雄强、柳之劲挺、赵之秀逸，在楷书领域中各具风采。欧阳询的楷书（见图 7-8）锋锷森严，如"矛"似"戟"。其用笔骨气劲峭，转折利落，横平中稍向右上取势，结体精于穿插避就，平正之中寓以险峭之趣，字势倾斜跌宕，但不失稳固重心。"人不能到而我到之，其力险；人不敢放而我放之，其笔险。欧书凡险笔必力破余地，而又通体严重，安顿照应，不偏不支，故其险也，劲而稳。"（梁巘《评书帖》）

颜真卿的楷书（见图 7-9）以正取势，厚重开阔，雄强博大。它不像欧楷及二王、初唐诸家那样字势微侧、左紧右舒、左低右扬，而是字势庄正，各笔画不是向字中收敛，而是向外开张，借用篆隶笔法，线条粗壮圆劲，折角处提笔暗转，而无明显的提按折锋，竖画化直为曲，略带弧形的左右竖笔相向而立，圆劲挺拔。

柳公权的楷书（见图 7-10）吸取了欧楷的紧密与颜楷的纵势，形成了刚健劲挺的新风貌，并使楷书的法度达到更加谨严完备的程度。它与欧书同属劲健一路，但欧书劲健其势紧，柳书劲健其势松。柳与颜并称"颜筋柳骨"，颜以"含忍之力"见长，柳以"果敢之力"居胜，与颜的粗重腴硕不同，柳更强调瘦劲刚健的骨气。柳书结构严谨，中宫紧敛，四面撑开，字形瘦长，利落豪峻。

在唐代的欧、颜、柳之后，元代的赵孟頫卓然成为又一楷书大家。赵孟頫楷书（见图 7-11）笔画丰润，使转婉畅，结体匀称庄雅，借让巧妙，布白疏朗整齐，具有秀逸清俊的情趣，是楷书中阴柔之美的典范。

  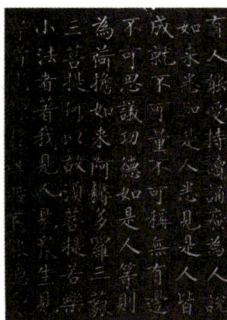 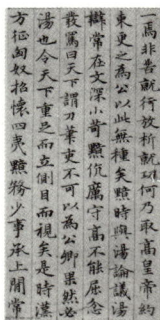

图 7-8　欧阳询楷书　　图 7-9　颜真卿楷书　　图 7-10　柳公权楷书　　图 7-11　赵孟頫楷书

7.2.4　笔走龙蛇——草书

草书是在篆、隶、楷书基础上逐渐形成的。它在汉代产生，历经魏晋南北朝到隋唐，逐步趋于成熟，出现了章草、今草、狂草等几种类型。章草从汉隶演化而来。它是由汉隶的草写法经过艺术加工而成的。它多以隶书的间架结构为基础，采取简捷率意的笔法，笔画有些连缀，但每字又不相连属，收笔还有雁尾似的上挑。

今草是在章草的基础上结合楷法发展而来的。它去掉了章草带有隶意的挑势、擦笔，使笔画间的萦带加强了，用楷书笔法以为使转，改章草的横势为纵势，尽省波磔，连点为画，笔势流畅，上下呼应，间作连绵。

狂草是草书中最奔放肆意的一种。它纵横驰骋，挥洒自如，大小无则，结构简省，笔势疾速，奔腾飞扬，诡奇多变，字与字贯穿一气，连绵不断。

从三种草书的发展演变来看，由西汉末、东汉初到东晋中叶间，是章草的鼎盛时期；从东晋中叶开始，经过王羲之、王献之等人的改制，今草自成一体，成为主流；在今草盛行了400年之后，唐代张旭以今草为基础，夸张了连绵回绕之势，创出新的草书体势，怀素继承和发展了张旭的草法，"颠张狂素"也成为中国草书艺术的杰出代表。

"张旭三杯草圣传，脱帽露顶王公前，挥毫落纸如云烟。"（杜甫《饮中八仙歌》）张旭的草书与李白的诗歌、裴旻的剑舞在唐代并称"三绝"。张旭的草书雄放奇伟，笔势纵逸，融篆书逆笔中锋之法于草书之中，使线条圆转洒脱而又刚健劲挺。字与字、行与行参差错落，顾盼照应，浑然一体。通观全篇，时而如暴风骤雨，时而如雨珠夹雪，给人以"神惊目移"之感。

《肚痛帖》（见图7-12）似是张旭肚痛时自诊的一纸医案，全文仅30字，曰："忽肚痛不可堪 / 不知是冷热所致 / 欲服大黄汤 / 冷热俱有益 / 如何为计 / 非临床。"当代书法家姚时进评论其："开头三字写得还比较规正，字字独立，随后的字就愈写愈快，愈写愈奇，大开大合，粗细悬殊，反差很大，疏密对比强烈，矛盾对立而统一，气势连绵，意象迭出。"可见其将草书的情境表现发挥到了极致。

图7-12　张旭《肚痛帖》

虽然一气呵成，尽癫尽奇，但《肚痛帖》一笔一画尽合唐法典范，可见张旭渊源有自，功力深厚。今天，通过这篇奇文，我们仍能感受到张旭在创作时强烈的神动与充沛的激情，其纵横豪放的情怀、张扬恣肆的宣泄、泰山压顶的气概、变幻莫测的态势，在奋笔疾书的狂草中横空出世，让观者惊心动魄。明王世贞跋："张长史册痛帖及千文数行，出鬼入神，惝恍不可测。"

怀素被公认为"草圣"，李白称赞其"草书天下称独步"。怀素的狂草在笔法上比张旭更为丰富，但又不违背传统法度，具有较强的可识性，因而对后世的影响超过张旭。其中，尤以《自叙帖》最能代表其艺术成就。

怀素的《自叙帖》（见图7-13）秀健飘逸，奇纵飞动。此帖笔硬墨枯，轻逸圆转，运笔疾速，筋力分明，通篇数百字一气呵成。笔画引带主次分明，轻重得当，单字结构尽量冲破严谨方整的框架，开合、正欹相间，字与字游丝连绵，大小参差，上下左右，起止映带。与张旭相

图 7-13　怀素《自叙帖》

比，怀素运笔轻落纸面，以枯笔为主，运笔速度更显迅速，在细轻飘劲的线条中更有一番超逸气象。

7.2.5　潇洒灵动——行书

行书始于东汉末年，是介于真、草之间的一种书体。它具有楷书的规矩和草书的流动，"非草非真，离方遁圆"（张怀瓘《书议》），"务从简易，相间流行"（张怀瓘《书断》），"真之捷而草之详"（刘熙载《艺概》）。由于行书介于楷草之间，伸缩性大，体态变化多，能借助于楷草的体势运笔布局，可以更自如地发挥书法的艺术表现力。

晋代和宋代是行书兴盛的两个时期，二王及苏、黄、米的书法是其典型代表。二王书法呈现出平和、自然、含蓄的审美境界，充分表现了魏晋潇洒俊逸的精神面貌。王羲之的《兰亭序》（见图 7-14）字势倚侧而不失重心，用笔轻重合度，富有变化，字距分布疏密得宜，错落有致，左右避让，映带生趣。如有重复之字，必使其有所变化而又通篇和谐，达到"违而不犯""和而不同"的艺术效果。《兰亭序》"字既尽美，尤善布置，所谓增一分太长，亏一分太短，鱼鬣鸟翅，花须蝶芒，油然粲然，各止其所。纵横曲折，无不如意，毫发之间，直无遗憾"（解缙《春雨杂述》）。其"章法，为古今第一，其字皆映带而生，或小或大，随手所如，皆入法则，所以为神品也"（董其昌《画禅室随笔》）。因此，《兰亭序》被誉为"天下第一行书"。

"安史之乱"中，颜氏一门被叛军杀害 30 余口。颜真卿在几年后终于寻访到了从侄颜季明的尸骨。在为侄子写祭文时，颜真卿悲愤交加，情不自禁，一气呵成，挥毫写就了被誉为"天下第二行书"的《祭侄文稿》。《祭侄文稿》（见图 7-15）共 23 行，234 个字，追叙了常山太守颜杲卿父子一门在安禄山叛乱时，挺身而出，坚决抵抗，以致"父陷子死，巢倾卵覆"、取义成仁之事，可谓字字泣血、句句摧肝，让人读之断肠。

在写作之时，颜真卿心情极度悲愤，情绪已难以平静，不顾笔墨之工拙，行文之章法，将心中的激愤尽皆付诸笔端，通篇波澜起伏，时而沉郁痛楚，声泪俱下；时而低回掩抑，痛彻心肝。

文学与书法两门艺术在宣纸上统一，极度的悲痛游走在文字构成的字句之间，又根植于文字本身的形体之上，以惊人的情感力度，震动着每位观者。

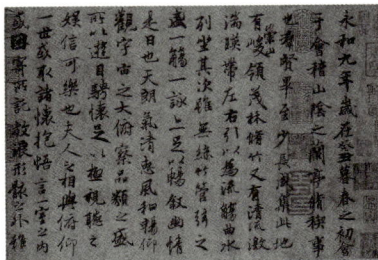

图 7-14　《兰亭序》

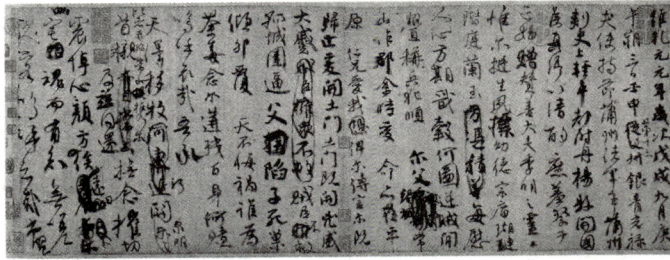

图 7-15　《祭侄文稿》

7.3　篆刻艺术审美

从书法中还衍生出一门独到的艺术，那就是篆刻。篆刻艺术是使用金属、象牙、犀角、玉、石等质材，于其上雕刻文字的艺术。印章本是标识身份的实用物，但宋元时，文人倡导自篆自刻且与书画结合，文人墨客常在字画作品上钤记落款，为使印章与作品相得益彰，并体现自己的格调，他们将书法和镌刻相结合，印章由此发展为灿烂的篆刻艺术。

7.3.1　意趣盎然的战国印章和秦汉印章

战国时期的印章（见图7-16）是中国最早的篆刻艺术品。当时的印章称作"鉨"（"玺"的古字）。战国玺的书体，采用的是当时流行各国的大篆，与钟鼎彝器上的铭文书体相近。制作的材料多为铜、银、玉、石等。朱文印多出于铸造，白文印有铸有凿；朱文宽边细文，白文则多有边框。印形或方或圆，富有变化。战国玺强调挪让、向背关系，参差错落，空灵奇拙，自然生动。

秦代，皇帝的印称作玺，其余的皆称"印"或"章"。秦印（见图7-17）采用的是通行的小篆。制印以凿为主，以白文居多。印式多为方形，采用"田"形框将印文平均分布于印内。还有一种低级官吏使用的印，为正方官印的一半，称为"半通印"。它采用"日"字形边框，将印文一分为二，或平均布局，或以字画来分配所占大小。秦印在战国玺的基础上变圆为方，方中寓圆，既古朴灵活，又匀称整齐。

篆刻艺术发展到汉代，形成了平正朴茂的基本风格。汉代的入印文字是"缪篆"，它"稍变小篆之形体，使之平直方正，变篆之形式，而不变篆之义法，近隶之结体，而不用隶之挑磔"（段玉裁语）。汉印（见图7-18）平正方直，不呆板，不单调，方中寓圆，粗中有细，增损适宜，疏密得当，表现出端庄质朴、自然浑穆的意境。"满白文"印，将笔画尽量放粗，各笔之间几乎并合，空间充实，气势磅礴。朱白相间印，充分运用视觉审美规律，经过合理布局，达到比例均衡、轻重得当的和谐效果。

图7-16　战国古印	图7-17　秦印	图7-18　汉印

7.3.2　千姿百态的奇特印章

在篆刻艺术中，不仅有一般的文字印，而且有鸟虫书印、肖形印、九叠篆印和花押印等，为篆刻艺苑增添了奇花异草。

鸟虫书印（见图7-19）产生于春秋战国时期，它是对富有装饰意味的篆字的进一步美化。在汉代，人们在姓名印中以鸟虫篆书体入印，加以合理安排，收到了特殊的艺术效果。它笔画屈曲，有的作鱼形或鸟虫头形，在一个字的形体中把握住整体关系，适当加以繁饰，使篆书的可塑性得到了极大的扩展，增强了审美效果。

肖形印（见图7-20）亦称象形印、图案印。有两类肖形印：一类是纯图案印，常见的有虎、犬、鱼、人物、车马等；另一类是在图形中附有文字，常见的是在图形旁加上姓。后人发展了第二类肖形印，在一个印面的四边刻上四种灵兽（青龙、白虎、玄武、朱雀），中间刻姓名，称作"四灵印"。肖形印以概括见长，以古朴取胜，妙在似与不似之间，强调艺术夸张，在具象与抽象的结合中突出了形式意味。它既有图案的规整，又不刻板齐一，显示出生动活泼的韵致。

九叠篆印（见图7-21）兴于唐宋。印文曲折回绕，布满印面。"名曰九叠篆者，以九为数之终，言其多也。叠数多寡之故，大抵因印文多寡而为增损，或因时代不同，而所铸各殊。"（沙孟海《印学概论》）九叠篆印利用线条的盘曲复叠，达到充实整齐的装饰效果。

花押印（见图7-22），也称署押印。所谓"押"，是将个人名字写成一种符号式图案，使他人不易模拟。花押印在宋元时期很盛行。花押印皆为朱文，形状不一，有的是单独一个花押名字，有的是长方形姓氏与花押合一印，上面刻一楷书姓氏，下面是一个花押。花押印是对肖形印和异形印的发展。在印章中使用这种"四不像"的花押图案，开阔了印章艺术的领域，给人以特殊的审美感受。

图 7-19　鸟虫书印　　　图 7-20　肖形印　　　图 7-21　九叠篆印　　　图 7-22　花押印

7.3.3　各显神通的篆刻名家

由于篆书逐渐被隶书、楷书取代等原因，魏晋至元代处于篆刻艺术的衰微时期。到明代，篆刻复兴，印章真正由实用过渡到审美。清代，篆刻艺术出现了繁荣局面。明清两代，出现了文彭、何震、丁敬、邓石如等篆刻大家，形成了皖派、浙派、邓派等艺术流派，百花齐放，争奇斗艳。

文彭（号三桥），是流派印章史的开山鼻祖，是明代以来第一个将石料作为印材广泛用于篆刻的印人。"三桥制作允儒流，步骤安详意趣遒。"（丁敬语）他通晓六书，对文字学有极深的研究。他与何震一起提出了以六书为准则的主张，师法秦汉，反对唐宋以来呆滞做作之弊，"力矫元人之失"。文彭的作品对后人影响很大，许多人师从文彭，形成了"吴门派"，图7-23所示为文彭印。

何震开创了"皖派"（或称"徽派"）。他从秦汉印中汲取了许多有益的东西，推陈出新，师古而不拘泥，"各体无所不备而各有所本，复能标韵于刀笔之外，称卓然矣"（李流芳语）。何震的篆刻有着鲜明的特点，他挥刀放纵，或冲或切，泼辣痛快，转折笔内线任其破碎，刀痕夹杂笔痕，具有苍劲的气势。他还创造了以单刀刻边款的方法，亦得生拙之趣，图7-24所示为何震印。

明代除"文何"外，还有苏宣、朱简、汪关、程邃等篆刻名家。苏宣与文、何鼎足而三，开创了"泗水派"。他"素精六书，残碑断碣无所不窥"（姚士慎语），其印章浑朴壮伟，雄放利落。他吸取了汉将军章欹斜的姿态和汉铸印并笔的手法，除运用切刀冲刀外，还参以削刀法，其以单刀镌刻奔放的草书也是一个创举，图7-25所示为苏宣印。朱简在追摹秦汉印的基础上创造出奇特的面目。他"以赵凡夫草篆为宗，别立门户，自成一家，一种豪迈过人之气不可磨灭"（秦爨公语）。朱简作篆如作草，刻字如写字，增强了点画间、字与字间的呼应关系。他首创一种短刀碎切之法，使线条具有粗细、光毛、轻重、参差的变化，图7-26所示为朱简印。汪关是明代追法汉印的开创者。他治印善用冲刀，刀法坚实挺利，其印章具有俊秀工整的风格，图7-27所示为汪关印。程邃是明末清初的篆刻家。他"离变文、何旧习"（周亮工语）。其白文仿汉印，浑穆方整，沉郁顿挫，朱文印以钟鼎古文人印，于常用的冲刀、切刀外，运用了涩刀，并在外框的处理上吸收了战国的特色，图7-28所示为程邃印。

图7-23　文彭印　　图7-24　何震印　　图7-25　苏宣印　　图7-26　朱简印

清代的丁敬是"浙派"的开创者。他注重对秦汉以来印章的长处兼收并蓄，不拘一格，形成既古朴又新奇的艺术风格。他一方面以生辣的刀法，一扫明人习气和时人雕饰娇媚之态，追求平正朴茂之境；另一方面又继承和发展了朱简的切刀法，于宋元印中开辟新路。在他的影响下，碎刀法成为浙派的突出艺术手段。这种刀法能在巧中存拙，增强金石味、古朴感。他在技法上的创新、发展，为文人流派篆刻史写下极为辉煌的一章，图7-29所示为丁敬印。

邓石如以其既刚健又婀娜的"圆劲"之气，使古代篆刻艺术发生新的变化。到汉代，文字形态变成方形，这是一个巨变。文人刻印一般以汉为宗，印文也多呈方形，到了邓石如，"取汉人碑额生动之笔，以变汉人用隶法之成例"，又把方转向圆。邓石如早期善用唐代李阳冰的篆体入印，后将石鼓文、汉碑篆额和多种汉篆的碑文书法融为一体，形成自己独特的"篆书风入，印从书出"，以雄厚的书法功力为基础，创造出超出前人的新的艺术境界，开创了"邓派"，图7-30所示为邓石如印。晚清篆刻家吴熙载、赵之谦、吴昌硕等人均受到他的影响。

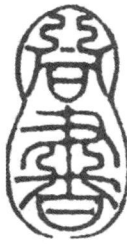

图7-27　汪关印　　图7-28　程邃印　　图7-29　丁敬印　　图7-30　邓石如印

如果说邓石如开创了一种新的印风，那么，吴熙载则促使这一印风趋于完善。吴熙载强调书写的"笔意"。他继承邓石如以小篆代替汉印文字的做法，将自己的篆书风格与印章风格统一起来。其白文印虽然没有跳出汉印的模式，但由于采取小篆文字，所以具有了灵活变化的意味，创造出圆美流转的境界，其篆刻线条舒展飘逸，造型婀娜多姿。在继承邓石如冲刀法的基础上，又参以切刀，因此既有邓的痛快流畅，又有许多微妙的变化。通过线条的粗细、尖圆的处理，增添了自然斑驳的意趣，图 7-31 所示为吴熙载印。

在注重笔意方面，赵之谦更是一个突出的代表。"古印有笔尤有墨，今人但有刀与石"，这是他的论印诗句。"有笔""有墨"，正是他追求的目标。他广泛搜集汉镜、钱币、秦诏版、铜器铭文及汉篆碑版等，以这些文字形式入印，并保持其笔意。《祀三公山碑》，头方脚伸，收笔尖；《天发神谶碑》，上方下尖；砖文，用方笔；钱币，用方字；汉镜，圆细流动；秦诏版，疏密自然。他不主张在故意斑驳中求金石味，而是在文字中增加之。其朱文印笔势舒展，生动活泼，继承和发展了吴熙载小篆朱文印的风格。白文印稳健雄浑，不尚工致，但求气韵，图 7-32 所示为赵之谦印。

在邓石如、吴熙载、赵之谦的启发下，吴昌硕继承和发展了"以书入印"的表现方法，在石鼓文的基础上，辅以金文、陶文、封泥、砖瓦文等，融会贯通，取精用宏，创造了苍莽雄浑，高古磅礴的艺术境界。他创造性地以纯刀立法治印，结合冲、切之法，在秀丽处显苍劲，流畅处见厚朴，图 7-33 所示为吴昌硕印。

在晚清印坛上，黄士陵也是一个开宗立派的大家。其篆刻平正中见流动，挺劲中寓秀雅，运刀爽利，不加雕饰。白文印取法汉铸印中光整之风，以薄刃表现方劲之意。黄士陵印线条挺利光妍，貌似板滞实孕生机。他的篆刻自成一派，世称"黟山派"，图 7-34 所示为黄士陵印。

图 7-31　吴熙载印　　　图 7-32　赵之谦印　　　图 7-33　吴昌硕印　　　图 7-34　黄士陵印

7.3.4　篆刻的艺术特点

欣赏印章可从两个方面入手，一为印的艺术美，二为印的材质美，以前者为主。通常，印艺之美则可分成四个部分：印文、印款、印谱及印饰。鉴赏印章文字，先要把握其艺术表现手法，如书法、章法、刀法，再体会印文内容中蕴含的情趣、意味，综合起来细细品鉴、慢慢欣赏。

1. 书法

历来有成就的印艺家对书法都十分重视，"无一讹笔"是保证印文具备鉴赏价值的重要前提。书法是写字的艺术，如果连字都不能被识读，还有什么艺术鉴赏可言，但是印文多用篆书写就，识别起来有一定难度。因此，对于鉴赏者来说，"识篆"就成了首要任务。

2. 章法

印文章法就是字与字、行与行之间的位置安排和整体布局的方法。符合情理的章法能给人以高度的艺术享受，不讲究章法的作品不能称作艺术品。章法的基本要求是平衡、老实、大方、端正，汉印章法大多根基于此，进一步则要求自然生动、别有情趣，这样才值得玩味。图 7-35 所示为黄士陵印（六朝管花斋）。

3. 刀法

古人凿铜刻玉，力艰功深，其过程较为复杂。佳石极易受力，一如良纸之受笔墨，铁笔所行之处，石屑纷披，呈现出天然崩裂的效果，留下的线条痕迹具有古拙苍劲的金石气息。刀法大致可分为两种：冲刀和切刀。冲刀行进爽快，一泻千里，很像书法中一拓直下的笔法，能表现出雄健淋漓的气势；切刀则行进较慢，用短程碎刀连续切成，一步一个脚印，犹如书法中的涩笔，能表现出遒劲凝练、厚实稳健的气象。有时两种刀法结合起来使用，效果更佳，图 7-36 所示为何震印（披云卧石）。

4. 情味

情味即情趣和意味，我们知道，历代许多文学家、诗人、书画家都对印章情有独钟，他们常常取用一些典故成语、诗词佳句或者俚俗语言作为闲章内容，往往能出奇制胜，富有情趣和意味。当我们欣赏这类印章时，也会觉得分外有趣，图 7-37 所示为吴昌硕印（弃官先彭泽令五十日）。

5. 边款

边款（见图 7-38），就是铭刻在印章面或周面的姓名、年月等文字记录。按照钟鼎等铭文的称法，"款是阴字凹入者，识是阳字挺出者"，但是在印章领域，不论阴阳，通常统称为边款或款识，很少有把印章阳文款识称为"边识"的。

上古印章极少署款，文彭以双刀行书款开了风气，此后的印家各显身手，使印章边款迅速上升为印章艺术的重要组成部分，起到了像绘画题跋一样的作用。款识的刻制也同样显示出印家们精彩的刀法和高超美妙的书法境界，值得我们细加品鉴和赏析。

图 7-35　黄士陵印（六朝管花斋）　　图 7-36　何震印（披云卧石）　　图 7-37　吴昌硕印（弃官先彭泽令五十日）　　图 7-38　边款

印章款识除了可作书法碑帖艺术品来鉴赏，有些款识还具有很高的文学性。它或记事、或抒情，或谈艺、或品味，读之令人神往，发思古之幽情。所谓"方寸之间，气象万千"，不仅指印文，也指款识，两者都具有金铸玉琢的微妙感觉，同样引人入胜，唤起我们不尽的联想，带给我们无穷的意味。

思考与练习

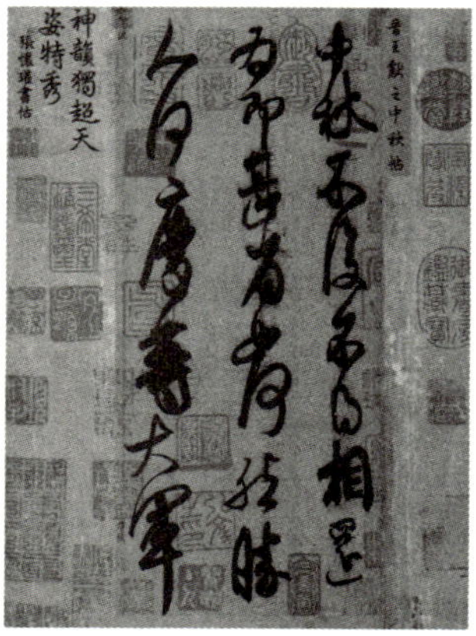

图 7-39 《中秋帖》

练习一：思考与讨论

唐代书法家孙过庭在《书谱》中提出书法之美体现在五个方面："神怡务闲，一合也；感惠徇知，二合也；时和气润，三合也；纸墨相发，四合也；偶然欲书，五合也。"你如何理解这五个方面的内容？请思考并和同学一起讨论。

练习二：认识与赏析

《中秋帖》（见图 7-39）（又名《十二月帖》）据传为王献之的草书作品，宋代书法大家米芾赞曰："大令《十二月帖》，运笔如火箸画灰，连属无端末，如不经意，所谓一笔书，天下子敬第一帖也。"对其进行赏析，谈一谈你所感受到的书法之美。

审美实践——春联写作

贴春联是中华民族过年的重要习俗，春联也是书法家们挥毫泼墨的重要舞台。写作春联，既是书法创作，也是践行传统文化。下面请同学们在教师的统一组织下，进行春联写作。

一、活动名称

春联写作。

二、活动主旨与意义

通过亲身创作春联，在实践中领会书法的笔法、结体和章法，进而领略书法的意境，提高自己的审美素养，并将书法与中华传统文化相融合，提升自身的文化素养。

三、活动内容

同学们在教师的组织下，利用一节课完成此次活动，活动内容如下。

1. 集体购买墨汁（或者墨条和砚台）、对联红纸、毛笔等所需材料。

2. 进行春联创作，书体不限，字数不限。春联包括上联、下联、横批，其内容可以通过网络搜集，也可以自拟，但应该符合大众对于春联的一般要求。

3. 创作完成，待墨迹自然干后，将大家创作的春联全部悬挂起来进行展览，并开展点评。

第八章　余音绕梁——音乐之美

知识目标

- 了解音乐艺术的形式要素与基本类型。
- 熟悉各个类型的音乐作品。

能力目标

- 建立音乐审美情趣。
- 培养对各种风格音乐的鉴赏能力。

素质目标

- 培养自身情操，提升对音乐及音乐文化的审美能力。
- 培养审美意识和审美意趣，提高艺术修养。

情境导入

中西音乐元素珠联璧合——《梁祝》

小提琴协奏曲《梁祝》被公认为是"我们自己的交响音乐"，我国著名音乐评论家李凌认为，它"给交响乐的民族化开辟了一片新的田野"，"为西洋音乐民族化打出了一条具有典范性的道路"。在国外，它也获得极高的声誉，被认为是一部"迷人、新奇、具有独创性的作品""是最美妙的旋律""真正的伟大的艺术"。

《梁祝》的成功在于中外艺术的巧妙结合，作者创造性地用小提琴协奏曲的音乐形象来表现富有戏剧性的民间故事，并用人民群众所熟悉的特定音乐语言和表现手法，使音乐形象更鲜明动人。

在音乐形象的塑造上，作者吸取了越剧中的曲调，根据协奏曲的形式特点，对原剧内容和曲调进行综合提炼加以发展和创造。结构上根据标题内容的需要，运用了西洋协奏曲中的奏鸣曲式，很好地表现了戏剧性的矛盾冲突。

在艺术处理上，为了充分发挥交响效果，使之具有民族特色，又吸收了戏曲中歌唱的表现手法。

小提琴吸取了民族乐器的演奏方法、和声、配器，整个处理上运用了戏曲的表现手法，正是中外艺术的巧妙结合，使《梁祝》虽运用外来的"奏鸣曲式"，但群众完全能够接受，尽管是西洋管弦乐队演奏的交响音乐，但老百姓却完全可以欣赏、理解，使这部协奏曲既通俗易懂，又具有很强的艺术性。

《梁祝》的成功，不唯它的题材、内容家喻户晓，更在于它的音乐有着扣人心弦的力量，把每个情节画面都表现得淋漓尽致，在民族化群众化方面，做了大胆的创新与成功的尝试，加上巧妙的中外艺术结合，使得它至今仍焕发着蓬勃的生命力。

8.1 音乐艺术

音乐是以声音为媒介的听觉艺术，以长短、高低、强弱、音色不同的声音为基础，能表达一定的感情。

8.1.1 音乐与音乐语言

音乐是善于表现和激发感情的艺术，是人间的精灵。雄壮肃穆的音乐让人沉稳如山，热情奔放的音乐让人心潮澎湃，活泼轻盈的音乐让人翩翩起舞，舒缓悠扬的音乐让人欢欣缠绵，如泣如诉的音乐让人悲伤凄凉。当我们听到《黄河大合唱》的时候，情绪就会瞬间被点燃，变得激情沸腾；当我们听到《二泉映月》那哀伤低沉的旋律时，就会顿生辛酸之感；当我们听到《梁祝》小提琴协奏曲时，那份忧伤瑰丽，让人情不自禁产生一种对纯真爱情的向往；一首气壮山河、慷慨激昂、荡气回肠的《国际歌》，把全世界劳苦大众紧密团结在一起；一曲萨克斯吹奏的《回家》撩拨多少游子的心，那低回、清亮、深沉的旋律，让人不由自主想起温暖的家；贝多芬的《命运交响曲》刚劲沉重、惊心动魄，仿佛是命运敲门的声音。音乐门派繁多、风格多样，千百年来，无论是讲究琴瑟和鸣、高山流水的中国音乐，还是讲究平衡含蓄、高雅恢宏的西方音乐，都以其深刻的哲理和妙不可言的旋律，给人以力量，给人以欢乐，给人以陶冶、滋润、净化着我们的灵魂，潜移默化地影响着我们的情操、意志和品格。

音乐家在创作音乐时，也有一套表情达意的"语言"，如同文学家遣词造句一般，音乐家精心设置每个音的高低、长短、强弱及音色，而这些基本的音乐要素相互结合，形成音乐语言的各种"形式要素"，包括最基础的节奏、旋律、和声，以及曲式、力度、速度、调式、复调等。

节奏是指音乐中音的长短和强弱，常被比喻为音乐的骨架。在节奏中体现着音乐的轻、重、缓、急。通常而言，宽长的节奏可以表现庄重、辽阔、力量、崇高或歌颂、赞美等情绪；短促的节奏则往往与欢快、活泼、紧张等情绪相连。强弱相间的节奏按照一定的顺序循环重复，就形成了相对固定的节拍。节拍有多种不同的组合方式，叫作"拍子"，节奏通常是按一定的拍子（如4拍、8拍）进行的。

旋律亦称曲调，是指若干乐音经过艺术构思而形成的有组织、有节奏的序列。作为音乐家塑造音乐形象最主要的手段，旋律被认为是音乐的灵魂，具有音乐作品中最吸引人的表现作用。人们对音乐的记忆以旋律最为深刻，音乐作品的可听性往往也主要表现在成功的旋律上。

若干旋律同时结合便形成了"复调"，复调可以丰富音乐形象，加强音乐发展的气势和声部的独立性，产生前呼后应、此起彼落的效果。

和声是两个或两个以上不同的音按一定的法则同时发声而构成的音响组合。和声的基本素材是"和弦"，是由3个或3个以上不同的音，根据三度叠置或其他方法同时结合构成的。各种和弦的先后连接则被称为"和声进行"。和声是塑造音乐形象的重要因素，衬托着旋律，使音乐形象更为丰满、立体。同时，在统一的和声基础上，乐曲的各声部相互组合成为协调的整体。

此外，还有曲式、速度（音乐的快慢)、力度（声音的强弱）等，各种形式要素相互配合，形成了丰富多彩的音乐语言，造就了音乐艺术千变万化的表现力。

8.1.2　器乐与乐器

按照人声在音乐中的地位，音乐可以分为器乐与声乐。完全由乐器演奏而不用人声或者人声处于附属地位的音乐即为器乐。器乐的艺术效果依赖于乐器的演奏及其配合。乐器是可以用各种方法奏出音色音律的器物，按照发声的原理可分为体鸣乐器、膜鸣乐器、气鸣乐器、弦鸣乐器、电鸣乐器等，丰富的乐器使器乐在没有人声参与的情况下也能够完成复杂的表达任务。

1. 体鸣乐器

体鸣乐器以一定形状的发声物质为声源体，受到外部力量激发而发声，无其他媒介振动体。典型的体鸣乐器包括钟、锣、磬、钹、快板、响板、木鱼、木琴等。

体鸣乐器被认为是最古老的乐器种类，1978 年，在湖北随县擂鼓墩曾侯乙墓出土了一套大型青铜编钟（见图 8-1）。全套编钟共 65 件，每件钟均能奏出呈 3 度音阶的双音，全套钟 12 个半音齐备，可以旋宫转调。音列是现今通行的 C 大调，能演奏五声、六声或七声音阶乐曲。音域宽广、音调准确、音色优美，令人们惊叹地认识到，早在 2000 多年前，就已经出现了相当成熟且优秀的体鸣乐器。

2. 膜鸣乐器

凡由紧绷的膜振动发音的乐器都属膜鸣乐器，其典型代表就是各种鼓。鼓的历史悠久，中国历史上有关鼓的传说和文献很丰富，如《礼记·明堂位》记载："土鼓、蒉桴、苇龠，伊耆氏之乐也。"出土的实物鼓文物也可以上溯至商代。

现代的架子鼓（见图 8-2），融合了多种体鸣乐器和膜鸣乐器，其组合通常包括一个脚踏的低音大鼓（底鼓）、一个军鼓、两个或两个以上嗵鼓，再加上一个或两个吊镲、一个节奏镲和一个带踏板的踩镲。架子鼓演奏者分别用手和脚控制这些乐器发出声音，一个人独奏便能够演奏出复杂丰富的乐声。

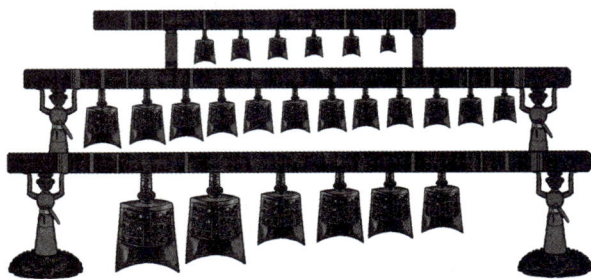

图 8-1　曾侯乙编钟（部分）

图 8-2　架子鼓

3. 气鸣乐器

气鸣乐器又称吹奏乐器，是利用气流振动管体而发声的乐器的统称，分为吹孔气鸣乐器、哨嘴类气鸣乐器、簧管类气鸣乐器、唇振动类气鸣乐器等几类。根据材料和音色，在西方管弦乐队中，吹孔气鸣乐器、簧管类气鸣乐器被统称为"木管组"，而唇振动类气鸣乐器被称为

"铜管组"。

气鸣乐器包含的乐器众多，吹孔气鸣乐器主要有长笛、短笛、洞箫、笛、箫、埙等；哨嘴类气鸣乐器包括哨子、竖笛、哨埙等；簧管类气鸣乐器包括单簧管、萨克斯、双簧管、唢呐、风琴等；唇振动类气鸣乐器包括小号、长号、大号、圆号、螺号等。此外，还有一些特殊的种类，如"风哨器"（牛吼镖、空竹、响陀螺等）等。在管弦乐中，气鸣乐器主要作为和声支持声部出现。

图 8-3　萨克斯

比利时人阿道夫·萨克斯将低音单簧管的吹嘴和奥菲克莱德号的管身结合在一起并加以改进，制作出萨克斯（见图 8-3）。萨克斯音色异常丰富，同时兼具木气鸣乐器和铜气鸣乐器的特点，强吹奏时类似铜管，弱吹奏时类似木管。法国作曲家柏辽兹曾经写道："萨克斯的主要特点是音色美妙变化，深沉而平静，富有感情，轻柔而忧伤，好像回声中的回声，在寂静无声的时刻，没有任何别的乐器能发出这种奇妙的声响。"

4. 弦鸣乐器

柔美、动听是所有弦鸣乐器的共同标志，无论是古典音乐还是现代音乐，也无论是东方音乐还是西方音乐，几乎所有的抒情旋律都由弦乐声部来演奏。弦鸣乐器是依靠机械力量使张紧的弦振动发音的乐器，从其发音方式来说，弦乐器可以分为拨弦乐器（古琴、琵琶、阮、柳琴、箜篌、三弦、吉他等）、拉弦乐器（二胡、提琴等）、击弦乐器（钢琴、扬琴等）。

在我国传统乐器中，琵琶负有盛名，其音域广阔、音色多变、表现力丰富。"大弦嘈嘈如急雨，小弦切切如私语。嘈嘈切切错杂弹，大珠小珠落玉盘。"这首《琵琶行》便是千古传诵的名篇。

在西方音乐中，提琴（见图 8-4）家族具有重要地位，小提琴、中提琴、大提琴、低音提琴涵盖了从高到低的所有音域，是弦乐中的绝对主角。小提琴的发音近似人声，适于表现温柔、热烈、轻快、辉煌以至最富于戏剧性的强烈感情。中提琴的音色比小提琴更厚实、温暖而丰满，被认为是"充满鼻音"的弦鸣乐器。大提琴以其热烈而丰富的音色著称，是管弦乐队中必不可少的次中音或低音弦鸣乐器。低音提琴发音最低，是乐队演奏时基本节奏的基础。

图 8-4　提琴

"乐器之王"钢琴则是击弦乐器中最为著名的，普通的钢琴有 88 个琴键（52 个白键，36 个黑键），按下琴键，通过杠杆传动，弦槌将击打在琴弦上，琴弦的振动传播到音板上将声音辐射出来。钢琴几乎囊括了音乐体系中的全部乐音，是除管风琴以外音域最广的乐器。由于音域宽广、音色多变、表现力极为出色，钢琴普遍用于独奏、重奏、伴奏等演出。

5. 电鸣乐器

电鸣乐器是指乐手通过特定手段触发电子信号，使其利用电子技术来通过电声设备发音的乐器。电鸣乐器多是利用电气科技手段来改造或模拟传统乐器的效果。常见的电鸣乐器有电子琴、电钢琴、电子合成器、电子鼓、电吉他等。

在众多电鸣乐器中，电吉他（见图 8-5）可谓是最成功的，它音色高亢，长于表现滑音、颤音和倚音，并且可由各种效果器来改变、修饰，达到各种不同的效果。电吉他能演奏出不同风格的乐曲。电吉他在流行音乐中多用于歌曲伴奏，而在摇滚乐中常用于独奏。电吉他也因此成为摇滚乐的标志乐器之一。

图 8-5 电吉他

8.1.3 声乐与唱法

与器乐相对的，便是人声演唱的音乐形式，即声乐。声乐的原理如下：人以声带为主，配合口腔、舌头、鼻腔作用于气息，发出悦耳、连续、有节奏的声音。在声乐的发展历程中，逐渐形成了多种独特的演唱模式，这些演唱模式被称为唱法。目前，主流的唱法包括美声唱法、民族唱法、流行唱法三类。

1. 美声唱法

美声唱法是指喉头在保持吸气位置状态下，呼出气流吹响声带，使打开的共鸣腔体能够完全、均匀共鸣的歌唱方法。

美声唱法的外文名称是意大利文"bel canto"，本义是优美的歌唱方式，美声唱法也正是如此，要求气息通畅，高、中、低三个声区统一，音域宽广，声音幅度大，以追求声音的色彩、力度、连贯、流畅、柔美。美声唱法的代表人物是"世界三大男高音"鲁契亚诺·帕瓦罗蒂、普拉西多·多明戈和何塞·卡雷拉斯。

鲁契亚诺·帕瓦罗蒂的代表作《我的太阳》是 19 世纪作曲家卡普鲁创作的独唱歌曲。它以独特的旋律曲调与意大利式的热情奔放，豪迈爽朗的歌词内容相结合，成为风靡全球、广泛流传的歌曲。这首歌曲抒情淋漓尽致，激情奔放地咏唱生命的光芒，优美的意大利语歌声婉转轻扬，使人顿时感到生活充满了无以言表的美好。

2. 民族唱法

民族唱法是由我国各族人民按照自己的习惯和爱好，创造和发展起来的歌唱艺术的一种唱法，包括我国的戏曲唱法、说唱唱法、民间歌曲唱法和民族新唱法，民族唱法根植于中华文明，产生于人民之中，因此语言生动、感情质朴，演唱风格带有鲜明的民族特色和地域特色。

以流行于西北的青海、甘肃、宁夏三省（区）广大地区的民歌"花儿"为例，"花儿"又称"少年"。男青年唱的叫"少年"，女青年唱的称"花儿"。据说，"花儿"至少已有四百多年的历史。它内容丰富多彩，形式自由活泼，语言生动形象，曲调高亢嘹亮、挺拔明快、激越动听，具有浓郁的生活气息和乡土特色，深受回、汉、藏、东乡、土、撒拉等民族的喜爱。除了农事劳动和山野运货等劳动场合歌唱，各地还有"花儿会"的习俗，一般在农历四、五、六月间，群众云集，对歌声此起彼伏。

3. 流行唱法

流行音乐起源于欧洲，后在美国发展壮大，逐渐形成了爵士、布鲁斯、摇滚、节奏布鲁斯、说唱、民谣、灵歌、舞曲等不同风格，并逐渐流行于整个世界。伴随着流行音乐的兴盛，一种新的唱法——流行唱法也就应运而生。

流行唱法又称通俗唱法，风格多样，没有固定的模式，追求自然、随意，往往用真声唱，接近生活语言，轻柔自然。这种现代时尚、贴近人们生活的演唱风格，使流行唱法比起其他唱法具有更强的娱乐性和商业性，学习的门槛也较低，无须经过专业训练也可以自如地演唱，因此深受大众的欢迎，具有非常广泛的群众基础。今天，世界各地的流行音乐，大都采用的是流行唱法。

8.2　音乐艺术与审美

音乐是艺术史上不老的神话，它是那样曼妙无穷，或轻快，或激昂，或深沉，或庄重，或悠扬，或神秘……凡此种种，涤荡心灵，令人心旷神怡、宠辱皆忘。孔子陶醉于平和悦耳的韶乐而"三月不知肉味"，韩娥之歌余音绕梁竟能三日不绝，卓文君因司马相如一曲深情的《凤求凰》而毅然放弃富贵生活，白居易因想闻水上琵琶声而"主人忘归客不发"。可见，音乐具有多么大的魅力。

8.2.1　音符的迸发与流动

音乐艺术是通过有组织的乐音在时间上的流动来创造艺术形象、传达思想感情、表现生活感受的一种表现性时间艺术。"时间上的流动"说明音乐并非像绘画、雕塑等"定格"的艺术，而是从第一个音符迸发开始，如同河流般流淌开来，在一段时间内带给欣赏者一种持续性发展变化的听觉体验。

声音的流动性，使音乐艺术在反映复杂情感变化方面，更少地受到其所反映的对象的具体制约，与绘画、雕塑等造型艺术相比，具有明显的优越之处。运用节奏的快慢、音调的高低、音强的大小、旋律的起伏、节拍和回环复沓、乐器和人声的搭配等，音乐艺术能够充分表现情绪、情感的完整发展过程。音乐艺术所要表达的情感随着乐声，在听者心中建立起独特的听觉意象，听者能随着乐曲的高低强弱，听懂音乐语言。

《赛马》是二胡名曲，这首曲子只用二胡独奏，便描绘出牧民们赛马的热烈场面。聆听乐曲，仿佛能够看到千匹纵横驰骋的骏马，你追我赶，难舍难分。乐曲声调的起伏节奏，恰如一匹飞奔的骏马身姿的起伏和四蹄交替蹬踏的节奏，随着乐曲的展开，听者脑海中的骏马也随之痛快地飞奔，到乐曲最后一个音符落下，骏马也尽兴而止。

8.2.2　间接的形象与丰富的想象空间

音乐艺术不占有空间，但音乐艺术同样在塑造形象。音乐艺术的形象在时间的流动中逐渐丰满，通过整体的各个组成部分的陆续显示而发展着，直到最后一个部分显示完毕，才为听者提供完整的音乐形象。19世纪音乐理论作曲家姆尼兹·豪普德曼在他的名作《和声与节拍的本性》里说"音乐是流动的建筑"，音乐和建筑一样遵循特定的艺术规律，具有严谨的结构与形式的美。

但值得注意的是，绘画艺术以图案为形象和载体，文学艺术以语言文字为形象和载体，二者都具备较强的直观性与确定性，可以让受众直观地认识和感受其艺术形象。而音乐依靠声音作为形象和载体，并不具备"实体"，其本身就是间接的、不确定的，其艺术形象是听者在接受音乐作品后，根据自己的感受、想象所建立的。可以说音乐艺术的形象，是通过人的主观感觉的折射，间接地得以表现。正如波兰当代著名音乐理论家卓菲娅·丽莎所说："在音乐中反映现实的具体性和直接性，比起在美术、文学、戏剧中要弱。"

间接的艺术形象，给予听者丰富的想象空间，音乐总能唤起听者在自己现实生活中的经历，使其将这些经历与具有情感的声音相联系，同时融合自己审美意识中的经验与联想，根据音乐在自己的脑海中勾勒出一幕幕充满意境的图景。音乐想象来源于听者的现实生活体验，听者运用听觉去感受这些特定的情感。当音乐体现的喜、怒、哀、乐等情绪，经由联想与听者原有生活中的经历相契合时，听者便会与音乐产生共鸣，这种共鸣进一步升华，听者便被音乐所感动。

8.2.3 抽象朦胧的情感表达

《礼记·乐记》云："凡音之起，由人心生也。人心之动，物使之然也。感于物而动，故形于声。"即认为任何音乐都是情感的外发。黑格尔也指出："音乐是心情的艺术，它直接针对着心情。"有研究表明，音乐的音响在空间所具有的扩散力和穿透力，能够对人的生理、心理产生一种比其他艺术更为强烈的刺激力和感染力，因此对人的感情的激发在所有艺术形式中最为直接和强烈。华彦钧（阿炳）创作的二胡独奏曲《二泉映月》便蕴含着挥之不去的伤感色彩，任何人听后，恐怕都会心荡神驰，被勾起忧伤的回忆。

正如艺术形象的间接性，音乐艺术在情感表达上也是抽象而朦胧的，文坛巨匠维克多·雨果表示："音乐表达的是无法用语言进行描述，却又无法让人对其保持沉默的事物。"有学者认为，这一特征源于音乐创作者。"一般说来，音乐家在表现一个音乐主题时，往往会被一种情感心灵以及对生活感知的某种模糊思维所包围，音乐形象正是在这种'突发'和'领悟'中，通过如痴如醉的'迷狂'状态表现出来的。音乐家的这种模糊思维状态下的创作过程，使得他作品中的音乐形象呈现出来的不确定性具有了先天的艺术土壤。"

对声乐而言，尚可以通过歌词进行一些直观的表达，而器乐，则只能借助抽象的象征手段，如小提琴协奏曲《梁山伯与祝英台》中"楼台会"一段，小提琴独奏象征了女性祝英台，大提琴独奏象征了男性梁山伯，大、小提琴琴音相和、缠绵悱恻、如泣如诉。听者若对相关情节稍有了解，便能从中体会到梁祝相会楼台时百感交集的情绪。

朦胧含蓄的情感表达，加以丰富的想象，使音乐艺术具有了"千人千面"的魅力，每个人由于自己的个人经历和审美素养，都会从音乐中获得不同的内心感受，勾起内心最幽微晦涩的感情，似语非语。

同样，也正是这种抽象朦胧的情感表达，赋予了音乐超越语言、超越时代、超越文化界限的艺术魅力。歌剧作曲家普契尼被我国传统民歌《茉莉花》所深深打动，在其代表作歌剧《图兰朵》中，便加入了改编自《茉莉花》的歌曲。虽然地域相隔，文化迥异，但并没有阻碍西方民众接受《茉莉花》，喜爱《茉莉花》。

8.3 音乐艺术作品鉴赏

在漫长的历史进程中，世界各地的音乐独立演进，形成了各具特色的音乐流派。随着全球化进程加快，地区交流增多，音乐也得以互相借鉴融合，取得了进一步的发展。每个音乐流派、每种音乐形式，都为人类文明留下了永恒的经典作品。

音乐作为美妙的心灵语言，能驱走孤独、疗愈心伤。有些时候，最具创新的意念和灵感都会在音乐中迸发。我们知道，一些艺术家在创作时往往绞尽脑汁都想不出好的作品。但是，当他们偶尔听到一首曲子、一段音乐时就会激发灵感，快速地创作出优秀作品。我们熟悉的许多科学家都是了不起的音乐家，比如爱因斯坦，他不仅是科学巨匠，而且小提琴拉得也很出色，他常常陶醉在美妙的旋律中，并在音乐的和谐中触摸宇宙的"神经"。下面我们一起来感受一下各种不同类型音乐的魅力。

8.3.1 古典器乐

《吕氏春秋·仲夏纪·古乐篇》记载："昔黄帝令伶伦作为律……听凤凰之鸣，以别十二律。"由此拉开了我国古典器乐的大幕。我国传统乐器众多，各种类型的乐器应有尽有，谱写出的古典乐曲也是风格多样，具有别具一格的艺术魅力。

《高山流水》是古老的古琴曲。"伯牙鼓琴，钟子期听之，方鼓琴而志在太山，钟子期曰：'善哉乎鼓琴！巍巍乎若太山。'少选之间，而志在流水，钟子期又曰：'善哉乎鼓琴！汤汤乎若流水。'钟子期死，伯牙破琴绝弦，终身不复鼓琴，以为世无足复为鼓琴者。"（《吕氏春秋·本味》）俞伯牙弹琴，他在音乐中表述的情绪和思想都被钟子期敏锐地洞察，两人因此成为"知音"，在钟子期亡故后，俞伯牙没有了知音，也就不再弹琴了。

《将军令》源于唐朝皇家军乐，流传千余年，在千年流变中，逐渐形成多种曲谱和演奏形式，有四川扬琴、浙江筝派、苏南吹打等流派，其中尤以用两支大唢呐吹奏旋律的吹打乐《将军令》气势最盛。《将军令》表现了古代将军升帐时的威严庄重、出征时的矫健轻捷、战斗时的激烈紧张，曲调气魄宏伟，音乐气氛庄严隆重，犹如千军万马簇拥主帅胜利归来，为古曲中最为"威武"者。

如果说唢呐是最激昂慷慨的乐器，那么二胡当是沉郁顿挫之至。流浪艺人阿炳（华彦钧）一生流离，饱受苦难，还因患眼疾而双目失明，他刻苦钻研音乐，将自己一生的际遇和血泪凝结成了一曲二胡独奏曲，这首曲子被研究者命名为《二泉映月》。

《二泉映月》一开始，便是以一个下行音阶式短句为引子，如同一声饱含辛酸的叹息，旋律如泣如诉。时而沉静、时而躁动的变奏，使整首曲子时而深沉、时而激扬，最后结束于轻奏的不完全终止上，好像无限的惆怅与感叹，余音绕梁。全曲层次分明却浑然一体，多次变奏使情感层层递进，道尽了人生的悲怆，听者闻之，也不禁为之一掬一把辛酸泪。

我国传统乐器不仅善于独奏，同样长于合奏。1934年，作曲家聂耳根据民间乐曲《倒八板》，整理出了民族管弦乐曲《金蛇狂舞》，该乐曲使用了梆笛、曲笛、高音笙、中音笙、高音唢呐、中音唢呐等管乐器，小鼓、大鼓、小锣、铙钹、大镲、大锣等打击乐器，扬琴、柳琴、琵琶、中阮、大阮、古筝等拨弦乐器，板胡、二胡、中胡、大革胡、低音革胡等拉弦乐器，各种乐器声交织，形成了具有中国特色的管弦乐曲。

《金蛇狂舞》为三段体结构，第一段以明亮上扬的音调不断地呈现出欢乐、昂扬、奔放的情绪；第二段由两小节打击乐器音响引出更加热情昂扬且流畅明快的旋律，生机盎然，活力无限；第三段巧妙地借鉴民间锣鼓点中"螺蛳结顶"的结构形式，上下句对答呼应，句幅逐层减缩，速度逐渐加快，加之打击乐器的节奏烘托，情绪渐次高涨，热烈欢腾、昂扬激奋的气氛被推到顶点。

8.3.2 民族声乐

在漫长的历史进程中，各族人民经过长期的社会实践，形成了绚丽多彩的民族声乐体系。民族声乐集中体现为各地民歌，东北有《乌苏里船歌》《阿里郎》《鄂伦春小唱》；西北有《信天游》《走西口》《南泥湾》；西南地区有《珠郎娘美》《远方的客人请你留下来》；广西壮族群众更是以"对山歌"为最重要的文娱活动。

《山歌好比春江水》是广西歌舞剧《刘三姐》的主题曲，整首歌只有"唱山歌，这边唱来那边和，山歌好比春江水，不怕滩险弯又多"四句歌词，但胜在朗朗上口，风格纯朴、自然，具有十分鲜明的民族特色和浓厚的乡土气息，让人不自觉地代入其中，感受到广西人民对山歌和唱山歌的乐趣。

中华民族大型声乐代表作，首推《黄河大合唱》。1938 年，诗人光未然从陕西宜川县的壶口附近东渡黄河，有感于黄河呼啸奔腾的壮丽景象和黄河船夫们与狂风恶浪搏斗的英勇，在次年创作了朗诵诗《黄河吟》。冼星海回国痛感民族危亡的深重，听人朗诵《黄河吟》后感动不已，抱病连续写作六天，为《黄河吟》谱曲，创作出《黄河大合唱》。全曲包括序曲和八个乐章，并由配乐诗朗诵和乐队演奏将各乐章连成一个整体，从《黄河船夫曲》到《黄河颂》，深厚的情感和感人的艺术形象渐次展开，最终在《保卫黄河》《怒吼吧，黄河》中化为宏伟的合唱，民族的激愤与怒吼喷薄而出，气吞山河，势不可挡。

"风在吼马在叫。黄河在咆哮。黄河在咆哮。河西山冈万丈高。河东河北高粱熟了。万山丛中，抗日英雄真不少！青纱帐里，游击健儿逞英豪！端起了土枪洋枪，挥动着大刀长矛，保卫家乡！保卫黄河！保卫华北！保卫全中国！"《黄河大合唱》堪称一部无比壮丽的史诗，将自然的伟力、劳动人民的奋斗、抗战军民的英勇融为一体，谱写了中华民族不屈不挠的战争史和自强不息的民族英雄气节，具有强大的精神号召力和凝重深刻的哲学意味，激励中华儿女不断奋进！

8.3.3　西方器乐

与中国一样，西欧也在世界音乐史上书写了浓墨重彩的一笔，先进的乐理、丰富的乐器、成熟的乐队组织……从 6 世纪到 20 世纪，西欧诞生了无数音乐名家，也将器乐推上了一座又一座高峰。序曲、狂想曲、幻想曲、小夜曲、摇篮曲、圆舞曲、协奏曲、组曲、奏鸣曲、交响乐，琳琅满目，蔚为大观。

圆舞曲即"华尔兹"，在 18 世纪后半叶用于社交舞会，旋律流畅，节奏明显，热情奔放，感情充沛，成为 19 世纪流行的乐曲之一。约翰·施特劳斯父子（两人同名）是圆舞曲作曲家中的代表人物，父亲老约翰·施特劳斯被誉为"圆舞曲之父"，儿子小约翰·施特劳斯造诣更高，被人们称为"圆舞曲之王"。

《蓝色多瑙河》是小约翰·施特劳斯最负盛名的圆舞曲作品，此曲按照典型的维也纳圆舞曲的结构写成，由序奏、五首小圆舞曲和尾声组成。序奏象征黎明的到来，五首连着一起演奏的小圆舞曲都包含两个相互对比的主题旋律，旋律明朗活泼，展示出多瑙河两岸秀丽明快的春光，体现出华丽、高雅的格调。最后，全曲结束在疾风骤雨式的狂欢气氛之中。

交响乐是包含多个乐章的大型管弦乐曲，是西洋音乐中最大的管弦乐套曲，也是众多器乐体裁中结构最复杂、写作技术最全面、思想内容最深刻的乐曲。交响乐队一般来说分为弦乐组、木管组、铜管组、打击乐组和色彩乐器组 5 个器乐组，大型的三管乐团演出阵容可达 100人，可见其复杂和宏大。

18 世纪中后期，交响乐走向成熟。巨匠贝多芬一生完成了 9 部交响乐的创作，其中《d 小调第九交响曲》（简称《第九交响曲》，也称《合唱交响曲》）被公认为贝多芬在交响乐领域的最高成就，是其音乐创作生涯的最高峰和总结，也是交响乐中的不朽经典。

《第九交响曲》共分 4 个乐章，第一乐章最开始在低沉压抑的气氛下由弦乐部分奏出，而后逐渐加强，表现了艰苦斗争的形象，充满了巨大的震撼力和悲壮的色彩；第二乐章是极活泼的快板，明朗振奋，充满了前进的动力；第三乐章是如歌的柔板，表现静观的沉思；第四乐章引入合唱《欢乐颂》，充满了庄严的宗教色彩，气势恢宏。整部作品在无比光明、无比辉煌的情景下落幕，表达了人类寻求自由并终将实现自由的斗争意志。

8.3.4　流行乐

流行乐于 19 世纪末 20 世纪初起源于美国，具有强烈的市场性和商业性，也因此最为大众化，得到了普遍的推广和传播，成为目前世界上主要的音乐艺术消费品。流行乐风格多样，形式丰富，除了狭义流行乐"pop"外，布鲁斯蓝调、爵士、灵魂乐、节奏布鲁斯、说唱乐、乡村音乐、雷鬼乐等都可归入流行乐的行列。

Billie Jean 是迈克尔·杰克逊 1982 年发布的个人专辑 *Thriller* 中的曲目，也是公认的流行乐代表作，为了这首歌达到最好的效果，迈克尔·杰克逊足足进行了 91 次编曲。这首歌的创作颇为传奇，据迈克尔·杰克逊 1988 年在自传中的回忆，当时他在驾车回家的路途中便"深深沉醉于一段萦绕在脑海里的旋律"，连座驾起火都浑然不知，这个旋律便是 *Billie Jean*。

Billie Jean 开场用一段 30 秒贝斯和鼓的音乐进入，这种节奏贯穿整首歌曲，有乐评人描述"它（前奏）是如此动感，以至于让人不禁随之摇摆"。之后这一节奏被很多歌曲采用，成为流行乐中被广泛使用的经典节奏之一。

20 世纪 20 年代初，唱片业在上海兴起，流行乐也逐渐在我国传播开，出现了诸多知名歌手。20 世纪 70 年代，流行乐在我国港台地区兴盛开来，涌现出一批批词曲作家和歌手，并创作出具有"中国风"的优秀流行乐作品。

1990 年上映的电影《笑傲江湖》的主题曲《沧海一声笑》便是一首经典的中国风流行乐。《沧海一声笑》由黄霑填词谱曲、顾嘉辉编曲、许冠杰演唱，在作曲上巧妙地将我国传统音乐五音排序，编为旋律起伏、朗朗上口的曲调，以笛子、古琴和三弦演奏，再配以豪情满怀、潇洒不羁的歌词，既有胸怀天下的"风流"、看淡生死的"洒脱"，又有儿女情长的"柔情"和人在江湖的"沧桑"，展示出极具中国味道的"侠士逍遥风"，让人听了便不可自抑地对歌曲中的"江湖"心向往之。

8.3.5　摇滚乐

摇滚乐是 20 世纪 50 年代兴起的音乐形式，其简单、有力、直白，以强烈的节奏和无拘无束的表演形式收获了众多乐迷的喜爱，从而风靡全球，成为一个时代的标志。由佛莱迪·摩克瑞、布赖恩·梅、罗杰·泰勒、约翰·迪肯组成的英国摇滚乐队"皇后乐队"是摇滚乐的殿堂级乐队。虽然时过境迁，但这支 1971 年成立的乐队的一些歌曲在今天人们仍然耳熟能详，如 *We will rock you*（《我们将震撼你》）。

We will rock you 凭借其简练的切分节奏，加上恣意昂扬的情绪，和音符一起，便能将听众的热情调动起来，加之歌曲创新性地加入拍手、跺脚的音效，观众往往瞬间就会跟随歌手的领唱进入节奏，同时跺脚、拍手和合唱。充满互动性的演出体验，使观众领略到摇滚乐带来的无与伦比的震撼。

作为一种独立的音乐种类，摇滚乐在 20 世纪 80 年代出现在我国。这种新兴的音乐形式几乎立刻引起了年轻人的关注，1980 年，我国出现了第一支摇滚乐队"万李马王"，而 1989 年，崔健的《新长征路上的摇滚》专辑作品则是我国摇滚唱片史的开端。在我国，摇滚乐一诞生便已取得了相当大的艺术成就，《新长征路上的摇滚》专辑中的《一无所有》《假行僧》《花房姑娘》等在今天仍是脍炙人口的歌曲。

歌曲《假行僧》中，崔健采用陕北民歌常用的五声羽调式、充满张力的大跳与口语化的激进旋律，用吉他、键盘等搭配古筝等民族乐器，创造了特殊的音响效果，加以简单规整，仅两个乐段反复、穿插组合而成的曲子，便演绎出西北戈壁苍凉、粗犷、直接且豪情万丈的特质，创作出具有"西北味"的中国特色摇滚。

崔健本人则以粗粝、浑厚的嗓音，塑造了一位不虚伪、不矫揉造作、不受束缚、永不停止追求的"假行僧"形象，同时这个"假行僧"之所以"假"，在于他并非完全抛却尘俗，而是仍然保留着他人性本真的悲悯，如歌词中"我只想看到你长得美，但不想知道你在受罪，我想要得到天上的水，但不是你的泪"，可见他人性的善良和对现实的抵触。这样有血有肉的艺术形象具有显著的感染力，引发诸多听众对自己精神层面的追寻与探求。

思考与练习

练习一：思考与讨论

1. 我国幅员辽阔，每个民族、每个地区都有自己的民歌和民谣，请你思考并与同学分享讨论：你的家乡有哪些独特的乐器、音乐？它们具有什么样的音乐魅力和文化内涵？它们现在的传承状况如何？

2. 当代大学生或多或少接触过音乐作品，请你说说自己最喜欢的音乐类型（或者一首歌、一个音乐家、一门乐器），并思考自己为什么喜欢这一音乐类型，然后和同学分享讨论。

练习二：认识与赏析

1.《彩云追月》源自清代广东民间粤音曲谱，1932 年，任光同聂耳一起，为百代国乐队谱写一批民族管弦乐曲灌制唱片，将其以管弦乐重新编曲，成就了今天的《彩云追月》。该曲以富有民族色彩的五声性旋律，上五度的自由模进，竖笛、二胡的轮番演奏，弹拨乐器的轻巧节奏，低音乐器的拨弦和吊钹的空旷音色，形象地描绘了浩瀚夜空的迷人景色。请对《彩云追月》进行赏析，谈一谈你所感受到的音乐之美。

2.《钟》（La Campanella）是匈牙利作曲家李斯特在 1834 年采用意大利小提琴家和作曲家帕格尼尼的《b 小调小提琴协奏曲》第三乐章（《钟声回旋曲》）的主题写成的一首钢琴幻想曲，全曲用变奏的手法淋漓尽致地展现了华丽的演奏技巧和钟声的效果，是一首令听众叹为观止的钢琴曲名作。请对《钟》进行赏析，谈一谈你所感受到的音乐之美。

审美实践——演奏或翻唱

现在的大多数人都是作为欣赏者在欣赏音乐作品，试着自己创作和演绎音乐作品也是一个重要的方法。下面，请大家尝试对喜欢的音乐作品进行翻唱，或者使用自己掌握的乐器演奏喜欢的音乐。

一、活动名称

演奏或翻唱。

二、活动主旨与意义

通过亲自翻唱或演奏音乐作品，在主动创造音乐美的过程中深化对音乐艺术的认识和把握，从而提高审美能力和审美素养。

三、活动内容

同学们至多利用一周的课余时间进行练习，然后利用两节课的时间在课堂上展示，活动内容如下。

1. 选择自己喜欢的音乐，音乐的体裁不限，在选定曲目后，同学们应将曲目提前报给教师或教师指定的同学，事先将需要的伴奏提供给教师，用于后期的表演。教师也可以指定一首合唱曲目，组织全班进行大合唱。

2. 练习翻唱或演奏自己选择的音乐。同学们可以自由组队，如进行多人合唱，或者演唱和演奏分工，还可以将演奏多种乐器的同学组织起来，成立管乐队、弦乐队、民乐队、摇滚乐队等，进行集体表演。

3. 同学们分别上台展示自己的演唱或演奏，其他同学在下面配合演出的同学，欣赏表演并做出点评。当所有同学都进行展示后，可以评选出"最佳男歌手""最佳女歌手""最佳演奏""最佳乐队"等奖项。

审美实践——欣赏音乐会

音乐会包括演唱会、演奏会等，是音乐人在观众面前现场表演的活动。参加音乐会是大学生直接接触音乐的途径之一，能够获得绝非听唱片、听网络音乐可比的听音体验。下面，请同学们在教师的组织和带领下，就近欣赏一场音乐会，并记录自己的感受。

一、活动名称

欣赏音乐会。

二、活动主旨与意义

通过现场聆听音乐表演，感受音乐的气氛和情感，获得最直接、最确切的审美体验，从而提高艺术鉴赏力，在艺术的熏陶下，提高审美素养。

三、活动内容

同学们在教师的组织下，利用半天或一天完成此次活动，活动内容如下。

1. 集体讨论，选择将要欣赏的音乐会。通常，本市的音乐厅、剧院、公共演艺厅、体育馆等会有专业的音乐会；此外，还可以选择街头音乐会、学生音乐会、学校社团音乐会等。

2. 欣赏音乐会，在欣赏过程中，同学们应听从教师的安排，并注意遵守音乐会举办方的相关规定，不得干扰音乐会的进程。

3. 欣赏完毕后，同学们应记录自己的感受，并选择自己最喜欢的一首歌或一首乐曲进行解读和评价。

第九章　摇曳多姿——舞蹈之美

知识目标

- 了解舞蹈艺术的概念及其表现手段。
- 熟悉各种类型的舞蹈作品。

能力目标

- 建立舞蹈审美情趣。
- 培养对各种风格舞蹈的鉴赏能力。

素质目标

- 通过对舞蹈艺术相关知识的学习，提高艺术鉴赏力和创造力。
- 培养审美意识和审美意趣，提高艺术修养。

情境导入

舞绘《千里江山图》——《只此青绿》

2022 年 1 月 31 日除夕夜，备受瞩目的《2022 年中央广播电视总台春节联欢晚会》上，舞蹈《只此青绿》一经登场，便惊艳了所有观众，在网络上收获"每一帧都是画"的赞誉。

《只此青绿》（见图 9-1）通过"展卷、问篆、唱丝、寻石、习笔、淬墨、入画"七个篇章，讲述了一位故宫青年研究员"穿越"回北宋，以"展卷人"的视角"窥"见画家王希孟创作《千里江山图》的故事。典雅的服装、古意的造型、优雅的舞姿、古典的配乐，《只此青绿》将宋代传世名画《千里江山图》用舞蹈在舞台上再现出来，将观众引入王希孟的艺术世界，徜徉在青山绿水中不能自拔。

图 9-1 《只此青绿》舞蹈演出场景

9.1 认识舞蹈

舞蹈作为历史悠久的艺术种类，在每个时期都有着重要的地位。传说原始社会时期氏族部落的乐舞是阴康氏部落的乐舞，即"阴康氏之乐"。据《吕氏春秋》记载："昔阴康氏之始，阴多滞伏而湛积，水道壅塞，不行其原，民气郁阏而滞着，筋骨瑟缩不达，故作为舞而宣导之。"发展到周代，舞蹈形成了中国历史上的第一个高峰"制礼作乐"，《周礼·大司乐》："以乐舞教国子，舞《云门》《大卷》《大咸》《大磬》《大夏》《大濩》《大武》。"以礼乐育人，施以管教，以求天下大同。

9.1.1 舞蹈——人体的动态表现

作为一种表演艺术，舞蹈的主要"工具"是人的身体，是以人的动态动作进行艺术化的表达。因此，一些学者直接将舞蹈定义为："通过人体的动态表达人类在各种生活中的思想感情的艺术。"

图 9-2　舞者的优美身姿

同时，舞蹈也并不是人体动态造型的简单堆砌和罗列，而是作为一种形象化的"舞蹈语言"，充分运用和挖掘人体动态之美，最大限度地发挥人体的表现能力，塑造鲜明、生动的舞蹈形象，以表达抽象的内心思想感情。图 9-2 所示为舞者优美的身姿，在这一瞬间，舞者手臂舒展、腰肢柔软、下肢肌肉力量爆发，弹跳到最高的高度，并且两腿呈 180°劈叉，兼具力量感和柔软感，显示出轻盈向上的态势，展示了人体动态之美。

人体动态赋予了舞蹈艺术独特的艺术表现力，舞蹈艺术具有将人们内心抽象的思想感情和人生哲理以人体美的形态充分展现出来的能力，能够使抽象的情态物化为形象。这使舞蹈在感官上给人以美的愉悦，更能在精神上给人以美的享受。

9.1.2 舞蹈五要素

"手之舞之足之蹈之"这句古语形象地说明了舞蹈的动作，但舞蹈其实并不只是"手舞足蹈"，其表现手段包括动作、表情、构图、服饰、道具等。任何一场成功的舞蹈表演，其艺术效果都是这些表现手段共同作用而达成的。

1. 动作

作为"人体动态的艺术"，动作是舞蹈最基础、最主要的表现手段。舞蹈动作来源于生活实践，最初是模拟生活的外在形态，模仿飞禽走兽和再现农耕狩猎等动作，这些动作经过提炼、组织和美化，便成为舞蹈动作。这类动作在今天的民族舞蹈中依然可见，如《采茶舞》中的采茶动作、《孔雀舞》（见图 9-3）中的孔雀造型等。这类动作虽然经过了美化和变形，但仍然能显现其生活形态，因此也称为具象性舞蹈动作。

随着舞蹈的发展，出现了只做单纯的情感表达的舞蹈动作，如表现欢快的快速旋转和连续跳跃，表达崇高和坦然的腰背挺立、昂首向前（见图 9-4）等，这种动作富于抒情和象征，因此也称为抽象性舞蹈动作。甚至有学者认为："凡是舞蹈动作，都应该洋溢着某种饱满的、引人生发的情思，具备某种特定的审美意识所产生的审美意象，成为内心情感外化的鲜明符号。"

图 9-3　孔雀舞

图 9-4　昂首向前的舞蹈动作

要达到舞蹈的艺术效果，具象性舞蹈动作和抽象性舞蹈动作需相辅相成，缺一不可。如在芭蕾舞剧《白毛女》中，杨白劳送女儿喜儿红头绳便是具象性舞蹈动作，而喜儿起身旋转则是抽象性舞蹈动作，表达其喜悦之情，二者共同演绎了这段父女情深的舞蹈情节。

2. 表情

舞蹈中的表情（见图 9-5）包括面部表情和身体姿态表情，是由舞蹈的全部动作，包括全身心的动态来体现的。面部的表露、手臂的传情、身体的扭动、足部的移动……身体各部位都能够揭示人物的内在心理活动、表现情绪的变化，互相协调配合之下，就能够准确表达舞者丰富的内心感情，反映出特定的美的神韵。

表情是舞蹈富有艺术魅力的关键，当每一个舞蹈动作都充满了表情且彼此协调时，观众所感受到的就不再是一个个孤立的舞蹈动作，而是能够透过动作感受到舞蹈蕴藏的内在潜意，舞蹈的表现力方能得以实现，观众方能感受到美的艺术境界。正如梅兰芳先生在中央戏剧学院讲话时所说：

要使台下的观众被我们吸引，为我们喝彩，就要从每一个细小的动作、每一个唱词、每一个眼神着手，让大家都感到很美，而且美得有内容。尤其是舞蹈动作，更要讲究，应当使人从各个方面和角度看着都是美的，都是有表情的。

3. 构图

舞蹈是作用于视觉的艺术，构图自然也是舞蹈艺术重要的表现手段。舞蹈表演在一定空间与时间内，对色、线、形等各个方面关系的合理布局形成了舞蹈构图，舞者的空间运动线、舞蹈的队形变化中形成的图案、舞蹈静态造型所构成的画面等，都属于舞蹈构图（见图 9-6）。

图 9-5　舞蹈中的表情

图 9-6　舞蹈构图

舞蹈构图在作品主题的表现、意境的创造、气氛的渲染、形象的塑造上都发挥着重要作用。2005 年春晚，21 个听障演员演出的舞蹈节目《千手观音》（见图 9-7）获得了广泛好评。层出不穷、千变万化的舞蹈造型，形成了震撼的视觉冲击力。其中一个造型便是演员们排成一列，伸展的双臂形成了一个"圆"的视觉效果，完美复现了神话传说中千手观音的形象，造就了极具视觉震撼力的画面，极富艺术魅力。

4. 服饰

在舞蹈表演中，服饰和道具必不可少。服饰能够体现出人物的年龄、性格、职业、地域、民族、所属时代等，如在民族舞中，各民族的舞者都会穿着本民族的特色服装，以增强角色的艺术感染力。例如，在舞蹈《只此青绿》中，女演员所穿的表演服便是以石青与石绿为底色，用不同种类的棉麻布制成的，其发式采用了类似宋朝"高椎髻"的设计，每个设计都具有浓厚的古代美学韵味，如此方能显得古色古香，展现出《千里江山图》的神韵。

同时，服饰能够赋予舞蹈造型美，例如，在芭蕾舞中，女舞者的芭蕾舞裙、连裤袜及芭蕾舞鞋就能够凸显舞者的身体曲线，使舞者显现出优雅、轻盈的姿态（见图 9-8）。而我国的芭蕾舞剧《红色娘子军》虽一改传统芭蕾舞的服饰，采用独具中国革命战士气节的军装，但同样贴合舞蹈主题且显得英气十足。

5. 道具

在一些舞蹈中，道具是不可或缺的，在我国传统舞蹈中，多有纱巾、水袖、手绢等道具参与，舞蹈《泊纸伞》更是以道具为名，纸伞（见图 9-9）在舞蹈中具有举足轻重的地位。

图 9-7　舞蹈《千手观音》　　图 9-8　芭蕾舞服饰　　图 9-9　舞蹈中的纸伞

9.1.3　动态立体的视听体验

依托编导的设计编排，通过动作、表情、构图、服饰、道具等种种表现手段，伴随着乐师的现场配乐，配合舞台布景、灯光效果，舞蹈艺术最终为观众呈现的就是一场动态立体的视听盛宴。

上海歌舞团创排舞剧《朱鹮》，以国际珍稀保护动物朱鹮为题材，表现人类与自然休戚与共的关系。《朱鹮》（见图 9-10）是一部纯美的舞剧，舞蹈演员采用中国古典舞的现代表现方式，运用巧妙的肢体语言，展示出朱鹮纯美、洁净、典雅和高贵的姿态，辅以唯美恬静的舞台布景和优美感人的音乐，揭示出"为了曾经的失去，呼唤永久的珍惜"的主题，为观众奉献了一场视听盛宴。

随着科技的进步和大众媒体的发展，舞蹈在视听体验上进行了尝试。2021 年，河南卫视的特别节目《端午奇妙游》开场展示了一段完全在水下表演的舞蹈《祈》（见图 9-11），舞者化身洛神登场，随歌拂袖起舞，娉婷袅娜，衣袂随舞而动，在水的作用下仿佛不受重力影响地漂动，真有"髣髴兮若轻云之蔽月，飘飖兮若流风之回雪"的出尘之感。如此出色的视觉效果，不仅要归功于舞者和编导，精湛的水下拍摄技术和运镜技术也同样功不可没。

图 9-10　舞剧《朱鹮》

图 9-11　舞蹈《祈》

9.2　舞蹈艺术与审美

舞蹈是最生动、最动情、最有表现力的艺术之一。舞蹈是从审美的角度认识人体世界、认识生命的一种艺术，它能让人张扬生命的激情，肯定生命的价值，认识生命的美好意义。它的目的是激励人的积极性，温润人的美好心灵，开拓人的博大胸襟，提升人的审美趣味，培养人的高尚的审美情感。它启真、导善、益智，以感觉器官及其动作促进心理发展，以全脑教育促进心理发展，以律动性的形态促进身体健康，以审美的运动方式塑造身心和谐，实现人的能力、魄力、魅力的全面提升，以及柔韧度、平衡感、灵敏性、爆发力、协调性、准确度、耐力等的全面发展。所以舞蹈美育的核心，就是对人的心灵的唤醒、身体的塑造，是身心合一的修炼。可以说，开展舞蹈美育就是开展"三高工程"，即弘扬高雅艺术，培养高超技能，陶冶高尚情操。

9.2.1　控制自如的形体美

舞蹈是人体的动态表现，通过演员的形体动作来传情达意，因此，舞蹈的审美首先便需要关注舞者在表演中呈现出的形体美（见图 9-12）。然而舞蹈毕竟不同于健美运动，除了身高、比例、丰腴的合宜，还需要舞者能够对自己的身体控制自如，能够通过对自身肌肉发力的细微控制，恰如其分地完成舞蹈动作，如此才能实现舞蹈编排预设的造型，完成对舞蹈主旨的表达。

在《只此青绿》中，最为人所称道的动作便是"青绿腰"，舞者长袖一甩，上半身后躺，与地面近乎平行，然后定住并保持，整个人仿佛飘在半空——这个动作一经亮相，便惊艳了无数观众。该动作有着超高的难度，需要舞者的腰背部、腹部、臀股部几乎所有肌群参与，既要有充分的柔韧度，又要有很好的控制力，才有可能完成，舞者在场下数日苦功，方能在舞台上"举重若轻"，呈现飘逸轻盈的神仙姿态。

图 9-12　舞蹈的形体美

在流行街舞中，有一种名为"锁舞"（locking）的舞种，这种舞蹈依靠从一个很迅速的运动中凝固不动，然后停在一个特定的姿势，短暂保持后又继续迅速动作，产生令人眼花缭乱的美感和力量感。这样突然定格，然后又迅速做出动作的舞蹈方式具有令人震撼的视觉观感，要求舞者对自己身体具有精细的控制力，才能"锁住"。

9.2.2　富于韵律的节奏美

舞蹈与音乐总是相伴出现的。尼采甚至直言："那些听不见音乐的人认为那些跳舞的人疯了。"音乐有节奏，舞蹈同样需要节奏，舞蹈的节奏与音乐的节奏相协调，便生出了富于韵律的节奏美。

节奏是舞蹈艺术和音乐艺术结合的基础，在音乐中，节奏是指音乐中音的长短和强弱，是作用于听觉的；而在舞蹈中，节奏体现为舞蹈动作在力度的强弱、速度的快慢、能量的增减及幅度的大小、浮沉等方面的对比和变化，是作用于视觉的。当听觉上节奏的起伏和视觉上的动作相呼应时，舞蹈就具备了律化的节奏美感。

我国北方民间普遍流行"秧歌"（见图 9-13），分为陕北秧歌、东北秧歌、山东鼓子秧歌等，这些秧歌舞步、舞姿各异，乐曲也各具特色，但其节奏和乐句的重复是一致的，随着舞步有规律地重复，节奏得以逐渐强化，积极热烈的情绪也随之上扬，"扭秧歌"最重要的"热闹劲"便由此产生。

在舞蹈中，节奏体现最直接的当属踢踏舞（Tap Dance）。踢踏舞几乎没有全身性的动作，而是着重趾尖与脚跟的打击节奏的复杂技巧。在踢踏舞剧《大河之舞》（见图 9-14）中，我们可以领略到舞者清脆整齐的踢踏击地声，这种击地动作贯穿整个舞蹈，并且与配乐的旋律相统一，是舞蹈中最显著的节奏，也成为整个舞蹈中最具表现力的部分。

图 9-13　秧歌

图 9-14　踢踏舞剧《大河之舞》

9.2.3　高度象征意味的虚拟美

因为舞蹈的起源就是对事物的认识和模仿，所以无论何种舞蹈，总是在虚拟某些实际存在的事物，对现有的事物进行联想，如傣族舞蹈以手、肩、腰的灵活摆动来模拟孔雀的姿态，蒙古族舞蹈则以肩、背、臂的有力动作来模拟牛羊的姿态，进而人为地加入感情色彩以象征某些不容易表达的感情和精神。人们从自己的生活中取材，将其高度概括、提炼、加工后，便形成了固定的舞蹈动作。舞姿受到情感逻辑的统率，既不片面追求形式美，也并非机械地模仿生活，而是形式与内容相统一，形成一种实中见虚、虚中有实的运动形式，赋予舞蹈具有高度象征意味的虚拟美。

具有象征意味的表演能够唤起观众的联想和反思，使之从舞者表演出的"意象"中窥见舞蹈的"意境"，得到一种富于哲思的体验。2008年北京奥运会开幕式的舞蹈表演给全世界的观众带来了无与伦比的视觉盛宴，几乎每个画面每幅场景都富有宏大而深远的象征意义，通过舞蹈的象征意义把中国历史、中华文化的各个方面表现得淋漓尽致。图9-15所示的画面是其中一个典型的场景，该舞蹈场景通过一个缓缓打开的卷轴形象象征着中华民族悠久的文化历史，画面正中间的方块象征着中国四大发明之一的活字印刷，也一样表达出浓重的文化历史气息，展现的三个"和"字则是中国传统哲学的思想精髓。

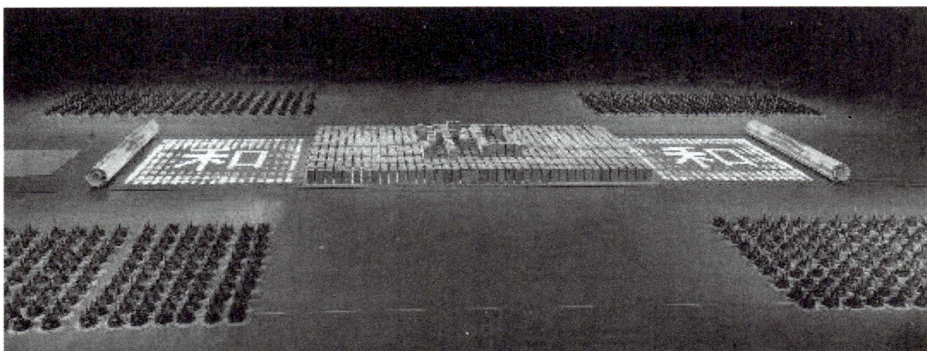

图 9-15　北京奥运会开幕式舞蹈场景

这种虚拟和象征以生活和历史为基础，概括而凝练地反映了生活和文化的本质，因而能够被广大观众自然地理解，构成舞蹈艺术表现力的一部分。

9.2.4　超越语言的抒情美

歌以咏志，舞以宣情，舞蹈是人类感情最集中、最激动时的表现形式。通过舞蹈的形体动作、节奏和虚拟性的表演，观众最终能够了解舞蹈形象的主体的内在精神世界，把握其情感律动，进而感受到无法用言语表达的情感共鸣。同样是2008年北京奥运会开幕式的千人击缶舞蹈表演（见图9-16），当1000个热血青年用双臂充满激情地敲打着象征中国古老音乐文化的缶时，它所表达出的一个古老民族历久弥新的阳刚之气在一次次击打中，在小伙子们激情迸发的脸上展现得一览无余，其荡气回肠的震撼力是任何语言所无法描述的。

图 9-16　北京奥运会开幕式千人击缶舞蹈表演

透过现场的表演，观众得以受到精神的感召，领会到中华民族的辉煌文化，感悟到中华民族经久不衰的强大生命力。

9.3 舞蹈艺术作品鉴赏

世界各地都有自己独特的舞蹈艺术，我国民间有花鼓灯、秧歌、舞狮舞龙，还有蒙古族安代舞、藏族热巴、维吾尔族赛乃姆、傣族孔雀舞等；欧洲有芭蕾舞、现代舞、国标舞；此外还有曼尼普利舞、非洲方腾弗罗姆舞、新西兰哈卡舞等。这些舞蹈依托于当地地域文化和音乐，在肢体动作、节奏、服装道具等方面都各具特色，也成为当地居民文化娱乐与生活的重要组成部分。随着文化交流的日益频繁，各种舞蹈也在交流中互相促进，我们也能够欣赏到世界各地的舞蹈，享受到风格各异的舞蹈之美。

9.3.1 画圆的艺术——中国古典舞

中国舞蹈文化源远流长，历朝历代都有独特的舞蹈风格与形式，舞蹈的发展与变迁从未中断。古典舞（见图9-17）正是纵向继承历史中的优秀舞蹈文化，横向吸收其他艺术形式的优秀成果。古典舞创立于20世纪50年代，到20世纪80年代，越发富有神韵。后来又出现了汉唐古典舞、敦煌古典舞，以及当今的昆舞。古典舞在几十年中已经摸索出了一条独具风格的审美样式。"古典"是人的一种抽象意识形态，它是发生在过去的，具有典范意义的具象事物的代称。"古典"作为"古典舞"的重要组成部分，给予了其基本的方向。部分学者认为，古典舞是指发源于古代，取材于古代，审美立意走向也复古的舞蹈，尤指为宫廷贵族服务的宫廷舞蹈和用以宗教祭祀的宗教乐舞，是具有明显普及度的、商业化、职业化的舞蹈。这就为古典舞定下了个标准，至少它与古代的舞蹈有关联，舞蹈的风格取向不能凭空臆造，美学形态要典雅。尽管也有学者不认同古典舞必须与古代的舞蹈有关联，但对于古典舞的整体发展方向，也坚定着依史而建、以中华优秀传统文化为灵魂。基于这一点，古典舞就达成了统一的审美观念

图 9-17 古典舞

"圆"，不论是"平圆""立圆"还是"八字圆"，都突显了古典舞追求饱满、柔和自然的美学观念，这些追求分别代表了三个方向：推己及人的"修己治人"，严于律己的"神形合一"，师法天地的"天人合一"。这三个方向对应了古典舞审美观念中的价值观、人生观、世界观。

古老的传统民俗成为中国古典舞得天独厚的题材，编导孙颖取魏、晋及南朝的文化风韵和古时江汉秦淮地域的特色，参考文物中的舞蹈形象，潜心钻研，创编出中国古典舞《踏歌》，重现了古时踏歌的风采。

舞蹈《踏歌》（见图9-18）表现了阳春三月，杨柳依依，少女翠裙垂曳，身姿婀娜，结伴踏青，联袂歌舞的自在欢乐景象。《踏歌》在舞蹈上颇有汉代女乐舞蹈的遗风，在静态舞姿上大量借鉴古代遗存汉画碑中的造型，在动态舞蹈上则以敛肩、含颌、掩臂、摆背、松膝、拧腰、倾胯为基本体态，同时综合使用汉代

的"翘袖"、唐代的"抛袖"、宋代的"打袖"和清朝的"搭袖",使整个舞蹈具有浓厚的文化气息,充满了古典文人的诗情画意,更具有远远超乎作品本身艺术价值的史学和美学价值。

图 9-18 舞蹈《踏歌》

9.3.2 民族风情——中国民族舞

在辽阔的中华大地上,生活着 56 个民族,其中不乏能歌善舞的少数民族,他们创造了丰富多彩的民族舞蹈,这些舞蹈是民族文化、民族艺术的结晶,是中华民族的宝贵精神财富。在中国的各个区域中,都有着不同的舞蹈种类。民族舞可以按照不同的民族和地区为依据进行划分。例如,内蒙古地区的蒙古族舞蹈;云南的傣族舞蹈;新疆地区的维吾尔族舞蹈;西藏地区的藏族舞蹈;东北部分地区的朝鲜族舞蹈;汉族地区的秧歌。这些舞蹈存在区域相互交叉,也促进了不同舞种之间的相互交流,推动了舞蹈的多元化发展。它们拥有以下特点:①自由生动,即兴发挥;②技艺结合,道具丰富;③形象鲜明,情节生动;④自娱娱人,意向统一。有些舞蹈经过舞蹈家的提炼加工,固定了舞蹈形式与基本体态,形成了学院派的表演类舞蹈,而这些舞蹈的本体则始终根植在其生长的土地上。

蒙古族舞蹈(见图 9-19):蒙古族是马背上的民族,拥有强壮的体魄和豪放的性格,蒙古族舞蹈的特点是节奏明快,热情奔放,语汇新颖,风格独特。动作多以抖肩、翻腕来表现蒙古族姑娘欢快优美、热情开朗的性格。男子的舞姿造型挺拔豪迈,步伐轻捷洒脱,表现出蒙古族男性剽悍英武,刚劲有力之美。保留节目有"筷子舞""马刀舞""驯马舞""盅碗舞""挤奶员舞""鹰舞""牧民的喜悦""祝福""鼓舞"等。

图 9-19 蒙古族舞蹈

傣族舞蹈(见图 9-20):傣族舞蹈的动作虽大多婀娜多姿,节奏较为平缓,但外柔内刚,充满着内在的力量。既有潇洒轻盈的篾帽舞、孔雀舞,也有灵活、矫健、敏捷,且充满阳刚之气的象脚鼓舞、刀舞、拳舞等。在孔雀舞的表演中,时而节奏缓慢单一,动作舒展,感情内在含蓄,时而节奏快速多变,动作灵活跳跃,感情狂放而豪爽。在傣族舞蹈中,以特有的屈伸动律而形成的手、脚、身体"三道弯"的造型特点,结合舞者刚柔相济、动静配合等特有的表演风格,使得傣族舞蹈深受广大群众喜爱。

藏族舞蹈（见图9-21）：从总体上可划分为民族民间自娱性舞蹈和宗教舞蹈两大类。这两大类舞蹈都有各自丰富的文化内涵、优美而潇洒的翩跹舞姿和独具特色的舞蹈风格及形式。藏族舞蹈拥有"开""绕""颤""顺""左"五大基本特点，并且舞蹈当中有较为明显的"后撤前踢""三步一变""倒脚辗转"等审美特征。

图 9-20　傣族舞蹈

图 9-21　藏族舞蹈

图 9-22　维吾尔族舞蹈

维吾尔族舞蹈（见图9-22）：维吾尔族舞蹈继承古代鄂尔浑河流域和天山回鹘族的乐舞传统，又吸收古西域乐舞的精华，经长期发展和演变，形成具有多种形式和特殊风格的舞蹈艺术，广泛流传在新疆维吾尔自治区各地。维吾尔族舞蹈的主要特点是身体各部位的动作同眼神配合传情达意，从头、肩、腰、臂到脚趾都有动作，昂首、挺胸、直腰是体态的基本特征。通过动、静的结合和大、小动作的对比，以及移颈、翻腕、弹指等装饰性动作的点缀，形成热情、豪放、稳重、细腻的风格韵味。

朝鲜族舞蹈（见图9-23）：朝鲜族舞蹈是朝鲜族劳动者从原始狩猎生活到农业生产的历史演变过程中创造的，它反映了朝鲜族劳动生活和风俗习惯，表达了他们的感情和志趣。朝鲜族民间舞蹈种类繁多，有流行于农村的农乐舞，海边渔民的奉足舞，山区的狩猎舞，揭露剥削者的暴行和空虚的假面舞。朝鲜族的舞蹈受道家、儒家、佛家的影响较深，崇尚仙鹤，舞蹈中强调"柳手鹤步"，拥有基本步态"大鹤步""中鹤步""小鹤步"，即模仿鹤的步态起舞，舞蹈动作潇洒飘逸、外柔内韧。

秧歌：秧歌可以细分成东北秧歌、陕北秧歌（见图9-24）、山东胶州秧歌、鼓子秧歌、海阳秧歌等不同类型，不同类型的秧歌尽管都有自身的风格特征，但总的来说，秧歌本身是欢快的，表演丰富，道具繁多，且舞蹈表演娱乐性强、故事性强、代表性强。秧歌分布广阔，是汉族的代表性舞蹈。

图 9-23　朝鲜族舞蹈

图 9-24　陕北秧歌

9.3.3　足尖上的艺术——芭蕾舞

孕育于 14 世纪，降生于 17 世纪，完善于 18 世纪，繁荣于 19 世纪的芭蕾舞，是西方古典舞蹈最杰出的代表。作为在世界上影响广泛的舞蹈，"用脚尖站立的芭蕾舞女演员"也成为芭蕾舞甚至整个西方古典艺术的标志，"足尖上的艺术"也成为芭蕾舞最贴切的注解。

19 世纪的俄国是芭蕾舞最繁荣的艺术中心，音乐家柴可夫斯基在 1876 年完成了芭蕾舞剧《天鹅湖》。在今天，《天鹅湖》已经是世界上著名的芭蕾舞剧，也成为所有古典芭蕾舞团的保留节目。

《天鹅湖》（见图 9-25）取材于神话故事，讲述了被恶魔变成白天鹅的公主奥杰塔和王子齐格弗里德的爱情故事，全剧分为四幕，共 29 个分曲。舞剧中几段双人舞、三人舞、四人舞及天鹅群舞令人眼花缭乱、目不暇接，更有黑天鹅奥吉莉娅独舞中一气呵成的连续 32 个被称作"挥鞭转"的单足立地旋转，可谓技惊四座、美不胜收。

但即便如此，历代评论家最为青睐的，却是第二幕中的"四小天鹅舞"。四位女舞者手拉着手、腿并着腿，编导以音乐中"复调"的手法处理腿和头的动作：当腿做各种小跳动作移动时，头也随之从一边移动到另一边，头部的端庄显示了小天鹅从容不迫的温柔，腿部的急速动作则表现出其活泼、俏皮的儿童特征。四只"小天鹅"腿并着腿，整齐地进行灵巧、美妙的腿部动作，产生了奇妙的视觉效应，具有特殊的美感。"四小天鹅舞"这种"没有'手舞'，只有'足蹈'"的表现形式，正是对芭蕾舞"足尖上的艺术"最好的诠释。

《红色娘子军》（见图 9-26）以中国革命历史为背景，全剧充满革命激情，讲述了丫鬟琼花成长为坚定的共产主义战士的过程。该芭蕾舞剧不仅展现了西方古典芭蕾舞足尖的技巧，还突破了西方古典芭蕾舞的定式，将"倒踢紫金冠""乌龙绞柱"等中国古典舞、传统戏曲动作及"斗笠舞""五寸刀舞"等民族舞蹈成分巧妙融入其中，在芭蕾舞柔美优雅的基础上，彰显了革命者的英勇豪情和飒爽英姿，令人感觉耳目一新。

图 9-25　《天鹅湖》

图 9-26　《红色娘子军》

9.3.4　社交仪式——国际标准交谊舞

国际标准交谊舞（简称"国标舞"）也称体育舞蹈，它起源于欧洲，由民间舞蹈演变而来。18 世纪后，国标舞在欧洲各国成为一种普遍的社交活动，有"世界语言"之称。在现在的影视作品中，常有男女在舞会结伴跳国标舞的社交场面。

国标舞是两类共 10 种舞蹈的统称，分为摩登舞（或称"现代舞"）和拉丁舞两类。摩登舞持握姿势规范，步法精确，包括华尔兹、探戈、狐步舞、快步舞和维也纳华尔兹五个舞种。其中华尔兹的动作风格庄重典雅、舒展大方、华丽多姿、飘逸优美，有"舞中之后"的美誉；探戈起源于欧洲中西部的民间舞蹈"探戈诺"舞，动作风格刚劲挺拔、热烈狂放且变化无穷；狐步舞起源于美国，动作风格流动感强、舒展流畅、平稳大方；快步舞是一种快速四拍舞蹈，动作风格轻快活泼、圆滑流利、洒脱自由、快速多变，饱含动力感和表现力；维也纳华尔兹起源于奥地利，动作风格流畅华丽、轻松明快、翻跐回旋、活泼奔放。

拉丁舞的特点是持握姿势相对自由，步法灵活多变，舞曲节奏感强烈、热情奔放，舞态婀娜多姿，注重展示人体曲线。拉丁舞包括伦巴、桑巴、恰恰、斗牛舞和牛仔舞五个舞种。起源于古巴的伦巴风格浪漫奔放、性感热情、曼妙婀娜，有"拉丁舞之魂"的美誉；桑巴是巴西较具代表性的象征，是一种集体性的交谊舞蹈，桑巴的风格狂放不羁，动作幅度很大，节奏强烈，给人以激情似火的感觉；恰恰风趣诙谐、热烈俏美、步法利落、俏皮紧凑；斗牛舞澎湃激昂、雄壮强悍、动静鲜明、敏捷顿挫，盛行于西班牙；牛仔舞源于美国，风格快速粗犷、自由奔放、热情欢快。

图 9-27　华尔兹

图 9-28　街舞

下面重点介绍一下华尔兹（见图 9-27）。华尔兹通常是男女两位舞者对向站立，双手握持，女舞者上体后展，显示出女性脖颈和背部精致的曲线美。随着舒缓的音乐，两位舞者以一致的动作迈步、摆荡、旋转，穿梭在舞台上。舞步起伏连绵，舞姿华丽典雅，举手投足之间流露出一种端庄、优雅、高洁的气质，视觉观感极佳。

9.3.5　动感节奏——街舞

20 世纪 60 年代末，美国西部年轻人中流行起一种新兴的舞蹈形式，这种舞蹈节奏强烈，动作自由，充满跳跃感，并且拥有多种视觉冲击力强大的高难度旋转动作，具有一种"叛逆"的活力，在各种舞蹈中显得格格不入，这就是街舞。现在街舞（见图 9-28）已成为流行文化的代表之一，并得以专业化、精细化发展，分化出霹雳舞、锁舞、嘻哈舞、机械舞、雷鬼舞等多种类型。

2022 年 8 月，16 岁的中国女孩刘清漪在世界霹雳舞顶级赛事"Outbreak 2022 街舞大赛"上获得"女子 1 vs 1"项目冠军，更新了中国霹雳舞的历史纪录，也在国内掀起了一阵街舞风潮。

在决赛中，刘清漪充分展示了霹雳舞的风采。在热烈动感的音乐伴奏下，刘清漪以大量手撑地的快速脚步移动、各种倒立定格动作，以及在地板上或者空中做出的各种高难度身体旋转动作，为观众奉献了一场令人血脉偾张的精彩表演。通过全情发挥，刘清漪还充分表现了自己的独特个性，将自己对于霹雳舞的热爱和理解都熔铸其中。或许正是由于这种崇尚"个人表达"的精神特征，街舞才得以受到当代青年的普遍喜爱，成为十分受年轻群体欢迎的舞蹈形式。

思考与练习

练习一：思考与讨论

1. 舞蹈在社会生活中扮演着重要的角色，经常在庆典、祭祀、社会交际等重要场合出现，你认为这样的"具有鲜明社会意义的舞蹈"与"纯为艺术审美而生的舞蹈"在"美"的方面是否有差异？差异何在？请思考并与同学一起讨论。

2. 目前，舞蹈艺术正走向多元化，一些编创者一反常态，创作出了"无音乐伴奏舞蹈"，即在作品中无音乐、无伴奏，认为这样的表现形式能够让观众更集中于舞蹈本身，能够为作品提供更广阔的想象空间，赋予舞蹈作品更深刻的内涵。你如何看待这种舞蹈形式？请思考并与同学一起讨论。

练习二：认识与赏析

1.《丝路花雨》是甘肃敦煌艺术剧院取材于敦煌莫高窟壁画艺术，并博采各地民间歌舞之长创作的大型民族舞剧，首演于 1979 年，被评价为"为中国舞蹈剧开辟了新路"。2016 年，《丝路花雨》在经典的基础上推陈出新，在置景、服装方面再度突破，并引入多种现代科技手段，使整部舞剧的观感再上一个台阶。请观看《丝路花雨》的视频，对其进行赏析，谈一谈你所感受到的舞蹈之美。

2.《胡桃夹子》是由列夫·伊凡诺夫编导、柴可夫斯基作曲的俄罗斯古典芭蕾舞剧。该舞剧根据霍夫曼的童话故事《胡桃夹子与老鼠王》改编，讲述了女孩玛丽夜晚梦见胡桃夹子变成了一位王子，领着她经历一场童话历险的故事。整部舞剧充满了单纯而神秘的神话色彩，具有强烈的儿童音乐特色，被称为"圣诞芭蕾"。请观看《胡桃夹子》的视频，对其进行赏析，谈一谈你所感受到的舞蹈之美。

审美实践——班级舞会

跳舞是人类表达情绪的一种本能。同学们或许没有经过专业的训练，没有深厚的舞蹈功底，但这并不影响大家一起享受一个欢乐的班级舞会。下面请同学们在教师的组织和带领下，举办一次班级舞会。

一、活动名称

班级舞会。

二、活动主旨与意义

通过与班级同学一起跳舞，在共同活动中增进集体感情，同时感受舞蹈的氛围，获得亲身参与集体舞蹈的体验，从而提高审美能力和审美素养。

三、活动内容

同学们至多利用一周的课余时间进行舞会筹备和个人练习，然后利用一节课的时间举行班级舞会，活动内容如下。

1.班级讨论舞会的举办事项、舞种选择等，对初学者而言，简单的交谊舞步、围成圆圈跳的"锅庄舞"、不变换队形的踢踏舞等是比较适合的选择。注意，如果舞会可能发出很大的噪声，则需将场地移到室外，或选择专门的活动教室。

2. 准备舞会相关事宜，如联系场地、准备音乐等。对大学生个人而言，需要准备服装，练习舞蹈动作。

3. 在预定地点举办舞会，大家一起享受舞蹈的快乐，在活动过程中，同学们要注意安全，服从教师的组织和安排。

审美实践——观看舞蹈演出

舞蹈是一种现场的表演，只有在现场即时观看才能获得最直接、最完整的审美体验，从而领略到舞蹈更深层次、更本质的美。下面请同学们在教师的组织和带领下，就近观看一次舞蹈演出，并记录自己的感受。

一、活动名称

观看舞蹈演出。

二、活动主旨与意义

通过在现场实际观赏舞蹈作品，在演员的表演、舞蹈的编排、现场的气氛等因素的带动下体会舞蹈之美，从而提高艺术鉴赏力，感受舞蹈之美。

三、活动内容

同学们在教师的组织下，利用半天或一天时间完成此次活动，活动内容如下。

1. 集体讨论，选择要观看的舞蹈演出。通常，本市的音乐厅、剧院、公共演艺厅等会有舞蹈演出。此外，还可以选择观看校园内舞蹈专业、舞蹈社团的表演。

2. 进行参观，在参观过程中，同学们应听从教师的安排，并注意遵守举办方的相关规定，不得干扰演出进程。

3. 参观完毕后，同学们应记录自己的参观感受，解读和评价所观看的舞蹈节目。

第十章　唱念做打——戏剧之美

思政目标

- 通过对戏剧艺术相关知识的学习，增强民族文化自信。
- 提升文化素养，提高艺术审美力。

学习目标

- 了解戏剧艺术的概念及我国戏剧文化。
- 了解戏剧艺术的审美特征并熟悉各个类型的戏剧作品。

情境导入

四戏同源——湖北黄冈

湖北黄冈偏居一隅，在今天的国内文化艺术各个方面都没有太大的影响力，但要细究起来，它却是中国戏剧的源头之一，号称"四戏同源"。"四戏"是指楚剧、汉剧、京剧和黄梅戏。这四种戏的源头都在黄冈，形成了"四戏同源"的独特文化景观。黄梅戏虽然在安徽发扬光大，但却发源于黄冈地区的黄梅采茶调，这是不争的事实；发源于黄冈的二黄（黄冈、黄陂）与来自秦岭汉中一带的西皮结合形成了汉剧；汉剧与徽调结合又形成了京剧；来自黄冈的哦呵腔与孝感方言结合形成了楚剧。从这个意义来看，说黄冈是中国近代戏剧的故乡也不为过。

10.1　戏剧艺术

戏剧，指以语言、动作、舞蹈、音乐、木偶等形式达到叙事目的的舞台表演艺术的总称。文学上的戏剧概念是指为戏剧表演所创作的脚本，即剧本。戏剧的表演形式多种多样，常见的包括话剧、歌剧、舞剧、音乐剧、木偶戏、皮影戏等。戏剧是由演员扮演角色在舞台上当众表演故事的一种综合艺术。

10.1.1　以叙事为主的舞台表演艺术

戏剧艺术历史悠久，种类繁多，但无论何种戏剧，其形式都是演员在舞台上为观众现场演出故事，哪怕是皮影戏、木偶戏等特殊的戏剧，也是由演员操纵才得以表演。

但凡戏剧，必定需要为观众讲一个故事，通过故事的情境及其冲突展现作品的主旨。为了组织串联起整个故事，使演员能够"各安其位"，适时地做出对应的表演，因此，戏剧都需要剧本。"剧本剧本，一剧之本"，剧本是戏剧艺术创作的文本基础、编导与演员演出的依据，剧本包括台词（即戏曲之"念白"）和舞台说明。台词是剧中人物所说的话，而舞台说明则是对剧中人物关系、剧情发生环境、服装、道具、布景等的说明，二者共同组成了整部剧的全貌。现以《窦娥冤》剧本节选为例说明：

> （外扮监斩官上，云）下官监斩官是也。今日处决犯人，着做公的把住巷口，休放往来人闲走。（净扮公人鼓三通、锣三下科。刽子磨旗、提刀，押正旦带枷上）（刽子云）
>
> 行动些，行动些，监斩官去法场上多时了！（正旦唱）
>
> 【正宫】【端正好】没来由犯王法，不提防遭刑宪，叫声屈动地惊天！顷刻间游魂先赴森罗殿，怎不将天地也生埋怨？
>
> 【滚绣球】有日月朝暮悬，有鬼神掌着生死权，天地也，只合把清浊分辨，可怎生糊突了盗跖、颜渊？为善的受贫穷更命短，造恶的享富贵又寿延。天地也，做得个怕硬欺软，却原来也这般顺水推船。地也，你不分好歹何为地？天也，你错勘贤愚枉做天！哎，只落得两泪涟涟。

以上剧本中，凡"（　　）"内的内容，都属于舞台说明；正常行文的则是台词；而"【　】"则是曲调和曲牌名。通过剧本，各个演员便可清楚地知道自己在舞台上如何动作、如何唱词，如此便能够在舞台上演出对应的剧目。

剧本上的戏剧，还需要演员演出来才算完整，作为一门舞台表演技术，演员是戏剧最重要的"元素"，演员作为角色的代言人，在舞台上须扮演角色、演出台词，如此，剧本中的角色才能得以伸张，剧本的情节方才能够得以推进，"戏剧"这一戏剧形式才能得以成立。对于同一个剧本的同一角色，不同的演员能够演出不同的效果；对于同一个演员，在不同的场次也会因为个人发挥而呈现出不同的表演效果。因此，格洛托夫斯基说："演员个人表演技术是戏剧艺术的核心。"

10.1.2　戏剧的表现形式

人具有喜、怒、哀、乐等多样的情感，在艺术的感染下，我们的情感会自然地生发，产生悲、喜、崇高、滑稽、幽默、讽刺等一系列不同的情绪体验。这种现象表现在戏剧艺术中，便有悲剧、喜剧、正剧之分，观悲剧可落泪神伤；观喜剧可开怀大笑；观正剧则各种情绪兼而有之，悲喜交加。

1. 悲剧

悲剧是最古老的戏剧题材，它源于古希腊，由酒神节祭祷仪式中的酒神颂歌演变而来。在悲剧中，主人公往往虽心怀正确的愿景和正义的精神，却历经不公、困难、挫折、失败乃至死亡，鲁迅先生所言"悲剧将人生的有价值的东西毁灭给人看"（《再论雷峰塔的倒掉》）可谓是对悲剧的精准概括。

无论是东方还是西方，无论是古代还是现代，悲剧都是剧作家们热爱的题材，《俄狄浦斯王》（见图 10-1）、《哈姆雷特》、《窦娥冤》（见图 10-2）、《雷雨》、《梁山伯与祝英台》等都是经典的悲剧作品。为什么人们喜爱观看悲剧，并能从人的悲痛与苦难中获得美的体验呢？亚里士多德在《诗学》中指出：悲剧能够"使人产生怜悯和恐惧并从体验这些情感中得到快感"。悲剧的美感，正在于其把这种消极的情感变成了美的创造的原料，观众在欣赏悲剧的过程中，

"否定性的情感便被我们以精神的力量加以疏导、宣泄与净化，并在疏导、宣泄、净化的过程中对这些情感重新加以'体验'，把它们转化成一种高尚、纯洁、爱我人类的慈悲情怀与追求自由的奋发精神"（董健等《戏剧艺术十五讲》）。

图 10-1　《俄狄浦斯王》意境油画

图 10-2　《窦娥冤》剧照

悲剧因为其"悲"，才有"悲壮"的气质，悲剧主人公的巨大痛苦、悲惨遭遇、毁灭的结局，更显示其强大的精神力量和人格魅力，从而造就了严肃而崇高的英雄气概或者强大的正面引导力量。天神普罗米修斯因为维护人类而被缚于高加索的山岩上，饱受折磨而不屈服（埃斯库罗斯《被缚的普罗米修斯》）。韩厥、程婴、公孙杵臼为救赵氏遗孤，舍生忘死，保护孤儿生存（纪君祥《赵氏孤儿》）（见图 10-3）。哪怕是弱质女流窦娥，在蒙冤被处决前，也敢于痛斥上苍，石破天惊地喊出："地也，你不分好歹何为地？天也，你错勘贤愚枉做天！"她又何尝不是一位"悲情的英雄"！正因为人物"悲剧"的结局，人物的品格和精神才更得以升华，故事的内涵才更能得到体现，观众才能在经受艺术震撼之余产生深度的思考，这就是"悲剧精神"。

梁山伯与祝英台的故事是中国四大民间传说之一。我们通过祝英台女扮男装并且主动向梁山伯示爱的故事情节，能更深一步地体会古代社会中女性大胆追求真爱、渴望美好爱情的个人情感。梁祝的爱情悲剧，使人们认真思考包办婚姻制度在某些方面的局限性，为改善婚姻制度提供了有益的帮助。如果说，梁祝的婚姻被残酷葬送具有强烈的悲剧意义，那么它的"化蝶"结尾便富有积极意义。活着追求不到的东西，在死后继续"追求"，终于得到。"化蝶"的结局，体现了爱情的伟大力量，也体现了人们对美好事物的执着追求。千百年来，这种力量一直鼓舞着人们同一切为了私利而破坏世间的美好的顽固邪恶势力作斗争（见图 10-4）。

图 10-3　《赵氏孤儿》剧照

图 10-4　《梁山伯与祝英台》剧照

2. 喜剧

喜剧是和悲剧相对应的题材，情调轻松、活泼，洋溢着欢欣、喜悦，往往以代表进步力量的主人公获得胜利或如愿以偿为结局。

喜剧一般以夸张的手法、巧妙的结构、诙谐的台词及对喜剧性格的刻画，从而引发人们对丑的、滑稽的东西予以嘲笑，对正常的人生和美好的理想予以肯定。喜剧源于古希腊，由在收获季节祭祀酒神时的狂欢游行演变而来。在喜剧中，主人公一般以滑稽、幽默及对旁人无伤害的丑陋、怪癖，表现生活中或丑、或美、或悲的一面。由于艺术家表现的角度不同，手法不一致，所以，喜剧可划分出不同的类型，包括讽刺喜剧、即兴喜剧、幽默喜剧、欢乐喜剧、正喜剧、荒诞喜剧与闹剧等。

喜剧的艺术特征是"寓庄于谐"。"庄"是指喜剧的主题所体现的深刻社会内容；"谐"则指主题思想所赖以表现的形式是诙谐可笑的。在喜剧中"庄"与"谐"是处于辩证统一的状态。失去了深刻的主题思想，喜剧也就失去了灵魂；但没有诙谐可笑的形式，喜剧也就不能成为真正的喜剧。因而喜剧对丑的东西的批判总是间接而又意味隽永的，它往往要调动审美主体的积极情感去抨击丑的事物，在嘲笑中显出正义的力量，达到批判的效果。因而在表现手法中喜剧善用倒错和自相矛盾的技巧，在倒错的形式中显示真实。如《红楼梦》中宝玉、薛蟠等人行酒令一场，呆霸王胸无点墨，粗俗不堪，却偏偏附庸风雅，急得万般无奈，抓耳挠腮，终于闹出了"绣房里钻出个大马猴"之类的笑话。这个滑稽可笑的情节正是绝妙地讽刺了这个恶

图 10-5 《五朵金花》剧照

少丑的形象，他的伪装斯文掩盖不了自己粗俗无赖的本质，因而这种欲盖弥彰的倒错更为可笑。这种手法不仅表现在喜剧中，在悲剧中它也表现为喜剧的效果。如《窦娥冤》中的县令桃杌给告状的张驴儿下跪叫他衣食父母的情节，这种极端突出并夸张生活中的倒错的现象也能创造出绝好的喜剧效果。这类倒错巧合、误会的手法也常用在歌颂类的喜剧中，如《女理发师》《五朵金花》（见图 10-5）等。另外，喜剧还善用夸张的手法，例如上面列举的内容，还有卓别林的表演，中国的传统相声表演技巧，等等。

喜剧的笑，能使人暂时摆脱尘俗的负担，进入轻松活泼的情调，内心得到抚慰和开解，将生活的烦恼抛诸脑后，甚至培养出笑看一切的豁达胸怀，因为喜剧在曲折过后，总会峰回路转，以光明和美满为结局。好的喜剧不仅能引人发笑，令人轻松、愉快，更能使人在笑过之后产生更为深入的思考，受到更为深刻的触动。

3. 正剧

悲剧和喜剧在很长一段时间之内都是戏剧艺术的主流，但在漫长的发展中，逐渐出现了戏剧的第三种形式"正剧"。狄德罗指出："一切精神事物都有中间和两极之分。一切戏剧活动都是精神事物，因此似乎也应该有个中间类型和两个极端类型。两极我们有了，就是悲剧和喜剧。但是人不至于永远不是痛苦便是快乐的。因此，喜剧和悲剧之间一定有个中间地带。"随后，狄德罗创作并推广了他自称为"严肃剧"的剧目，它不拘泥于悲剧和喜剧的划分，灵活利用了两者的有利因素，能够更好地表现生活，这便是后来的"正剧"。

正剧的外部表现特征，主要在于人物命运、事件结局的完满性。它既指完美的收场、幸福的结局，又指生活的肯定方面或生活的否定方面。主人公也像悲剧人物那样追求着历史的必然要求，所不同的是，这种要求在悲剧中不可能实现，而在正剧中则具备了实现的可能性。在喜剧中，不合乎历史潮流的要求被当作现实的目的而被追求着，而在正剧中，不合乎历史潮流的要求则被否定掉。从这个方面来讲，正剧更贴近普通人的日常生活。

正剧可以表现更为复杂丰富的性格与情感。它既可以包含悲剧的崇高和喜剧的滑稽，也可以表现更细致复杂的情感，比如曹禺的《北京人》（见图 10-6）被研究者称为中国最伟大的悲喜剧（正剧）。愫芳的崇高和江泰的滑稽同样是非常感人的。

图 10-6　《北京人》剧照

10.1.3　中华戏曲文化

我国是戏剧大国，传统戏剧在我国有一个特定的称谓——"戏曲"。中国戏曲虽然比希腊、印度的古典戏剧产生得晚一些，但是早在汉代就有了百戏的记载，到 13 世纪已进入成熟期，其鼎盛时期是在清代。新中国成立之初，已经发展到 300 多个剧种，剧目更是难以数计。世界上把它和希腊悲喜剧、印度梵剧并称为三大古老的戏剧文化。戏曲始终扎根于中国民间，为人民喜闻乐见。而在其中，京剧、豫剧、越剧、黄梅戏、评剧依次称为中国五大戏曲剧种。其他各种地方剧种都有自己的观众对象，远离故土家乡的人甚至把听、看民族戏曲作为思念故乡的一种表现形式。

早在杂剧兴盛时，戏曲中的角色被分为各种"行当"，每个行当，都是一个形象系统，同时也是一个相应的表演程式系统，这是中国戏曲所特有的表演体系。各类剧种行当的数量不一，就京剧而言，角色有"生、旦、净、丑"四行。其中，生行包括须生（亦称老生，中年以上的剧中人，口戴胡子）、红生（勾红脸的须生，如扮演关羽等）、小生（指演剧中的年轻男性）、武生（戏中的武打角色）、娃娃生（儿童一类的角色）等；旦行全为女性角色，包括青衣（贤妻良母型角色）、花旦（性格开朗的妙龄女子角色）、武旦（戏中的女性武打角色）、老旦（中老年妇女角色）等；净行又称"花脸"，要扮演在性格、品质或相貌等方面具有突出特点的男性人物，又分唱工花脸（重唱功）、架子花脸（以工架、念白、表演为主）和武净（重武戏）；丑行是指扮相不俊美的角色，分为文丑、武丑两种，文丑是剧中各类诙谐人物，武丑则是擅长武艺、性格机警、语言幽默的男性人物。随着戏曲的发展，行当已经不单指角色分类，还指专门扮演该行当的演员，如"京剧四大名旦"便是指梅兰芳、程砚秋、荀慧生、尚小云四位京剧旦角行当中的名角。

我国戏曲的表演方法被概括为"四功五法"，既是演员表演的必备技能，也是观众欣赏表演、评判演出效果的切入点。"四功"者，唱、念、做、打，"唱"即歌唱，讲究以情带声，依字行腔，字正腔圆；"念"即说台词，讲究吐字清晰，"快而不乱，慢而不断"；"做"是动作的程式化、舞蹈化的具体体现；"打"则是舞蹈化的武术动作。"五法"是指手、眼、身、法、步五种技法，"手"是手势，"眼"是眼神，"身"是身段，"步"是步态，而"法"是以上四种技法运用的规矩和方法。手、眼、身、法、步将对表演的要求细化到具体的身体部位，是对生活场景中人物动作的高度提炼，从而使演员在台上的一举一动都能够体现角色的不同思想情感和心理活动。

10.2 戏剧艺术与审美

鲁迅先生在《社戏》中描写了儿时看社戏的场面，"近台的河里一望乌黑的是看戏的人家的船篷"，可见当地人家对戏剧的热衷。在影视作品普及之前，看戏是人们长期最重要的娱乐和社交活动之一。戏剧究竟有何魅力，使其能超越其他艺术形式，成为广受大众喜爱的艺术？

10.2.1 综合性的艺术体验

作为一种舞台表演艺术，戏剧为大众奉献了最为综合性的艺术体验，在戏剧中，人们能体验绘画般的精致画面，感受文学性的故事编排，聆听美妙的音乐，欣赏动人的舞蹈，观看精彩的武术……这些艺术形式以戏剧的方式组合在一起，空间性与时间性兼具，视觉与听觉具备，迸发出新的火花，造就了戏剧独一无二的戏剧表现力。

图 10-7 《魔笛》剧照

《魔笛》（见图 10-7）是莫扎特创作的歌剧，故事中，塔米诺王子在森林中戏剧性地来到了夜后的王国，并与夜后的女儿帕米娜相爱，而夜后要求帕米娜刺杀祭司长萨拉斯特罗后才允许他们成婚，这让善良的帕米娜难以接受。

这一段，由夜后唱《夜后的咏叹调》，这首曲子充满力量的压迫感，激烈而亢奋的情绪表达，在夜后以华丽又有力的高音花腔向女儿宣布"必须杀死萨拉斯特罗，完成复仇使命，否则再无母女之情"后，观众哪怕身在观众席，也能够感受到歌声中强大的压迫力。而台上的女儿帕米娜也确实在母亲的威压下来回躲闪，夜后则强势地步步紧逼。在服装上，夜后及其随从身着黑色长裙，显示出严酷的气质，而帕米娜则是一身白裙，显得柔弱而孤单。由此，音乐、表演和服装结合在一起，形成了统一的气氛，表现出夜后的强势和不近人情，以及帕米娜受迫的惶恐。多种艺术形式的有机结合，使戏剧的艺术表现力尤为突出，观众也获得了更生动、更有代入感的艺术体验。

10.2.2 代入性的表演

在戏剧综合体中，演员的表演艺术居于中心、主导地位，它是戏剧艺术的本体。戏剧要求演员凭借自己的形体动作、语言、情感，在舞台上为观众表演出另一个人物，这就要求演员入戏，将自己代入角色之中，将角色"演活"，如此才能带动观众"入戏"，博得观众的喝彩。

在京剧《杨门女将》（见图 10-8）中，佘太君是一个非常出彩的角色。开场时，佘太君正在准备给自己的孙子——外出领兵的杨宗保过 50 岁生日，出场便是一阵豪爽的笑声，唱道："为孙儿庆生辰满心欢畅……"喜气洋洋溢于言表。然而此时，杨宗保已经战死，其妻子穆桂英和母亲柴郡主已得知消息，只是不敢叫老太太知晓。但很快，佘太君就敏锐地从两人的神情中发现事情不对，唱："桂英儿平日里颇有酒量，为什么一杯酒醉倒在厅堂……"喜悦褪去，担忧泛起。待众人交代真相，佘太君悲从中来，唱："听一言如雷震魂飞目眩。"其间，佘太君神情悲戚，手指颤抖，几乎栽倒在地。而在经历了"寿宴变灵堂"的悲剧后，佘太君又立即投入军国大事中，主动请缨率领杨门女将抗击外敌，面对主和派的王辉"经国大事，非同儿戏，不能只为杨家报仇不计国家利害"的谬论，更是毅然反驳道："王大人且慎言，莫乱测我忠良之心……到如今宗保边关又丧命，才落得老老小小，冷冷清清，孤寡一门，我

图 10-8　《杨门女将》剧照

也未曾灰心！杨家要报仇我报不尽，哪一战不为江山，不为黎民！"神色凛然，怒气与豪气兼备。几段精彩的表演，将佘太君这一形象对儿孙的慈爱、对家人神情的敏锐洞察、对家国大事的勇敢担当都表现得淋漓尽致，慈爱的长辈、权威的家长、英勇的统帅这三重不同的身份在佘太君这一角色身上得到了统一，可以说是演员的表演，演出了佘太君巾帼英雄的风范，让这个人物真正"立"住了。

　　演员的表演是整部戏剧演出效果的决定性因素，在没有配角的"独角戏"中，主角的表演更是重中之重。韩国美丑剧团曾在 2014 年"第二届乌镇戏剧节"上演出话剧《墙壁中的精灵》，这便是一部"独角戏"，主演金星女在其中分别饰演了 30 多个角色，从儿童到耄耋老人，从清纯少女到粗鲁流氓，金星女在角色中跳进跳出，没有流露出丝毫夸张做作的表演痕迹，做到了从始至终的完整与和谐一致。精湛的演技使"一人分饰多角"的设计非但没有使观众产生违和感，反而赋予了《墙壁中的精灵》独特的艺术感染力，剧中一家人不离不弃、始终如一的坚守和陪伴更加感人至深。

10.2.3　超脱现实的虚拟性

　　虽说"戏剧艺术是现实的镜子"，但艺术终究不是现实，其艺术效果呈现依赖于虚拟性。在戏剧中，虚拟性使神仙鬼怪都能够悉数登场，《白蛇传》《闹天宫》等都纷纷被搬上戏台。虚拟性使演员们能够在咫尺戏台和有限的表演时间内演出复杂的故事，"三五步走遍天下，七八人百万雄兵""咫尺地五湖四海，几更时万古千秋"，时间和空间的局限都在戏剧中被打破，使戏剧有了无限的可能。

　　京剧《三岔口》讲述了任堂惠暗地里保护被发配沙门岛的焦赞至三岔口夜宿，店主刘利华夜中欲救焦赞而被任堂惠误会，二人在黑夜中搏斗的故事。

　　《三岔口》（见图 10-9）全剧的中心是一场摸黑搏斗，但演出时总不可能把舞台上的灯关掉让观众看不见影，于是便要求两位演员在灯火通明的舞台上虚拟一场夜中决斗。只见舞台上，两位演员谨小慎微，用耳朵听，用鼻子嗅，用手摸索追踪，咫尺却仍然无法觉察到对方。两人有时无的放矢，对着无人处攻击；有

图 10-9　《三岔口》剧照

时又偶然接触，旋即爆发出一场快速而激烈的交锋，险象环生，刀锋从头顶、鼻尖削过。摸索时的小心、出招时的试探、对方在眼前却视而不见的神情……两位演员如同真在一间黑暗的斗室中搏杀。这样的表演让观众直呼过瘾，可谓是戏剧"虚拟性艺术表现"的典范。

10.2.4　情节中的矛盾冲突

19世纪末，法国戏剧理论家布伦退尔指出：舞台乃是人的自觉意志发挥的场所，人物的自觉意志的发挥必定会遇到阻碍，主体为克服阻碍就要与之斗争，这就构成了"意志冲突"，戏剧的本质就在于此。美国戏剧理论家J.H.劳森则把戏剧的本质归之为"自觉意志在其中发挥作用的社会性冲突"。他认为：由于戏剧是处理社会关系的，而人的自觉意志又必须受社会必然性的制约，因而，真正的戏剧性冲突必须是社会性冲突。这种观念可以用一句话来表述："没有冲突就没有戏剧。"中国东汉时期的许慎在《说文解字》中提出："戏，始于斗兵，广于斗力，而泛滥于斗智，极于斗口。"他认为戏剧是最富于冲突的生活场景的升华。

我们可以发现，在所有的戏剧中，都有一个或几个"中心矛盾"，在《罗密欧与朱丽叶》中，中心矛盾是两大家族对他们爱情的反对；在《赵氏孤儿》中，中心矛盾是赵氏遗孤被仇人追杀；《威尼斯商人》的中心矛盾则是既要按照契约执行，又要保全安东尼奥的生命。这些中心矛盾是戏剧情节的核心，也是戏剧吸引观众的主要因素，待到冲突解决，戏剧落幕，观众的一颗心也终于放下，可以尽情喝彩。

图10-10　《哈姆雷特》剧照

《哈姆雷特》（见图10-10）是英国剧作家威廉·莎士比亚最具代表性的名作之一，是世界上颇负盛名的一部悲剧作品。《哈姆雷特》以主人公丹麦王子哈姆雷特为报父仇，与现任国王、叔父克劳狄斯的矛盾冲突为主线，叠加了哈姆雷特恋人奥菲莉娅的哥哥雷欧提斯为父报仇等次要的矛盾冲突。在剧情的矛盾冲突之下，隐藏的是哈姆雷特内心的矛盾，即《哈姆雷特》开篇便抛出的"生存还是毁灭，这是个问题"。父亲的死亡、母亲的背叛、恋人的自尽，主角哈姆雷特的世界一下子天翻地覆，理想、亲情、爱情、友情破灭之后，迷惘、焦虑、惶惶不安的情绪，以及为父报仇的责任与勇敢同时降临在他身上，优柔寡断的哈姆雷特对亲情、爱情、社会和人生都产生了疑问和怀疑。当哈姆雷特在"应该行动"和"怎样行动"之间苦苦挣扎、延宕不已之时，局势无可避免地倒向悲剧，最终以哈姆雷特与克劳狄斯同归于尽而收场。

哈姆雷特作为一个悲情的英雄，他在外部的逼迫和内心的煎熬下，最终坚定地奋起反抗，付出了生命的代价。"生存还是毁灭"这个问题在剧中并没有给出答案，但还是成为无数观众细细思索的问题，因为哈姆雷特的内心冲突在任何时代、任何人身上都不鲜见，当《哈姆雷特》以戏剧的形式展现出这种冲突所导致的悲剧时，自然拥有了直击人心的力量。

10.3　戏剧艺术作品鉴赏

"尧舜净，汤武生，桓文丑旦，古今几多角色？日月灯，云霞彩，风雷鼓板，宇宙一大戏台。"戏剧艺术可谓包罗万象，无数的故事在戏台上上演，无论是我国戏曲，还是西方戏剧，无不是观者麇集，满堂喝彩。

10.3.1　华夏国粹——京剧

京剧被视为我国传统社会戏曲审美理想的集大成者，有"国剧""国粹"的美誉，故事大多取自历史演义和小说话本，擅长于表现历史题材的政治和军事斗争，其唱腔属于板式变化体，以二黄、西皮为主要声腔，因此也有"皮黄"的别称。京剧流播全国，影响甚广，以梅兰芳命名的京剧表演体系被视为东方戏剧表演体系的代表，为世界三大表演体系之一。

据统计，京剧的传统剧目有 1300 多个，常演的有三四百个，其中不乏传世之经典。杨贵妃与唐玄宗的故事在我国可谓家喻户晓，绘画、诗歌、小说等都有以其为题材创作的经典作品，京剧自然也不例外。《贵妃醉酒》是一出单折戏，又名《百花亭》，源于乾隆时一部地方戏《醉杨妃》的京剧剧目，该剧在京剧大师梅兰芳倾尽毕生心血精雕细刻、加工点缀之下脱俗就雅，博得好评无数，现在已是梅派经典代表剧目之一。

《贵妃醉酒》（见图 10-11）的主要剧情非常简单：唐玄宗先一日与杨贵妃相约，命杨贵妃次日设宴于百花亭，同往赏花饮酒。第二天，杨贵妃提前赶赴百花亭，备齐了果酒宴席，等候唐玄宗驾临，但是苦等良久，唐玄宗车驾迟迟不至。不知过了多久，才有人来报，说唐玄宗早已幸江妃宫（江妃即梅妃，江采萍），杨贵妃一时妒忌、失望、哀怨，万端愁绪涌上心头，无以排遣，遂命高力士、裴力士添酒回灯重新摆起酒宴，杨贵妃借酒消愁，饮至大醉，后来怅然返宫。

京剧舞台艺术在文学、表演、音乐、唱腔、锣鼓、化妆、脸谱等各个方面，通过无数艺人的长期舞台实践，构成了一套互相制约、相得益彰的格律化和规范化的程式。它作为创造舞台形象的艺术手段是十分丰富的，而用法又是十分严格的。不能驾驭这些程式，就无法完成京剧舞台艺术的创作。由于京剧在形成之初，便进入了宫廷，使它的发育成长不同于其他地方剧种，要求它所要表现的生活领域更宽，所要塑造的人物类型更多，对它的技艺的全面性、完整性也要求得更严，对它创作舞台形象的美学要求也更高。当然，也相应地使它的民间乡土气息减弱，纯朴、粗犷的风格特色相对淡薄。因而，它的表演艺术更趋于虚实结合的表现手法，最大限度地超脱了舞台空间和时间的限制，以达到"以形传神，形神兼备"的艺术境界。表演上要求精致细腻，处处入戏；唱腔上要求悠扬委婉，声情并茂；武戏则不以火爆勇猛取胜，而以"武戏文唱"见佳。

随着时代的发展和社会的进步，在新中国成立后，文艺工作者们创作了一批讴歌革命胜利，展现爱国情怀的优秀新剧目，使古老的京剧传统走向现代，如《奇袭白虎团》《智取威虎山》《沙家浜》等。其中反响最大、影响最广的便是以电影《自有后来人》改编的京剧艺术片《红灯记》。

《红灯记》（见图 10-12）是一部"红色戏剧"，讲述了我党地下工作者李玉和一家三代，为向游击队传送密电码而前仆后继、与日寇不屈不挠斗争的英雄故事。中国共产党党员李玉和以铁路工人为掩护身份，在一次与交通员接头时，接到了将密电码交给柏山游击队"磨刀人"的任务，但此情报被日寇探知，日寇破坏了李玉和与"磨刀人"的接头。后来李玉和被叛徒出卖，身份泄露，面对敌人软硬兼施的伎俩也没有开口，与母亲二人被日寇残忍杀害，仅余孤女李铁梅在邻居的掩护下逃出虎口，把密电码交给游击队长，完成了父亲的任务。

图 10-11 《贵妃醉酒》剧照

图 10-12 《红灯记》剧照

10.3.2 百戏之师——昆曲

元末明初，昆山顾坚草创昆曲。明代嘉靖年间，以太仓魏良辅为首的曲家群落引进了北曲和先进的北曲乐理及传统的声韵学说，对昆曲进行了大规模的改革，形成了新的声腔，且广受欢迎。后来昆曲逐渐发展，自明代中叶以来盛行中华 300 余年，对京剧、川剧等诸多戏曲都有深厚的影响，故有"百戏之祖，百戏之师"的雅称。昆曲由歌、舞、表演、故事四个艺术要素组成基本内容，其中"歌"指音乐唱腔，"舞"是身段，"表演"是叙事或代言过程中的唱、念、做、打，"故事"则是戏剧情节。昆曲融诗、词、赋、赞于一炉，直承古典文学传统，同时保持了中国古代戏曲的曲牌体，歌者须"依字行腔"，保留了中国古典文艺的韵味，是中国传统戏剧的典型代表，其著名的剧目包括《牡丹亭》《桃花扇》《鸣凤记》《义侠记》《长生殿》等，同时在近现代也有一些新编剧目如《南唐遗事》《偶人记》《司马相如》《班昭》等。

《牡丹亭》（见图 10-13）是明朝剧作家汤显祖创作的传奇，该剧描写了大家闺秀杜丽娘在

图 10-13 《牡丹亭》剧照

梦中与书生柳梦梅倾心相爱，后伤情而死，化为魂魄寻找爱人，最终起死回生，与柳梦梅终成眷属的故事。《牡丹亭》是中国戏曲史上杰出的作品之一，也是昆曲的经典剧目，深得昆曲文辞典雅、婉转清丽之三昧。

昆剧表演的最大的特点是抒情性强、动作细腻，歌唱与舞蹈的身段结合得巧妙而和谐。昆剧是一种歌、舞、介、白各种表演手段相互配合的综合艺术，长期的演剧历史中形成了载歌载舞的表演特色，尤其体现在各门角色的表演身段上。昆剧的戏曲舞蹈多方吸收和继承了古代民间舞蹈、宫廷舞蹈的传统，通过长期舞台演出实践，积累了丰富的说唱与舞蹈紧密结合的经验，为适应叙事写景的演出场子的需要，创造出许多偏重于描写的舞蹈表演，与"戏"配合，成为故事性较强的折子戏。代表性剧目如《西川图·芦花荡》《东窗事犯·扫秦》《拜月亭·踏伞》《宝剑

记·夜奔》《连环记·问探》《虎囊弹·山亭》等。

10.3.3　西方艺术明珠——歌剧

歌剧（英文：opera，意大利语：opera）是一门西方舞台艺术，简单而言就是主要或完全以歌唱和音乐来交代和表达剧情的戏剧（是唱出来而不是说出来的戏剧）。歌剧最早出现在 17 世纪的意大利，继而传播到欧洲各国，而德国的海因里希·许茨、法国的让·巴普蒂斯特·吕利和英格兰的亨利·珀赛尔分别在他们自己的国家，开创了 17 世纪歌剧的先河。一直到 18 世纪，意大利歌剧依然是欧洲的主流。

一般而言，较之其他戏剧不同的是，歌剧演出更看重歌唱和歌手的传统声乐技巧等音乐元素。歌手和合唱团常有一队乐器手负责伴奏，有的歌剧只需一支小乐队，有的则需要一个完整的管弦乐团。有些歌剧中会穿插舞蹈表演，如不少法语歌剧都有一场芭蕾舞表演。歌剧被视为西方古典音乐传统的一部分，因此和经典音乐一样，流行程度不及当代流行音乐，而近代的音乐剧被视为歌剧的现代版本。

意大利歌剧《茶花女》（见图 10-14）改编自亚历山大·小仲马的同名小说，由作曲家朱塞佩·威尔第作曲。该剧自 1853 年首演以来，至今已经是全世界范围内常被演出的歌剧，被称为"世界歌剧史中的最灿烂的宝石"。原著作者小仲马曾无限感慨地说："50 年后，也许谁也记不起我的小说《茶花女》了，但威尔第却使它成为不朽。"

图 10-14　《茶花女》剧照

《茶花女》全剧共三幕，讲述了巴黎名流交际花薇奥莱塔（茶花女）和年轻作家阿尔弗莱德不顾身份地位的悬殊及世俗礼教倾心相许，却被阿尔弗莱德的父亲秘密干涉而分开并产生误会，待误会解除之时，薇奥莱塔已沉疴难起，最终在阿尔弗莱德的面前香消玉殒，留下永远的遗憾。剧中优美抒情的音乐旋律、真挚感人的咏叹比比皆是，第一幕中男女主角对唱的《饮酒歌》更是世界闻名。这首曲子表现了阿尔弗莱德在宴会上借祝酒对薇奥莱塔倾诉爱慕，而薇奥莱塔也同样祝酒回答的场景，揭示了两人互相倾慕的内心想法。这首曲子全曲贯穿着轻快的舞曲节奏、明亮的色彩及六度大跳的旋律动机，热闹欢快、充满活力，让观众感受到阿尔弗莱德和薇奥莱塔之间美妙的爱情。

10.3.4　对话与独白——话剧

话剧是以对话方式为主的戏剧形式，于 19 世纪末 20 世纪初来到中国。与传统舞台剧、戏曲相区别，话剧主要叙述手段为演员在台上无伴奏的对白或独白，但可以使用少量音乐、歌唱等。郭沫若的《屈原》、老舍的《茶馆》、曹禺的《雷雨》、苏叔阳的《丹心谱》等，都是我国著名的话剧。

《茶馆》（见图 10-15）是现代文学家老舍于 1956 年创作的话剧，自 1958 年 3 月焦菊隐、夏淳导演的《茶馆》首次被北京人民艺术剧院搬上话剧舞台，60 多年来演出不辍，已成为我国话剧的经典剧目之一。

《茶馆》结构上分为三幕，以老北京一家叫裕泰的大茶馆的兴衰变迁为背景，展示了戊戌

图 10-15 《茶馆》剧照

变法、军阀混战和新中国成立前夕近半个世纪里的风云变幻与社会上的众生百态。三幕话剧中，共上场 70 多个人物，三教九流鱼龙混杂，一个茶馆便是一个微缩的社会。而胆小、精明的茶馆老板王利发周旋于众多人物之中，小心翼翼地维持着茶馆的经营。

茶馆全剧由几个几乎没有联系的小故事组成，但形散神聚，通过常四爷因为说了一句"大清国要完"被抓进监狱、破产农民康六被迫将 15 岁的女儿卖掉、大批难民进城讨饭、巡警兵痞前来敲诈等情节揭露时代的黑暗和劳苦大众的苦难，裕泰茶馆也是一幕更比一幕破败，显示出旧中国衰落和灭亡的必然性。结尾时，王利发、常四爷、秦仲义三位老人在凄凉、绝望中，撒纸钱"祭奠自己"，同时也是在给旧时代送葬，而康顺子、王大栓等人则选择投奔西山抗日游击区，在这场悲剧的最后显示出新的希望。

思考与练习

练习一：思考与讨论

1. 在中华大地上，几乎每一个地方都有自己的特色地方剧种，你家乡的地方剧种是什么？你对其有哪些了解？请思考并和同学一起讨论：你家乡的"地方戏"有何艺术魅力？它们现在的传承状况如何？

2. 随着影视艺术的发展和普及，戏剧艺术受到了极大的冲击。目前，戏剧艺术已经由一种几乎全民参与的"大众艺术"转变为以部分爱好者为主要受众的"小众艺术"，当代年轻人更是难有机会真正坐到剧院里完整地看一部戏。请你思考并和同学一起讨论：戏剧艺术在今天应该如何发展或改良，才能被更多人欣赏和喜爱？

练习二：认识与赏析

1. 爱尔兰现代主义剧作家塞缪尔·贝克特创作的《等待戈多》是荒诞派戏剧的开山鼻祖，通过两个流浪汉苦等"戈多"，而"戈多"不来的情节，表现了一个"什么也没有发生，谁也没有来，谁也没有去"的荒诞情节。请观看《等待戈多》的视频，对其进行赏析，谈一谈你所感受到的戏剧之美。

2. "当年海上惊雷雨"是茅盾先生对话剧《雷雨》在我国上演引起的巨大轰动所给予的一句描述。《雷雨》是"东方莎士比亚"——曹禺的代表作品，是我国话剧的奠基之作，更是我国话剧史上永远的丰碑。请观看《雷雨》的视频，对其进行赏析，谈一谈你所感受到的戏剧之美。

审美实践——班级情景剧

大学生想要参与到戏剧艺术中，最好的载体是"情景剧"。情景剧场景简单、无须配乐、篇章短小，适合表演基础薄弱的非戏剧专业大学生。请同学们自己编排并上演一段情景剧。

一、活动名称

班级情景剧。

二、活动主旨与意义

通过参与戏剧作品的表演或各种幕后工作，获得戏剧艺术创作的亲身体验，从而提高艺术创造力和鉴赏力。

三、活动内容

同学们至多利用一周的课余时间进行筹备，然后利用一节课的时间进行情景剧表演，具体活动内容如下。

1. 班级集体讨论剧本，可以自己撰写，也可以用影视作品改编，还可以直接用网络上的成熟剧本。然后分配工作，如导演、编剧、演员、旁白、布景人员、服装师、道具师等，尽量保证每个人都投入情景剧创作中。

2. 准备情景剧相关事务，如联系场地、布置舞台、准备所需服装等。演员需要熟悉剧本、练习表演。如果条件允许，可以进行几次排练。

3. 在预定地点进行情景剧演出，没有演出任务的同学作为观众。在活动过程中，同学们要注意安全，服从教师的组织和安排。演出后可以进行一次集体讨论和评价。

审美实践——看戏

无论是传统戏曲，还是西洋戏剧，在剧场里亲身观看能获得最佳的观赏体验，更能领略到戏剧艺术的美。请同学们在教师的组织和带领下，就近观看一场戏剧表演，并记录自己的感受。

一、活动名称

看戏。

二、活动主旨与意义

通过在现场实际观看戏剧，从演员的表演、舞台美术、现场配乐等方面欣赏和享受戏剧艺术，接受戏剧艺术的熏陶，提高审美素养。

三、活动内容

同学们在教师的组织下，利用半天或一天时间完成此次活动，活动内容如下。

1. 集体讨论并选择待观看的戏剧表演。通常，本市的音乐厅（主要演出歌剧和音乐剧）、剧院、公共演艺厅、茶馆（主要演出地方戏）等会有戏剧演出。此外，还可以选择观看校内戏剧专业、戏剧艺术团、戏剧社的表演。

2. 进行参观，在参观的过程中，同学们应听从教师的安排，并注意遵守举办方的相关规定，不得干扰演出的正常进程。

3. 参观完毕后，同学们应记录自己的参观感受，解读和评价所观看的戏剧节目。

第十一章　纷繁世界——影视之美

知识目标

- 了解影视艺术的概念及我国影视文化。
- 熟悉各种类型的影视作品。

能力目标

- 建立影视审美情趣。
- 培养对各种风格影视作品的鉴赏能力。

素质目标

- 通过对影视艺术相关知识的学习，增强民族文化自信。
- 提升文化素养，提高影视艺术审美能力。

情境导入

长津湖之水门桥

2022年12月，电影《长津湖之水门桥》（见图11-1）的累计票房达到40.7亿元。这部电影由徐克执导，吴京等主演，以抗美援朝战争第二次战役中的长津湖战役后期的水门桥战役为背景，讲述了中国人民志愿军第七连战士们在结束了新兴里和下碣隅里的战斗之后，又接到了更艰巨的阻击美陆战一师撤退的故事。

图11-1　电影《长津湖之水门桥》海报

恢宏震撼的战场画面、扣人心弦的情节、力求真实的特效与音效、考究的台词、出彩的表演……电影《长津湖之水门桥》为荧幕前的观众奉献了一场难得的视听盛宴。在这背后，是导演的精心执导，是全国四五十家特效公司参与制作，是海量的历史文献材料作为参考，是2500多名现役军人参与拍摄。正是在台前幕后所有工作人员的一致努力下，我们才能在大银幕上重温这一段惊心动魄的历史！

11.1　影视艺术

在整个艺术历史中，影视艺术之前的艺术门类，都无法确定其诞生时间。1895 年 12 月 28 日，卢米埃尔兄弟在法国巴黎卡普辛路 14 号大咖啡馆的地下室里，放映了世界上第一部电影影片《火车进站》，由此打开了影视艺术的大门。如今，影视艺术早已走进千家万户，根据国家电影局统计数据，2023 年度全国电影总票房 549.15 亿元，电影观众 12.99 亿人次；其中国产影片年度票房 460.05 亿元，占总票房的 83.77%，创历史新高。在影片供给方面，2023 年总产量为 971 部，观影人次世界第一。从以上数字可以分析出，影视艺术，已经成为最大众化的艺术。

11.1.1　科技孕育的艺术

影视艺术与科技的发展和进步有密切的关系，可以说，正是科技孕育了影视艺术，并且在未来，科技进步还将进一步推动影视艺术的革新。

《火车进站》这部影片，仅仅展示了一列火车开进巴黎萧达车站时的情景，片长不过 50 秒，和今天的影视作品远不能同日而语。早期的电影没有声音，画面也是黑白的。

电影创作者一直没有放弃将图像和声音拼接在一起的尝试和实践，随着录音设备、技术条件的改善，电影开始向有声过渡。华纳兄弟公司采用 vitaphone 录音系统，于 1927 年出品的《爵士歌王》成为世界上第一部有声电影。1933 年以后，由于技术的进步，电影制作中同期录音得以改为后期录音，基本解决了声音的问题。

彩色胶片的发明，使电影艺术又进入一个新的发展阶段，1935 年，马摩利安摄制了世界上第一部彩色故事片《浮华世界》。自然的声音和色彩，使电影的观看体验大大提升，趋近于真实。

当电影创作者们想要将神话传说、幻想小说等题材搬上银幕时，虽然有道具、特技镜头、特技表演者的帮助，但仍然难以达到预期效果。为此，各路电影创作者开展了诸多尝试，早在 1902 年，乔治·梅里爱使用定格拍摄创造的视觉特效，拍摄了电影史上第一部科幻片《月球旅行记》，但该技术仍然有巨大缺陷。1975 年，乔治·卢卡斯准备开拍《星球大战》，这是一部太空科幻电影，以当时的电影拍摄技术完全无法实现预期效果。为此，乔治·卢卡斯于 1975 年创建工业光魔公司，参与《星球大战》的特效制作，开创了电影特效行业。之后，以计算机三维动画为代表的影视特效技术不断发展，使影视作品的视听效果更上一层楼，也使影视艺术的题材大大扩充了。

1953 年，试验性质的立体电影出现，立体电影将两影像重合，产生三维立体效果，戴着特殊眼镜的观众能够在观影时享受到极为真实的画面，仿佛置身于电影场景中。立体电影技术在一定程度上突破了"银幕的平面"，虚拟现实（VR）、增强现实（AR）等前沿技术也越来越多地应用到影视艺术中，使影视作品的效果更加接近"身临其境"。

影视作品的图像质量也今非昔比，分辨率 2K、4K 的影视作品逐渐普及，视频帧数也达到了 120 帧、144 帧甚至更高，这无疑使画面的清晰度和流畅性都大大提高。除了影视作品的拍摄，科技还在影视作品的存储、传播、观赏等方面起到了重要的作用。早期的电影，用电影胶片将静止或运动的被摄体按时间顺序记录下来，然后通过放映机投射在银幕上，操作复杂，甚至稍不注意就会导致胶片报废。而在今天，我们打开电视便可收看各种数字电视节目，在网络上即可在线观看影视作品，电影院所放映的电影也是储存在计算机中的，便利性远非以前可比。

11.1.2　表演、摄影与剪辑

影视艺术是时间艺术与空间艺术的结合，既像时间艺术那样，在延续时间中展示画面；又像空间艺术那样，在画面空间上展开形象。表演、摄影和剪辑便是影视艺术达成综合性艺术效果的法宝。

1. 表演

绝大多数的影视作品以人或拟人的事物为主要角色，演员的表演成为影响影视作品艺术效果的重要因素。演员需要了解自己扮演的角色，通过动作、台词、神态、语气等的表现，推动情节的发展并且展现人物的特征。

演员的表演直接影响观众对影片故事、主题、人物的认识，良好的表演能够让观众更快"入戏"，被影视作品所吸引，并由此获得各种各样的心理体验。由杨洁执导的央视版《西游记》电视剧是很多人共同的童年记忆，其中的唐僧、孙悟空、猪八戒、沙僧等形象深入人心。在《救难小儿城》一集中，昏庸的国王听信妖言，要用1110个小儿的心肝做药引，为此传下圣旨，命百姓选送小儿，装入鹅笼，听候使用。为了搭救孩童，孙悟空变成了师父唐僧的模样面见国王。此时，唐僧的扮演者迟重瑞实际扮演的是"变做唐僧模样的孙悟空"，只见演员的眼神、表情、动作，乃至行步时"颠"的动作，都与孙悟空一样，甚至在人前刻意掩饰身份的小动作和神态都堪称完美，无比自然，仿佛真是唐僧的身体里住了个孙悟空。同一个演员，依靠自己精湛的演技，便将唐僧和孙悟空两个风格迥异的人物都演活了，让观众沉浸在剧情中，甚至担心悟空"露馅"。表演如果不到位，观众就会出戏，这个片段的艺术效果也就无从说起。

2. 摄影

摄影是影视作品制作的基础技术，观众看到的所有画面都来自于摄影。摄影一词源于希腊语，其本义为"以光线绘图"，影视作品中的摄影师们，也正如同一位严谨的画家，在空间中寻找最佳的构图，将所要表现的画面用摄影机记录下来。按照被拍摄主体在画面中所呈现出的范围大小，摄影分为特写、近景、中景、全景、远景等诸多景别。景别越小，越能够强调画面中的信息，如电影《长津湖之水门桥》不同于以往电影所惯用的仰拍、大景别镜头来表现英雄角色壮烈牺牲的崇高感，多次采用近景、特写甚至特效镜头来放大、放慢身体受创过程，着重展现了战斗中的废墟、残骸与创伤等细节画面，以表现战争的残酷和一种精神。景别越大，越能够展示整体环境，87版（1987年首播）电视剧《红楼梦》结束于贾宝玉远去的背影，此处使用的就是远景镜头，画面中贾宝玉在一片雪地中渐行渐远，寂寥的雪地正是此时凄凉剧情的写照，也契合了原著"落了片白茫茫大地真干净"的情境。

除了景别，摄影师们还会通过各种技术提高摄影效果，如通过推镜头、拉镜头、移镜头等方式使画面"移动"，又或者在一些动作场面中，常使用快镜头或慢镜头，调节动作的速率，达到快动作、慢动作的效果。可以说摄影师的摄影，本身就具有一定的艺术性。电影《被解救的姜戈》中有一个经典镜头，主角骑马向远方走去，前方晚霞如血，近处的人影和建筑却只剩下一个剪影，二者对比强烈，一种苍凉悲壮的气氛油然而生，孤胆英雄的史诗感扑面而来，深深震撼了银幕前的观众。

3. 剪辑

美国导演格里菲斯在拍摄录像后，并未将录像带按顺序播放，而是剪切成不同的段落（镜头）再重新编排，由此镜头成为电影时空结构的基本单元，今天我们看到的所有影视作品都是由若干个镜头拼合而成的。将影片制作中所拍摄的大量素材，经过选取，分解与组接，最终完成一个连贯流畅、含义明确、主题鲜明并有艺术感染力的作品，这一过程便是剪辑。剪辑是影片艺术创作过程中所进行的最后一次再创作，法国电影《新浪潮》的导演戈达尔甚至表示："剪辑才是电影创作的正式开始。"

剪辑使影视作品结构更加合理、节奏更加鲜明，能够在有限的时间内将作品所要展示的情节逐一表现，也能够通过画面的变化切换来获得更优的视觉效果。2002 年，张艺谋执导的武侠电影《英雄》中，剑客"无名"与剑客"残剑"有一场湖面打斗戏。在这场时长不过 3 分钟的戏中，影片采用了多个镜头来回切换，从远景到特写不一而足，甚至还专门在水下放置了摄像机，从水下向上隔着水面拍摄。这样的剪辑使整个打斗场面紧张万分却又唯美动人，剑客的风姿和我国特有的诗情画意被展现得淋漓尽致，视觉观感极佳。

当然，剪辑也并非越频繁、越复杂越好，有时候一个相对长的、一段持续时间内连续摄取的完整镜头更能够再现事件发展的真实过程和真实的现场气氛，获得极强的真实性。2007 年，乔·怀特执导的电影《赎罪》中便有一个影史留名的经典长镜头。情节的背景是著名的"敦刻尔克大撤退"，成千上万英军士兵拥挤在滩头，等待接他们撤退的船只。在电影中，镜头跟随主角罗比·特纳一路横穿整个海滩，在时长超 5 分钟的完整镜头下，海滩上成群的残兵败将、四散的杂物、燃烧的卡车、被射杀的马匹、搁浅的船只、无助的平民、破败不堪的旋转木马等事物一一映入眼帘。一幅战争阴云下的残酷图景跟随镜头缓缓拉开，苍凉、惶恐、不安的空气弥漫在整个沙滩。连贯的镜头横跨整个沙滩，展示了军官、士兵和平民在战争威胁下的不同状态，具有强烈的真实感和沉重感。如果在此处采用多镜头切换的剪辑方式，恐怕这种气氛就会烟消云散，影片的艺术效果也要因此大打折扣了。

11.1.3 影视与生活

影视作品目前已成为普及度极高的大众文化消费品，因为兼具艺术品和消费品两个属性，所以其与社会生活相关度极高。影视作品既承载观众对于现实生活的思考和期待，又承载人们超越现实生活的浪漫想象。于前者，影视制作者们创作了《三十而已》《人在囧途》等作品；于后者，则是以近年来播出的《独行月球》（见图 11-2）、《封神》（见图 11-3）为代表的诸多的武侠片、历史片、科幻片、奇幻片等。"艺术源于生活，却又高于生活"，尼古拉·车尔尼雪夫斯基的这句话放在影视艺术上再合适不过。

图 11-2 电影《独行月球》海报

图 11-3 电影《封神》海报

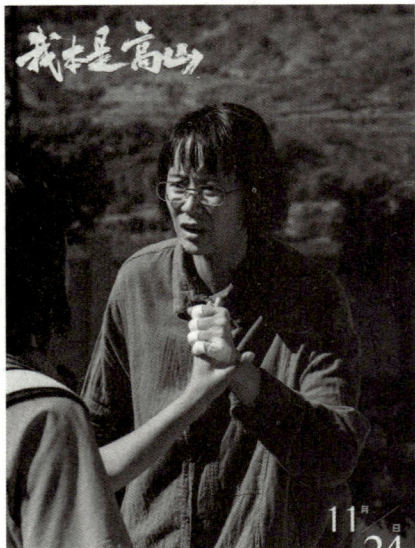

图 11-4　电影《我本是高山》海报

人们从文艺作品中汲取精神力量，影视作品也成为塑造社会价值观、引导民众积极向上的重要方式。2023年，电影《我本是高山》（见图 11-4）播出，影片以写实与写意结合的手法，再现了张校长带领边远贫困地区的女生们，走出人生困境的故事。演员对原型人物的还原度较高，坚定地传达了原型人物的理念。而实现这一自我认知的路径就是：知识就是力量，知识改变命运。影片播出一时间火遍大江南北，引发了热烈反响。而这部剧，正是出品方响应党中央"尊重知识，尊重教师"精神的"活教材"。

同样地，影视作品还能作用于现实社会，推动社会的变革发展。2018 年上映的《我不是药神》便是一部极具现实意义的作品，其中展示的药品商、违规仿制药代理商、贫困白血病患者之间的多方纠葛和背后难解的现实困境引起了无数观众的思考，在社会上形成了热烈的集中讨论。在全国政协十三届二次会议新闻发布会上，新闻发言人这样说："这部电影（《我不是药神》）去年（2018 年）有一段时间引起了社会的热议，也引发了社会对抗癌药降价这个话题的讨论，也引起了中央领导和有关部门的重视。从去年 5 月 1 日起，我国实施了进口抗癌药的零关税，还就抗癌药医保准入问题与药企进行了专项谈判，把 17 种临床急需、疗效好的抗癌药纳入了医保范围，这些抗癌药的平均降价都达到了 56.7%。同时，把一些临床急需的癌症防治用药纳入了国家基本药物目录，进一步满足群众的用药需求。"今天，慢性粒细胞性白血病患者已经不再需要将希望寄托于"药神"走私而来的仿制药上，而有了平价的正规药可用，这就是影视作品的社会力量。

11.2　影视艺术与审美

作为在众多艺术形式中最为年轻且被大众喜闻乐见的文化艺术，影视艺术呈现出与众多"传统"艺术一脉相承而又大相径庭的艺术效果。我们都有丰富的观影经验，但往往是抱着娱乐的心态，如果从审美的角度出发，影视作品或许会展现出别样的魅力。

11.2.1　一种综合性艺术

在影视艺术诞生时，文学、绘画、音乐、戏剧等艺术已经高度成熟，影视艺术则作为艺术中的"后辈"，天生就能够从其他艺术形式中汲取营养，从而能够兼具多种艺术特点，呈现出综合性的艺术美。电影是影视作品中最先出现，也是最被系统研究的艺术形式。1911 年，意大利诗人和电影先驱者乔托·卡努杜发表了文章《第七艺术宣言》，第一次宣称电影是一种艺术，是一种综合建筑、音乐、绘画、雕塑、诗和舞蹈这六种艺术的"第七艺术"。

影视艺术从诞生之日起就以戏剧艺术为"老师"，无论是表演还是导演、编剧，影视艺术都与戏剧艺术一脉相承。大多数故事片的叙事模式本身就是戏剧化的，都是在相对有限的时间单位和相对独立的空间场景内部，围绕一个核心事件的矛盾冲突展开叙述。在题材上，早期电影几乎就是把戏剧搬上银幕，我国第一部电影——1905年上映的《定军山》，正是著名京剧老生表演艺术家谭鑫培在镜头前表演了自己最拿手的几个片段。

影视与文学同样关系匪浅，在人物塑造和叙事方式上都大量使用文学的方法，其最显著的表现就是文学意境的影视体现。《长安三万里》（见图11-5）通过高适视角让诗仙李白成为白衣飘飘的成长少年，用那些千古流传的诗歌表现了"飞流直下三千尺，奔流到海不复回"的豪情天纵的浪漫。"诗在长安在"的主题中蕴含了一种"中国精神"——孩子们体验着"朝辞白帝彩云间，千里江陵一日还"的飞翔驰骋，成年人感受着"呼儿将出换美酒，与尔同销万古愁"的人生潇洒。

图11-5　电影《长安三万里》海报

音乐更是影视作品艺术效果的重要组成部分，烘托气氛、调动情绪都离不开音乐，甚至影视作品的传播也离不开音乐。今天我们耳熟能详的歌曲，很多便是影视作品的主题曲、插曲，如《沧海一声笑》（电影《笑傲江湖》主题曲）、《向天再借五百年》（电视剧《康熙王朝》主题曲）、*My Heart Will Go On*（电影《泰坦尼克号》主题曲）等。2018年上映的喜剧电影《西虹市首富》，就选取了《膨胀》作为插曲，在展示主人公荒诞生活的片段中使用，别具特色的约德尔唱法搭配滑稽的歌词，与荒诞的画面结合得恰到好处，获得了出色的喜剧效果，将电影的戏剧气氛烘托得十分到位。

绘画是一种静态的视觉艺术，但是影视创作者同样在造型、色彩、构图、空间处理等方面学习绘画的方法，从而获得更好的画面效果。黑泽明、王家卫等导演都是绘画出身，并将自己对绘画的理解贯彻到自己的电影之中。张艺谋在电影《影》中，将自己的画面美学展现得淋漓尽致。

11.2.2　真实丰富的视听体验

自从有声电影发明后，影视作品就能够兼具视觉与听觉的双重体验。有关研究表明，对成年人而言，至少有80%的外界信息经视觉和听觉获得，因此能同时给予受众动态视觉和听觉刺激的影视艺术，成为受众审美体验最直接的艺术形式。

影视艺术直接继承于戏剧艺术，和戏剧艺术同属视听一体的综合性艺术，但是在视听体验上，影视艺术要远比戏剧艺术真实和丰富。戏剧艺术在视觉上，受限于舞台的大小和演出的时间，对于一些视觉上需要呈现的效果，只能做象征性的表达，"三五步行遍天下，七八人百万雄兵"固然精妙，却也不得不说是一种无奈的妥协。在听觉上，戏剧艺术大多只有乐器演奏声和演员的唱腔声，而影视艺术能够加入各种环境声、特效声等。可见，影视艺术的视听体验在某种程度上更胜一筹。

真实丰富的视听效果有助于影视作品营造"沉浸感"，使观众仿若"身临其境"。电影《流浪地球2》（见图11-6）以高度的工业化水平和想象力美学，打造速度与灾难的视听奇观，通过对死亡与生存的哲学思考，对数字生命伦理的直面，和宏大世界观的建构，提出解决人类危

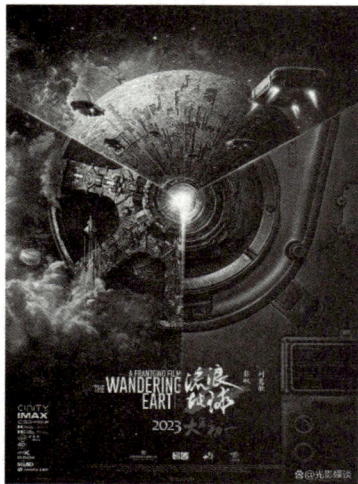

图 11-6　电影《流浪地球 2》海报

机的"中国方案"，引领了一个"想象力消费"时代的来临。

在现代影视作品中，声音在电影中具有与影像同等的地位，音乐、对白、环境音的相互配合，声音与画面的配合，共同造就了真实的视听效果。在战争题材的影片中，当画面中角色身边出现爆炸时，常常会伴随一个"耳鸣"的音效，这就使观众不再是"冷静的旁观者"，而是仿佛置身于影视作品中。电影《1917》同样是战争题材，但其并没有选择激烈的枪战声、爆炸声、撞击声等声音来表现战争的残酷和历史感，而是另辟蹊径，追求最大限度还原场景涉及的各种环境音，如枪声、炮火声、水声、飞机声等，并根据声音层次、远近、音量等信息专门做了处理，从而呈现给观众最真实的听觉体验。

对于悬疑、惊悚、恐怖题材的影视作品，音乐更是营造紧张气氛、引导观众情绪的重要手段。

要想获得最佳的视听体验，首推电影院，巨大的屏幕和专业的音响设备，能够使视听效果达到最佳。近年来，随着技术不断突破，能够在观众周围的精确位置点上营造逼真的声音效果的临境音影厅，以及在前、左、右三面都布置屏幕的沉浸式多屏影厅等新型放映厅不断出现，更加拔高了观看影视作品的视听效果。

11.2.3　打动人心的丰富内涵

影视作品能够带给观众出众的视听体验，但更为重要的，还是借画面和声音所表达出的思想内涵。影视创作者，尤其是导演们，基于各自不同的初衷和选定的主题，创作了异彩纷呈的影视作品。可以说每部影视作品之中，都融合了创作者的个性、个人喜好及时代精神、社会风貌等，因此才能够打动观众，获得观众的认可。

2023 年上映的电影《满江红》（见图 11-7）叙述民族英雄岳飞身亡后，一群困境中小人物的复仇义举，以不断反转的情节安排，抵达令人意外而又惊异的结局，凸显出《满江红·怒发冲冠》这一词作在中华文明史上深远的美学与文化价值，在家国情怀主题领域完成一次新颖的影像表达。

人们通过影视作品关注现实生活，2023 年上映的电影《八角笼中》（见图 11-8）从个体的视角和人性的关怀来表现现实题材，故事的讲述与主流电影的普遍性相结合，体现出个性化的艺术追求，凝练为一份天然的淳朴气质。影片中的那些被边缘化的、长期处于不受关注的存在，默默隐藏在生活的皱褶里，过去很少被打捞，一经发酵，便引发话题效应，进入了本土观众视野，展示出另类的渗进生活、填满生活的力量。

家庭情感同样是影视艺术的重要题材，世界经典电影《天堂电影院》（见图 11-9）中的意大利南部小镇，古灵精怪的小男孩托托喜欢看电影，更喜欢看放映师阿尔弗雷多放电影，他和阿尔弗雷多成为忘年之交，在胶片中找到了童年生活的乐趣。好心的阿尔弗雷多为了让更多的观众看到电影，搞了一次露天电影，结果胶片着火了，托托把阿尔弗雷多从火海中救了出来，但阿尔弗雷多双目失明。托托成了小镇唯一会放电影的人，他接替阿尔弗雷多成了小镇的电影放映师。托托渐渐长大，他爱上了银行家的女儿艾莲娜。初恋的纯洁情愫美如天堂，但是一对小情侣的海誓山盟被艾莲娜父亲的阻挠给隔断了，托托去服兵役，而艾莲娜去念大学。伤心的托托在阿尔弗雷多的鼓励下，离开小镇，追寻自己生命中的梦想……30 年后，阿尔弗雷多去世，此时的托托已经是功成名就的导演，他回到了家乡，看到残破的天堂电影院，追忆往昔，唏嘘不已。这部电影把属于小人物的悲欢，真实细腻、富有冲击力地呈现在银幕之上，触动了观众内心最柔软的部分，观后，人们不禁感叹主人公的悲欢与离合，更会沉思人性和人生的简单与复杂。

图 11-7　电影《满江红》海报　　图 11-8　电影《八角笼中》海报　　图 11-9　电影《天堂电影院》海报

11.3　影视艺术多元类型鉴赏

自 1895 年电影诞生以来，影视艺术就一直保持了蓬勃的发展势头。常规上，影视作品可以分为电影和电视剧两类，其中又有动画和纪录片两种较为特殊的影视艺术形式。这些不同类型的影视作品在题材、拍摄方式、时长、观赏渠道等方面都各不相同，由此呈现出不同的艺术效果，构成蔚为大观、异彩纷呈的影视艺术世界，成为现代生活中不可或缺的一部分，我们读懂影视，便是读懂生活。

11.3.1　叙事影片——故事片

故事片是运用影像和声音进行叙事的电影作品，凡以塑造人物为主，具有故事情节（反映生活）并由演员扮演人物的电影都是故事片，我们所观看的绝大部分电影作品都属于故事片，其类型有剧情片、喜剧片、奇幻片、战争片等。这些电影或以剧情打动人，或以笑激发观众的爱憎，或以浪漫的想象引人入胜……在一部电影的时间里，观众能够忘我地沉浸在电影的世界，享受电影之美。

《肖申克的救赎》（见图 11-10）是世界著名电影，影片讲述了主人翁安迪被控告谋杀妻子而蒙冤入狱，肖申克监狱的"大哥"瑞德对他另眼相看，两人渐成患难之交。很快，安迪在监狱里大显其才，担当监狱图书管理员，并

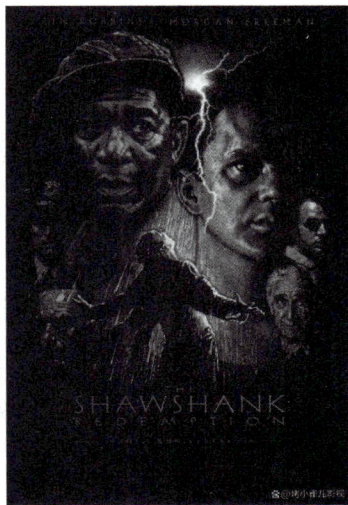

图 11-10　电影《肖申克的救赎》海报

利用自己的金融知识帮助典狱长避税，被招致麾下帮助典狱长洗黑钱。一个年轻犯人的到来打破了安迪的平静生活，这个犯人以前在另一所监狱服刑时听到过安迪的案子，他知道谁是真凶。但当安迪向典狱长提出要求重新审理此案时，却遭到了拒绝，并受到了单独禁闭两个月的严重惩罚。而为了防止安迪获释，典狱长设计害死了这个年轻犯人。沮丧的安迪并没有绝望，在一个电闪雷鸣的风雨夜，一场暗藏几十年的越狱计划让他自我救赎，重获自由！经过40年的监狱生涯，瑞德终于获得假释，两个老朋友终于在蔚蓝色的太平洋海滨重逢了。《肖申克的救赎》所传递的人性、希望、拯救、友情等主题，深深触动了观众的内心，向我们传达出深刻的人生哲理。

提起中国喜剧电影，周星驰一定是一个不可忽略的人物。由《大话西游之月光宝盒》和《大话西游之大圣娶亲》两部电影组成的《大话西游》系列电影被认为是"周氏喜剧"的扛鼎之作。

《大话西游》（见图11-11）系列电影取材于四大名著中的《西游记》，但在情节上对传统经典进行了颠覆性解构。孙悟空演变为与诸多妖精感情暧昧的情圣至尊宝，唐僧则成为一个啰唆至极、让人崩溃的"人生导师"，再加上与至尊宝有着爱恨纠葛的紫霞仙子、白晶晶……在能够穿梭时间的"月光宝盒"的作用下，两段时空、双重身份的故事纠缠错结，诸多错配、误会、巧合的喜剧桥段，加之鲜明的"无厘头"式表演和台词，密集的搞笑"包袱"，让人不禁捧腹大笑。但喜剧的表面并不能掩盖《大话西游》悲凉的底色，在闹哄哄的喜剧表演之下，是主角至尊宝无解的人生困局，至尊宝最终既不能拥抱紫霞，也不能选择白晶晶，只能斩断情丝，担负起孙悟空的使命，护送唐僧西天取经。伴着片尾曲《一生所爱》，看着孙悟空扛着金箍棒向沙漠深处走远，将自己作为至尊宝的人生抛诸脑后，让人感到彻骨的悲凉、深深的绝望。表面上，《大话西游》颠倒一切能够颠倒的东西，调侃一切能够调侃的东西，实际上，被颠倒扭曲的，正是主角们的人生。《大话西游》讨论了爱恨，但超越了爱恨；讨论了生死，但超越了生死。

幻想片具有超越人们现实想象的浪漫，从而给观众新奇的体验。电影《宇宙探索编辑部》（见图11-12）便为观众们献上了一场结构极其复杂，但却引人入胜的科幻梦境之旅。影片故事荒诞不经，却是对现实的严肃拷问；看似寻找着外星文明，真正探索的是人的内心。一群颇具才华的创作者，以这样一首诙谐而伤感的哲理小诗，再次呈现了电影的魅力，以及电影表达现实与情感的新的可能性。

图 11-11　电影《大话西游》剧照

图 11-12　电影《宇宙探索编辑部》海报

战争，是人类社会不可回避的话题，也是电影的重要题材之一，纵观中外电影史，恐怕再难找出能够在真实性上比肩《大决战》系列的影片。《大决战》系列电影再现解放战争时期三大战役，包括《大决战之辽沈战役》《大决战之淮海战役》《大决战之平津战役》三部影片。该系列电影由中央军委直接牵头，共计 25 个国家级部门、六个军区、三大军种、13 万解放军、15 万群众演员参与，累计动员 330 万人次，亲历过解放战争的张震、苏静、杨国宇等开国将军担任影片顾问……这样的拍法，在影史上不仅前无古人，恐怕更是后无来者，也正因如此，才造就了一部伟大的战争史诗。

《大决战》系列电影为观众呈现了最真实、最规范、最专业的战争场景，在《大决战之淮海战役》中，有一段 3 分钟的航拍镜头，展示了黄维兵团的行军画面。该部分由解放军某部完成。画面中有坦克三角进攻阵型、摩托化部队四路行军、步兵纵队五路行军和机械化部队行军标准阵型，各兵种快慢队列错落有致，互不干扰，并然有序。其中的队列、浮桥设置、行军补给站设置等均按照真实大部队行军设计，从而造就了雄壮的气势，给人以极强的压迫感。这样的演出，非真正军人无法为之。窥一斑而知全貌，《大决战》系列电影正是秉承严谨、求实的精神，在影片中较好地再现了三大战役的全貌，展示了领导人的正确决策、指战员的精妙指挥、解放军高昂的士气和英勇的战斗。《大决战》成为战争电影中难以复制的经典之作！

11.3.2　大众视听——电视剧

1931 年，人们在伦敦通过电视欣赏了英国著名的地方赛马会实况转播。这是拍摄作品首次被搬上电视荧幕，至此，电视成为影视艺术的重要播放渠道。随着电视成为普及的家用电器，影视艺术也随即深入千家万户。

几乎每隔几年，我国都会出现一部"现象级"的电视剧作品，无论是 20 世纪 80 年代的《上海滩》，还是 20 世纪 90 年代的《新白娘子传奇》《还珠格格》，步入 21 世纪的《金粉世家》《亮剑》等，都已经成为一代人的记忆。

《武林外传》（见图 11-13）是我国古装情景喜剧的经典之作，该剧的场景仅仅为一家二层的客栈，却演绎出整个江湖。七侠镇的同福客栈里，女掌柜是龙门镖局总镖头的千金，跑堂的是赫赫有名的"盗圣"，杂役是大侠之女，账房是关中大侠……一群年轻人因为不同的理由，在同福客栈产生交集，随即演绎出一幕幕搞笑场面。

《武林外传》采用了章回体的结构，每一集都是一个小故事，同时主线剧情也在一个个小故事中稳步推进。在这样的安排下，整部剧虽然有 80 集，但是观感并不冗长，也没有零散之感。整部剧不仅展现了角色的成长和相互关系的变化，还在一个个分集剧情中阐述了诸多生活的道理。例如，第 4 集通过剧情展示了赌博的危害，进而引出戒赌拒赌这一主题。

《武林外传》真正想说的不是武林，想论的也不是江湖，它是以古装喜剧的形式，披着武侠剧与情景喜剧的外衣，在一个天马行空的世界里，增强了与生活的反差，避开了现实的羁绊，无所顾忌地讽喻现实，上演着现代人的琐碎生活和喜怒哀乐，形成了强大的喜剧张力。

将文学作品改编为影视剧是影视作品创作的常用方法，1986 年，《西游记》（见图 11-14）一经播出，轰动全国，老少皆宜，获得了极高评价。该剧重播次数超过 3000 次，百看不厌，成为一部公认的无法超越的经典。

这部电视剧在有限的艺术、技术条件下，创造了一个充满幻想的神话世界，生动地表现了唐僧师徒四人不畏艰险的顽强精神。《西游记》是国产电视剧的精品，是一部不折不扣的"神剧"。这部电视剧给一代又一代人带去童年欢乐，最终沉淀成为中国人的集体记忆。同时，《西游记》代表着那个生机勃勃、踏平坎坷的 20 世纪 80 年代。

图 11-13　电视剧《武林外传》主演

图 11-14　电视剧《西游记》剧照

11.3.3　画与动——动画片

图 11-15　动画片《熊出没》海报

动画是影视作品中较为特殊的一类，它并不由真人出演，也无须拍摄，而是绘制好画面，再通过影视渠道放映。相较于电影和电视剧而言，动画更为接近绘画艺术。当代人的童年，都是在观看一部部动画片中度过的，虽然动画片因其鲜艳动感的画面、活泼鲜明的角色获得了众多儿童的喜爱，但动画片并非仅面向儿童，而是老少皆宜，具有非常丰富的文化内涵。

动画片《熊出没》（见图 11-15）是很多人的童年记忆，也是我国动画史上的代表之作。这部作品用夸张的卡通手法讲述森林保护者熊兄弟与破坏森林、采伐原木并占领土地进行开发创业的光头强之间上演的一幕幕搞笑对决；整部动画片从头至尾充满喜感，轻松搞笑，幽默诙谐。

平面动画是动画的基础，近年来随着三维动画技术的不断成熟，三维动画也成了一种主流的动画形式。2019 年，三维动画电影《狮子王》（见图 11-16）票房破 16 亿美元大关，成为世界动画电影票房冠军，说明了观众对三维动画的认可和喜爱。

《狮子王》讲述了"荣耀之地"的国王狮子木法沙迎来了儿子辛巴的诞生，它努力想把辛巴培养成接班人，却不知弟弟刀疤暗中觊觎国王的宝座。刀疤设计害死了木法沙，还让小辛巴以为是自己导致父亲意外身亡，逼迫它远走他乡。

深感内疚的辛巴在对前途深感绝望之际，偶遇了小伙伴狐獴丁满和疣猪彭彭。它们告诉它要学会抛弃过去，及时行乐。然而，成年后的辛巴与青梅竹马的母狮娜娜重逢后，再一次认识到自己背负的责任。经过一番思想上的挣扎后，它

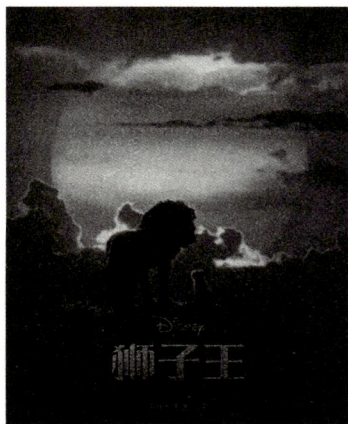

图 11-16　动画片《狮子王》海报

决定重返家乡，坦然面对过去，夺回国王之位。

精良的画面、流畅的叙事、流行元素的加入、热血的剧情，使整部影片完成度极高，可观性极强。加上父子情、兄弟情、朋友情，以及个人奋斗逆转命运的进取价值观，观众沉浸其中并产生共鸣也就不足为奇了。

11.3.4　与真实对话——纪录片

纪录片是以真实生活为创作素材，以真实存在的事物作为表现对象的影视作品。和其他影视作品不同的是，纪录片"虚构"的部分很少，**没有演员**，自然也就谈不上表演，因此，纪录片的一切艺术效果都依赖于拍摄和剪辑。

中华美食博大精深，自然是纪录片的大好题材，依靠客观忠实的镜头语言，2012 年，中央电视台播出的美食纪录片《舌尖上的中国》（见图 11-17），引发了网友热议，由于节目的播出时间是晚上 9 点，引得观众们纷纷吃起了夜宵。

为什么这部纪录片能够"勾起"观众们的"馋虫"呢？原因在于其精妙的选材、出色的视听效果及出色的配音。《舌尖上的中国》第一季第六集名为"五味的调和"，记录了川、鲁、粤、淮扬四大基础菜系和新疆、云南等地各种有代表性的地域美食，不仅将食物拍得颇为动人，还将煮汤的"咕嘟"声、滚油泼下的"刺啦"声甚至食材清脆的断裂声等都收录进作品中，再加上李立宏先生浑厚深沉的解说词，怎能不令人食指大动！

图 11-17　纪录片《舌尖上的中国》画面

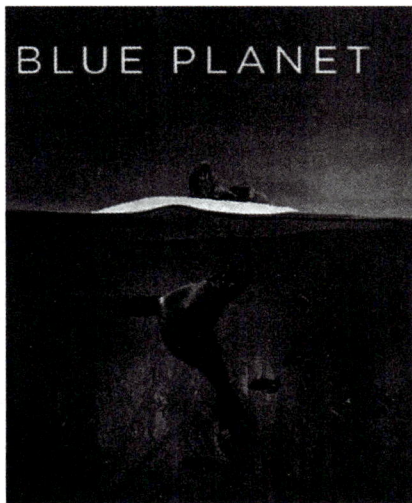

更为难能可贵的是，《舌尖上的中国》不仅介绍了美食，还深入挖掘了美食背后的故事，通过美食所展示出来的，是普通中国人的生活，是源远流长的美食文化及劳动人民生活的智慧和哲学。导演陈晓卿评价道："这个片子是带着对食物的敬意来做的，观众能从中国人对美食的热爱中，品读到中国人对生活的热爱。"

世界著名纪录片《蓝色星球》是由英国广播公司（BBC）制作，艾雷斯泰·法瑟吉尔执导，大卫·艾登堡主持的系列纪录片，于 2001 年 9 月 12 日在英国首播。该电视纪录片介绍了海洋自然历史，由海岸到海底，由浅海地带到深海域都做了深入的探索和报道。

《蓝色星球》（见图 11-18）以绚丽无比的画面和色彩，创造了海底摄像技术的新境界，成为纪录片制作的标准。该片在全球播出后，流畅唯美的镜头和精彩的旁白，使亿万观众大开眼界，如醉如痴。剧集全面地探索了海洋的奥秘，海底求生实录，揭露海洋的新品种，以及它们的生态环境和行为。

图 11-18　纪录片《蓝色星球》画面

思考与练习

练习一：思考与讨论

1. "蒙太奇"是重要的影视剪辑理论之一，虽然在其含义问题上百家争鸣，但蒙太奇论者的共识是"镜头的组合是电影艺术感染力之源，两个镜头的并列形成新特质，产生新含义"。即将不同镜头拼接在一起，以产生各个镜头单独存在时所不具有的特定含义。目前，蒙太奇理论已经被广泛应用于各种影视作品制作中。请思考并与同学一起讨论：在影视作品中有哪些"蒙太奇式"镜头？它们取得了怎样的艺术效果？

2. "中国第二代导演"代表人物张骏祥曾经说过："电影是通过具体的形象，特别是人物形象，直接诉诸观众的视觉和听觉的艺术。"请思考并与同学一起讨论：张骏祥的这句话有哪些内涵？电影为什么是"直接诉诸观众的视觉和听觉的艺术"？

练习二：认识与赏析

1.《霸王别姬》是由陈凯歌执导，李碧华、芦苇编剧，张国荣、巩俐、张丰毅领衔主演的文艺片，上映于 1993 年。该片围绕两位京剧伶人半个世纪的悲欢离合，展现了对传统文化、人的生存状态及人性的思考与领悟。请观看电影《霸王别姬》，对其进行赏析，谈一谈你所感受到的影视之美。

2. 电视剧《大明王朝 1566》讲述了明朝嘉靖三十九年（1560）至嘉靖四十五年（1566）的政局，揭示了当时的社会问题与矛盾。光明网评价道："《大明王朝 1566》用当代先进的科学历史观，并运用了当代艺术审美手段，对历史做了深刻厚重而生动的解读。该剧从一度创作到二度创作，并不仅仅满足于表现那些扣人心弦、催人泪下的故事，而是在这些故事里面展示了命运的逻辑。将我国历史题材的电视剧提升到一个新的高度。"请观看电视剧《大明王朝1566》，对其进行赏析，谈一谈你所感受到的影视之美。

审美实践——观影与影评写作

要欣赏影视艺术的美，最直接的方式就是去观看影视作品，并在理解后对其加以评价，观看完影视作品后，在相关网站上分享自己的观点和看法，这已经成为当代年轻人流行的生活方式。下面请同学们观看一部影视作品，并为其撰写一篇影评。

一、活动名称

观影与影评写作。

二、活动主旨与意义

同学们通过观看自己感兴趣的影视作品，并对其进行分析，得出对其的全面评价，感受影视艺术之美，进而提高自身的艺术鉴赏力和审美能力。

三、活动内容

同学们至多利用一周的课余时间完成观影与影评写作，活动内容如下。

1. 选择自己感兴趣的一部或多部影视作品观看，作品的题材不限、体裁不限。也可由教师指定一部影视作品供全班同学评论。

2. 以自己观看的影视作品为对象，写作一篇影视评论，评论的内容应包括对剧情演、画面、声音、思想内涵等的评价，并对其进行整体性评价。同学们也可以选择多部作品进行比较。注意，影视评论不得抄袭。

3.同学们轮流在课堂上发表自己的观点，以及评价他人的观点、分析方法等。

审美实践——短视频拍摄

短视频一般是指时长在 5 分钟以内的视频，拍摄简单，对于器材等要求较低，是大学生群体尝试影视作品制作的理想载体。请同学们组成小组，利用手机拍摄一段短视频。

一、活动名称

短视频拍摄。

二、活动主旨与意义

同学们将身边的人、物、事拍摄成影视作品，亲身体验影视作品的创作过程，在这一过程中锻炼影像拍摄能力，并体会影视艺术之美。

三、活动内容

同学们至多利用一周的课余时间完成此次活动，活动内容如下。

1.分组，6～8 人为一组。

2.小组共同讨论，决定要拍摄的内容。若要拍摄故事片，需拟定剧本、分配角色、进行表演。若要拍摄纪录片，需确定要拍摄的对象、拍摄方法等。

3.完成小组成员分工，进行拍摄前期的相关准备工作。

4.进行拍摄。拍摄过程中需要注意安全，并尽量避免妨碍他人。在这一过程中可以大胆尝试多景别，使用推镜头、拉镜头、移镜头等手法，多机位拍摄等拍摄技术。

5.使用手机对拍摄内容进行简单剪辑，优化视频效果。

6.在班级展示短视频，并讲述拍摄经历，以及阐释短视频的主旨。

第十二章　温润灵魂——文学之美

📚 知识目标

- 了解文学艺术的审美特征。
- 熟悉经典文学艺术作品。

📚 能力目标

- 建立文学审美情趣。
- 培养对各种风格文学作品的鉴赏能力。

📚 素质目标

- 认识文学艺术之美
- 培养文学审美意识和审美意趣，提高文学艺术修养

📚 情境导入

苏轼的元丰五年

北宋元丰五年，也就是公元 1082 年，这一年在中国历史上，是很平常的一年，但在中国文学史上却是非凡的一年。

这一年也是苏轼从万民拥戴、意气风发的政坛新星突然中落，被贬为黄州团练副使的第三年，在这一年的三月初四，正值寒食节，两个月的苦雨让病中的苏轼郁闷不堪，他挥笔写下了《寒食雨二首》，结果这个《寒食雨二首》连同它的诗帖《寒食帖》成为后世著名的诗书双璧。三天后，他的友人西蜀道人杨世昌来看望他，并教会了苏轼酿酒的方法，苏轼心情大好，写下了那首著名的《定风波·莫听穿林打叶声》，"谁怕？一蓑烟雨任平生"，这首词一举奠定了苏轼超然豁达的人生境界。

这一年的六月，苏轼与友人到长江边上的赤壁矶游玩，当他看到惊涛拍岸、乱石穿空的恢宏景象时，写下了那首著名的《念奴娇·赤壁怀古》，这首词在宋词史上具有标志性，它开创了豪放派词风，极大开拓了宋词的表达意境。

一个月后，苏轼和友人又来到赤壁，清风徐来，水波不兴，苏轼提笔写下了著名的《赤壁赋》，"寄蜉蝣于天地，渺沧海之一粟。哀吾生之须臾，羡长江之无穷。挟飞仙以遨游，抱明月而长终"，哀叹个体之于宇宙的渺小的同时也表达出超脱旷达的人生感悟。

到了十月，苏轼再次来到赤壁，感叹时光变幻，岁月无声，"江流有声，断岸千尺；

山高月小，水落石出"，苏轼写下了著名的《后赤壁赋》。

很多文学家终其一生写不出一篇好的文章，苏轼竟然一年之内写出了五篇震烁古今的锦绣文章，标志着千古第一文豪苏轼走上了文学创作的巅峰，这真是中国文学史的大幸，苏轼的元丰五年，注定要彪炳中国的文学史册。

12.1 文学艺术的审美

文字是具现的语言，是抽象的绘画，是人类交流的密码，是承载文明的符号。古今中外的见闻、天马行空的想象、精妙深奥的知识……都能够用文字表达。而文学，是用语言文字塑造形象，反映社会生活，表现人的思想感情的艺术。

12.1.1 语言、文字与文学

语言是人类进行沟通交流的表达方式，语言被发明之后，人们便能够清晰地表达自己的想法。但语言仅限于口头，传播范围有限且无法留存，因此，人们将语言符号化，造就了文字。文字的出现和普及，使人类文明跨越了一大步。但很快，人们就发现，书写材料有限，刻画文字很费力，于是开始了对口语的改造，形成了简洁、高效的书面语，"写与看"取代了"听与说"，成为使用文字的主要途径。

书面语就是最早的文学作品，体现了人们对文字的组织。此后，随着生产生活的需要，标点符号、修辞、语法等纷纷出现，文学也随之不断发展，最终成为一门异彩纷呈的艺术。今天，文学依然与语言和文字密切相关，文学作品以文字为表现媒介，同时也会追求语言上的和谐，其中最典型的，莫过于诗歌的押韵。

语言和文字赋予了文学独特的艺术特性，绘画靠"看"，音乐靠"听"，都能给人的感官以直接的刺激，而文学是"看了要想"，读者从自身的生活阅历和知识储备出发，通过积极想象和联想，才能领会文学艺术。因此，人们对绘画作品和音乐作品的感悟往往共通，而对于文学，则是"一千个人心中有一千个哈姆雷特"，这也正是文学的独特魅力之所在。

12.1.2 文学的审美特征

文学用语言作为表现手段，使它具有更广泛、更多元再现现实和表现生活的可来者，"念天地之悠悠，独怆然而涕下"，寥寥数语，我们感受了一位诗人的情感灵性，也能更细致、更深入地表现人的情感活动和精神世界。一部《三国演义》，历时数十年，纵横数千里，经典的战例、生动的人物、宏伟的战争场面和细微的日常生活，都在作者深厚的语言功力中栩栩如生。文学的这种表现力，正是作者对于语言炉火纯青的运用，从而把作家的审美认识和情感态度淋漓尽致地展露无遗。

文学作品的审美特征如下。

1. 形象美

形象美是文学作品最主要的审美特征。文学作品中的艺术形象，是根据现实生活中各种现象加以艺术概括所创造出来的具体生活画面，一般是指人物和人物生活的环境。人物形象常常在叙事性作品中占主要地位，成为作品中整个艺术形象体系的核心。作家总是通过人与人、人与物的关系来描写人物形象，不仅要描写人的音容笑貌、内心活动、爱好、习惯等，借以刻画人物性格，还要表现人的思想感情和道德面貌，揭示人物的精神世界，表现各种复杂关系。形象美也是文学作品具有强烈艺术感染力的重要因素，读者通过对文字描绘的感受，在脑海中可呈现出生动具体的形象图景，并凭借自己的生活经验、审美能力和联想等心理活动，获得审美感知，得到超出文字字面意义之外的感悟。

2. 典型美

典型是作家在文学作品中塑造的既有鲜明个性特征，又高度概括了某一类人共性的人物形象。塑造典型是作家的重要使命，也是文学作品创作的中心。典型来自生活，文学作品中的典型人物，是共性和个性高度完美的统一体，典型揭示的社会本质越深刻，个性特征越鲜明，共性与个性越统一，典型性就越高。

3. 语言美

在文学作品中，语言是作家用以传达审美意识的唯一材料，是文学的第一要素。文学中的语言是作家精心锤炼的一种具有审美性质的特殊语言，它不仅可以激发想象进行艺术创造，而且能绘声绘色、写形传神，使人产生真切的感受、深刻的思考和广泛的联想。文学面对的是广阔的社会生活，它的任务就是运用具有审美性质的文学语言，创造艺术形象或意境，激发读者调动自身的生活经验和美学经验，在欣赏中完成审美的再创造。

4. 意境美

意境，是文学作品通过形象描绘而表现出来的一种艺术境界，读者可以通过联想和想象，捕捉意境，形成一种身临其境之感，从而受到艺术感染。意境的构成包括景与情两个因素，不论即景抒情还是寓情于景，都要求达到情景和谐与交融的境地。只有这样，才能创造出美的意境来。

12.1.3　文学的艺术形象

在阅读文学作品时，读者往往会对其中的某个人物、事物产生深刻的印象，甚至被其带动起强烈的情绪，或对其喜爱万分，或对其咬牙切齿，又或是与人物"同呼吸、共命运"，在人物遭遇困难时恨不能以身代之。这些人物、事物就是文学的艺术形象，能够带给读者独特的审美体验。

文学家在自己的作品中，可以凭空"捏造"一个形象，为其赋予各种世界上存在或不存在的外貌（外形）、能力、情感、性格。例如，"饮于河、渭；河、渭不足，北饮大泽"的夸父，"以乳为目，以脐为口，操干戚以舞"的刑天，他们都有自然界中不存在的"超能力"。雨果在塑造艾丝美拉达（《巴黎圣母院》中的人物）时，则将人类社会中诸多美好的品质，包括纯洁、美丽、善良、坚强、不畏强权都赋予她，造就了一个集真、善、美于一体的完美艺术形象。

文学家们也能对真实存在的人物进行"艺术化的加工"，塑造出精妙的文学形象。《三国演义》是我国四大名著之一，它是以自黄巾起义到西晋统一近百年的历史为蓝本创作的长篇小说。约 64 万字的篇幅中，一共有千余名角色登场，其中刻画极为精妙的人物形象之一便是曹操。

曹操是魏国的奠基者，书中最大的"反派"，《三国演义》着重刻画了其"奸"，其中非常著名的桥段，莫过于曹操不识好意，误杀好友吕伯奢一家，并放言"宁教我负天下人，休教天下人负我"，将其"奸"展现得淋漓尽致。这一情节便是文学家的虚构，通过这样的艺术加工，塑造了与正史不同，却别具魅力的人物形象。

文学能够塑造出各种各样超脱于现实的艺术形象，他们或是从现实中抽象出的典型，如《装在套子里的人》中的"套中人"别里科夫、《儒林外史》中因中举而癫狂的范进；或是作者理想、感情，追求的投射，如《精卫》中矢志不渝填海的精卫、《三国演义》中忠贞不渝的关羽；或干脆就是作者对自己的阐述，如《洛神赋》中与洛神相会的"余"、《狂人日记》中的"我"等。艺术形象也不止于人物，还有"零落成泥碾作尘，只有香如故"（陆游《卜算子·咏梅》）的梅花、因伴侣被杀而"竟自投于地而死"（元好问《摸鱼儿·雁丘词》）的大雁、能够完成三个愿望的阿拉丁神灯（《一千零一夜》）等众多各具特色的形象，无论是哪种艺术形象，都"源于现实，高于现实"，共同构成了异彩纷呈的文学艺术，也是文学艺术能打动人心的重要因素。

12.1.4　文学的精神追求

曹丕在《典论·论文》中说："盖文章，经国之大业，不朽之盛事。"古今中外的文学家在创作文学作品时，会自觉或不自觉地将自己的精神追求熔铸其中，成为人类永恒的精神财富。虽然时过境迁，但今天我们读到这些文字时，仍然能够受到某种精神上的感召。

公元前 4 世纪，古希腊哲学家柏拉图深感雅典城邦的衰落和奴隶主贵族统治阶级的腐朽，写下了《理想国》，以故事和对话的形式论述了"理想国"的构建、治理和正义，展示了柏拉图对于国家管理的观点和期望，以及对正义与善的追求。

战国时，楚国的诗人屈原吟诵《离骚》，倾诉自己对国家命运和人民生活的关心，表达要求革新政治的愿望，以及自己坚持理想、虽逢灾祸也绝不向邪恶势力妥协的意志。

安史之乱爆发，杜甫为避兵灾，流亡入蜀，将沿途所目睹的惨状写成了"三吏三别"（《新安吏》《石壕吏》《潼关吏》《新婚别》《无家别》《垂老别》），揭示了战争给人民带来的巨大不幸和困苦，表达了对备受战祸摧残的老百姓的同情。乾隆时，吴敬梓创作了《儒林外史》，在书中描绘了各类人士对于"功名富贵"的不同表现，反映了人性被"功名富贵"腐蚀的原因和过程，批判和嘲讽了当时社会吏治的腐败、科举的弊端、礼教的虚伪。

1933 年，苏联作家尼古拉·奥斯特洛夫斯基完成了小说《钢铁是怎样炼成的》，小说通过主人公保尔·柯察金的成长经历，展示了一段波澜壮阔的历史。同时，作者还借主人公之口，阐述了他的人生观。今天，我们读到这段文字，仍然能被其中蕴含的力量所深深震撼。

人的一生应当这样度过：当回忆往事的时候，他不会因为虚度年华而悔恨，也不会因为碌碌无为而羞愧；在临死的时候，他能够说："我的整个生命和全部精力，都已经献给了世界上最壮丽的事业——为人类的解放而斗争。"

12.2　结构与韵律——诗歌

诗歌乃"文学之母"，是最早出现的文学体核。《毛诗大序》中记载："诗者，志之所之也。在心为志，发言为诗。"人们将自己内心的想法和情感唱出来，就是最原始的诗歌。诗歌是用于吟咏和朗读的文体，今天，我们阅读一些经典诗歌时往往能感觉其朗朗上口，读得畅快，这是因为为了能够顺畅地歌唱或诵读，诗歌在结构和韵律上往往会进行精心的处理。在结构上，诗歌通常单句较短、各句子长度相近、各段落结构统一；在韵律上，诗歌通常讲究平仄、押韵等，这使诗歌形成了精致的"语言美"，具有悦耳的音乐美感，同时也使诗歌所表达的情感更为强烈、动人。

12.2.1 《诗经》之美

《诗经》是中国最早的一部诗歌总集，其中最早的诗作为西周初年的作品。《诗经》约成书于春秋中期，时间跨度约 500 年。《诗经》所涉及的地域十分广泛，以黄河流域为中心至长江北岸，分布在陕西、甘肃、山西、山东、河北、河南、安徽、湖北等地。《诗经》内容丰富，是周王朝由盛而衰 500 年间中国社会生活面貌的形象反映，其中有对先祖创业的颂歌、祭祖宴会的乐章，有对风土人情的记载、美好爱情的向往，有对地理天象的概述、动物植物的描述，有反映贵族之间的宴饮交往、劳逸不均的怨愤，也有反映劳动与生活的面貌、战争与徭役的苦难、压迫与反抗的斗争。

《诗经》现存 305 篇，分《风》《雅》《颂》三部分。《颂》有 40 篇，《雅》有 105 篇（《小雅》中有 6 篇有目无诗，不计算在内），《风》的数量最多，共 160 篇，合起来是 305 篇。古人取其整数，常说"诗三百"。《诗经》的艺术特征主要体现为对"赋、比、兴"的运用。

《诗经》中的很多美到极致的诗句，不是缥缈的风花雪月，而是真实的草木年华，不仅惊艳了时光，而且温柔了岁月。

1. 最纯粹的爱情

关关雎鸠，在河之洲。窈窕淑女，君子好逑。

参差荇菜，左右流之。窈窕淑女，寤寐求之。

求之不得，寤寐思服。悠哉悠哉，辗转反侧。

参差荇菜，左右采之。窈窕淑女，琴瑟友之。

参差荇菜，左右芼之。窈窕淑女，钟鼓乐之。

——《诗经·周南·关雎》

【赏析】

《关雎》是《诗经》的开篇之作，书写了主人公对女子强烈的相思与追求之情，全诗读起来朗朗上口。为了达到这样的艺术效果，这首诗在结构上句式整齐，并重复使用"参差荇菜。左右×之。窈窕淑女，×××之"这一句式。在韵律上，则通过"之"字押韵，并选取"窈窕""参差""辗转"等联绵词，实现了音韵上的和谐。结构和韵律共同构成了诗歌的音韵美，将主人公的情思表现得更为生动传神。

这首诗可以说是古代最著名的爱情诗了，虽然是谈情说爱，但又不放纵自己，尊重对方、有礼有节，把感情处理得恰到好处，让人感觉不仅优美而且温馨和谐，符合中庸之道的文化精神。

2. 最深沉的暗恋

蒹葭苍苍，白露为霜。所谓伊人，在水一方。

溯洄从之，道阻且长。溯游从之，宛在水中央。

蒹葭萋萋，白露未晞。所谓伊人，在水之湄。

溯洄从之，道阻且跻。溯游从之，宛在水中坻。

蒹葭采采，白露未已。所谓伊人，在水之涘。

溯洄从之，道阻且右。溯游从之，宛在水中沚。

——《诗经·秦风·蒹葭》

【赏析】

这是一首优美的情人恋歌。全诗融写景、叙事和抒情于一炉，描摹传神。在一个深秋凄清的早晨，水边墨绿的芦苇沾满了洁白晶莹的霜花，诗人踏着浓霜而来，伫立河边，凝神"伊人"的一方，惆怅不已！一忽儿逆水而上，但因道险路长，不易找到；一忽儿顺水而下，却又仿佛在那水中央。一幅可望而不可即之景，使"伊人"高洁、美好的形象呈现在读者眼前。同时也透露着一种企慕、惆怅和难言之情。

这首诗在艺术结构上，一连三章对环境的渲染和人物心态的描写上，既富有层次，又富有变化，层层推进：如景物有变化，时间有推移，情节有发展，感情有深化。因此，反复吟唱，蕴含无限深情，令人心动神摇。这首诗确是情景交融、虚实结合、神韵飘逸的妙品！

3. 最美丽的容颜

"巧笑倩兮，美目盼兮。"——《诗经·卫风·硕人》

【赏析】

此诗描写了齐女庄姜出嫁卫庄公的盛况，着力刻画了庄姜高贵、美丽的形象。

这句诗听起来就让人感觉很美，迷人的酒窝，美丽的眼睛，甜蜜的笑容，深情的盼望，令人魂牵梦绕。此诗是中国古代文学中最早刻画女性容貌美、情态美的优美篇章。

4. 最深切的思念

"青青子衿，悠悠我心。纵我不往，子宁不嗣音？"——《诗经·郑风·子衿》

【赏析】

此诗是写单相思、描写女子思念情人的著名诗句，充满了诗情画意，让人仿佛又回到那个纯真美好、情窦初开的青涩年华。每当看到颜色青青的东西，女子就会想起心上人青青的衣领，青青的绶带，还有那绶带上的佩玉，以及男子身上的每一件东西，朝思暮想，一日不见便觉得如隔三秋。全诗采用倒叙的手法，充分描写了女子单相思的心理活动，意境优美，成为中国文学史上描写相思之情的经典作品。

5. 最刻骨的思绪

"昔我往矣，杨柳依依。今我来思，雨雪霏霏。行道迟迟，载渴载饥。我心伤悲，莫知我哀！"——《诗经·小雅·采薇》

【赏析】

这是一首戍卒返乡诗，唱出了从军将士的艰辛生活和思归的情怀。全诗六章每章八句。这首诗描述了寒冬季节，阴雨霏霏，雪花纷纷，一位解甲退役的征夫在返乡途中踽踽独行。艰苦的军旅生活，激烈的战斗场面，无数次的登高望归情景，一幕幕在眼前重现。道路崎岖，又饥又渴；但边关渐远，乡关渐近。在归途中他追忆往昔，他遥望家乡，不禁思绪万千，百感交集。

6. 最高的赞誉

"高山仰止，景行行止。"——《诗经·小雅·车辖》

【赏析】

高山，比喻高尚的德行。景行，大路，比喻行为正大光明，有"喻以崇高的品行"之意。这是一位新郎官在迎娶路上作的诗，他通过诗倾诉着内心的喜悦幸福之情。后来司马迁用此诗赞美孔子："高山仰止，景行行止。虽不能至，然心向往之。"正如汉郑玄注解说："古人有高德者则慕仰之，有明行者则而行之。"后人多以此句赞颂品行才学像高山一样，令人敬仰，学习高尚的行为准则、效仿崇高的品德行为。

7. 最纯情的告白

"死生契阔，与子成说。执子之手，与子偕老。"——《诗经·邶风·击鼓》

【赏析】

"生生死死离离合合，我们早已立下誓言。紧握你的双手，伴着你一起垂垂老去。"这首诗本来是一首典型的战争诗，是战友们在上战场前的一种相互约定和托付。这种来自心灵深处真实而朴素的歌唱，是对人之存在的最具人文关怀的阐释，是先民们为后世的文学作品树立起的一座人性高标。

后来这首诗也被引申作为情人之间山盟海誓的约定：相守到老，相伴终身。这样的话，人间已经久违。千年已经过去，读起依旧太美。

8. 最真诚的回报

"投我以木桃，报之以琼瑶。匪报也，永以为好也。"——《诗经·卫风·木瓜》

【赏析】

"你将木桃投赠我，我拿美玉作回报。不是为了答谢你，珍重情意永相好。""你赠给我果子，我回赠你美玉"，与"投桃报李"不同，回报的东西价值要比受赠的东西大得多，这体现了一种人类的高尚情感（包括爱情，也包括友情）。这种情感重的是心心相印，是精神上的契合，因而回赠的东西及其价值的高低在此实际上也只具有象征性的意义，表现的是对他人对自己的情意的珍视，所以说"匪报也"。

9. 最美满的姻缘

"桃之夭夭，灼灼其华。之子于归，宜其室家。"——《诗经·周南·桃夭》

【赏析】

"桃树蓓蕾缀满枝杈，鲜艳明丽一树桃花。一个姑娘就要出嫁，喜气洋洋要去夫家。""桃之夭夭"，以丰富缤纷的象征意蕴开篇，扑面而来的娇艳桃花，使诗歌产生一种强烈的色彩感。"灼灼其华"，简直可以说桃花已经明艳到了极致，到了能刺目的程度。经过打扮的新嫁娘既兴奋又羞涩，两颊绯红，人面桃花，两相辉映。诗中既写景又写人，情景交融，烘托了一股欢乐热烈的气氛。这种场面，即使在今天还能在农村的婚礼上看到。此篇语言极为优美，又极为精练。不仅巧妙地将"室家"变化为各种倒文和同义词，而且反复用"宜"字。一个"宜"字，揭示了新嫁娘与家人和睦相处的美好品德，也写出了她的美好品德给新建的家庭注入新鲜的血液，带来和谐欢乐的气氛。这个"宜"字，掷地有声，简直没有一个字可以代替。

10. 最惊喜的守候

"风雨如晦，鸡鸣不已。既见君子，云胡不喜？"——《诗经·郑风·风雨》

【赏析】

"风雨连天昏蒙，鸡儿报晓鸣不停。终于看见君子归，心里怎能不高兴？"本诗以风雨、鸡鸣起兴，这些兼有赋景意味的兴句，重笔描绘出一幅寒冷阴暗、鸡声四起的背景。当此之时，最易勾起离情别绪。赋景之句，也确成写情之语。风雨交加和夜不能寐之无聊，群鸡阵啼和怀人动荡之思，鸡守时而鸣与所期之人盼而不至，可谓契合无间，层层映衬。然而，正在这几乎绝望的凄风苦雨之时，怀人的女子竟意外地"既见"了久别的情郎，骤见之喜，欢欣之情，自可想见。而此时凄风苦雨中的群鸡乱鸣，也似成了煦风春雨时的群鸡欢唱了。这种情景反衬之法，恰如王夫之所说，"以乐景写哀，以哀景写乐，一倍增其哀乐"（《姜斋诗话》）。

《诗经》里的名句比比皆是，"如切如磋，如琢如磨""它山之石，可以攻玉""人而无仪，不死何为""秩秩斯干，幽幽南山""知我者，谓我心忧，不知我者，谓我何求"等名句，千古以来，为人争相传诵。

12.2.2 《楚辞》之美

楚辞是战国时期，楚国诗人屈原以南方民歌为基础，采用楚国方言创作的一种新的诗歌体裁，也叫"骚体诗"。《楚辞》和《诗经》为中国古诗词两大源头，"独领风骚"这个成语中的"风"指代以《国风》为核心的《诗经》，"骚"就是指以《离骚》为代表的《楚辞》，从这里我们就可以感受到《楚辞》的重要文化意义，更难能可贵的是，《诗经》是中国古人几千年集体智慧的结晶，而《楚辞》则几乎是屈原凭一己之力而树立起的文化丰碑。

屈原是中国历史上第一位伟大的爱国诗人，中国浪漫主义文学的奠基人，被誉为"中华诗祖""辞赋之祖"。他是"楚辞"的创立者和代表作者，开辟了"香草美人"的传统。屈原的出现，标志着中国诗歌进入了一个由集体歌唱到个人独创的新时代。他被后人称为"诗魂"。

《楚辞》里有很多千年传诵的优美诗句，这里进行简单赏析。

1. 最悲悯的情怀

"长太息以掩涕兮，哀民生之多艰。"——《楚辞·离骚》

【赏析】

"我揩着眼泪啊声声长叹，可怜人民的生活多么艰难。"屈原虽然身为贵族，但时刻惦记底层人民的疾苦，他这种忧国忧民，悲天悯人的伟大胸襟感染了一代一代的中国人，逐步演化为我们中国人的一种民族品质，固化为一种普世的良知。

2. 最律己的修为

"路漫漫其修远兮，吾将上下而求索。"——《楚辞·离骚》

【赏析】

"在追寻真理（真知）的过程中，要行进的道路还很漫长，但我将百折不挠，不遗余力地（上天下地）去追求和探索。"在人生的旅途中，我们会遇到各种困难和挑战，但我们必须不断探索、学习，不断向前迈进，才能找到真正的答案和解决的办法。无论前方有多少困难和挑战，我们都要坚持不懈，不断追求进步和成长，永远不放弃寻找真理的希望。这种执着的精神是何等感人，这种奔放的文笔又是何等动人。

3. 最清醒的认知

"举世皆浊我独清，众人皆醉我独醒。"——《楚辞·渔父》

【赏析】

"天下都是浑浊不堪只有我清澈透明，不同流合污，世人都迷醉了唯独我清醒。"在一个浑浊的乱世，大家都沉沦里面不明是非，只有诗人一个人能看清现在的局势。这种对身外世界清醒的认知是对我们永不过时的告诫。

4. 最无悔的选择

"亦余心之所善兮，虽九死其犹未悔。"——《楚辞·离骚》

【赏析】

"这是我心中追求的东西，就是多次死亡也不后悔。"这句诗表达了作者为追求家国富强，坚持高洁品行而不怕千难万险、纵死也无悔的忠贞情怀，后来人们在表达坚持理想、为实现目标而奋斗时常引用这一名句以表达心志。

5. 最无奈的归宿

"惟草木之零落兮，恐美人之迟暮。"——《楚辞·离骚》

【赏析】

"想到草木不断地在飘零凋谢，不禁担忧美人（代指君王）也会日益衰老。"光阴如梭，美人的青春就像日益飘零的草木。作者感叹岁月无情，来日无多，只希望能把握住短暂的人生，做出一番事业。

6. 最美好的祝愿

"与天地兮同寿，与日月兮同光。"——《楚辞·九章·涉江》

【赏析】

"像天地一样亘古不老，像日月一样光芒万丈。"常用以称赞或祝愿人的精神、功业伟大。

12.2.3　乐府诗之美

汉族古代不合乐的称为诗，合乐的称为歌，现代一般统称为诗歌。它按照一定的音节、韵律的要求，表现社会生活和人的精神世界。诗的起源可以追溯到上古，又历经汉魏六朝乐府、唐诗、宋词、元曲之发展。

《乐府诗集》是北宋文学家郭茂倩编撰的上古至唐、五代的乐府诗歌总集，成书于北宋时期。全书共一百卷，以辑录汉魏至唐的乐府诗为主。根据音乐性质的不同，所集作品分为郊庙歌辞、燕射歌辞、鼓吹曲辞、横吹曲辞、相和歌辞、清商曲辞、舞曲歌辞、琴曲歌辞、杂曲歌辞、近代曲辞、杂歌谣辞、新乐府辞等十二大类。每一类有总序，每一曲有题解，对乐曲的起源、性质、演唱配器等均有详尽说明。其中还保存了不少已失传著作的内容。

《乐府诗集》是继《诗经》之后总括中国古代乐歌辞的诗歌总集，是现存收集乐府歌辞最完备的一部。其以解题征引浩博、援据精审而为学术界所重视，对文学史和音乐史的研究均有重要参考价值。

下面以《陌上桑》为例欣赏一下乐府诗之美。

日出东南隅，照我秦氏楼。秦氏有好女，自名为罗敷。罗敷喜蚕桑，采桑城南隅。青丝为笼系，桂枝为笼钩。头上倭堕髻，耳中明月珠。缃绮为下裙，紫绮为上襦。行者见罗敷，下担捋髭须。少年见罗敷，脱帽著帩头。耕者忘其犁，锄者忘其锄。来归相怨怒，但坐观罗敷。

——《乐府诗集·陌上桑》

《陌上桑》是一篇立意严肃、笔调诙谐的乐府叙事诗。它讲述了这样一个故事：一位名叫罗敷的年轻美丽的女子，一天在采桑路上恰巧被一个太守遇上，太守被罗敷美色所打动，问她愿不愿意跟随自己回家。太守原以为凭借自己的权势，这位女子一定会答应。想不到罗敷非但不领情，还把他奚落了一番，使这位堂堂太守碰了一鼻子灰，无奈至极。

诗人成功地塑造了一个品端貌美、机智活泼、亲切可爱的女性形象。《陌上桑》在写作手法方面，最受人们称赞的是侧面映衬和烘托。如写到罗敷之美，不采用《硕人》那种直接形容具体对象容貌的常套，而是采用间接的、静动结合的描写来暗示人物形象的美丽。先写罗敷采桑的用具和她鲜艳夺目的装束打扮，渲染服饰之美又是重点。"青丝为笼系，桂枝为笼钩。头上倭堕髻，耳中明月珠。缃绮为下裙，紫绮为上襦。"这些诗句一字不及罗敷的容貌，而人物之美已从衣饰等的铺叙中映现出来。前人评汉乐府《江南》诗句"莲叶何田田"，说："不说花偏说叶，叶尚可爱，花不待言矣。"这话也可以被运用来说明本篇上述诗句的艺术特点。更奇妙的是，诗人通过描摹路旁观者的种种神态动作，使罗敷的美貌得到了强烈而又极为鲜明、生动的烘托。"行者见罗敷，下担捋髭须。少年见罗敷，脱帽著帩头。耕者忘其犁，锄者忘其锄。来归相怨怒，但坐观罗敷。"爱美之心人皆有之，而人类对异性美（尤其是在形貌方面）就更为敏感，同时也会表现出更高的热情。这些男性旁观者为罗敷深深吸引，乃至有意无意地做出一些想取悦罗敷的举止（"脱帽著帩头"的动作暗示了自己未婚），正说明他们看到罗敷时激动不宁的心情和从她身上获得的审美满足。借助他们的目光，读者也似乎看到了罗敷的面容体态。这样来塑造人物形象，比借助比喻等手段正面进行摹写显得更加富有情趣；而且由于加入了旁观者的反应，使作品的艺术容量也得到了增加。这是《陌上桑》为描写文学形象提供的新鲜经验。

12.2.4　魏晋南北朝诗歌之美

魏晋南北朝社会的变迁，学术思潮及文学观念的变化，文学的审美追求，带来了诗歌的变化。题材方面，出现了咏怀诗、咏史诗、游仙诗、玄言诗、宫体诗，以及陶渊明创造的田园诗，谢灵运开创的山水诗等；诗体方面，五古更加丰富多彩，七古也有明显进步，还出现了作为律诗开端的"永明体"，中国古代诗歌的几种基本形式如五律、五绝、七律、七绝等，在这一时期都有了雏形；辞藻方面，追求华美的风气愈来愈甚，藻饰、骈偶、声律、用典，成为普遍使用的手段。儒学丧失独尊的地位，渐次衰微，玄学及佛教、道教从兴起走向兴盛，都对人们的思想，以及文人们的思想和文学观念产生了较大的影响。文学创作不仅逐渐摆脱大量引经据典的陋习，重视作家情感的自由抒发，而且在作品的表现形式上有多方面的探索。

汉末魏初，在"世积乱离，风衰俗怨"的社会背景下，建安文人的作品，具有"慷慨任气"这种共同的时代风格，其中曹操的诗歌，沉雄悲凉，反映了动乱的社会现实，表露了诗人渴望建功立业，统一天下的雄心壮志。

魏晋之交，随着世风的变易，诗歌创作呈现出与建安时代不同的风貌。阮籍、嵇康的作品，或沉郁艰深，或风调峻切，他们继承了建安文学的优秀传统，进一步推动了五言古诗的发展。陶渊明，他因贫而出仕，目睹官场黑暗，不愿同流合污，决心辞官归隐，保持自我的人格精神。他的田园诗描绘自然风光的美丽，歌颂田园生活的平和，也表现了亲身参加农业生产劳动的喜悦和辛劳。创造了情、景、理交相融合，平淡和醇美统一的艺术境界。

南北朝时期，许多文人专力于文学创作，而主要运用的文学样式是诗歌和骈文。南朝诗歌在谢灵运手上山水诗大放光芒，其后谢朓的山水诗写得清新圆熟，世称"大小谢"。诗人鲍照出身寒微，则擅长用七言古诗体来抒发愤世嫉俗的情怀，他隔句押韵的七言歌行为七言诗的发展作出了贡献。

北方文苑稍显荒寂，最有成就的是由南入北的作家庾信。他的诗赋集南北文学之大成，将南方精美圆熟的艺术技巧和北方刚健爽朗的精神融合，成为唐代诗风的先声。总而言之，南朝作家们对形式声律的追求，为唐代文学作了充分的准备。

南北朝乐府民歌也足以与汉乐府诗前后辉映。南朝的吴歌、西曲明丽柔婉，北朝少数民族歌曲则多刚健亢爽，风格各异，但都情意真切。

下面以陶渊明的《杂诗》为例欣赏一下魏晋南北朝诗歌之美。

人生无根蒂，飘如陌上尘。

分散逐风转，此已非常身。

落地为兄弟，何必骨肉亲！

得欢当作乐，斗酒聚比邻。

盛年不重来，一日难再晨。

及时当勉励，岁月不待人。

——《杂诗·其一》

陶渊明《杂诗》共有12首，此为第一首。王瑶先生认为前八首"辞气一贯"，当作于同一年内，即东晋安帝义熙十年（414），时陶渊明50岁，距其辞官归田已经八年。这是一组"不拘流例，遇物即言"（《文选》李善注）的杂感诗。可以说，慨叹人生之无常，感喟生命之短暂，是这组《杂诗》的基调。

这种关于"人生无常""生命短暂"的叹喟，是在《诗经》《楚辞》中即已能听到的，但只是到了汉末魏晋时代，这种悲伤才在更深更广的程度上扩展开来，从《古诗十九首》到"三曹"，从"竹林七贤"到"二陆"，从刘琨到陶渊明，这种喟叹变得越发凄凉悲怆，越发深厚沉重，以至成为整个时代的典型音调。这种音调，在我们今天看来不无消极悲观的意味，但在当时特定的社会条件下，却反映了人的觉醒，是时代的进步。

陶渊明是中古时代的大思想家。他的文学思想是魏晋南北朝文学思想的重要组成部分。他对真的理解，既注重历史与生活的真实，更注重思想情感和襟怀抱负的真实，是较完美的艺术真实。同时，他对自然的理解也表现出其文学思想的独特性。他不言教化、不事雕琢，注重情感的自由抒发，注重诗文的自然天成，这是一种非常高的境界。然而，无论是提倡艺术真实，还是推崇文学的自然，都是为了酣畅淋漓地表现人生。这是陶渊明文学思想的灵魂。

陶渊明对社会人事的虚伪黑暗有极清醒的认识，因而他的隐逸不是消极的逃避现实行为。他对社会现实的批判具有积极意义。当他在漫长的隐居生活中陷入饥寒交迫的困境时，尽管也彷徨过，动摇过，但最终还是没有向现实屈服，宁固穷终生也要坚守清节。据说郡官派督邮来见他，县吏就叫他穿好衣冠迎接。他叹息说："吾不能为五斗米折腰，拳拳事乡里小人邪。"从此，不为五斗米折腰传为佳谈。陶渊明喜欢喝酒，"寄酒为迹"抒发自己不愿和腐朽的统治集团同流合污的心愿，表现出诗人恬淡旷远的襟怀、孤傲高洁的品格，也正是因为如此他的作品虽平淡质朴却诗意盎然。

陶渊明的田园诗数量最多，成就最高。这类诗充分表现了诗人守志不阿的高尚节操；充分表现了诗人对淳朴的田园生活的热爱，对劳动的认识和对劳动人民的友好感情；充分表现了诗人对理想世界的追求和向往。作为一个文人士大夫，这样的思想感情，这样的内容，出现在文学史上，是前所未有的，尤其是在门阀制度和观念森严的社会里显得特别珍贵。陶渊明的田园诗中也有一些是反映自己晚年困顿状况的，可使读者间接地了解当时农民阶级的悲惨生活。在他的田园诗中，随处可见的是他对污浊现实的厌烦和对恬静的田园生活的热爱。因为有实际劳动经验，所以他的诗中洋溢着劳动者的喜悦，表现出只有劳动者才能感受到的思想感情，如

《归园田居》第三首就是有力的证明，这也正是他的田园诗的进步之处。

陶渊明的田园隐逸诗，对唐宋诗人有很大的影响。杜甫诗云："宽心应是酒，遣兴莫过诗，此意陶潜解，吾生后汝期。"宋代诗人苏轼对陶潜有很高的评价："渊明诗初看似散缓，熟看有奇句……大率才高意远，则所寓得其妙，造语精到之至，遂能如此。似大匠运斤，不见斧凿之痕"。苏轼更作《和陶止酒》《和陶连雨独饮二首》《和陶劝农六首》《和陶九日闲居》《和陶拟古九首》《和陶杂诗十一首》《和陶赠羊长吏》《和陶停云四首》《和陶形赠影》《和陶影答形》《和陶刘柴桑》《和陶酬刘柴桑》《和陶郭主簿》等109篇和陶诗，可见陶渊明对苏轼影响之深。

12.2.5　唐诗之美

唐诗是中华民族珍贵的文化遗产之一，是中华文化宝库中的一颗明珠。唐诗，把节奏、音韵和意境巧妙地组合起来，是中国文化中最美妙的艺术盛宴。

1. 节奏之美

诗歌的节奏，指的是诗歌中音节的停顿和音调的强弱、高低、长短所构成的一种有规律的现象。音节的停顿，即一般所称的"顿挫"，是构成诗歌节奏的重要手段。在我国古代格律诗中，每句的顿挫数目都有一定之规，顿挫的字数为一字或二字。例如，杜甫的《绝句》：

> 两个——黄鹂——鸣——翠柳，
> 一行——白鹭——上——青天。
> 窗含——西岭——千秋——雪，
> 门泊——东吴——万里——船。

另外，汉字的读音有平仄之分，平仄搭配得好，就有助于造成音调轻重、高低、长短的变化，构成声音表现的力的节奏，使诗歌语言顿挫起伏，回环往复，再间以音节停顿，更富有旋律美。例如，王之涣的《登鹳雀楼》：

> 白日依山尽，（平仄平平仄）
> 黄河入海流。（平平仄仄平）
> 欲穷千里目，（仄平平仄仄）
> 更上一层楼。（仄仄仄平平）

唐诗的节奏美，还在于词与词、句与句的对仗工整。诗歌在长期发展中，形成了讲究"格律"的近体诗，在句数、字数、平仄、对仗和押韵上都有细致的要求。以七言律诗为例，规定全诗8句，共4联，7字一句；押平声韵，一韵到底；每句的句式和字的平仄都有规定，保证对句相对，邻句相粘。这样严格的规定使律诗结构规整、音韵谐畅，富于音韵美。例如，杜甫的《登高》：

> 风急天高猿啸哀，渚清沙白鸟飞回。
> 无边落木萧萧下，不尽长江滚滚来。
> 万里悲秋常作客，百年多病独登台。
> 艰难苦恨繁霜鬓，潦倒新停浊酒杯。

全诗读起来抑扬顿挫，朗朗上口，"天"对"风"，"高"对"急"，"沙"对"渚"，"白"对"清"，读起来音调铿锵、朗朗上口，音律和谐、优美悦耳。特别是"萧萧""滚滚"两个叠字，不仅使人联想到树木落叶萧萧而下，滚滚的长江汹涌澎湃，也无形中传达出作者感叹韶光易逝、壮志难酬的落寞心情。

杜甫有"诗圣"的美誉，这篇《登高》便可体现其对于格律超凡入圣的把握，明代学者胡应麟在《诗薮》中赞其"一篇之中，句句皆律，一句之中，字字皆律""通首章法，句法，字法，前无昔人，后无来学……然此诗自当为古今七律第一"。

2. 意境之美

唐诗之美，美在李白笔下的志向"长风破浪会有时，直挂云帆济沧海"；美在杜甫笔下的胸怀"安得广厦千万间，大庇天下寒士俱欢颜"；美在王维笔下的秋天"空山新雨后，天气晚来秋"；美在白居易笔下的烟火"绿蚁新醅酒，红泥小火炉"；美在李商隐笔下的真情"身无彩凤双飞翼，心有灵犀一点通"。

唐诗之美，意境先行。意境是诗歌艺术形象创造的核心。意境中的"意"是诗人抒发的思想感情，而"境"是诗中所描绘的生活图景。意境，是人类情感和客观景物相融一体的艺术形象，或借景抒情，或以情寄景，实现情由景出、景因情化。唐诗的意境之美大体上分为三个类型："情景交融"的意境之美、"虚实相生"的意境之美、"含蓄朦胧"的意境之美。

（1）"情景交融"的意境之美。情景交融是指借描写客观的景物来抒发作者主观的感情。有些是触景生情，由景入情，先写景再抒情。例如，高适的《别董大》：

> 千里黄云白日曛，北风吹雁雪纷纷。
> 莫愁前路无知己，天下谁人不识君？

前两句写景，凄凉悲苦，后两句抒情，昂扬豪壮。有些是先写情再描景，以景衬情，以景融情。例如，贺知章的《回乡偶书》：

> 少小离家老大回，乡音无改鬓毛衰。
> 儿童相见不相识，笑问客从何处来。

（2）"虚实相生"的意境之美。"虚实相生"是将实景与虚景互相融合，虚实结合中进行和谐统一，情与景的交融中互相渗透，既"如在目前"的实又"见于言外"的虚。例如，李白的《黄鹤楼送孟浩然之广陵》：

> 故人西辞黄鹤楼，烟花三月下扬州。
> 孤帆远影碧空尽，唯见长江天际流。

全文中虽找不到"友情"的字眼，但诗人巧妙地将依依惜别的深情寄托在对自然景物之中，把无形的情感化为有形的景物，真正做到了虚实相生、情景交融。

（3）"含蓄朦胧"的意境之美。老子说："道之为物，惟恍惟惚。惚兮恍兮，其中有象；恍兮惚兮，其中有物。"这种朦胧恍惚的境界，是一种特殊的艺术审美功能，是作者根据含蓄的暗示结合读者的审美想象，进行再创造的结果。虽不可明言，却知言之有物，心领神会，这不是不可知，也不是所谓的无思想性，而是一种思维空间比较广阔的艺术创造，是一种富于想象的审美活动。例如，李商隐的《锦瑟》：

> 锦瑟无端五十弦，一弦一柱思华年。
> 庄生晓梦迷蝴蝶，望帝春心托杜鹃。
> 沧海月明珠有泪，蓝田日暖玉生烟。
> 此情可待成追忆？只是当时已惘然。

　　诗题"锦瑟"，但并非咏物，全诗通过自然景象所展现出的是朦胧的感情世界。借庄生梦蝶、杜鹃啼血、沧海珠泪、良玉生烟等典故，采用比兴手法，引导读者把听觉的感受通过联想转化为视觉形象，以咏"实物"来创造朦胧的境界，传达作者真挚浓烈而又幽怨悲慨的情感。

12.2.6　宋词之美

　　宋词是一种相对于古体诗的新体诗歌之一，为宋代儒客文人的智慧精华。宋词句子有长有短，便于歌唱，是合乐的歌词，故又称曲子词、乐府、乐章、长短句、诗余、琴趣等。

　　古语说："诗言志，词言情。"宋词是中国古代文学皇冠上光辉夺目的明珠，标志着宋代文学的最高成就。它以姹紫嫣红、千姿百态的神韵，与唐诗争奇，与元曲斗艳，如一座姹紫嫣红的园圃盛开在中国古代文学的宫殿中，历来与唐诗并称"双绝"。宋词的代表人物主要有豪放派代表词人苏轼、辛弃疾，婉约派代表词人柳永、李清照。

　　宋词，蕴藏着千年的风情，有家国情怀、有风花雪月，有伤春悲秋、有激昂斗志，有离愁别绪、有儿女情长……如今，很多人将宋词浑然天成的气韵、凝重和情感视作中国人生活美学的源头。单看宋词中的词牌名："西江月""雨霖铃""念奴娇""江城子""如梦令""一剪梅""声声慢"……就带着许多唯美意象和无限诗意在其中了。比如：

虞美人·春花秋月何时了
李　煜

　　春花秋月何时了？往事知多少。小楼昨夜又东风，故国不堪回首月明中。

　　雕栏玉砌应犹在，只是朱颜改。问君能有几多愁？恰似一江春水向东流。

　　《虞美人》是李煜的代表作，也是李后主的绝命词。相传他于自己生日（七月七日）之夜（"七夕"），在寓所命歌妓作乐，唱新作《虞美人》词，声闻于外。宋太宗闻之大怒，命人赐药酒，将他毒死。这首词以明净、凝练、优美、清新的语言，运用比喻、对比、设问等多种修辞手法，高度地概括和淋漓尽致地表达了诗人的真情实感。难怪前人赞誉李煜的词是"血泪之歌"，"一字一珠"。全词虚设回答，在问答中又紧扣回首往事，感慨今昔写得自然而一气流注，最后进入语尽意不尽的境界，使词显得阔大雄伟。

　　李煜的词语言明快、形象生动、用情真挚、风格鲜明，其亡国后词作更是题材广阔，意味深沉，在晚唐五代词中别树一帜，对后世词坛影响深远。

　　再如：

水调歌头·明月几时有
苏　轼

　　明月几时有？把酒问青天。不知天上宫阙，今夕是何年？我欲乘风归去，又恐琼楼玉宇，高处不胜寒。起舞弄清影，何似在人间？

　　转朱阁，低绮户，照无眠。不应有恨，何事长向别时圆？人有悲欢离合，月有阴晴圆缺，此事古难全。但愿人长久，千里共婵娟。

　　此篇是宋朝文学家苏轼代表作之一，此词作于宋神宗熙宁九年（1076）中秋，以月起兴，以与弟苏辙七年未见之情为基础，围绕中秋明月展开想象和思考，把人世间的悲欢离合之情纳入对宇宙人生的哲理性追寻之中，反映了天仙"归去"与起舞"人间"、离欲与入世的复杂而又矛盾的思想感情，又表现出作者热爱生活与积极向上的乐观精神。词作上片反映执着人生，下片表现善处人生。落笔潇洒，舒卷自如，情与景融，境与思偕，思想深刻而境界高逸，充满哲理，是苏轼词的典范之作。

全词描绘了皓月当空、孤高旷远的境界氛围，抒发了对亲人的思念之情，在月的阴晴圆缺当中，渗进浓厚的哲学意味，从艺术成就上看，它立意高远，构思新颖，意境清新如画，极富浪漫主义色彩，典型地体现出苏轼清新旷达的词风。后人对此词的评价极高，道"中秋词，自东坡《水调歌头》一出，余词尽废"，说明此词达到了一种前无古人，后无来者的登峰造极的境界。

又如：

青玉案·元夕
辛弃疾

东风夜放花千树。更吹落、星如雨。宝马雕车香满路。凤箫声动，玉壶光转，一夜鱼龙舞。蛾儿雪柳黄金缕。笑语盈盈暗香去。众里寻他千百度。蓦然回首，那人却在，灯火阑珊处。

这首词创作时间不可确考，有学者认为此词作于南宋淳熙元年（1174）或二年（1175）。当时，强敌压境，国势日衰，而南宋统治阶级却不思恢复，偏安江左，沉湎于歌舞享乐，以粉饰太平。洞察形势的辛弃疾，欲补天穹，却恨无路请缨。他满腹的激情、哀伤、怨恨，交织成了这幅元夕求索图。

此词从极力渲染元宵节绚丽多彩的热闹场面入手，反衬出一个孤高淡泊、超群拔俗、不同于金翠脂粉的女性形象，寄托着作者政治失意后不愿与世俗同流合污的孤高品格。全词采用对比手法，上阕极写花灯耀眼、乐声盈耳的元夕盛况，下阕着意描写主人公在好女如云之中寻觅一位立于灯火零落处的孤高女子，构思精妙，语言精致，含蓄婉转，余味无穷。

辛弃疾著名的词还有《破阵子·为陈同甫赋壮词以寄之》《永遇乐·京口北固亭怀古》《南乡子·登京口北固亭有怀》《西江月·夜行黄沙道中》《清平乐·村居》《水龙吟·登建康赏心亭》等。辛弃疾在词史上的一个重大贡献，就在于内容的扩大，题材的拓宽。他现存的600多首词作，写人生，写哲理，写朋友之情、恋人之情，写田园风光、民俗人情，写日常生活、读书感受，可以说，凡当时能写入其他任何文学样式的东西，他都写入词中，范围比苏词还要广泛得多。

辛词和苏词都是以境界阔大、感情豪爽开朗著称的，但不同的是：苏轼常以旷达的胸襟与超越的时空观来体验人生，常表现出哲理式的感悟，并以这种参透人生的感悟使情感从冲动归于深沉的平静，而辛弃疾总是以炽热的感情与崇高的理想来拥抱人生，更多地表现出英雄的豪情与英雄的悲愤。因此，主观情感的浓烈、主观理念的执着，构成了辛词的一大特色。

纵观整个泱泱词史，蔚为大观。伟大诗篇，著名词人，如繁花夺目，群星璀璨，但要说中流砥柱，卓尔不凡，上面三位作家是其中翘楚。李煜作为一个政治家在历史上很失败，但在文学史上却彪炳青史，他是宋词这种文学题材的奠基者、拓荒人，宋词到了他这儿才突破了唐诗的万丈光芒，从偏居一隅走到文学舞台的中央。苏轼是宋词的革新者和突破人，宋词传到了苏轼手上，他摆脱了宋词柔媚绮靡之风，突破了闺怨哀思的狭窄题材范围，创新性地发展了以《江城子·乙卯正月二十日夜记梦》为代表的悼亡词、以《念奴娇·赤壁怀古》《江城子·密州出猎》为代表的豪放词等多种题材意境，极大地拓展了宋词的表达能力和格调境界。而辛弃疾则是宋词史上的集大成者，辛词以其内容上的爱国思想，艺术上的创新精神，在文学史上产生了重要影响。他的词不仅存世数量最多，而且在苏轼的基础上，他进一步拓展了宋词的内容和题材，他的词主要以雄伟奔放、富有力度为长，但写起传统的婉媚风格的词，也十分得心应手。而辛弃疾最为人推崇的是他的词作里所奔流的强烈的爱国主义思想和战斗精神，辛弃疾不仅是一位伟大的文学家，更是一位民族英雄，在抒发报国之志时，辛弃疾的词常常显示出军人的勇毅和豪迈自信的情调，像"要挽银河仙浪，西北洗胡沙"（《水调歌头》），"马革裹尸当自誓，蛾眉伐性休重说"（《满江红》）等，无不豪情飞扬，气冲斗牛。从某种意义上说，辛词为我们这个民族注入了永不服输的血性，以至后来的文人学者每每在国家危难，生死存亡之际，以辛弃疾的诗词来自我激励，勉励国人。可以说，辛词的这种精神感染力使中华民族文脉不绝，国运昌盛。

12.2.7　元曲之美

　　元曲是盛行于元代的一种文艺形式，包括杂剧和散曲，有时专指杂剧。继唐诗、宋词之后，元曲可谓古代文学之盛。元曲的艺术魅力在于它既继承了诗词的清丽婉转，又在作品中直接大胆地控诉了当时的政治黑暗等社会弊端。元曲有严密的格律定式，每一曲牌的句式、字数、平仄等都有固定的格式要求，但与律诗绝句和宋词相比，有较大的灵活性。元曲允许在定格中加入衬字，部分曲牌还可增句，押韵上允许平仄通押，所以同一首"曲牌"的两首元曲有时字数会不一样，在相同的曲牌中，字数最少的一首为标准定格。

　　元曲四大家为关汉卿、马致远、郑光祖、白朴。关汉卿为"元曲四大家"之首。王国维先生说："元曲之佳处何在？一言以蔽之，曰：自然而已矣。古今之大文学，无不以自然胜，而莫著于元曲。"元曲是文学中一朵艳丽的花，学习元曲，能让我们在优美的作品中领略元曲的意境美、语言美、词句美。如：

天净沙·秋思

马致远

枯藤老树昏鸦，

小桥流水人家，

古道西风瘦马。

夕阳西下，断肠人在天涯。

　　马致远是元代著名的戏曲作家。马致远号"东篱"，以示效陶渊明之志。这是他著名的曲作，28个字勾画出一幅羁旅荒郊图，被誉为"秋思之祖"。几百年来，它以其"深得唐人绝句妙境"（王国维《人间词话》）的艺术魅力而脍炙人口，久诵不衰。

　　再如：

天净沙·秋

白　朴

孤村落日残霞，

轻烟老树寒鸦，

一点飞鸿影下。

青山绿水，

白草红叶黄花。

　　白朴这首小令《天净沙·秋》与马致远的《天净沙·秋思》，无论写法还是构成的意境都有相似之处。此曲题目虽为"秋"，并且写尽秋意，通篇却找不到一个"秋"字。此曲开篇先绘出了一幅秋日黄昏图，营造出一种宁静、寂寥的氛围。前两句共用了六个图景："孤村""落日""残霞""轻烟""老树""寒鸦"，而其中任何一个图景，都代表着秋日秋景的萧瑟气氛。忽然"一点飞鸿影下"给原本萧瑟的静态画面带来了活力。青山幽静、绿水潺潺，白草摇曳、红叶翩然、黄花起舞，由远及近、由高到低，多层次、多侧面、立体交叉式地描绘出秋日美丽的景象，色彩明丽，一笔并写两面，成功地将秋日迟暮萧瑟之景与明朗绚丽之景融合在一起，情调开朗平和，表现了作者对隐居生活的热爱。

12.2.8　毛泽东诗词之美

作为诗词中的瑰宝，毛泽东诗词蕴含着他对于前人诗词歌赋的理解，蕴含着他为古典诗词注入的新鲜血液，凝聚着中国文化智慧。

诗人贺敬之在 1996 年首届毛泽东诗词国际研讨会的开幕式上曾说：要了解一个民族的面貌和灵魂，单单靠对这个民族物质文化生活外观的浏览是远远不够的，而要深入研读那些对这个民族产生具有历史永恒价值的文化和文学名著。要想了解中国人民的真实面目和精神，在所研读的经典著作中，是不能不列入毛泽东诗词的。

文学评论家张炯在评价毛泽东诗词时说过："他的诗词创作和有关见解，不仅影响一代诗风，使中国的旧体诗词和新诗得以在当代并行不悖地存在和发展，而且作为一种诗美的范式，获得世界许多国家读者的欣赏。"毛泽东深知古典诗词所蕴含的独特魅力，因此他致力于古典诗词创作，并取得了非凡成就，曾有外国人评论他是"一个诗人赢得了一个新中国"。与其说是"一个诗人赢得了一个新中国"，毋宁说是毛泽东笔下的中国古典诗词影响了全中国，乃至世界其他国家。中国人在艰苦斗争的岁月中，以诗词作为他们情感的寄托，是可以起到自我激励和精神慰藉作用的。

毛泽东在充分汲取中国古典诗词养分的同时，又形成了独一无二的诗词创作风格，这与毛泽东诗词是在他所领导的革命斗争之中孕育而生有直接的关系。

南社诗人柳亚子评价毛泽东诗词："推翻历史三千载，自铸雄奇瑰丽词。"毛泽东诗词体现了作者古典诗词外衣下崭新的世界观。他的这些诗词的创作发表，直接影响了那个时代人们的精神活动和幸福感。毛泽东的幸福源自斗争，即为千千万万人的幸福而斗争，因此他是乐观的，是自信的。而那个时代的人们，也正是在这种精神的感召下，对未来常存有希望。斯诺在《西行漫记》中曾说过，毛泽东身上有一种"天命的力量"，这种力量并非昙花一现，而是一种持之以恒的动力。毛泽东诗词可以使人沉思，激励人去创新，从而振奋整个民族，净化人的心灵，指引着迷茫和对前途失去信心的人们去寻找新的希望和精神的寄托。同样，对于创作者自身，这些诗词陪伴他经历战火狼烟，走过峥嵘岁月，最后"指点江山"。毛泽东以诗词来表达情感，反过来这些诗词又直接影响了他的人生。

下面以毛泽东的《采桑子·重阳》为例欣赏一下毛泽东诗词之美。

> 人生易老天难老，岁岁重阳。今又重阳，战地黄花分外香。
> 一年一度秋风劲，不似春光。胜似春光，寥廓江天万里霜。

此词作于 1929 年的重阳节（10 月 11 日）。当时，毛泽东在上杭县城的临江楼上养病，重阳佳节来到，院子里的黄花如散金般盛开。此时毛泽东已经离开红四军的领导岗位，他的梦想和现实再一次发生了位移，因而作了此词。

"悲哉，秋之为气也！萧瑟兮草木摇落而变衰"。自战国时期楚国文学家宋玉创作《九辩》以来，"悲秋"就成为中国古典诗赋的传统主题。毛泽东的这首词一扫衰颓萧瑟之气，以壮阔绚丽的诗境、昂扬振奋的豪情，唤起人们为理想而奋斗的英雄气概和高尚情操，独步诗坛。

此词以极富哲理的警句"人生易老天难老"开篇，起势突兀，气势恢宏。"人生易老"是将人格宇宙化，韶光易逝，人生短促，唯其易逝、短促，更当努力进取，建功立业，莫让年华付流水。"天难老"却是将宇宙人格化。寒来暑往，日出月落，春秋更序，光景常新。但"难老"并非"不老"，因为"新陈代谢是宇宙间普遍的永远不可抵抗的规律"（毛泽东《矛盾论》）。"人生易老"与"天难老"，一有尽，一无穷；一短促，一长久；一变化快，一变化慢。异中有同，同中有异，既对立又统一。这并非"天行健，君子以自强不息"这一古老格言的简单趋附，而是立足于对宇宙、人生的情理并茂的认知和深刻理解的高度，揭示人生真谛和永恒真理，闪耀着辩证唯物主义的思想光辉，具有极强的审美启示力。"岁岁重阳"承首句而来，既是"天难老"的进一步引申，又言及时令，点题明旨，引起下文："今又重阳，战地黄花分外香"。"今又重阳"是"岁岁重阳"的递进反复，年年都有重阳节，看似不变，其实也在变，各不相同：如今又逢佳节，此地别有一番风光。

古有重阳登高望远、赏菊吟秋的风习。在历代诗文中，重阳节与菊花结下了不解之缘。而身逢乱世的诗人，往往借写菊花表达厌战、反战之情，即菊花是作为战争的对立面出现的。但毛泽东笔下的"黄花"却是和人民革命战争的胜利联系在一起的。这"黄花"既非供隐士高人"吟逸韵"的东篱秋丛，亦非令悲客病夫"感衰怀"的庭院盆景，而是经过硝烟炮火的洗礼，依然在秋风寒霜中绽黄吐芳的满山遍野的野菊花，平凡质朴却生机蓬勃，具有现实与象征的双重性，带有赋和比的特点。词作者是怀着欣悦之情来品味重阳佳景的。黄花装点了战地的重阳，重阳的战地因此更显得美丽。"分外香"三字写出赏菊人此时此地的感受。人逢喜事精神爽，胜利可喜，黄花也显得异常美丽；黄花异常美丽，连她的芳香也远胜于往常。这一句有情有景，有色有香，熔诗情、画意、野趣、哲理于一炉，形成生机盎然的诗境，既歌颂了土地革命战争，又显示了作者诗人兼战士的豪迈狂放的情怀。尽管"人生易老"，但革命者的青春是和战斗、战场、解放全人类的崇高事业联系在一起的，他们并不叹老怀悲，蹉跎岁月，虚掷光阴，而是以"只争朝夕"的精神为革命而战，一息尚存，奋斗不止。

下片承"岁岁重阳""今又重阳"的意脉，写凭高远眺，将诗的意境向更深更阔处开拓。岁岁有重阳，秋去又秋来，"一年一度秋风劲"，这个"劲"字，力度极强，写出秋风摧枯拉朽、驱陈除腐的凌厉威猛之势，笔力雄悍，极有刚健劲道之美。此情豪迈异于东风骀荡、桃红柳绿、莺语燕歌、温柔旖旎的春日风光。但劲烈的西风、肃杀的秋气在作者心中引起的不是哀伤，而是振奋。诗人的感情、战士的气质决定了他的审美选择："胜似春光，寥廓江天万里霜"。天朗气清，江澄水碧；满山彩霞，遍野云锦；一望无际，铺向天边，极写景色之瑰丽。

以壮阔绚丽的诗境，既振奋的豪情，唤起人们为理想而奋斗的英雄气概和高尚情操。

12.2.9　现代诗词之美

现代诗也叫"白话诗"，形式自由，意涵丰富，重于修辞运用，更加强调自由开放、直率陈述与进行"可感与不可感之间"的沟通。

现代诗的主流是自由体新诗。自由体新诗是新文化运动的产物，形式上采用白话，打破了旧体诗的格律束缚，在艺术特色方面强调抒情手段、用典、构思和表现手法，如拟人、比喻、借代、夸张、对比、象征，以及以动写静、小中见大、虚实结合、衬托、托物言志。

现代诗按形式分有格律诗、自由诗；按体裁分有童话诗、寓言诗、散文诗、韵脚诗等；按表达方式分有叙事诗、抒情诗等。

1. 结合诗词，积累常见意象

欣赏现代诗歌，主要从诗歌的基本特征、抒情性、音乐性，和高度凝练的、形象的语言方面进行。现代诗通过明白易懂的白话来营造出意象，或者说"立象尽意"，"意"是内在的、抽象的感想，"象"是外在的、具体的物象；"意"源于内心并借助于"象"来表达、"象"其实是意的寄托物。换句话说，"意象"即"有意义的形象"和"有形象的意义"的统一。

同一意象表达的情感有时会随着不同的语境而体现出某种独特的情怀。例如，戴望舒的《雨巷》：

> 撑着油纸伞，独自彷徨在悠长、悠长又寂寥的雨巷。
>
> 我希望逢着一个丁香一样的结着愁怨的姑娘。
>
> ……
>
> 撑着油纸伞，独自彷徨在悠长、悠长又寂寥的雨巷。
>
> 我希望飘过一个丁香一样的结着愁怨的姑娘。

戴望舒《雨巷》中的"丁香"意象与李商隐《代赠》"芭蕉不展丁香结，同向春风各自愁"诗句中的"丁香"意象一样，都被赋予纯洁、忧愁的情怀。

2. 分析诗句，揣摩诗中意境

意境凝聚着作者独特的情思，是作者在诗作中所创造的一幅画面。意境的特点是景中有情，情中有景，情景交融；借情景表现心境，寓心境于情景之中。例如，席慕蓉的《乡愁》：

> 故乡的歌是一支清远的笛，
>
> 总在有月亮的晚上响起。
>
> 故乡的面貌却是一种模糊的怅惘，
>
> 仿佛雾里的挥手别离。
>
> 离别后，
>
> 乡愁是一棵没有年轮的树，
>
> 永不老去。

诗歌用月夜笛声营造缓慢低回的凄清氛围，营造一种梦幻意境；把乡愁比作"没有年轮的树"，抒发了作者情深似海的愁绪和怀念怅惘的情感。

3. 精读诗句，把握诗中情感

诗言志。古往今来，人们常用诗歌中所表现的精神内涵来"抒情志、明教化、寄情思"。例如，优良的品德、深沉的思想、自然的意趣、婉约的情致、挺拔的风骨、高尚的操守。读诗时，把握了诗的思想感情，也就把握了诗的灵魂与命脉。例如，北岛的《回答》（节选）：

> 卑鄙是卑鄙者的通行证，
>
> 高尚是高尚者的墓志铭。
>
> 看吧，
>
> 在那镀金的天空中，
>
> 飘满了死者弯曲的倒影。

从诗中的字面解释看：高尚者的付出，是一种大公无私的行为，所以他的墓志铭上只有"高尚"这两个字；而卑鄙之人，蝇营狗苟，借着"卑鄙"的名义，在人世间畅通无阻。把握诗中的情感之后就会领悟这首诗中的"镀金"和"弯曲的倒影"指的是"虚假"和"冤魂"。

4. 赏析诗篇，读懂写作技法

现代诗歌常用比喻、借代、排比、顶真、拟人、夸张等修辞手法。诗人在渲染景物和烘托气氛时，还会借助比兴、化用典故等手段，委婉地表情达意。例如，舒兰的《乡色酒》：

> 三十年前，
>
> 你从柳树梢头望我，
>
> 我正年少，
>
> 你圆，
>
> 人也圆。
>
> 三十年后，
>
> 我从椰树梢头望你，
>
> 你是一杯乡色酒，
>
> 你满，
>
> 乡愁也满。

诗歌采用对比的手法写出了三十年前和三十年后的不同。从景物描写的手法看，一幅人月同圆的图，一幅物是人非的景，两个时间、空间跨度很大的画面连在一起，前一幅图画描写的主要是动景，后一幅图画描写的主要是静景，前者的欢乐情景衬托后者的凄凉之感，产生强烈的对比效果，具有震撼人心的艺术感染力。

5. 品味语言，领悟诗歌精髓

"两句三年得，一吟双泪流"。诗歌是语言的艺术，诗歌的语言是经过千锤百炼，富含哲理的，往往言在此而意在彼，言有尽而意无穷。诗歌创作过程是一个观察、感受、酝酿、表达的过程，是对生活的再现过程。所以，在诗歌的鉴赏中应当品味诗句语言，领悟诗歌精髓。例如，著名诗人顾城在《一代人》中写道：

> 黑夜给了我黑色的眼睛，
>
> 我却用它寻找光明。

全诗只有两句，虽短小却警醒世人。在"黑夜"与"黑色的眼睛"之间由"我"来连接，在这里似乎"我"处于主动地位，有着一种敢于对抗"黑夜"、寻找光明的精神。语言含蓄隽永，深刻蕴藉，高度的历史概括性和辩证思维的哲理语言具有很高的美学价值。

下面我们欣赏几首现代诗。

> 你站在桥上看风景，
>
> 看风景人在楼上看你。
>
> 明月装饰了你的窗子，
>
> 你装饰了别人的梦。
>
> ——《断章》（卞之琳）

这首诗是"新月派"诗人卞之琳的代表作品。虽然短小精悍只有四句，但足够使人品读一生。诗人回避了抽象的说明，而创造了富于象征性的美的画面。在创作上诗人传达了他理性思考所获得的人生哲理，世间万物都是相对的，又是互相关联的；在艺术上，诗人是通过客观形象和意象的呈现，有着强烈的画面感与空间感，意境深邃悠远，包含着深厚的哲学意义。

从明天起，做一个幸福的人，喂马、劈柴，周游世界。

从明天起，关心粮食和蔬菜，我有一所房子，面朝大海，春暖花开。

从明天起，和每一个亲人通信，告诉他们我的幸福。

那幸福的闪电告诉我的，我将告诉每一个人。

给每一条河、每一座山取一个温暖的名字，陌生人，我也为你祝福，愿你有一个灿烂的前程。愿你有情人终成眷属，愿你在尘世获得幸福。

我只愿面朝大海，春暖花开。

——《面朝大海，春暖花开》（海子）

这首诗是海子于 1989 年创作的一首抒情诗。大海是本诗的核心意象，是诗人心中的乌托邦，是作者作为"海之子"的精神归宿。在艺术手法上，诗人将直抒胸臆与暗示、象征手法结合起来，使全诗既清澈又深厚，既明朗又含蓄，既畅快又凝重，诗人想象中的尘世，一切都那样新鲜可爱，充满着生机与活力、积极向上的情感、善良博爱的胸怀。

我不去想，

是否能够成功，

既然选择了远方，

便只顾风雨兼程。

我不去想，能否赢得爱情，

既然钟情于玫瑰，就勇敢地吐露真诚。

我不去想，

身后会不会袭来寒风冷雨，

既然目标是地平线，留给世界的只能是背影。

我不去想，

未来是平坦还是泥泞，

只要热爱生命，一切，都在意料之中。

——《热爱生命》（汪国真）

这是现代诗人汪国真创作的一首富含励志色彩的抒情新体诗。此诗以对成功、爱情、奋斗和未来的四个肯定回答，阐释热爱生命的哲理。"既然选择了远方，便只顾风雨兼程"，音韵和谐、诗韵精妙。全诗语言真切、朗朗上口，表现出具有时代气息的价值观和人生态度。

我说你是人间的四月天；

笑响点亮了四面风；

轻灵在春的光艳中交舞着变。

你是四月早天里的云烟，

黄昏吹着风的软，

星子在，

无意中闪，

细雨点洒在花前。

那轻，那娉婷，你是，鲜妍百花的冠冕你戴着，

你是天真，庄严，

你是夜夜的月圆。

雪化后那片鹅黄，你像；新鲜初放芽的绿，你是；
柔嫩喜悦，水光浮动着你梦期待中白莲。
你是一树一树的花开，
是燕在梁间呢喃，——你是爱，是暖，
是希望，
你是人间的四月天！

——《你是人间的四月天》（林徽因）

这首诗是新月派诗歌诗美原则的完美体现，整首诗音律和谐，且有丰富的想象力和意境美。作者运用细腻的写作手法，将内容与形式完美地结合。有学者指出："林徽因用她的五彩笔为我们描绘了一幅四月天的春景图，有云烟星子细雨图、百花娉婷鲜妍图、水光浮动白莲图、燕子梁间呢喃图等，整首诗无瑕而又透明，既充满了古典主义的典雅、和谐与适度美，也洋溢了浪漫主义的热情和明朗，超越了时空，超越了个人的生命体验，具有很强的艺术魅力。"

12.3　记叙与抒情——散文

在古代中国，凡是押韵的文字被称为"韵文"，对仗的文字被称为"骈文"，而既不押韵也不对仗的文字，就是"散文"。散文是最自由、最灵活的文学体裁，没有格式的束缚。这样的体裁使创作者得以充分发挥自己的才能、贯彻自己的想法，创作出辉煌的作品。

12.3.1　先秦散文之美

先秦时期是中国文化形成时期，这个时期的中国文坛百花争妍，百家争鸣，出现了以"四书"（《大学》《中庸》《论语》《孟子》）"五经"（《诗经》《尚书》《礼记》《周易》《春秋》）为代表的儒家散文、以《老子》《庄子》为代表的道家散文，以及墨家、法家、兵家、杂家等各家代表思想家、文学家的散文名篇。

先秦的文学家多以散文说理，其中尤以老子的散文最具特点，老子的《道德经》是中国古代先秦诸子分家前的一部著作，是道家哲学思想的重要来源。《道德经》文本以哲学意义之"道德"为纲宗，论述修身、治国、用兵、养生之道，而多以政治为旨归，乃所谓"内圣外王"之学，文意深奥，包涵广博，被誉为万经之王。

《道德经》是中国历史上最伟大的名著之一，对传统哲学、科学、政治、宗教等产生了深刻影响。据联合国教科文组织统计，《道德经》是除《圣经》外被译成外国文字发布量最多的文化名著。

大成若缺，其用不弊。大盈若冲，其用不穷。大直若屈，大巧若拙，大辩若讷。躁胜寒，静胜热。清静为天下正。

——《道德经》（第45章）

《道德经》具有以下美学特色。

1. 音韵之美

《道德经》句式整齐，大致押韵，为诗歌体之经文。读之朗朗上口，易诵易记，体现了中国文字的音韵之美。如"有无相生，难易相成，长短相形，高下相倾"（第2章）、"虚其心，实其腹，弱其志，强其骨"（第3章）、"挫其锐，解其纷，和其光，同其尘"（第4章）、"其政闷闷，其民淳淳"（第58章）。这些词句，不仅押韵，而且平仄相扣，有音韵美，也有旋律美。朗诵经文，是一种美的享受，在音韵之美中体味深刻的哲理。

2. 讲究修辞

《道德经》的语言非常讲究艺术性，运用了多种修辞方式，使词句准确、鲜明、生动，富有说理性和感染力。

（1）对偶

如"道，可道，非常道；名，可名，非常名""无，名天地之始，有，名万物之母"（第1章）、"贵以贱为本，高以下为基"（第39章）、"祸兮，福之所倚；福兮，祸之所伏"（第58章）、"天下难事，必作于易；天下大事，必作于细"（第63章）。对偶句子看起来整齐醒目，听起来铿锵悦耳，便于记忆、便于传诵。

（2）排比

排比可以增强语言的气势、鼓动力。《道德经》中排比句较多。如"五色，令人目盲；五音，令人耳聋；五味，令人口爽；驰骋畋猎，令人心发狂；难得之货，令人行妨"（第12章）、"曲则全，枉则直，洼则盈，敝则新，少则得，多则惑"（第22章）、"自见者不明，自是者不彰。自伐者无功，自矜者不长"（第24章）、"大方无隅，大器晚成，大音希声，大象无形"（第41章）。

（3）比喻

《道德经》中比喻亦多。如"上善若水，水善利万物而不争"（第8章），通篇以水喻人，把水拟人化，赞颂得道者的高贵品质。又如"专气致柔，能如婴儿乎"（第10章）、"我独泊兮其未兆，如婴儿之未孩"（第20章）、"复归于婴儿"（第28章），皆以婴儿喻得道者的纯洁、天真、朴实无华。再如"合抱之木，生于毫末；九层之台，起于累土；千里之行，始于足下"（第64章），连用三个比喻，讲明从小事做起的道理。这些比喻，增强了语言的形象性，加深了读者的印象。

（4）设问和反问

如"何谓宠辱若惊？宠为下，得之若惊，失之若惊，是谓宠辱若惊"、"何谓贵大患若身？吾所以有大患者，为吾有身，及吾无身，吾有何患"（第13章）、"民不畏死，奈何以死惧之"（第74章），这些设问与反问，增加了语言波澜，扣人心弦，起到了引人注意、思索的效果。

（5）联珠

联珠又叫顶真，是把前一句后边的词语作为后一句开头的词语，把语言连续说下去的一种修辞手法。如"人法地，地法天，天法道，道法自然"（第25章），又如"道生一，一生二，二生三，三生万物"（第42章），联珠使语气连贯，结构严密，更好地反映了事物的有机联系。

3. 语言精辟

《道德经》语言极为精辟，是至理名言，形成诸多成语、格言、座右铭。如"天长地久"（第7章）、"上善若水"（第8章）、"少私寡欲"（第19章）、"弱之胜强，柔之胜刚"（第78章）。有的原句，如今已演变为警句，广泛流传。如"功成，名遂，身退"（第9章），现演变出"功成身退"；"知其白，守其黑"（第28章），现演变出"知白守黑"；"大巧若拙，大辩若讷"（第45章），现演变出"大智若愚"；"天网恢恢，疏而不失"（第73章），现演变出"天网恢恢，疏而不漏"；"知足之足，常足矣"（第 46 章），现演变出"知足常乐"；"宠辱若惊"（第 13 章），现演变出"宠辱不惊"。

12.3.2　汉代辞赋之美

作为文体名称，汉赋渊源于荀子的《赋篇》；作为哲学思想与文学体裁，汉赋直接受到屈宋楚辞和战国恣肆之风的极大影响。司马相如、扬雄、班固、张衡被后世称为"汉赋四大家"，他们有多篇代表性的名篇传世，乃汉大赋的最高成就者。正如清朝大学者焦循的评价："汉之赋为周秦所无，故司马相如、扬雄、班固、张衡为四百年作者。"

赋兴盛于西汉武、宣两朝，实与当时帝国的宏图及雄张的气象相关。纵览古人对赋的特征的总结，有三种说法比较准确：其一为班固的"多识博物，有可观采"（《汉书·叙传》），说的是赋最擅长描写自然物态；其二为刘勰的"体国经野，义尚光大"（《文心雕龙·诠赋》），说的是赋最擅长表现政治文化时势；其三为魏收的"会须能作赋，始成大才士"（《北史·魏收传》），说的是赋家最具才学，每篇大赋都是一项宏大的文化工程。而合此三点，正切合汉代的文化精神风貌。

赋到西汉时，已足以成为汉代文学的代表，乃至影响千年中国文学史。赋大致分为五种，也是五个重要时期：西汉人将楚国诗人屈原、宋玉的作品也视为赋体，没有一定的限制性，这称作楚辞体的骚赋；汉赋篇幅较长，多采用问答体，韵散夹杂，其句式以四言、六言为主，但也有五言、七言或更长的句子，汉赋喜堆砌词语，好用难字，极尽铺陈排比之能事，却被后人视为赋体正宗，也称古赋；六朝赋是东汉抒情短赋的变体，其特点是篇幅短小，句式整齐，多为四言、六言拼偶组成，而又讲究平仄，通篇押韵，又称俳赋；唐宋又有律赋，题目、字数、韵式、平仄都有严格限制；文赋是中唐以后产生的一种散文化的赋体，不刻意追求对偶、声律、词采、典故，句式错落多变，押韵较自由，甚至大量运用散文的句式，文赋实际上是赋体的一种解放。

汉赋具有以下美学特点。

1. 结构之美

如果说诗歌重意境美，则辞赋更重结构美，汉赋创作就是一种典范。初接触汉赋作品，先要宏观地了解其整体结构，进而细读文本，再把握其内涵主旨。比如枚乘的《七发》，虽然后人将其归入"七"体，但观其描绘，却是典型的汉大赋的早期书写。读这篇作品，先要了解赋中通过假托人物"吴客"叙述听琴、饮食、车马、游观、田猎、观涛、奏方士之术七件事构篇，这便是全赋的结构。由此再细赏其中的构思、用笔与修辞，如"观涛乎广陵之曲江"中"其始起也""其少进也""其旁作""观其两旁"等精彩片段。又如司马相如的《子虚赋》《上林赋》两篇姊妹赋，由楚之云梦、齐之东海、天子之上林成篇，引人入胜的细节描绘都在此"结构美"中展开。再如班固的《西都赋》，全篇由地理位置、城市建构、京畿环境、宫室建筑、重点殿宇（昭阳殿）、狩猎、游乐等部分构成，而其"昭阳殿"一节则由装饰、美人、佐命、典籍、著述、职司等构成，整体结构极为整饬，描写极其精美。

那么，汉赋为什么如此重视结构？读汉赋又为什么要首先了解其构篇？这恐怕与冯友兰先生所说"汉人知类"有关，即汉代形成的"象数哲学"及其"知类"的思想体系。比如董仲舒的"春秋学"及京房的易学，皆以象数构篇。如果把汉赋的空间叙事模式与易学对照，就是所谓"上卦""下卦""得中""得正"，也与《说卦》对八卦的方位排列相类似。正是因为如此，

"控引天地，错综古今"的司马相如方能"几百日而后成"《子虚赋》《上林赋》。从这个角度看，其所言"赋迹"就是结构，而"赋心"则是指审美意识。

2. 图像之美

如果说诗歌更多音乐美，那么辞赋则更多绘画美，这也源于赋的空间描写方式。刘勰在《文心雕龙·诠赋》中最早提出汉赋是"写物图貌，蔚似雕画"。所谓赋体"雕画"，就是他说的"立赋之大体"的"如组织之品朱紫，画绘之著玄黄"。这与《西京杂记》所引"合纂组以成文，列锦绣而为质"的说法很吻合，并且自然而然地将汉赋的图像美与结构美联系起来了。

近代学者朱光潜认为诗是时间艺术，赋则有几分是空间艺术。图画是空间艺术，诗与赋作为语象的呈现，都属时间艺术。所以朱光潜先生所言"赋有几分空间艺术"只是喻词，指"用在时间上绵延的语言表现在空间上并存的物态"，是语象通过描绘而转换为画面的空间想象，而这又决定于汉赋创作的两种最基本的描写方式：

第一种方式是通过"构象"，来展现赋作描绘物与图貌的特征。汉大赋的美，主要在于由无数"个像"组成的宏大画面。这些"个像"图貌，都是由形象加动作来营构的。比如班婕妤《捣素赋》、傅毅《七激》、马融《琴赋》中的三节赋文：

若乃盼睐生姿，动容多制，弱态含羞，妖风靡丽。皎如明魄之生崖，焕若荷华之昭晰。调铅无以玉其貌，凝朱不能异其唇。胜云霞之迩日，似桃李之向春。红黛相媚，绮组流光，笑笑移妍，步步生芳。两靥如点，双眉如张，额肌柔液，音性闲良。（《捣素赋》）

骥騄之乘，龙骧超摅，腾虚鸟踊，莫能执御。于是乃使王良理辔，操以术教，践路促节，机登飙驱。前不可先，后不可追。逾埃绝影，倏忽若飞。（《七激》）

昔师旷三奏，而神物下降，玄鹤二八，轩舞于庭，何琴德之深哉！（《琴赋》）

第一节描绘堪称一幅绝佳的"美人图"，取静态貌，又与傅毅《舞赋》中的"郑女"动态形象不同；第二节描写骏马风采，所述"骥"指赤骥，"騄"指騄駬，皆良马，名列周穆王八骏中，此以神物（神话传说）彰凡像（出行或狩猎之马），也是汉赋形象书写的惯例；第三节写师旷奏乐，以"玄鹤""轩舞"衬托，使形象更具画面感。

第二种方式是以"设色"之法呈现赋的场域与景观。比如枚乘《七发》、马融《长笛赋》中的两节描写：

其始起也，洪淋淋焉，若白鹭之下翔。其少进也，浩浩溰溰，如素车白马帷盖之张。其波涌而云乱，扰扰焉如三军之腾装。其旁作而奔起也，飘飘焉如轻车之勒兵。（《七发》）

详观夫曲胤之繁会丛杂，何其富也。纷葩烂漫，诚可喜也。波散广衍，实可异也。……尔乃听声类形，状似流水，又象飞鸿，泛滥溥漠，浩浩洋洋，长臂远引，旋复回皇。（《长笛赋》）

第一节写"水"的动态，赋家通过"拟物"与"拟人"使之形象化，以取得可"观"的审美效果；第二节写悠扬波荡的"笛声"，以"纷葩""波散""流水""飞鸿"加以拟象，使难以捉摸的"时间"艺术转换为"空间"景观。

3. 修辞之美

因为赋体的"体物"特征，赋家修辞着力于形容美；因为赋体的构篇方式，赋家修辞着力于程式美；因为赋体的宏大书写，赋家修辞又着力于体势美。具体而论，汉赋修辞极重"夸张"。比如扬雄《甘泉赋》形容"甘泉宫"之崇高，在具体刻画之后，又写道："列宿乃施于上荣兮，日月才经于栋栋，雷郁律于岩突兮，电倏忽于墙藩。鬼魅不能自逮兮，半长途而下颠。"

星星在梁间穿梭，明月挂在檐边，炸雷在房屋中滚动，闪电在墙上辉耀，尤其是鬼魅爬到房屋的一半就坠摔下来……多有趣，又可笑。又如"比喻"，扬雄《羽猎赋》写扬鞭催马是"霹雳列缺，吐火施鞭"；崔骃《七依》写舞女从观感落笔"孔子倾于阿谷，柳下忽而更婚，老聃遗其虚静，扬雄失其太玄"。你看舞女的魅力有多大？再如"错综"，《上林赋》写狩猎时行车"徒车之所辚轹，步骑之所蹂若，人臣之所蹈藉"，写声乐"荆、吴、郑、卫之声，韶、濩、武、象之乐，阴淫案衍之音"，其"辚轹""蹂若""蹈藉"皆践踏义，"声""乐""音"也同义，但为了阅读的美感，赋家无不错综其词。

12.3.3　魏晋南北朝散文之美

魏晋南北朝历时约 400 年，社会处于长期分裂和动荡不安的状态。在这复杂的历史情况下，中国文学也经历了许多变化，但它是文学走上独立自觉的时代。这一时期的散文，不仅讲求遣词造句的艺术技巧，逐渐走向骈偶化，而且在表达社会政治见解的同时，个人抒情色彩也越来越浓厚。

整个时期，骈文有突出发展，在散文中占据统治地位。魏晋时期的散文，当首推曹氏父子三人。曹操的《求贤令》等文，清峻通脱，质朴简约；曹丕的《与吴质书》等书札，清丽绰约，富于情意；曹植的表章多有哀怨，书札（如《与杨德祖书》）情浓词美。

"建安七子"则各有所长，如孔融的文章刚健锋利，陈琳的檄文铺张扬厉，阮瑀的符檄文思敏捷。其他如蜀国的诸葛亮《出师表》，言辞恳切，被认为是章表类的一篇杰作。

魏晋之交的散文，多论难之作、玄理之辩、嫉世之辞。阮籍的名作《大人先生传》语重意奇；嵇康的《管蔡论》《与山巨源绝交书》明快犀利。他们都长于辩论。王弼、何晏的文章不多，也不如阮、嵇的文章感人，但尚能深辩玄理，言约意深。

西晋时期的散文走向骈偶化，文体也越来越多。陆机被认为是骈文的奠基者，《豪士赋序》等能把说理与抒情结合起来；潘岳则擅长哀诔文。

东晋时期仍盛行骈文，但也有人以散驭骈，成绩突出。王羲之的《兰亭集序》笔势飘逸，清淡而多情。陶渊明是这一时期重要的散文家，文章自然淡泊而内涵丰富，用山水田园、人情物态的描写，代替了魏晋间的玄学佛理的空谈。他的《桃花源记》《归去来兮辞序》《五柳先生传》等是千古传诵的不朽名篇。

南北朝散文，指南方的宋、齐、梁、陈四代和北方的北魏、北齐、北周三代的散文。

整个南朝时期，除部分论议、奏疏外，骈文在散文中占统治地位。讲究语句偶俪、音调铿锵、对仗用典的文体，起自东汉，经过西晋至南朝，特别是齐永明以后，已成熟而定型。作家们撰文一是在隶事用典上更加丰富多样，二是追求声律的和谐更加自觉，三是句式愈趋整齐，大多以四、六句为主。南朝文常被后人视为文风卑弱的标本，这同作家们大部分出身豪门世族，过着养尊处优的生活，缺乏对广大人民的生活感受，又不能直面现实政治生活有关，以致文章内容空泛，风格轻靡。虽然不少优秀的叙事文、抒情文与议论文也能做到内容与形式的完美统一，但大多数文章却被骈四俪六等形式束缚。南朝骈文的优秀作家有鲍照、江淹、刘峻、徐陵、沈约等人。代表性作品则有鲍照的描写山水风景的名篇《登大雷岸与妹书》，丘迟的喻理动情的名篇《与陈伯之书》，孔稚珪的讽刺假隐士的俳谐名篇《北山移文》等。

北朝文学不仅兴起晚，成就也不如南朝。北魏前期，几乎没有产生过什么作品，散文也不例外，直到孝文帝元宏年间迁都洛阳后，大力推行汉化政策，才有文人逐渐开始致力诗文创作。但初时文人如温子昇、邢劭等，作文大都受南方文人的影响。直到两魏末年，梁代作家庾信、王褒等来到长安，一时间北周文人所作的骈文多了起来。庾信是这个时代成就最高、影响最大的骈文家，当时与徐陵齐名，号称"徐庾体"，其风格苍凉悲愤，笔力刚劲，用典与对偶的技巧圆熟。他撰写的《哀江南赋序》是名篇，被人们称为一首无韵的抒情诗。整体看，北朝文章大多为骈体文，对仗工整，声律和谐，但又有其局限性。这一时期的代表作品有郦道元的《水经注》、杨炫之的《洛阳伽蓝记》和颜之推的《颜氏家训》。前两部书重辞藻，有不少佳作，如《水经注》中的写景文字，《洛阳伽蓝记》中记述佛寺掌故时兼及贵族奢靡生活的文字；后一部书重说理，虽然不是纯文学作品，却颇有文采，同样被后人喜爱。

下面以曹植《洛神赋》（节选）为例对魏晋南北朝散文的美学特征进行欣赏：

余告之曰：其形也，翩若惊鸿，婉若游龙。荣曜秋菊，华茂春松。髣髴兮若轻云之蔽月，飘飖兮若流风之回雪。远而望之，皎若太阳升朝霞；迫而察之，灼若芙蕖出渌波。秾纤得衷，修短合度。肩若削成，腰如约素。延颈秀项，皓质呈露。芳泽无加，铅华弗御。云髻峨峨，修眉联娟。丹唇外朗，皓齿内鲜。明眸善睐，靥辅承权。瑰姿艳逸，仪静体闲。柔情绰态，媚于语言。奇服旷世，骨像应图。披罗衣之璀粲兮，珥瑶碧之华琚。戴金翠之首饰，缀明珠以耀躯。践远游之文履，曳雾绡之轻裾。微幽兰之芳蔼兮，步踟蹰于山隅。于是忽焉纵体，以遨以嬉。左倚采旄，右荫桂旗。攘皓腕于神浒兮，采湍濑之玄芝。

曹植在诗歌和辞赋创作方面有杰出成就，其赋继承两汉以来抒情小赋的传统，又吸收楚辞的浪漫主义精神，为辞赋的发展开辟了一个新的境界。《洛神赋》为曹植辞赋中杰出的作品。作者以浪漫主义的手法，通过梦幻的境界，虚构了作者自己与洛神的邂逅和彼此间的思慕爱恋，洛神形象美丽绝伦，人神之恋缥缈迷离，但由于人神道殊而不能结合，最后抒发了无限的悲伤怅惘之情。

曹植此赋据序所言，系其于魏文帝黄初三年（222）入朝京师洛阳后，在回封地鄄城途中经过洛水时，"感宋玉对楚王神女之事"而作。当时，曹丕刚即帝位不久，即杀了曹植的密友丁仪、丁廙二人。曹植本人在就国后也为监国谒者奏以"醉酒悖慢，劫胁使者"，被贬安乡侯，后改封鄄城侯，再立为鄄城王（见《三国志·陈思王传》）。这些对决心"勠力上国，流惠下民，建永世之业，流金石之功"（《与杨德祖书》）的曹植来说，无疑是接二连三的沉重打击，其心情之抑郁与苦闷，是可想而知的。

从美学意义上讲，《洛神赋》具有以下特点。

1. 想象丰富

作者从京城洛阳启程，东归封地鄄城。途中，在洛川之边，停车饮马，在阳林漫步之时，看到了洛神宓妃，这就是想象。她的体态摇曳飘忽像惊飞的大雁，婉曲轻柔像是水中的游龙，鲜美、华丽较秋菊、茂松有过之，姣如朝霞，纯洁如芙蓉，风华绝代。随后他对她产生爱慕之情，托水波以传意，寄玉佩以定情。然她的神圣高洁使他不敢造次。洛神终被他的真情所感动，与之相见，倾之以情。但终因人神殊途，结合无望，与之惜别。想象绚烂，浪漫凄婉之情淡而不化，令人感叹，惆怅丝丝。但这想象并不离奇，因此赋是有感于宋玉的《神女赋》《高唐赋》两篇赋而作。

2. 华丽清爽

全文辞藻华丽而不浮躁，清新之气四溢，令人神爽。讲究排偶、对仗，音律、语言整饬、凝练、生动、优美，取材构思汉赋中无出其右。此赋起笔便是平中蕴奇的氛围创造。开头平平的叙述，正与陶渊明《桃花源记》叙武陵人的行舟之始一样，奇境的显现事前毫无征兆。但在此刻，作者刹那间目睹了一幕终生难忘的景象：一位俏丽的女子，即洛神现身。接着作者像要与宋玉笔下的巫山神女争辉似的着力描摹洛神的神采姣容及痛苦情状。然后写洛神率众离去，与屈原《离骚》抒写主人公悲怆远逝的景象有异曲同工之妙。

3. 刻画传神

作者传神的描写刻画，兼之与比喻、烘托共用，错综变化巧妙得宜，给人一种浩而不烦、美而不惊之感，使人感到就如在看一幅绝妙丹青，个中人物有血有肉，而不会使人产生一种虚无之感。在对洛神的体型、五官、姿态等描写时，给人传递出洛神的沉鱼之貌、落雁之容。同时，又有"清水出芙蓉，天然去雕饰"的清新高洁。在对洛神与之会面时的神态的描写刻画，使人感到斯人浮现于眼前，风姿绰约。而对于洛神与其分手时的描写"屏翳收风，川后静波，冯夷鸣鼓，女娲清歌"。爱情之真挚、纯洁，一切都是这样美好，以致离别后，人去心留，情思不断，洛神的倩影和相遇相知时的情景历历在目，浪漫而苦涩，心神为之不宁徘徊于洛水之间不忍离去。

对《洛神赋》的思想、艺术成就前人都曾予以极高的评价，最明显的是常把它与屈原的《九歌》和宋玉的《神女赋》等相提并论。其实，曹植此赋兼二者而有之，它既有《湘君》《湘夫人》那种浓厚的抒情成分，同时又具宋玉诸赋对女性美的精妙刻画。《洛神赋》的构思与手法虽受《神女赋》的启发，但它情节完整、手法多变和形式隽永等妙处，又为以前的作品所不及。

《洛神赋》可以看作是汉代铺排大赋向六朝抒情小赋转化的桥梁，在历史上有着非常广泛而深远的影响。晋代大书法家王献之和大画家顾恺之，都曾将《洛神赋》的神采风貌形诸楮墨，为书苑和画坛增添了不可多得的精品。到了南宋和元明时期，一些剧作家又将其搬上了舞台，汪道昆的《陈思王悲生洛水》就是其中比较著名的一出。至于历代作家以此为题材，见咏于诗词歌赋者，则更是多得难以数计，可见曹植《洛神赋》的艺术魅力是经久不衰的。

12.3.4　唐代散文之美

唐初骈文盛行，大多数文人沿袭了六朝以来的文风，比如王勃的《滕王阁序》，骆宾王的《为徐敬业讨武曌檄》等。到中唐时，韩愈、柳宗元以复古相号召，致力于恢复散文的主导地位，他们提倡先秦两汉时期的散文形式，反对骈文。提倡文章必须"志道""明道"，这就是所谓的"古文运动"。韩愈、柳宗元在散文文体文风改革上的成功，一是文以致用，从空言明道走向参与政治，参与现实生活，为散文的表现领域开出一片广阔天地，这就使它不仅在文体上，而且在文风上与六朝骈文区别开来。二是它虽言复古而实为创新。它不仅吸收秦汉各家散体文之所长，而且充分吸收六朝骈文的成就。"韩、柳文实乃寓骈于散，寓散于骈；方散方骈，方骈方散；即骈即散，即散即骈"，极大地丰富了散文的艺术表现技巧，把散文的创作推到一个全新的阶段。

韩、柳之后，散文的写作走向低潮。晚唐虽仍有皮日休、陆龟蒙、罗隐等人的犀利的杂文，但骈体又重新得到发展。其中的原因甚为复杂，因古文的提倡与政治改革联系过于紧密，政治改革的失败，古文也便随之低落。又由于韩门弟子过于追求险怪，古文的写作路子越来越窄，这也阻碍了它的发展。

下面以韩愈《师说》（节选）为例对唐代散文的美学特征进行欣赏：

古之学者必有师。师者，所以传道受业解惑也。人非生而知之者，孰能无惑？惑而不从师，其为惑也，终不解矣。生乎吾前，其闻道也固先乎吾，吾从而师之；生乎吾后，其闻道也亦先乎吾，吾从而师之。吾师道也，夫庸知其年之先后生于吾乎？是故无贵无贱，无长无少，道之所存，师之所存也。

《师说》大约是作者于贞元十七年至十八年（801—802），在京任国子监四门博士时所作。作者到国子监上任后，发现科场黑暗，朝政腐败，当时的上层社会，看不起教书之人。在士大夫阶层中存在着既不愿求师，又"羞于为师"的观念。作者借用回答李蟠的提问撰写这篇文章，以澄清人们在"求师"和"为师"上的模糊认识。

在作者的论说文中，《师说》是属于文从字顺、平易畅达一类的，与《原道》一类豪放磅礴、雄奇桀骜的文章显然有别。但在平易畅达中仍贯注着一种气势。这种气势的形成，有多方面的因素。

首先是理论本身的说服力和严密的逻辑所形成的夺人气势。作者对自己的理论主张高度自信，对事理又有透彻的分析，因而在论述中不但步骤严密，一气旋折，而且常常在行文关键处用极概括而准确的语言将思想的精粹鲜明地表达出来，形成一段乃至一篇中的警策，给读者留下强烈深刻的印象。如首段在一路顶接，论述从师学道的基础上，结尾处就势作一总述："是故无贵无贱，无长无少，道之所存，师之所存也。"大有如截奔马之势。"圣人无常师"一段，于举孔子言行为例之后，随即指出："是故弟子不必不如师，师不必贤于弟子。闻道有先后，术业有专攻，如是而已。"从"无常师"的现象一下子引出这样透辟深刻的见解，有一种高瞻远瞩的气势。

其次是硬转直接，不进行任何过渡，形成一种陡直峭绝的文势。开篇直书"古之学者必有师"，突兀而起，已见出奇；中间批判不良风气三小段，各以"嗟乎""爱其子""巫医、乐师、百工之人"发端，段与段间，没有任何承转过渡，兀然峭立，直起直落，互不相涉。

此外，散文中掺入对偶与排比句式，使奇偶骈散结合，也有助于加强文章的气势。

12.3.5　宋代散文之美

古代散文中，议论说明类的称为"说"，如《师说》《爱莲说》；上呈的奏议称"表"，如《出师表》《陈情表》；惜别赠言的文章称"赠序""序"，如《送东阳马生序》《滕王阁序》；记录历史事件和个人见闻的则是"杂记""记"，如《史记》《醉翁亭记》。由此可见古代散文选材范围之广、体裁之多，可谓异彩纷呈、蔚为大观。

北宋是散文创作的黄金时期。宋初柳开等人曾提倡古文，但其后在杨亿等人的引导下，"时文"风行一时。诗文革新的主要任务是以古文取代时文，欧阳修以丰厚的创作实绩为宋代散文发展打开了道路，奠定了宋文切实有用、平易流畅的基本风格。在他奖掖提拔下，曾巩、王安石和苏洵、苏轼、苏辙父子等散文大家脱颖而出，迎来了散文创作史上的一段辉煌时期。这一时期的散文既与政事时务和思想论争密切相关，同时也呈现出多样的风格，古朴的曾文、犀利的王文和姿态万千的苏文交相辉映。

南宋的散文写作与当时的民族斗争、政治斗争紧密相连，胡铨、陈亮、叶适等人均以抨击时政、言辞激烈的策论文字著称，但在总体上，"文日趋于弱，日趋于巧小"（《朱子语类》卷一〇九）。宋末文天祥、谢翱等人在记叙文字中表达爱国之情，文风悲壮凄怆。此外，理学家的文章一般不讲究文采，并对文学家之文持排斥态度，但他们的讲学之文言简意赅，论辩明晰。受禅宗影响，理学家的语录体著作也流行开来，这类记录对话口语而成的著作，直率无忌，生动泼辣，无意于文，但却提供了一种崭新的文体，对改进文字风格有长远的影响。

下面以欧阳修《醉翁亭记》（节选）为例对宋代散文的美学特征进行欣赏：

若夫日出而林霏开，云归而岩穴暝，晦明变化者，山间之朝暮也。野芳发而幽香，佳木秀而繁阴，风霜高洁，水落而石出者，山间之四时也。朝而往，暮而归，四时之景不同，而乐亦无穷也。

《醉翁亭记》是一篇诗味浓郁的游记，文章通过对醉翁亭及周边景色的描写，抒发了作者在贬官后旷达豪放、寄情山水并与民同乐的感情。

这段文字是欧阳修对醉翁亭四时景色的描写，行文骈散间，虽多有对句，但却没有骈文的繁复，反而显得精整雅丽、轻快流畅。将叙事、写景与抒情完美地融合，既记叙了自然美景，又抒发了自己对景色的喜爱，风格平易自然而又纡徐委婉，读者通过文字即能感受到作者欢畅于山水间的自得。

在美学层面上，这篇文章具有以下几个特点。

1. 意境优美

好的散文应为诗，要创造优美的意境。所谓意境包含着意和境两个方面的范畴，它是浸润着作者主观感情的艺术画面。优秀的散文应该有风光绮丽的图画美，给读者独特的审美感受，以悦目而致赏心。《醉翁亭记》的思想意脉是一个"乐"字，"醉"中之乐，它像一根彩线连缀各幅画面。而"醉翁之意不在酒"，"在乎山水之间也"。放情林木，醉意山水，这是作者的真意。作者就根据这样的"意"写了秀丽的"境"，从而达到情与景的交融，意与境的相谐。作者是从这样几方面濡笔，描绘散文境界的。

2. 山水相映之美

在作者笔下，醉翁亭的远近左右是一张山水画。有山，有泉，有林，有亭，然而作者又没有孤立用墨，而是交织一体，既各尽其美，又多样统一。蔚然而深秀的琅琊山，风光秀丽，迤逦连绵，苍翠欲滴。群山作为背景，一圈环绕而过。林深路曲，泉流弯旋，则"有亭翼然临于泉上"。这样山与泉相依，泉与亭相衬，一幅画中山水亭台，构成诗一般的优美意境。

3. 朝暮变化之美

"日出而林霏开，云归而岩穴暝，晦阴变化者，山间之朝暮也"，写出了醉翁亭早晚变化的优美景色。由于早晚不同，则作者运笔的色调、气氛有别。早晨有宁静之状，清新之息，傍晚则有昏暗之象，薄暮之气。作者对景色变化的观察既深且细、笔触如丝，以不同的景象写出了相异的境界。

4. 四季变换之美

"野芳发而幽香，佳木秀而繁阴，风霜高洁，水落而石出者，山间之四时也"，描写了四季景物的变化。芳草萋萋，幽香扑鼻是春光；林木挺拔，枝繁叶茂是夏景；风声萧瑟，霜重铺路是秋色；水瘦石枯，草木凋零是冬景。变化有致，给人不同的美学享受。四幅画面相互映衬，春光如海映衬了秋色肃杀；夏日繁茂映衬了冬景寒冽。

5. 动静对比之美

文中先说景物与景物之间的动静对比。蔚然壮秀的琅琊山是静态，潺潺流淌的酿泉水是动态，山色苍郁悦目，泉声琮琮动听，相映成趣。"树林阴翳，鸣声上下"，树木之境对比出百鸟啁啾之动，相得益彰。"已而夕阳在山，人影散乱，太守归而宾客从也"是景物与人物间的动静对比。"觥筹交错，起坐而喧哗者，众宾欢也。苍颜白发，颓然乎其间者，太守醉也"，以众宾喧哗之动，对比出太守颓然之静，生趣盎然。

12.3.6　现代散文之美

在"五四"运动以来的现代散文创作中，最早发端和得到发展的是议论性散文。由于当时正在展开反对封建主义的思想启蒙运动，这种说理的文字就特别发达起来，当时除有很多政治性、社会性的论文之外，也出现了一些具有文学色彩的议论文字，像《新青年》杂志刊登的李大钊的《青春》，陈独秀的《偶像破坏论》《克林德碑》就是这样的作品。

《新青年》杂志从第4卷第4号（1918年4月）起，还增设了"随感录"这个栏目，陆续发表陈独秀、刘半农、钱玄同等人撰写的短小精悍的议论文字，猛烈地攻讦了封建主义的痼疾。在《新青年》"随感录"中最精辟的文字，是由鲁迅所撰写的。他尖锐地抨击那些吹嘘保存"国粹"的顽固派，"都是'现在的屠杀者'"（《随感录五十七·现在的屠杀者》），如果还要保存"国粹"，将会发生的严重后果是"中国人要从'世界人'中挤出"（《随感录三十六》），见识精深，启人深思。鲁迅还发表了不少篇幅略长的议论性散文，对封建专制制度和它所造成的腐化与愚昧，进行了鞭辟入里的剖析。这些作品充满了深沉而炽热的感情，不仅思想深刻，在艺术上也很有魅力，将议论性散文提到了前所未有的境界。他终生都撰写这种议论性散文，作为鞭挞反动派及旧制度、旧思想的武器，以独创的艺术形式，广泛地总结了有关社会与文化思想斗争的经验和规律。议论性散文是鲁迅的文学遗产中极为重要的组成部分。由鲁迅参加奠基和开创的这种议论性散文，后来通常都被称为"杂文"。这种文体在现代散文史和现代文学史上都有极重要的地位。

抒情性散文在"五四"时期常被称为"美文"，它的出现和成长，对于保卫和繁荣新文学创作有着重要的意义。证明"旧文学的示威，在表示旧文学之自以为特长者，白话文学也并非做不到"（鲁迅《小品文的危机》）。它的出现稍晚于杂文，然而在后来获得了很大的发展。

冰心是较早撰写抒情性散文的作者，她的《笑》《往事》与《寄小读者》，奠定了她在散文创作中的地位。她经常赞颂的主题是母爱、童心和美好的大自然风光，这本身就是对于冷酷和僵化的封建伦理观念的冲击。她的文笔也委婉隽秀，清新明媚，在读者中产生了广泛的影响。比起冰心来，叶圣陶的散文创作更能跟上时代的发展，他的散文集《剑鞘》（与俞平伯合著）和《脚步集》中那些吟咏玩味社会人生的文字，写得严谨切实，朴素隽永。

在文学研究会的作家中，朱自清也是一个重要的散文作家。他具有多种文字风格，比如《荷塘月色》和《绿》，运用对于音乐和色彩的感受，进行巧妙的比喻和联想；《背影》却以白描的文字，勾画了父子离别的凄切场面；《执政府大屠杀记》则是细致曲折地描绘"三·一八"惨案的实况。朱自清在思想和艺术上进行了严肃认真的探索，写出过不少出色的小品散文，为中国现代散文的发展和繁荣作出了贡献。

创造社的主将郭沫若，用一种激荡和奔腾的情调，写出了自己在人世的坎坷，控诉社会的罪恶，倾诉内心的悲愤，《星空》《橄榄》《水平线下》等集子，所收入的就是这类作品。郁达夫的散文具有更大的影响，《还乡记》《还乡后记》《日记九种》等篇章，诅咒丑恶的社会，渴望真挚的情爱，坦率地剖析着内心的苦闷与愤慨，写得清新流畅和富有激情。他写于 20 世纪 30 年代的《屐痕处处》《达夫游记》等作品，则又俊秀圆润，富有神韵和气势，而且还表达出憎恶黑暗现实的沉痛和愤激的感情。

"新月派"诗人徐志摩，他的散文在 20 世纪 20 年代也产生过不小的影响。这些作品直抒胸臆，较多表达了他作为自由主义者的思想情趣，艺术上刻意追求，注重锤炼字句，但有的内容伤于轻佻，文字也因追求辞藻的华丽而显得过度铺张繁复。他的散文大都收入《落叶》《自剖》《巴黎的鳞爪》等集中。

"五四"运动以后，还兴起了一种篇幅短小、更多地省略了叙事因素，同时又具有较多诗意的抒情性散文，即散文诗。许地山的《空山灵雨》是这类创作中首次较大的结集，它抒发情怀，探索哲理，既执着人生、谴责黑暗，又怀疑现世、畏惧斗争，反映了当时某些追求进步与正义的知识分子，也有着软弱和遁世的一面。在这之前，鲁迅的《自言自语》、郭沫若的《我的散文诗》和刘半农的《老牛》《晓》等篇章，都是散文诗创作的最初的尝试。至于鲁迅的《野草》，更是散文诗创作中的名著。王统照当时写的一些散文诗，也以激昂的感情打动过读者。20 世纪 30 年代从事散文诗创作的还有丽尼和陆蠡等人。

"五四"运动前后的散文创作，大都洋溢着反封建的思想感情，体现了个性解放的强烈要求，文学研究会的作家大都表现出了这种倾向，主张浪漫主义的创造社作家在这方面自然表现得更鲜明和突出。随着社会主义思潮的不断传播和工农革命运动的逐渐高涨，他们都不同程度地将个性解放的要求与对于社会主义的向往结合起来了。

"五四"新文化运动统一战线在 1922 年最终分化，坚持反封建斗争的杂文创作依旧在前进着，1924 年创刊的《语丝》周刊，登载的文字就"大抵以简短的感想和批评为主"（《发刊词》），1925 年创刊的《莽原》周刊，也是为了进行"'文明批评'和'社会批评'"，"继续撕去旧社会的假面"（鲁迅《两地书》）。除鲁迅外，周作人和林语堂也是《语丝》的重要作者，围绕着"三·一八"惨案等事件，他们也曾写过一些很有思想锋芒的杂文。但是与此同时，两人也开始表现出妥协和自由主义的消极情绪。 1927 年大革命失败后，许多革命作家向国民党反动派的文化"围剿"展开了英勇顽强的斗争，左翼或进步的文学刊物都重视刊登杂文，在当时还出版过一些以登载杂文为主的刊物。鲁迅这个时期的杂文，有了进一步的发展，为了冲破国民党反动派当局严密的文网，他不得不经常变换笔名，写得较为隐晦曲折，虽是"戴着枷锁的跳舞"（《且介亭杂文二集·后记》），却说明他运用这一武器，达到了更加精湛、娴熟的地步。

瞿秋白最早认识到鲁迅杂文的重要意义，认为在"这里反映着'五四'以来中国的思想斗争的历史"（《〈鲁迅杂感选集〉序言》），对于鲁迅杂文的成因、特征和社会作用，进行了精辟的分析。这一时期，他自己也写了一些杂文，像《民族的灵魂》和《王道诗话》就都是精粹的作品。郭沫若、茅盾、郁达夫等，也写了不少抨击时弊的杂文。由于杂文创作在 20 世纪 30 年代的广泛发展，从青年作者笔下涌现出不少成功的作品，比如唐弢的《推背集》《海天集》，写得犀利遒劲；柯灵的《市楼独唱》，写得简练深切；徐懋庸的《打杂集》，写得质朴隽永，都为战斗的杂文创作增添了光彩。

20 世纪 20 年代中期到 20 世纪 30 年代之间，出现了一批具有自己独特风格的抒情小品作者。丰子恺的《缘缘堂随笔》《车厢社会》，洗练流畅，颇具神韵；梁遇春的《春醪集》《泪与笑》，娓娓而谈，吟味人生；李广田的《画廊集》，散发出泥土的芳香，显得绚丽而又浑厚；何其芳的《画梦录》，以丰富的色彩，勾画着朦胧和缥缈的图景；陆蠡的《竹刀》，时时在美丽动人的景色中，编织着令人悲愤的故事；吴伯萧的《羽书》，善于从生动的形象中，展开海阔天空的遐想。还有钟敬文、靳以、缪崇群等，也都各具自己的风格。反映生活的散文，是由一批著名的小说家写出的。茅盾的《上海的大年夜》《故乡杂记》，以深切透辟的文笔，描写出中国城乡在世界经济危机的冲击下，走向萧条和败落的情景；塞先艾的《城下集》，愤懑地揭露着麻醉和堕落的社会；鲁彦的《驴子和骡子》《旅人的心》，以忧郁的调子诉说着苦难的人生；巴金的《旅途随笔》《短简》，愤怒地诅咒黑暗和热情地追求光明；沈从文的《湘行散记》，在舒徐的牧歌情调中，呈现了纷繁的社会小景；叶紫的《夜的进行曲》《长江轮上》，像是用皮鞭抽打着腐败和残暴的旧世界；萧红的《商市街》和《桥》，描写自己在饥饿与死亡线上挣扎时，闪烁出青春与理想的光芒；吴组缃的《黄昏》《泰山风光》，淋漓尽致地描绘着各种世态，对于性格的勾勒尤其逼真。

在散文创作获得丰收的时候，林语堂于 1932 年创办《论语》，1934 年创办《人间世》，1935 年创办《宇宙风》，提倡离开现实斗争的"幽默""性灵"和"闲适"的小品文，形成一时的风尚。鲁迅和茅盾等左翼作家，及时地批评了他有违于新文学战斗传统的不良倾向。

由于时代的需要，叙事性散文也在 20 年代应运而生，并迅速地产生了比较成熟的作品，像瞿秋白的《饿乡纪程》和《赤都心史》，记载了十月革命后俄国的真相，以悲壮的史实、昂扬的诗意、激荡的感情和坦率的内心独白，交织成清新奔放和雄浑沉着的艺术风格，表现了作者对于社会主义理想的赤诚追求，是中国出现得较早的报告文学作品。又如反映"五卅"惨案的《五月三十一日急雨中》（叶绍钧）、《暴风雨》（茅盾）、《街血洗去后》（郑振铎），也都满怀激情地描写了这一重要和难忘的历史场面。

叙事性散文进一步繁荣的标志，是 20 世纪 30 年代出现了大量报告文学作品。其中，柔石的《一个伟大的印象》，就是较为成功的作品，它以明丽和刚健的笔墨，写出了在革命斗争中锤炼出来的具有共产主义思想觉悟的新人。邹韬奋的《萍踪寄语》和《萍踪忆语》，是他游历欧洲的记录，以朴素平易和真挚隽永的文字，写出了资本主义世界种种无法克服的矛盾，却又肯定它在发展生产方面获得的巨大成就；写出了资产阶级民主虚伪和残缺的一面，却又认为它比尚未摆脱封建专制的国民党政权，具有无法比拟的民主，表现出严肃认真和实事求是的文风。他的这些作品引起了广大读者的注意，被认为是创造了一种崭新的游记格调。这说明由于时代和社会的需要，有些游记体裁的作品发生了从侧重于抒情的小品文类型，向侧重于叙事的报告文学类型的转化。与此相类似的，还有刘思慕的《欧游漫记》，范长江的《中国的西北角》和《塞上行》，以朴实苍劲和议论横生的文字，揭露了当时的黑暗，渲染出日本侵略者强兵压境的危急气氛，激励了许多读者的爱国情绪。他对陕北革命根据地的报道，更是产生了重大的影响。

1936 年是报告文学的丰收年，在当时涌现出来的大量作品中，《包身工》（夏衍）和《一九三六年春在太原》（宋之的）是尤为出色的篇章。《一九三六年春在太原》以揶揄的笔墨和别致的结构，写出了当时山西省的反动统治者推行"防共"措施的恐怖统治；《包身工》则通过几个令人战栗的人物，揭露了帝国主义和封建势力相互勾结，对包身工进行压榨和蹂躏的罪行。这两篇作品，将新闻的真实性和报告的文学性结合在一起，长期以来成为报告文学的示范性作品。

从抗战爆发直到解放战争时期，随着社会的动荡和时代脉搏的变化，散文创作的面貌也发生了变化。虽然整个说来，这个时期散文创作的成绩较之二三十年代要逊色一些，但仍然有自己的特点。首先杂文创作继续取得了新的收获。王任叔和他周围的一群作者曾在号称"孤岛"的上海，用杂文作武器同日本侵略者及汉奸走狗战斗，著有《边鼓集》《横眉集》等。在大后方的作者中，聂绀弩的《历史的奥秘》《蛇与塔》，观察犀利，分析透辟，揭露出许多封建主义的痼弊。冯雪峰的《乡风与市风》《跨的日子》，抨击了封建主义和殖民主义造成的精神创伤，颇具哲理。夏衍的《此时此地集》《长途》，孟超的《未偃草》，宋云彬的《破戒草》，秦似的《感觉的音响》，朱自清的《标准与尺度》等，都尽了抨击黑暗和歌颂革命的任务。这个时期杂文写得最多的是郭沫若，有《羽书集》《蒲剑集》《沸羹集》《天地玄黄》等，以昂扬的激情，智慧的预见，激励广大读者为民主和自由的新中国而奋斗。

相形之下，这一时期的抒情诗与记叙散文数量较少，但很多有成就的作家依旧写出了一些佳作。茅盾是这方面收获最丰富的作者。他的《白杨礼赞》《风景谈》，就是激荡着时代风云，蕴含着哲理意味的作品。在抗日根据地和解放区成长起来的大批作家，也开始写出了具有独特风格的作品，像孙犁的《识字班》《织席记》等，写得清新朴素，优美动人，达到了相当成熟的地步。

这一时期，由于时局的动荡和客观形势的急遽变化，为读者所关心的报告文学得到了迅速发展，成为散文创作中最为重要的样式。继抗日战争前夕茅盾主编的《中国的一日》之后，抗战初期，又出现了梅益等主编的《上海一日》，解放区也曾出现过《五月的延安》《冀中一日》等报告文学的集体著作。

抗日战争期间，所有的作家都运用这种最具战斗性和群众性的文学样式，敏捷地反映着千变万化的现实生活，像丘东平的《第七连》《我们在那里打了败仗》，对抗战初期硝烟弥漫的气氛、国民党军队的腐败、下级官兵的抗日要求及敌军的暴行等，都写得栩栩如生；曹白的《这里，生命也在呼吸》，写出了人民群众强烈的抗日要求，以及国民党救亡机构的腐败；萧乾的《矛盾交响乐》《血红的九月》，以洒脱、秀丽的文字，反映了战时英国的景象。

由于国民党当局加强野蛮的书报检查制度，揭露真实情况的报告文学曾经一度沉寂下来。抗战胜利后，郭沫若的《南京印象》和茅盾的《苏联见闻录》，都是值得注意的报告文学著作。

在抗日根据地和解放区，报告文学创作始终在蓬勃地发展着，丁玲的《陕北风光》，以朴素、亲切的文字反映了边区人民的新生活、新风尚；周立波的《晋察冀边区印象记》和《战地日记》，以一种简洁和严峻的风格，写出了很多打击日本侵略者的战斗故事；刘白羽的《环行东北》和《历史的暴风雨》，以昂扬的激情抒写了解放战争时期的激烈战斗，跃动着振奋人心的时代脉搏。此外，《日本人的悲剧》（何其芳）、《新人的故事》（叶以群）、《铁骑兵》（杨朔）、《陈赓将军印象记》（陈荒煤）等，也是引人注意的收获。沙汀的《随军散记》，以深切感人的抒情气息，绘声绘色地写出了贺龙将军坚韧、豪爽、诚挚、开朗和富于同情心的鲜明性格，给读者留下了强烈的印象。在这一时代环境中，还有不少年轻的报告文学作家成长起来，写出了具有独特风格的作品。像黄钢的《开麦拉之前的汪精卫》《我看见了八路军》，有着生动的描绘、辛辣的讽喻和充满鼓动力量的政论性，显出了壮阔的气势；华山的

《窑洞阵地战》《碉堡线上》，在描写艰苦的战斗岁月时，洋溢着质朴的泥土气息和诙谐的乐观主义精神。

中华人民共和国成立初期，在各种体式的散文中，报告文学继续有着较大的发展。其中，反映抗美援朝战争的作品，在数量上或质量上都居首位。刘白羽的《朝鲜在战火中前进》，仍发扬他的立足全局、大笔落墨的长处，联起若干画面，以展示历史的进程。华山继描写解放战争的《英雄的十月》之后，此时又写下了《清川江畔》《歼灭性的打击》等作品，以鲜明的姿态，迅速向外界报道了朝鲜战场的形势和动态。此外，巴金的《生活在英雄们的中间》等，均以热情而娴熟的笔墨，记录了抗美援朝战争的生活脉搏和英雄们的业绩；而杨朔的《万古青春》、菡子的《和平博物馆》，则在以记叙事件为主的报告文学中，融合了浓厚的抒情气息，成为报告文学中兼具抒情散文特色的、别具一格的作品。

这个时期，魏巍的《谁是最可爱的人》成为影响最大的作品。他善于从大量素材中提取最有代表性的事件和人物，在战争环境里充分展现中国人民志愿军战士艰苦卓绝的战斗意志和美好品质，并将深刻的思想与激越的诗情熔为一炉，从而大大激发了一代读者的热情。他的《汉江南岸的日日夜夜》《年轻人，让你的青春更美丽吧》，以及《依依惜别的深情》等，也都在读者中引起了强烈的反响。

随着经济建设和社会变革的进展，报告文学的视野也在不断扩大。华山的《童话的时代》和《山中海路》，分别反映了改造黄河的宏伟规划和中国地质工作者深入祁连山脉寻找矿藏的事迹。同大西北工业建设一起成长的作家李若冰，以《陕北札记》《在勘探的道路上》《柴达木手记》等一组作品，描绘了"大西北在飞跃"的生活剪影。柳青的《一九五五年秋天在皇甫村》，秦兆阳的《老羊工》《王永淮》，沙汀的《卢家秀》等，则比较成功地表现了农业合作化中的农村干部和其他新人新气象。

新中国成立初期的记叙、抒情散文，总的来看其成绩要逊于报告文学。一般而论，这些作品中的客观记叙胜于主观抒情，虽给人以热烈、质朴、坚实之感，但终觉题材狭窄，形式单调，艺术表现上比较拘谨，尤其是没有充分发挥抒情散文之长。虽然如此，老舍的《我热爱新北京》、臧克家的《毛主席向着黄河笑》、叶圣陶的《游了三个湖》等佳作，都能别开生面，为抒情散文增添了不少生气。针对这种情况，文艺界提出"复兴散文"的口号。至50年代中期，特别在"百花齐放、百家争鸣"的方针提出后，散文创作开始趋向繁荣，一些老作家的抒情散文或游记：像许钦文的《鉴湖风景如画》、姚雪垠的《惠泉吃茶记》、丰子恺的《庐山面目》、老舍的《养花》、冰心的《小桔灯》、方令孺的《在山阴道上》、叶圣陶的《记金华的两个岩洞》、巴金的《廖静秋同志》、李霁野的《似曾相识的杜鹃花》等，各以自己成熟的风格点缀于散文园地。在20世纪三四十年代涉足文坛的散文家杨朔、秦牧、碧野、郭风等，这时也有重要收获。杨朔主张散文"当诗一样写"，他1956年写的《香山红叶》，以及1959年写的《海市》《泰山极顶》等，就是他对散文诗化的追求与探索的成果。秦牧是一名坚持知识性小品散文写作，并且取得了显著成绩的作家。他提出克服对散文功能理解上的片面性，以及由此导致的题材、品种、形式的狭窄和单调，并身体力行，创作了《贝壳集》《星下集》，以谈天说地、辨析名物的方式，抒发议论，寄寓褒贬，力求思想性与趣味性相结合。这些作品，夹叙夹议，基本上属杂文体制；但其中个别篇章，如《社稷坛抒情》，抒情与想象的成分显著加重。碧野曾到新疆深入生活，他的散文集《在哈萨克牧场》《天山南北好地方》《遥远的问候》《边疆风貌》等，反映了边疆的风土人情和发展变化。这以后又长期深入鄂西山区，出版了描写山区生活的散文集《情满青山》和《月亮湖》。他的散文，常将写人、叙事、述景结合一起，构思颇类似短篇小说。柯蓝、郭风，也于中华人民共和国成立后先后出版了各自的散文诗集《早霞短笛》和《叶笛集》，在一幅幅精致的画面里，含蓄着美好的情思。这时出现的写作抒情散文的新人中，以何为、林遐、杨石较为引人注目。何为的《第二次考试》一文，以其曲折的情节、生动的描写颇受好评；林遐说他的散文，开始只是"感情上的一点抒发"，后来又学会了"一点描绘""一点刻画"。杨石的散文，主要收入《岭南春》，托物言志，缅怀革命的艰苦岁月，颇具真情。

在 20 世纪 50 年代中后期散文获得良好发展的基础上，赢得了 20 世纪 60 年代初期抒情散文的空前繁荣。许多散文家的风格臻于成熟，大量抒情"美文"纷纷产生。杨朔继散文集《海市》之后，又有《东风第一枝》《生命泉》两个集子问世，其中篇什大多写得清新、隽美，深得古典诗词意境和语言之妙。秦牧的散文在 20 世纪 60 年代初也有新的开拓，既有析理透辟、妙趣横生的知识小品，又有感情激越、境界开阔的抒情散文。这些作品分别收入《花城》《潮汐和船》两集中。以写作"战地报告""英雄特写"见长的刘白羽，这时也转向抒情散文的创作，写了《长江三日》《平明小札》等，表现出一位战士对人生的思索和勇往直前的豪情。吴伯箫在《记一辆纺车》《菜园小记》《歌声》《窑洞风景》等文中，缅怀延安生活，颂赞革命传统，激励人们艰苦奋斗的意志，写得情真意切，文字精美。巴金的《富士山和樱花》《从镰仓带回的照片》，冰心的《樱花赞》《一只木屐》等，写作者在日本访问或旅居生活的见闻、回忆，前者编入《倾吐不尽的感情》，后者编入《樱花赞》。这一时期，翻译家曹靖华，也将对昔日艰苦斗争、同志深情的忆念，以及对新生活的赞颂，付诸精练优美的文笔。这些抒情散文结集为《花》。其他如袁鹰的《青山翠竹》，方纪的《挥手之间》《桂林山水》，翦伯赞的《内蒙访古》，李健吾的《雨中登泰山》也都是脍炙人口的作品。这一时期的抒情散文，在题材、品种和风格的多样化方面，呈现出前所未有的盛况。

与报告文学、抒情散文等相比，以"论时事""砭痼疾"犀利透辟见长的杂文创作，显得比较沉寂。20 世纪 50 年代中期，虽然出现了像王任叔的《况钟的笔》、叶圣陶的《"老爷"说的准没错》、钟惦棐的《电影的锣鼓》那样的好作品，以及徐懋庸、曾彦修等人颇有锋芒的篇什，但不久即因反右斗争的扩大化而从散文园地里消失了杂文这枝花朵。这一情况，直到 20 世纪 60 年代前期，才因邓拓的《燕山夜话》，以及邓拓、吴晗、廖沫沙的《三家村札记》的出现而有所改变。《人民日报》也曾设立过《长短录》专栏，以推动杂文的写作。夏衍、唐弢等曾在这个专栏内发表过一些引人注目的杂文。马铁丁在《文艺报》和《人民日报》上的杂文，也给读者留下较深的印象。

报告文学随着 1962 年以后国民经济的复苏，以及学习雷锋和加强共产主义思想教育的需要，又开始活跃起来。短短一两年中，就涌现出不少佳作。魏钢焰的《红桃是怎么开的》，写出了优秀工人赵梦桃对党的事业和阶级姐妹的一片热诚；穆青、冯健、周原合写的《县委书记的榜样——焦裕禄》，再现了一位鞠躬尽瘁的人民公仆的崇高形象；黄宗英的《小丫扛大旗》，反映了新一代知识青年献身农村建设的时代风貌；黄钢的《朝鲜——晨曦清亮的国家》，描绘出战后朝鲜生活、建设的壮丽图画。其他像《毛主席的好战士——雷锋》等，都曾给予读者以激励和鼓舞。

1964 年以后，散文园地日趋萧索。

"文化大革命"结束后，散文创作出现了新的局面。报告文学以崭新的姿态，开拓题材领域，揭示生活矛盾，反映时代变革，在表现艺术上，也有不少创新和突破。徐迟的《哥德巴赫猜想》、黄钢的《亚洲大陆的新崛起》、柯岩的《奇异的书简》，率先涉足科学领域，写出了献身祖国科学事业的知识分子形象。在这些作品的带动下，描写知识分子的报告文学纷至沓来，已不限于表现科学领域的风光和科学家的献身精神，而是着眼于历史的反思和现实矛盾的揭示。如黄宗英的《大雁情》，写的是科学工作者秦官属的事迹；金河的《历史之章》，通过工程师王灿文一生的遭遇，反映出历史的曲折。此外，像写张志新烈士的《正气歌》，写知识青年曹南薇的《戴着锁链登攀的人》，或讴歌烈士为捍卫真理而献身的崇高精神，或赞颂青年为发展科学而奋斗的顽强风格，行文之间，常常总结出发人深省的历史教训。随着社会的进步，广大城乡人民生活中出现了新的变化。较早反映这一变化的作品，有描写富拉尔基第一重型机器厂新任厂长宫本言知难而进、厉行改革的《励精图治》，以及描写河南农村改革新气象的《热流》，描写老革命家崇高品质的《一封终于发出的信》《彭大将军回故乡》，描写击剑手栾菊杰为祖国荣誉而顽强搏击的《扬眉剑出鞘》等，都从不同侧面和角度，真实地反映了处于变革着的时代面貌。

这一时期的抒情散文，也经过复兴，走向繁荣。回忆与思索，同样是这一时期抒情散文的主要内容。刘白羽的《芳草集》格调由热烈、绚烂趋向含蕴、清澈。孙犁自 1977 年起，也不断有散文新作问世，作品取材多属回忆，咏物俱有寄托，抒情常含哲理，谈吐时透机锋，清新优美的"荷花淀"风格为之一变，主要作品有《晚华集》《秀露集》等。秦牧相继有《长街灯语》《花蜜和蜂刺》等集出版。他的抒情散文依然保持着杂文的风骨，他的杂文则于鞭笞腐朽、针砭时弊之际，显示了笔锋的凌厉和透辟。其他像《丁玲散文近作选》、徐迟的《法国，一个春天的旅行》、袁鹰的《悲欢》，以及宗璞的《废墟的召唤》、贾平凹的《一棵小桃树》等，都是这个时期出版的较好的抒情散文集。

12.4　人物与情节——小说

小说是以刻画人物形象为中心，通过完整的故事情节和环境描写来反映社会生活的文学体裁。

12.4.1　古代"文言"小说之美

中国古典小说起源于古代的神话传说。魏晋时期，有一些文人或佛教徒，用古代的神话传说作材料，进行加工，创作了许多神仙鬼怪小说。到了唐朝，小说得到进一步的发展，创造了相当完整的短篇小说的形式。唐朝的传奇小说，不仅篇幅比以前扩大了，而且注意到结构的安排和人物的性格描写、形象塑造，内容也由志怪故事扩展到人情社会的广阔生活领域。从魏晋南北朝直到唐代，小说都是用文言写的。

作为早期"文言"小说的经典作品，《世说新语》是南朝刘宋政权临川王刘义庆组织一班文人，集体创作的一本笔记体小说，是小说这种文学题材的最早雏形。它以"段子集"的方式，记载了自汉魏至东晋期间士族名人的趣闻逸事，精练生动，气韵流荡，不仅反映了时人的生活方式、精神面貌及清谈放诞的风气，更将率直任诞、清俊通脱的"魏晋风度"源远流长地传递了下去。这一脉清流绵绵不绝，至明末，至清朝，甚至在现代，依然有着悠长的回响。

《世说新语》为我们呈现了一个丰富多彩，而又饱满真实的魏晋时代，它也因此成为历代文人百读不厌的书。其优美的文笔，引领着读者去追怀"魏晋风度"，也由此影响了中国古代士大夫的人格和志趣，成为他们的"精神桃花源"。

下面以《世说新语·言语》里一段节选文章为例欣赏一下古典文言小说之美。

孔文举年十岁，随父到洛。时李元礼有盛名，为司隶校尉；诣门者，皆俊才清称及中表亲戚乃通。文举至门，谓吏曰："我是李府君亲。"既通，前坐。元礼问曰："君与仆有何亲？"对曰："昔先君仲尼与君先人伯阳有师资之尊，是仆与君奕世为通好也。"元礼及宾客莫不奇之。太中大夫陈韪后至，人以其语语之，韪曰："小时了了，大未必佳。"文举曰："想君小时，必当了了。"韪大踧踖。

孔融是东汉末年一代名儒，"建安七子"之一，继蔡邕为文章宗师，亦擅诗歌。其家学渊源，是孔子的第19世孙。"孔融让梨"的故事让孔融尊老爱幼、少有异才、勤奋好学的形象植根于几千年的中国传统文化。从上面的故事中，也反映出孔融性格中的另一面：自恃才高、喜欢讥讽，这种性格最终引来了杀身之祸。

从上面这个短小而精彩的故事中我们可以感受到孔融的机智与聪明，也让我们感受到小说的魅力。短短几行文字，容纳了一体两个精彩的故事，第一个故事是孔融巧妙地获得拜见李膺的机会，通过伶牙俐齿的解释，获得了李膺的欣赏。紧接着第二个片段则通过与陈韪的斗智展示了孔融反应灵敏、讥诮讽刺的天赋。当然，从孔融后来的命运来看，真是"机关算尽太聪明，反误了卿卿性命"。

《世说新语》是中国古代志人小说的杰出代表。鲁迅曾称其"记言则玄远冷隽，记行则高简瑰奇"，给予其极高的评价。文中所载人事虽各个不同，但逸笔草草，传神写照的特色却一以贯之。作者写人，往往抓住人物的三言两语或神态举止来刻画其精神风貌，又或者通过美好的自然景物来比拟人物仪态。如"以手版拄颊云'西山朝来，致有爽气'"一语，成功地描写出王子猷超然物外的形象，而"濯濯如春月柳"，则令读者在对融融柳烟的想象中，体味到王恭和煦安恬的风仪。

12.4.2　古代"白话"小说之美

到了宋代，为适应商品经济的发展和市民生活的需要，民间艺人的说书活动——"说话"日益活跃。由于听众大多是平民，说话人就采用当时最流行的白话来讲述故事，把这些故事记录下来的话本，就是白话小说。到了元末明初，一些文人也开始用白话创作小说，出现了许多优秀的短篇小说和章回体的长篇小说。元末明初，我国的白话小说进入了成熟阶段。

明清白话小说最经典的代表作有"四大名著"（《三国演义》《西游记》《水浒传》《红楼梦》）、"三言二拍"（《喻世明言》《警世通言》《醒世恒言》《初刻拍案惊奇》《二刻拍案惊奇》）、《聊斋志异》、"晚清四大谴责小说"（《官场现形记》《二十年目睹之怪现状》《老残游记》《孽海花》）等。下面以《聊斋志异》中的《聂小倩》一文（节选）为例欣赏一下明清白话小说之美。

> 宁斋临野，因营坟葬诸斋外，祭而祝曰："怜卿孤魂，葬近蜗居，歌哭相闻，庶不见凌于雄鬼。一瓯浆水饮，殊不清旨，幸不为嫌。"祝毕而返。后有人呼曰："缓待同行！"回顾，则小倩也。欢喜谢曰："君信义，十死不足以报。请从归，拜识姑嫜，媵御无悔。"审谛之，肌映流霞，足翘细笋，白昼端相，娇艳尤绝。遂与俱至斋中。嘱坐少待，先入白母，母愕然。时宁妻久病，母戒勿言，恐所骇惊。言次，女已翩然入，拜伏地下。宁曰："此小倩也。"母惊顾不遑。女谓母曰："儿飘然一身，远父母兄弟。蒙公子露覆，泽被发肤，愿执箕帚，以报高义。"母见其绰约可爱，始敢与言，曰："小娘子惠顾吾儿，老身喜不可已。但生平止此儿，用承桃绪，不敢令有鬼偶。"女曰："儿实无二心。泉下人既不见信于老母，请以兄事，依高堂，奉晨昏，如何？"母怜其诚，允之。即欲拜嫂，母辞以疾，乃止。女即入厨下，代母尸饔，入房穿榻，似熟居者。

《聊斋志异》的作品具有惊人的想象力。它说狐谈鬼，无奇不有，不仅怪异，而且在怪异之外写出了人情味，这是《聊斋志异》较一般志怪小说高明的地方。正如鲁迅所说，"《聊斋志异》独于详尽之外，示以平常，使花妖狐魅，多具人情，和易可亲，忘为异类。"这些描写大大增强了故事情节的感染力。

《聂小倩》大概是《聊斋志异》中被当代多媒体改编得最多的篇目，同时也是添加当代元素最多的篇目。中国年轻的读者可能看过《聂小倩》原作的不多，但没看过《倩女幽魂》电影的很少。与《聊斋志异》一般的人鬼相恋的篇目不同，女鬼聂小倩的人格前后有很大的变化。一开始，她不是以温柔多情的面目出现，而是被夜叉驱使的靠色相害人的施害者，在宁采臣的感召下，她改过自新，恢复了善良纯朴的本性，被宁采臣和婆婆接纳，这使她的性格相当丰富。宁采臣也不同于一般的多情狂生，而是"廉隅自重"，每对人言："生平无二色。"这一性格色彩很符合当代婚恋对于男性的要求。宁采臣与聂小倩的关系不是一见即倾心的才子佳人模式，表现出性格、命运、义气等诸多丰富的内蕴。尤其是在聂小倩和宁采臣的浪漫奇异关系中还出现了信义刚直、武艺高强的侠客燕生的形象。靠着他，宁采臣和聂小倩躲过了夜叉的谋害，也躲过了后来夜叉的追杀。燕生的出现，使得全篇的氛围不再是单纯的缠绵悱恻，而是充满侠肝义胆，或者说，在浪漫婉转的爱情中有着阳刚之气，在情与爱的氛围里掺杂着侠义武打的元素，这大概就是《聂小倩》被当代多媒体改编者所看重的原因吧。

12.4.3　现代小说之美

现代小说，从时间上来说是指五四运动以后的新民主主义革命时期的小说。

民国时期现代小说其主体是"五四"文学革命声中诞生的一种用白话文写作的新体小说。真正显示了"五四"运动到大革命时期小说创作的现实主义特色，是鲁迅及在鲁迅影响下的文学研究会、语丝社、未名社的一部分青年作家。他们的短篇小说，描绘了各地颇具乡土色彩的落后、闭塞的村镇生活。其中鲁迅的《呐喊》《彷徨》，更以圆熟单纯而又丰富多样的手法，通过一系列典型形象的成功塑造，概括了异常深广的时代历史内容，真实地再现了中国人民特别是农民在获得无产阶级领导前的极度痛苦，展示了乡土气息与地方色彩颇为浓郁的风俗画，代表了"五四"现实主义的高度水平。

正是在鲁迅的开拓与带动下，新文学第一个十年的后期出现了一批乡土文学作者，如潘训、叶绍钧、蹇先艾、许杰、王鲁彦、彭家煌、废名、许钦文、台静农、王任叔等，使这类小说获得很大的发展。新体小说从最初比较单纯地提出问题到出现大批真实再现村镇生活的乡土文学作品，标志着小说领域里现实主义的逐步成熟。但"五四"是一个开放的时代，现实主义之外，浪漫主义、象征主义、自然主义、唯美主义、新浪漫主义及总称为现代主义的表现主义、未来主义、达达主义等文艺思潮连同弗洛伊德精神分析学说，也同时介绍到中国。创造社主要作家的小说创作，便兼有浪漫主义和现代主义的特征。他们之所以被称为"异军突起"，主要因为创作上与倡导写实主义的《新青年》、文学研究会的作家显示了很大的不同。由郁达夫、郭沫若、陶晶孙、倪贻德、叶鼎洛、滕固、王以仁、淦女士等所代表的创造社这个流派的小说，基本上是一些觉醒而愤激不得意的新型知识青年的自我表现，带有浓重的主观抒情色彩和自我寄托成分（稍有不同的是张资平，他最早的一些小说还是自然主义或现实主义居多）。从郁达夫的《沉沦》起，坦率的自我暴露，热烈的直抒胸臆，大胆的诅咒呼喊，夸张的陈述咏叹，便构成了创造社小说的浪漫主义基调，与叶绍钧、许杰、彭家煌及稍后的鲁彦等作家对现实本身所作的冷静描写和细密剖析迥然相异。此外，创造社一部分作家的小说还具有现代主义成分。郭沫若、郁达夫都在不同程度上受过德国表现派文学的影响（这从郭沫若的《喀尔美萝姑娘》、郁达夫的《青烟》都可以看出来）。郭沫若的《残春》，陶晶孙的《木犀》等小说，则按弗洛伊德学说分析心理，描写"潜在意识的一种流动"；有的作品还运用了意识流手法。从这个意义上说，他们为后来的现代派小说开了先河。创造社的浪漫主义、现代主义倾向，曾使浅草一沉钟等社团受到影响。但随着作家接触社会生活的增多和世界观的变化，郭沫若不久就批判了弗洛伊德学说并否定了浪漫主义，郁达夫的小说自《薄奠》以后，也逐渐增多了现实主义成分，创造社与文学研究会的一些重要作家后来终于殊途而同归了。

1930年，中国左翼作家联盟的成立促进了小说创作的发展。这个时期的作品，无论在反映现实的深度、广度与艺术本身的成熟程度上都有新的进展，中长篇小说尤其获得丰收。代替"五四"运动以后男女平等、父子冲突、人格独立、婚姻自由等反封建题材与主题的，是城市阶级斗争与农村革命运动的描画。不少作者力图应用马克思主义文艺理论来指导创作实践，既克服"革命的浪漫蒂克""用小说体裁演绎政治纲领"等不正确倾向，也注意防止单纯"写身边琐事"的偏向。丁玲、张天翼、柔石、胡也频、魏金枝等给文坛带来了新鲜气息的作家，正是在这种情况下受到了重视。左翼作家参与或亲历实际革命斗争，使创作面貌继续有所变化；再现生活时的历史性、具体性，既有增进（包括《咆哮了的土地》这类小说），革命乐观主义精神在有些青年作家（如叶紫、丘东平）的作品中也得到发扬。茅盾的《子夜》以民族资本家吴荪甫的形象为中心，在较大规模上真实地描画出20世纪30年代初期上海的社会面貌，准确地剖析了中国社会的性质，这是作者运用革命现实主义方法再现生活的出色成果。鲁迅也在《理水》《非攻》等作品中，用新的方法塑造了"中国的脊梁"式的英雄形象，显示了对革命前途的乐观与信念。在"左联"的关怀、帮助下，涌现了蒋牧良、周文、萧军、萧红、舒群、端木蕻良、欧阳山、草明、芦焚、黑丁、荒煤、奚如、彭柏山等一大批新的小说作家。"左联"以外的进步作家，也因为坚持现实主义道路，在小说创作上作出了重要的贡献：巴金的《家》通过封建大家庭的没落崩溃与青年一代的觉醒成长，在相当宽广的背景上表现了"五四"运动以后时代潮流的激荡；老舍的《骆驼祥子》描述了勤劳本分的人力车夫祥子从奋斗、挣扎到毁灭的悲剧性一生，对旧社会、旧制度进行了深沉有力的控诉；它们与《子夜》等左翼作品一起，将中国长篇小说艺术提高到一个新的水平。此外，还出现了像叶绍钧的《倪焕之》，李劼人的《死水微澜》《暴风雨前》，王统照的《山雨》，鲁彦的《愤怒的乡村》及罗淑的《生人妻》等一批相当重要的长短篇作品。20世纪30年代的"京派"作家如沈从文、废名、凌叔华、萧乾等，也写出了一些内容恬淡、各具特色的小说，像沈从文的中篇小说《边城》、长篇小说《长河》，则是艺术上相当圆熟的作品。

抗战的炮火激发了广大作家的创作热情。许多作品迅速反映生活，歌颂前线和后方的新人新事。小说创作在现实主义基础上明显地增加了浪漫主义的成分，形式上则趋于通俗，趋于大众化。姚雪垠就是这方面有成就的代表。他的短篇小说《差半车麦秸》、中篇小说《牛全德和红萝卜》，都以生动地刻画农民战士的性格和成功地运用群众口语而为人称道。长篇小说如吴组缃的《鸭嘴唠》、齐同的《新生代》，也都写出了新的农民在民族危难关头突破重重阻力而成长。但抗战初期小说创作的普遍弱点，是对生活的反映比较表面，流于浮泛。正是在这种情势下，《七月》杂志上丘东平的《一个连长的战斗遭遇》等小说，就以有血有肉的战斗生活，热情而深沉的艺术风格，显示出可贵的特色。稍后出现的路翎，也是"七月派"的小说作家。从《饥饿的郭素娥》到《财主的儿女们》，同样表现了他对现实主义艺术独到的追求。这些作品有内在的热情，有心理现实主义的某些特点，在表现倔强的人物性格、真实的生活逻辑方面都有颇为深刻之处。但"七月派"小说家笔下的人物，常常倔强而近于疯狂和痉挛，具有某种歇斯底里的成分。这和他们对生活的观察、体验带有过多的主观色彩有关。"七月派"作家是既强调现实主义，又强调主观战斗精神的，他们的小说创作的长处和弱点，似乎都可以从这方面去寻找原因，作出解释。

随着抗战进入相持阶段，国民党统治的黑暗、腐朽、反动逐渐暴露得更加充分，国民党统治区的小说也向着深入揭露阴暗面的方向发展。从张天翼的《华威先生》到沙汀的《淘金记》、茅盾的《腐蚀》、巴金的《寒夜》，便是这类作品中的杰出代表。由"皖南事变"以后环境黑暗所带来的沉重气氛，也在一部分小说中留下了较深的烙印（如夏衍的《春寒》、沙汀的《困兽记》等）。到1944年民主运动高涨后国民党统治区产生的一些作品，像张恨水的《八十一梦》、沙汀的《还乡记》、艾芜的《山野》、黄谷柳的《虾球传》，在暴露讽刺方面则已具有直截痛快、淋漓尽致的特点，有的并显示着人民斗争终将胜利的曙光。战后出版的长篇小说，如钱钟书的《围城》，姚雪垠的《长夜》，或写抗战以来的现实，或写20世纪20年代的历史，都以独特的艺术成就，赢得了读者的喜爱。老舍的《四世同堂》，则以百万字篇幅的宏大规模，反映了沦陷后北平市民的苦难和抗争，不仅成为以艺术方式记载日寇、汉奸的罪行录，而且也是中华民族不屈斗争的正气歌。短篇小说方面，沙汀、艾芜的一些作品，无论思想与艺术，都达到了很高的成就，标志着国民党统治区革命现实主义小说的进一步成熟。

在抗日民主根据地和后来的解放区，由于作家同人民群众的逐步融合，小说创作的面貌发生了巨大的变化。从思想感情到语言形式都大大群众化了，工农兵群众特别是他们中间成长起来的新人，开始成为作品中的主要人物，并且达到了前所未有的真实程度，根本扭转了过去那种"衣服是劳动人民，面孔却是小资产阶级知识分子"的状况。此时，还出现了一批用传统的章回体写法表现新生活内容的比较成功的长篇小说（如《吕梁英雄传》《新儿女英雄传》等）。延安文艺座谈会后，短短七八年内，不仅有柳青、孙犁、康濯、秦兆阳、马烽、西戎、马加、王希坚等一批新的小说作者雨后春笋般成长起来，而且还涌现了《太阳照在桑乾河上》《暴风骤雨》《高干大》《种谷记》《原动力》等一批优秀或比较优秀的长篇小说。赵树理更是解放区小说作家的突出代表，他的《小二黑结婚》《李有才板话》《李家庄的变迁》等作品，不仅语言形式群众化，而且感情内容也浸透着来自农民的朴实、亲切、幽默、乐观的气息，读后使人耳目一新。孙犁、康濯等人的短篇小说，则洋溢着真正从群众生活和斗争中得来的诗情画意。他们的小说为后来的一些创作流派开了先河。在反映革命部队的战斗生活方面，刘白羽等的中短篇小说，也都取得了显著的成绩。某种意义上说，延安文艺座谈会后解放区文学的实践，确实可以称得上是继"五四"文学革命之后的又一次深刻的变革，为小说创作的民族化、群众化开辟了一个崭新的阶段。

中华人民共和国成立初期，首先出现的是一批创作在历史的黑夜与黎明交替时刻的作品。刘白羽的中篇小说《火光在前》，马加的中篇小说《开不败的花朵》，柳青的长篇小说《铜墙铁壁》，都真实记录了中国共产党领导下的武装队伍和人民群众最后摧毁旧制度、迎接新制度的斗争。杨朔的长篇小说《三千里江山》，则反映了中国人民在获得政权以后，为保家卫国而进行的抗美援朝战争。表现革命战争题材而更能显示特色的，是稍后出现的一批长短篇小说。峻青的《黎明的河边》，王愿坚的《党费》，通过艰苦年代严酷斗争的真实描写，异常感人地赞颂了革命根据地人民的英雄气概和献身精神。杜鹏程的长篇小说《保卫延安》以宏大的艺术规模再现了延安保卫战威武雄壮的历史场面，成功地塑造了从连长周大勇、团政委李诚到高级指挥员彭德怀的形象，成为新中国成立后长篇创作的第一个重要收获。这些作品都以悲壮激越的基调，激励着许多读者。反映抗美援朝的一些短篇小说，如巴金的《黄文元同志》，和谷岩的《枫》，路翎的《初雪》《洼地上的"战役"》等，或热情奔放，或笔触细腻，也都显示了各自不同的风格特色。

描绘农村现实生活的短篇小说，也给新中国成立初期的文坛带来了新鲜气息。赵树理的《登记》，谷峪的《新事新办》，都表现了农民群众在砸碎封建政治枷锁以后进一步挣脱封建主义精神束缚的斗争；马烽的《结婚》等短篇小说，则反映了农村新人新品质的成长。这些作品艺术笔调明朗，生活气息浓郁，凝聚着作者长期与农民共命运所获得的珍贵情感。随着农业互助合作运动的逐步展开，反映农村生活的巨变，成为小说创作的重要主题。青年作家李准的短篇小说《不能走那条路》，便是敏锐地触及土改后土地私有制尚未根除而产生的新矛盾的第一篇作品。赵树理的长篇小说《三里湾》，通过更为复杂的生活内容，展示了这种矛盾的各个侧面。孙犁的中篇小说《铁木前传》，艺术触角延伸到解放前后两个时代，以两户农家关系的演变，透露了土改后农民出现分化的信息。秦兆阳的《农村散记》、康濯的《春种秋收》中的短篇小说，则以清新的笔调和精美的构思着重反映农村变革中农民群众的思想波澜和生活变化。在这股创作潮流中贡献了有特色的作品的，还有陈登科、刘澍德、骆宾基、王希坚、吉学霈、刘绍棠等一大批作家，他们忠于革命现实主义原则，从各自的生活视角真实描画了20世纪50年代前期中国农村社会的种种风貌。玛拉沁夫、李乔、阿·敖德斯尔等少数民族第一代小说家，或描绘内蒙古草原上惊心动魄的斗争，或抒写西南彝区人民的苦难与欢乐，也都获得了令人瞩目的成就。

革命重点从农村向城市的转变，大规模工业建设的展开，要求小说创作开拓新的题材领域，寻求新的审美主题和新的表现角度。《铁水奔流》等一批工业题材长篇小说的出现，便显示了作家们的这种努力。但从思想艺术质量上说，这些作品只能算作对工人生活的初步涉足，尚未称得上是成功的尝试。生活美的开掘和艺术美的探索，都需要一个积累的过程。到 20 世纪 50 年代中期起，才出现有成就的工业题材小说。艾芜的《夜归》，通过独到的艺术构思，从微细处揭示工人阶级作为国家主人的美好心灵，具有浓郁的诗的气氛。长篇小说《百炼成钢》也摆脱了以往同类题材作品那种枯燥、刻板的弊病，正面表现了钢铁战线的沸腾生活，塑造了先进工人的真实形象。杜鹏程的中篇小说《在和平的日子里》则颇有深度地表现了铁路建设工地上的矛盾斗争，显示了诗的激情与哲理思考相结合的独特风格。草明、雷加等作家，也一直不倦地探索着工业题材小说的创作。这些作品在现代小说发展史上具有较大的开拓意义。

从 20 世纪 50 年代初期到中期，小说创作获得了稳步的发展。作家对新生活的观察和认识逐渐深化，过去的生活积累也有了较长时间的消化过程，对中外作品的借鉴又从艺术修养上为创作做了较多的准备，在此基础上，许多作家开始酝酿鸿篇巨制。到 20 世纪 50 年代后期，中国文坛终于迎来了新中国成立以来长篇小说的第一次丰收。梁斌的《红旗谱》，欧阳山的《三家巷》，杨沫的《青春之歌》，高云览的《小城春秋》，冯德英的《苦菜花》，吴强的《红日》，曲波的《林海雪原》，罗广斌、杨益言的《红岩》等，组成了一幅幅巨大的历史画卷，鲜明生动地展现了半个世纪以来中国人民在中国共产党领导下所进行的艰苦卓绝的斗争。这批作品在深刻表现历史内容、展示斗争复杂过程方面，较之过去的创作有重大突破，而在现实基础上升华起来的革命理想激情，也给作品增添了明朗、热烈的色彩，为丰富中国小说的革命现实主义传统提供了新鲜经验。李劼人的《大波》，李六如的《六十年的变迁》，用精细而又恢宏的现实主义笔法，真实地再现了清末以来的社会面貌，它们的出现，使长篇小说展现的历史画卷向上延伸到旧民主主义革命时期。这些小说的作者，几乎都是当年革命斗争的亲身经历者或目击者，他们笔端留下的历史生活图画，在小说史上具有不可替代的意义。

以社会主义时期现实生活为题材的作品，在表现生活的广阔性和纵深感方面，也有长足进展。柳青的《创业史》和周立波的《山乡巨变》，是描写农村互助合作运动的著名长篇小说。反映中国民族资产阶级在社会主义条件下的阶级命运和生活动向的《上海的早晨》，是作家周而复的一部长篇巨著。它对具有中国特色的都市生活所作的艺术概括，曾引起国内外读者的兴趣。

这个时期，许多小说家经过较长时间的艺术实践，在现实主义的道路上发展着自己的独特风格，并形成若干新的创作流派。赵树理娴熟地运用中国古典小说和民间文艺的传统手法，生动朴素、惟妙惟肖地表现了山西一带新农村的社会情绪和农民心理，早已在小说领域中独树一帜。在他的艺术作风影响下，产生了马烽、西戎、孙谦等思想倾向、艺术见解、创作风格相近的作家群，被人称作"山西派"或"山药蛋派"。孙犁那意境悠远、韵味无穷的"荷花淀"风格，给他笔下的现实生活图画，添上淡淡的浪漫主义气息，这种独具特色的艺术经验，也为一些青年作者所效仿。柳青在对现实冷静、客观的描绘中，糅进了哲理的议论和感情的抒发，使精确的画面透露出浑厚激越的气势。他对于广阔的社会场景的多方面的概括，对于生活内涵的深入发掘，一直到他的夹叙夹议的语言，都在随后出现的若干青年作家的小说中，留下鲜明的投影。周立波追求的则是一种秀朴而明丽的风格，他常常把自己的感情倾向熔铸到山乡风情和自然景色的细腻而又酣畅的表现中，让人们在诗情画意的艺术氛围里领略新生活的美；从他的短篇小说《山那面人家》《禾场上》到谢璞的短篇小说《二月兰》等，可以感受到湖南一些作家的共同艺术追求。一批在中华人民共和国成立后成长起来的小说家，如杜鹏程、李准，以及写了《高高的白杨树》《百合花》《静静的产院》的茹志鹃，写了《大木匠》《沙滩上》的王汶石等，都在追求着自己鲜明的艺术个性。所有这些，都标志着新中国成立后小说艺术的逐渐趋于成熟。

1976 年 10 月，中国历史出现了新的转折，中国进入了社会主义建设的新时期。文学事业又呈现出生机勃勃的趋势，小说创作更是盛况空前。这时期的小说创作具有以下几个鲜明的特点。

一是恢复和发展了"五四"以来的革命现实主义传统，并不断走向深化。社会政治生活中唯物主义路线的恢复，马克思主义思想解放运动的开展，使小说家们精神上获得一次大解放，他们敢于面对现实的人生，正视生活中普遍关心的矛盾，提出自己积极的思考。进入新时期的头两三年，从刘心武的《班主任》开始，出现了一批曾被称为"伤痕文学"的短篇小说，在社会上产生了强烈反响。还有一批作品，如高晓声的《李顺大造屋》、茹志鹃的《剪辑错了的故事》、鲁彦周的《天云山传奇》、张一弓的《犯人李铜钟的故事》等，则是从历史和现实的交错表现中，着重探索新中国成立 30 年来国家所走过的曲折道路和深刻教训，进行历史的"反思"。继姚雪垠《李自成·第二卷》后所涌现的《星星草》《金瓯缺》《风萧萧》等一大批历史小说，也有一个共同的鲜明特征：从历史的真实发展中探求深刻的生活哲理，以唤起当代读者感情的共鸣。进入 20 世纪 80 年代以来，作家的笔锋逐渐转向了正在发展中的当前现实。从各个不同角度反映朝着社会主义现代化目标前进的生活巨流，有力揭示社会大变革时期的各种矛盾，塑造"改革者"或当代新人的形象。蒋子龙的短篇小说《乔厂长上任记》是引起社会瞩目的第一篇作品。陆续出现的还有高晓声的《陈奂生上城》、水运宪的《祸起萧墙》、张洁的《沉重的翅膀》、李国文的《花园街五号》等。一批以 20 世纪 70 年代末期中越边境自卫反击战和当前军队生活为题材的中短篇小说，在揭示部队生活矛盾、塑造当代军人形象方面也有明显突破，像徐怀中的《西线轶事》、李存葆的《高山下的花环》，就是具有鲜明时代特色的佳作。

二是描写普通人的命运，表现和歌颂无产阶级、劳动人民的人情美、人性美。这也是这些年小说创作所普遍关心的问题。其中出现了谌容的中篇小说《人到中年》、古华的长篇小说《芙蓉镇》等优秀作品。这类作品的一个共同特点是将普通人的命运与时代命运紧密密织，透过人的命运去窥视时代风云和社会人生。

从对普通人的命运的真实描写到对人生意义的深沉思索，是这类题材创作的一个重要进展。韦君宜的中篇小说《洗礼》、路遥的中篇小说《人生》、余华的长篇小说《活着》等，都凝聚着作家对人的社会价值和人生意义的深刻思考。

三是创作样式的交叠变化和艺术手法的大胆革新。从小说样式方面来看，新时期的头些年，短篇小说非常活跃。到 80 年代，中篇小说异军突起，大批优秀作品占领文坛，仅 1981 至 1982 年就涌现了 1100 多部作品，这是现代小说史上从未有过的现象。长篇小说自 1977 年至 1982 年，涌现了 500 多部作品，数量可观，但从创作势头看，处于方兴未艾的状态。其中，《平凡的世界》是最具深远影响力的一篇巨制，《平凡的世界》是中国作家路遥创作的一部百万字的小说。这是一部全景式地表现中国当代城乡社会生活的长篇小说，该书以中国 20 世纪 70 年代中期到 20 世纪 80 年代中期十年间为背景，通过复杂的矛盾纠葛，以孙少安和孙少平两兄弟为中心，刻画了当时社会各阶层众多普通人的形象；劳动与爱情、挫折与追求、痛苦与欢乐、日常生活与巨大社会冲突纷繁地交织在一起，深刻地展示了普通人在大时代历史进程中所走过的艰难曲折的道路。1991 年 3 月，《平凡的世界》获中国第三届茅盾文学奖。

　　这时期小说的艺术风格与表现手法，显得异常丰富多彩，探索的道路也更加宽阔。一些致力于小说民族化的作家，在对传统小说艺术经验吸取的同时，更注重于民族感情的熔铸。叶蔚林的中篇小说《在没有航标的河道上》、刘绍棠的中篇小说《蒲柳人家》是这方面较早出现的佳作。对西方现代派小说艺术手法的吸取，是这时期小说形式革新的一个突出方面。以意识流作为结构作品的手法，多视点、多角度、多层次揭示人物精神生活的手法，在创作中得到比较广泛的运用。走在这种探索前面的作家是王蒙，他的中篇小说《蝴蝶》、短篇小说《春之声》，获得社会首肯。李国文在长篇革新方面也迈出了第一步，《冬天里的春天》是一个可喜的成果。

　　下面以路遥《平凡的世界》中的一段节选为例欣赏一下当代小说中蕴含的美学意义。

　　孙少安疯狂而贪婪地干一天活，一到晚上，如果大队不开什么会，他就倒在自己那个小土洞里睡得像死过去一般……

　　但一段时间来，这样劳累一天以后，他忽然睡不着了。润叶在他的眼前扰来扰去，使他无法入眠。他不时在黑暗中发出一声叹息，或者拳头在土炕上狠狠捣一下。

　　一切都不知如何是好。他原来想，只要他不给她回话，她就会知道他不同意——不，不是不同意，是不敢同意，她就不会再提这事了。可没想到她三一回五一回托少平捎话，让他再到城里去。他的确没工夫去城里。但主要的是，这是一件不可能的事，何必再花工夫跑那么多路去谈论呢？而且他不愿意当润叶的面说出那个"不"字来，以免让他目睹她伤心而使自己也心碎！他想他不去城里，润叶大概就会明白他的意思，不再提这事了。

　　可他万万没有想到，她却又跑回村子里来找他！

　　那天中午，他尽管内心充满矛盾和痛苦，但硬是忍着没回去。他当时想，他可能有点残忍，但一切将会因此而结束。等他们在这个问题上彻底解脱了，有机会他会慢慢给她说明一切的。

　　他越来越清楚，他要是答应了润叶，实际上等于把她害了。像她这样的家庭和个人条件，完全应该找个在城里工作的人，她现在年轻，一时头脑热了，要和他好。但真正要和他这样一个农民开始生活，那苦恼将会是无尽的。她会苦恼，他也会苦恼。而那时的苦恼就要比现在的苦恼不知要苦恼多少倍！

　　不要这样，亲爱的人！让我们还是像过去那样友爱。我会永远在心间保持对你的温暖的感情，并且像爱妹妹、爱姐姐、爱母亲一样热爱你。原谅我吧……那天，他像"受戒"一样熬过了这一个中午。中午一过，他和大家又一块开始锄地。锄了一会儿地后，他突然感觉到自己是多么地愚蠢和不近人情！是啊，简直是一个真正的土包子老百姓！他为什么用这样一种可笑的方式来折磨那个可爱的人呢？他难道就不能回去，哪怕三言两语给她说明他的意思不就行了？亲爱的人给他捎话让他到城里来，他可以用"忙"来推托，现在她为了他，亲自跑回来，找到他门上，他却像一个贼娃子一样躲在这山里，不见人家……他立刻对锄地的人说："你们先锄，我回去有个事！"于是掮起锄头就大撒腿往回跑……

　　等他跑回家里，母亲告诉他，润叶已经坐汽车回县城去了！

　　他已经听不见母亲对他的抱怨声，一个人出了门，来到通往县城的公路上，心如火焚地走了一段路，嘴里喃喃地说："对不起你，润叶，我对不起你……"

　　从这以后，他想他不仅拒绝了润叶对他的爱情，也割断了他和她过去的友情。他太伤她的心了，她也许再也不会理他了！

他于是就闷着头干活，一天也没多少话。不论是队里还是家里，他把该说的说完，便没有一句多余话了。山里有人和他开个玩笑，他也会表现出一种厌恶的情绪，弄得人家很尴尬。大家都觉得他成了个"怪"人；谁也猜不透这位年轻的队长究竟碰到了什么事……这天中午他吃完饭，就一声不响地挑了水桶，又去了自留地浇那几畦蔬菜。自入伏以来，天一直没下雨——其实伏前的几个月里也没下过一次饱墒雨。

他挑着空水桶，向村外走去。天热得要命，好像划一棍火柴就能把空气点着。远远近近的山头上，庄稼的绿色已不再鲜艳，一片灰塌塌的。川道里的庄稼稍好一些，因为曾经用抽水机浇过一次。现在，东拉河细得像一根麻绳，已经拦不住多少水了。如果天再不下雨，今年又将是一个年馑。火辣辣的太阳晒焦了土地，也晒焦了庄稼人的心！

少安家的自留地在去米家镇方向的公路上面，出村子走不远就到了。自留地有一点川台地，其余都是坡洼地。那几畦蔬菜和红薯、南瓜都在川台地上。坡洼地上种的都是庄稼。

少安来到自留地下面的东拉河里，拦起一点水，马勺刚能舀起。他舀了一担泥糊水，往公路上面的地里担。

从河道上了公路，再从公路上到地里，几乎得爬蜒半架山。家里没什么硬正吃的，只喝了几碗稀饭，每往上担一回水，他几乎都是在拼命挣扎。天太热了，他干脆把那件粗布褂子脱了撂在河边，光着上身担。

担了几回水，他实在累得不行了，就用搭在肩膀上揩汗的毛巾，在河里洗了洗脸和上身，然后穿起那件破褂子，来到河边一棵柳树下，卷着抽旱烟。

他刚把卷起的旱烟点着吸了一口，就听见身后面似乎有脚步声。他扭头一看：啊？是润叶！

我的天！她怎么会在这个时候出现在这里？

少安又惊又喜又慌又怕——他一闪身站起来，看着走到他面前的润叶，嘴张了几张，不知该说什么。

他终于呐讷地说："你怎……"

"今天是星期天。我昨天下午就回来了……"润叶红着脸问他："你浇地哩？"

"嗯……"少安用湿毛巾揩了一下脸上的热汗珠子，"庄稼快晒干了……"

"那光靠人担水浇地怎么行哩？"她在旁边一块圆石头上坐下来。

少安也只好局促地坐在他原来坐的地方，两个人离得不远不近。他回答润叶说："光浇几畦菜……"

两个人立刻就进入到一种紧张状态中。他们还都不由得向村子那里张望，看有没有人看他们。好在现在是中午，劳累的庄稼人都睡了。没有其他什么声音，只有河道里叫蚂蚱单调的合唱和村庄那里传来的一两声懒洋洋的公鸡啼鸣……这时候，对面很远的山梁上，飘来了一个庄稼汉悠扬的信天游。少安和润叶一听声音，就知道是他们村的红火人田万有在唱。万有大叔正从远山的一条小路上向村里走去。少安和润叶不由相视一笑，然后便敛声屏气听着万有叔又酸又甜的信天游——

说下个日子呀你不来，硷畔上跑烂我的十眼鞋。

墙头上骑马呀还嫌低，面对面坐下还想你。

山丹丹花儿背洼洼开，有什么心事慢慢价来……这歌好像正是给他们两个人唱的，这使他们的脸如同火一样烫热。

"少安哥……你……"润叶不好意思地望着他。"唉……"少安只是长叹一口气，低下了头。

"噢——润叶！噢——润叶……"

村头的公路上，猛然传来田福堂拖长了音调的呼唤声。两个人都一惊，扭头看见田福堂正站在村头的公路边上。他显然看见了他们，但知趣地没有走过来，只是又叫着说："润叶，快回去吃饭嘛，你妈都等你好一阵了……"润叶气得牙咬住嘴唇，没给父亲应声。

少安慌忙站起来，把两只桶提到河边，舀起一担水，给润叶也没招呼一声，就低着头担上了上坡。

润叶也只好站起来，心烦意乱地顺着河边向村子里走去。

《平凡的世界》是用温暖的现实主义的方式来讴歌普通劳动者的文学作品。与《人生》相比，《平凡的世界》更具有人性的高度，作家把苦难转化为一种前行的精神动力，描写苦难的新时期作家不乏其人，但真正把苦难转化为一种精神动力的作家却并不多，路遥当属其中之一。这部小说在展示普通小人物艰难生存境遇的同时，极力书写了他们克服重重困难的美好心灵与坚韧不拔的奋斗精神。作品中的主人公孙少安、孙少平是挣扎在贫困线上的青年人，但他们自强不息，依靠自己的顽强毅力与命运抗争，追求自我的道德完善。其中，孙少安是立足于乡土矢志改变命运的奋斗者；而孙少平是拥有现代文明知识、渴望融入城市的"出走者"。他们的故事构成了中国社会普通人人生奋斗的两极经验。

《平凡的世界》还传达出一种温暖的情怀。一是作者对作品中的人物寄予了同情心，对普通百姓的生活方式做到了极大的尊重和认同。不要说作品的主人公，就是作品中的一些消极人物，如乡土哲学家田福堂，游手好闲的王满银，善于见风使舵的孙玉亭，都直接或间接地折射出人性的光彩。二是作品处处展现温暖的亲情与友情，是一部温暖人心的小说。小说中有大量关于人间亲情的描写，其中最典型的莫过于孙玉厚一家了：孙玉厚勤劳朴素、忍辱负重；他的儿女孙少安、孙少平、孙兰香等自强自立、善解人意、乐于帮助别人。小说还书写了美好的同学之情、朋友之情、同事之情、乡邻之情等人间美好的情感。三是作品中的爱情写得很美，被赋予无比美好的内涵和想象空间。这在20世纪80年代后期"无性不成书"的长篇小说创作风气中是难能可贵的，如孙少平和田晓霞在杜梨树下近乎柏拉图式的恋爱，就写得很纯美，让人为之感动。

本单元节选的这部分内容，基本上可以看作全书的精彩缩影。短短几千字，给我们展示了以下丰富的美学内涵。

（1）爱情的幸福与烦恼

孙少安和田润叶都已经20出头了，爱情的萌芽已经在悄悄地生长。孙少安为了生产队的活计和全家的生计，无暇他顾，暂时还没有意识到爱情的来临。田润叶在外人的催促与逼迫下，早一步看到了崖畔上爱情的马兰花已经绽放。

当田润叶冒着村里人闲话和父母不快的风险顶着毒辣的太阳找到孙少安时，她那种多日寻而不得的烦恼被见面的幸福淹没了，以至她顾不上少女的娇羞大胆地走上前去主动表白。这是爱情的力量。

当田润叶向孙少安表白时，孙少安先是被突然萌发的爱情的力量所震撼而战栗，紧接着是在理智的束缚下感到无比的痛苦和烦恼，眼前的无比美好却像镜花水月一般可望而不可即。

孙少安的心情就像小说描述的天气一样，焦灼而烦躁。他盼着爱情的甘霖浇灌生命的禾苗，但田润叶父亲的一声呼唤就像晴天霹雳，让爱情的迷梦幡然醒悟，孙少安只能接受生命的现实，这就是爱情的张力，从希望到失望，从向往到认命。

这是《平凡的世界》中无比唯美和凄美的一个情节，让我们久久回味而心有不甘。

（2）生活的艰辛与无奈

孙少安有着常人不具备的坚韧不拔和聪明才智，他本是人中龙凤、青年才俊，但生活偏偏给他套上枷锁，压上重担，把他重重地压在生活的最底层。家里上到奶奶，下到弟弟妹妹，都需要他去照料和关爱，他只能在土地上辛勤劳作，一方面换取有限的收成，填饱全家人的肚子，一方面通过出色的劳动技巧和生产组织能力为全家族赢得村里人的尊重。在被爱情烦恼困住之前，他一到晚上累得倒头就睡，醒来就得忙活生产队和家人的各种琐事。

田润叶只是一个在亲戚帮助下从农村走出去的普通工作者，她本来想默默无闻地履行自己作为一个小学老师的职责，与世无争地争取自己那一点点的幸福。但在生活的浪潮裹挟下，她身不由己，连想找退缩的一席之地都找不到，在单位，她嫂子和未来的婆婆步步紧逼，不让她有喘息的机会，回到老家，她父亲严密防范她和孙少安的接近，而她寄予无限希望的孙少安又退避三舍，田润叶该是多么无助和无奈。

（3）传统中国文化的含蓄与温馨

故事虽然描写了孙少安和田润叶爱情的失之交臂与无限遗憾，但同时，在字里行间，传统中国文化的委婉含蓄、土地文明的厚重与温馨也得到淋漓尽致的体现。

故事中描写了孙少安焦虑不安地不知疲倦地担水浇地的场景就是古老中国人与土地生死结盟，祸福相依的真实写照。当田润叶找到他时，两人远远地坐着局促地交谈的描写就是对传统文化中人与人交往的含蓄委婉的一个剪影。这种含蓄与委婉蕴含着无比温馨、无比爱恋，这就是东方文化的温度，这就是中国传统文化中体现出的人性的光辉。

当那一声声的信天游在耳旁回响时，我们仿佛又站在陕北的那个山梁梁上一遍遍接受古老西北文化的洗礼。短短几千言，渗透着文化的温润光泽，让人读来如沐春风。

思考与练习

练习一：思考与讨论

1.唐朝诗人白居易在倡导新乐府运动时，提出了"文章合为时而著，歌诗合为事而作"的响亮口号，你如何评价白居易的这一观点？请思考并和同学一起讨论。

2.一代英才王勃的《滕王阁序》号称千古第一骈文，此文辞藻华丽，光艳照人，短短700多字中，作者引用了30多个典故，并由此文诞生了40多个成语。请思考骈文与散文各自的优缺点。

练习二：认识与赏析

1.骚体赋是汉赋中的一种，请阅读贾谊的《吊屈原赋》，并赏析此文，感受骚体赋与《离骚》之间的联系。

2.余华的《活着》是当代小说中难得的精品，写出了人对苦难的承受能力，对世界乐观的态度，请阅读《活着》全文，并体会其中人性的坚韧与温暖。

审美实践——微型小说创作

微型小说是短篇小说中的短篇小说，篇幅短小，富于意趣，适合"新手"尝试文学创作。下面请同学们拿出纸笔，创作自己的微型小说。

一、活动名称

微型小说创作。

二、活动主旨与意义

同学们通过写作微型小说，在文学艺术的创作过程中增强对小说这一文学体裁的认识；通过对他人微型小说的欣赏，提升文学审美能力，获得艺术熏陶。

三、活动内容

同学们至多利用一节课的时间或一周的课余时间完成此次活动，活动内容如下。

1. 创作微型小说，要求字数不得超过 1000 字，在小说中不得使用图片、图形。微型小说应具备人物、情节和环境等要素。

2. 所有同学完成微型小说创作后，举办班级展示会，互相阅读和欣赏大家的作品。大家可以选出自己最喜欢的作品，如果条件允许，还可以将同学们的作品结集成册，打印留念。